Kunst-Reiseführer in der Reihe DuMont Dokumente

W0108854

Zur schnellen Orientierung – die wichtigsten Orte des Ruhrgebietes auf einen Blick:

(Auszug aus dem ausführlichen Ortsregister S. 374–380)

In der vorderen Klappe: Übersichtskarte des Ruhrgebietes

In der hinteren Klappe: Zeittafel

Thomas Parent

Das Ruhrgebiet

Kultur und Geschichte
im ›Revier‹ zwischen Ruhr und Lippe

DuMont Buchverlag Köln

Umschlagvorderseite: Dortmund, Westfalenpark (Foto: P. Klaes, Radevormwald)
Umschlagklappe vorn: Wasserschloß Herten (Foto: W. Otto, Oberhausen)
Umschlagrückseite: Duisburg, im Hafen (Foto: P. Klaes, Radevormwald)
Frontispiz S. 2: Albert Renger-Patzsch: Zeche ›Victoria Mathias‹ in Essen, 1931

© 1984 DuMont Buchverlag, Köln
3., durchgesehene Auflage 1987
Alle Rechte vorbehalten
Satz: Rasch, Bramsche
Druck und buchbinderische Verarbeitung: Boss-Druck, Kleve

Printed in Germany   ISBN 3-7701-1368-3

Inhalt

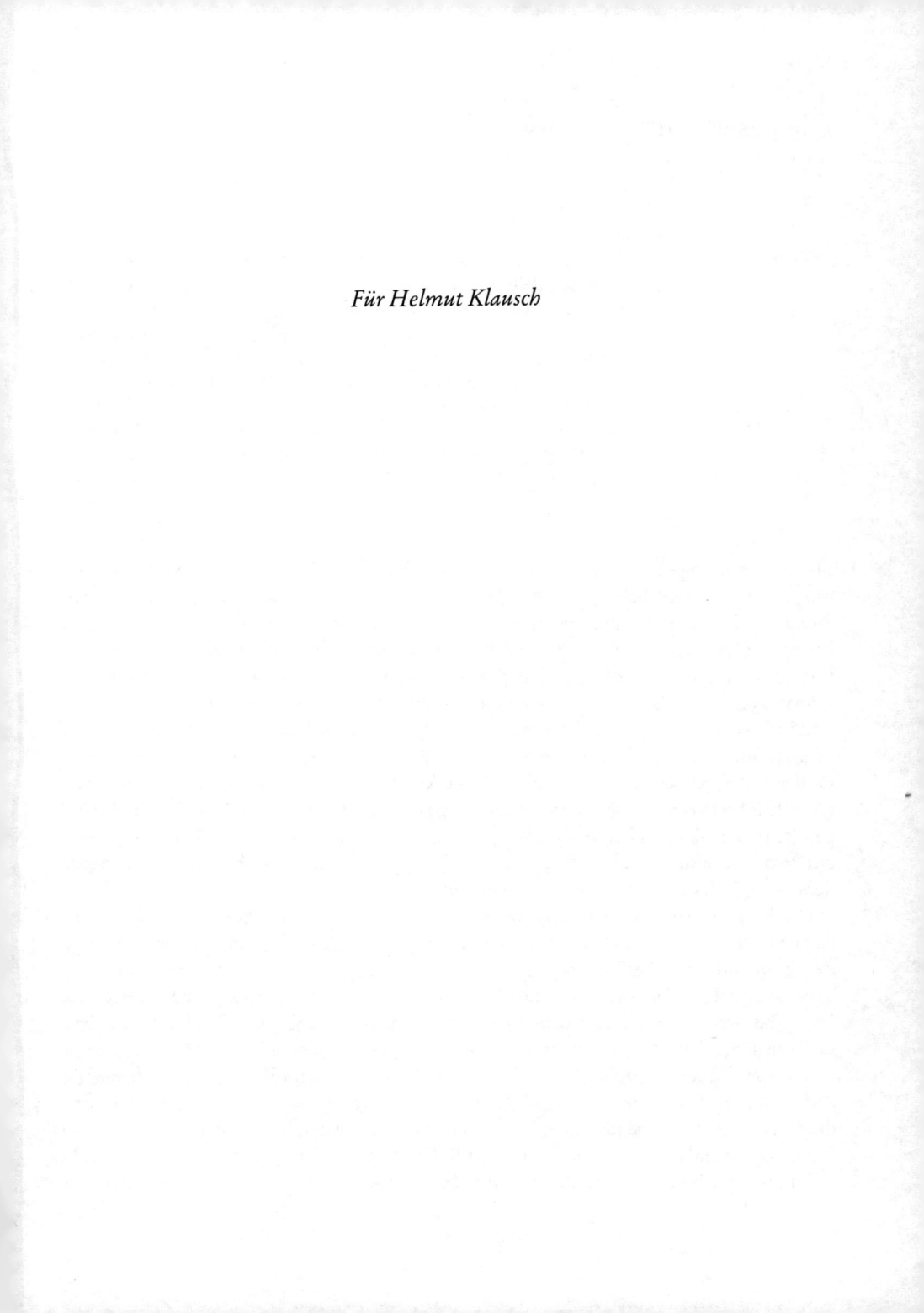

Für Helmut Klausch

Die geschichtliche Entwicklung

>»Wo Babylon stand ist Wildnis und das älteste Kulturvolk der Aegypter ist
zu armseligen Fellachen herabgesunken. Die Zivilisation hat andere Welt-
teile und Länder betreten, Europa, Deutschland.... Die Gegenwart gehört
der Industrie und dem Verkehr! Bleibt es so? Wohl kaum! Denn nichts
besteht ewig in der Flucht der Zeit. Vielleicht wird nach tausend Jahren ein
berühmter Gelehrter aus Lappland oder dem Bismarckarchipel, wo dann die
Zivilisation vielleicht ihren Sitz hat, auf einer Forschungsreise im Nordwesten Deutschlands unsere ehemalige, dann zur Wildnis gewordene Heimat
besuchen und zwischen morastigen Sümpfen in grasbewachsenen Ruinen die
Ueberreste ehemaliger Tiefbauzechen entdecken.«[1]
>
> *(Gustav Hegler, 1902)*

Der Landbriefträger und Heimatforscher Gustav Hegler aus Eickel dürfte wohl kaum auch
nur davon geträumt haben, daß seine Zukunftsvision bereits nach wenigen Jahrzehnten
zumindest in Teilen Realität gewinnen würde. In der Tat spüren heute Wissenschaftler und
begeisterungsfähige Laien im Ruhrtal den Resten der frühen Bergwerke nach, und ein
fortschrittsoptimistischer Rausch industrieller Hochkonjunktur – wie er z. B. in den Jahren
um 1900 in Deutschland herrschte – erscheint gegenwärtig in Anbetracht von Zechensterben
und Stahlkrise im Ruhrrevier kaum noch vorstellbar. In manchen Gegenden fühlt man sich
in ein postindustrielles Zeitalter versetzt. Umsäumt von waldigen Hügeln, wurde das Flußtal der Ruhr mit seinen Burgruinen, Fachwerkstädtchen, Wasserschlössern und Stauseen
nach dem Ende einer jahrhundertelangen Bergbautätigkeit zum idyllischen Naherholungs-
gebiet. In den Großstädten der Hellweg- und Emscherzone stößt man bisweilen auf Indu-
striesteppen: riesige Areale, die nach Zechenstillegung und Abriß der Fabrikanlagen wieder
dem Wildwuchs der Natur überlassen wurden.

Die Kohleförderung des Ruhrgebiets sank innerhalb der letzten beiden Jahrzehnte um
rund ein Drittel (1966 – 103 Mio. t; 1981 – 70 Mio. t). Manche Revierstädte verloren in dieser
Zeit Zehntausende ihrer Einwohner (z. B. Gelsenkirchen: 1961 – 382 700; 1982 – 301 400).
Trotzdem wäre es verfehlt, das Ruhrgebiet etwa als eine ›sterbende Region‹ zu bezeichnen.
Neue Industrien konnten angesiedelt werden. Die lange auf Kohle und Stahl konzentrierte
Gewerbelandschaft wird zunehmend vielfältiger. Neugegründete Hochschulen behoben in
den letzten beiden Jahrzehnten den Bildungsrückstand in einem Ballungsraum, dem einst
der preußische Staat nicht ohne Absicht Universitäten vorenthalten hatte. Die Kulturszene
des Reviers setzt in zunehmendem Maße auch überregional beachtete Impulse...

Entgegen landläufigen Vorurteilen ist das Ruhrgebiet seit vielen Jahrhunderten eine ›Kul-
turlandschaft‹. Bereits die Römer hinterließen hier Spuren ihrer Zivilisation, bevor sie die

Die heilige Barbara als Patronin der Bergleute

Niederlage im Teutoburger Wald (9 n. Chr.) zum Rückzug hinter den Rhein zwang. Nachdem einzelne Missionare mit ihrer Predigttätigkeit zunächst gescheitert waren, zog das Christentum im Gefolge der Sachsenzüge Karls des Großen in das Gebiet zwischen Ruhr und Lippe ein. Noch bevor die Sachsen endgültig befriedet waren, gründete der Friese Liudger um 800 in Werden eine Abtei. ›Urbare‹ oder ›Heberegister‹, in denen aufgezeichnet wurde, welcher Hof jährlich Abgaben oder Dienste an das Kloster zu leisten hatte, sind seit dem Ende des neunten Jahrhunderts die ältesten Belege für zahlreiche Ortsnamen des späteren Ruhrgebiets. Keimzelle mancher Städte waren auch karolingische Königshöfe, die als Verwaltungszentren und Militärstützpunkte an wichtigen Straßen und Straßenkreuzungen angelegt wurden.

Mit dem Schwinden kaiserlicher Macht im Heiligen Römischen Reich Deutscher Nation gewannen verschiedene Territorialfürsten zunehmend an Souveränität, die einander häufig befehdeten: Der Kölner Erzbischof konnte als Herrscher u. a. über das sauerländische ›Herzogtum Westfalen‹ und das ›Vest Recklinghausen‹ seine Vormachtstellung an Lippe und Ruhr gegen Opposition aus dem weltlichen Adel nicht in dem beabsichtigten Ausmaß ausbauen oder auch nur halten; tragischer Höhepunkt dieser Kämpfe war 1225 die Ermordung des Erzbischofs Engelbert von Berg durch seinen Neffen Friedrich von Isenberg, der zur Strafe im folgenden Jahr vor den Toren Kölns auf's Rad geflochten wurde. – Am nördlichen Rand grenzte das Bistum Münster an das Ruhrgebiet. Im Süden lag neben dem geistlichen Territorium der Werdener Abtei der Miniaturstaat des Essener Damenstifts. Dank der Zugehörigkeit einiger Äbtissinnen zur ottonischen Kaiserfamilie fiel im 10. und 11. Jahrhundert zeitweilig einiger Glanz imperialer Kultur auf das kleine Land, wovon Dom und Domschatz in Essen noch heute eindrucksvoll Zeugnis ablegen (Farbt. 6–9).

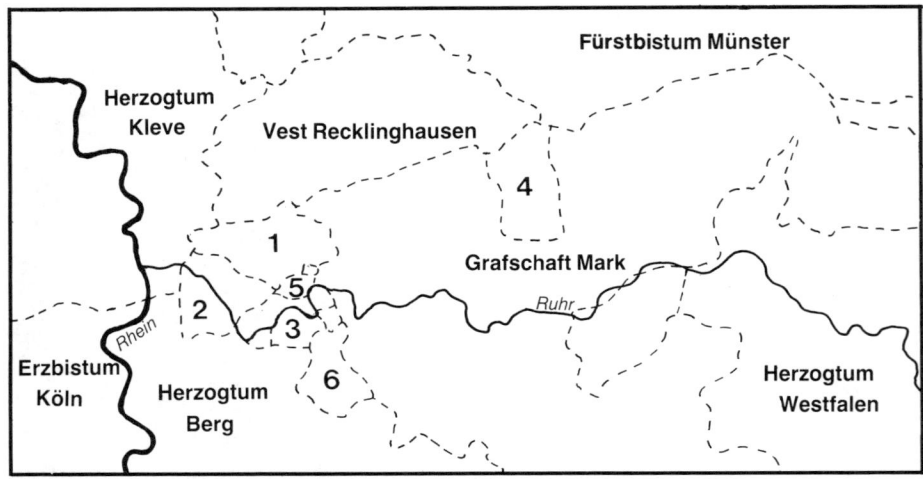

Die territoriale Zersplitterung des Ruhrgebietes um 1750   1 Stift Essen   2 Herrschaft Broich   3 Abtei Werden   4 Freie Reichsstadt Dortmund   5 Stift Rellinghausen   6 Unterherrschaft Hardenberg

Dortmund war Freie Reichsstadt und erlebte im Spätmittelalter eine wirtschaftliche und künstlerische Blütezeit. Als mächtigster Territorialfürst im östlichen Ruhrgebiet konnte der Graf von der Mark durch Erbfall 1398 im Westen endgültig die Grafschaft Kleve erwerben und siedelte dorthin auch über. 1521 fiel durch einen weiteren Erbfall u. a. das Herzogtum Berg im Süden des Ruhrgebiets an Kleve-Mark. Nach dem Tod des letzten Herzogs, Johann Wilhelm, wurden die Territorien 1614 wieder getrennt. Berg kam nun an die pfälzischen Wittelsbacher, die 1777 in Bayern die Herzogwürde übernahmen. Kleve und Mark fielen 1614 an Brandenburg-Preußen, das zu Beginn des 18. Jahrhunderts auch die Grafschaft Moers ›erbte‹. Die kleine Herrschaft Broich bei Mülheim gehörte nach mehrfachem Besitzerwechsel schließlich bis 1815 zu Hessen-Darmstadt.

Die Reformation hatte sich in der Ruhrregion nur teilweise durchsetzen können. An manchen Orten existierten zwei oder auch drei verschiedene Konfessionen nebeneinander in mehr oder weniger stark ausgeprägter Toleranz. Nachdem Säkularisation und napoleonische Herrschaft bereits ordnend in den territorialen Flickenteppich eingegriffen hatten, sprach der Wiener Kongreß 1815 mit Rheinland-Westfalen auch die Region an Ruhr und Lippe dem Königreich Preußen zu. In der Bundesrepublik Deutschland gehört sie als Teil des Bundeslandes Nordrhein-Westfalen zu den Regierungsbezirken Düsseldorf, Münster und Arnsberg.

Die Hauptschlagader des Ruhrgebiets war von alters her der Hellweg, der am Rhein begann, bei Höxter/Corvey die Weser und bei Magdeburg die Elbe erreichte. Entlang dieser Handelsstraße entstand im Westen bereits im Mittelalter eine Reihe von Städten: Duisburg, Essen, Wattenscheid, Bochum, Dortmund, Unna. Eine andere Stadtreihe wurde weiter nördlich, im Tal der Lippe gegründet: Wesel, Dorsten, Haltern, Lünen, Werne, Hamm. Abgesehen von Recklinghausen und Kamen gab es zwischen Hellweg und Lippe lange keine nennenswerten Städte. In der sumpfigen Emscherniederung weideten noch bis ins 19. Jahrhundert hinein zahlreiche Wildpferde. Immerhin lassen sich fast alle späteren Industriestädte der Emscherregion auf Dörfer aus dem Mittelalter zurückführen.

Die aufgezählten Städte – man kann an der Ruhr noch Steele, Hattingen und Blankenstein erwähnen – waren im Vergleich etwa zu Köln, Augsburg oder Nürnberg jahrhundertelang nur von geringer Bedeutung. Wenige hundert oder tausend Bürger lebten zumeist in Fachwerkhäusern, übten ein Handwerk aus (häufig Textil- oder metallverarbeitende Gewerbe) und verkauften ihre Produkte auf dem Markt an die Bevölkerung in der Umgebung. Immerhin gehörten verschiedene Städte dem Hansebund an, und ihre Kaufleute unterhielten überregionale Handelsbeziehungen. Langanhaltende Kriegswirren verursachten seit dem 16. Jahrhundert in der gesamten Region einen nachhaltigen wirtschaftlichen Niedergang. Noch 1840 war Soest mit ca. 8800 Einwohnern die größte Stadt am westlichen Hellweg.

Die Entdeckung der Kohleflöze, die in den Ruhrbergen an die Oberfläche streichen, ist sagenumwoben. Man erzählt gerne von dem Feuer eines Hirtenjungen, das über Nacht die ›schwarzen Steine‹ entzündet und zum Glühen gebracht habe. Erste urkundliche Nachrichten über den Abbau von Ruhrkohle finden sich im frühen 14. Jahrhundert. Die gewonnene Kohle heizte die Schmiedefeuer in der Grafschaft Mark und die Sudpfannen der Saline Königsborn bei Unna. Sie diente wohl auch als Hausbrand für die ärmere Bevölkerung. Im Laufe des 18. Jahrhunderts ging man zu einer systematischen Kohleförderung über und steigerte allmählich die Abbaumenge.

Die Kohle wurde jahrhundertelang in Ledersäcken auf dem Rücken von Pferden oder Eseln abtransportiert. Auf Drängen des preußischen Königs Friedrich II. erfolgte

Der Sage nach entdeckte ein Hirtenjunge die Steinkohle in den Ruhrbergen

11

*Dörfer und kleine
Städte zwischen Ruhr
und Lippe im 16. Jahr-
hundert – Kartenaus-
schnitt aus dem ›Brüs-
seler Atlas‹ von 1573*

1774–1780 der Ausbau der Ruhr für die Schiffahrt. In den 1820er Jahren erneuerte man ihre sechzehn zunächst hölzernen Schleusen in Steinmauerwerk. Auf den Treidelpfaden der Ruhr zogen 1840 ca. 500 Pferde flache Kohlenschiffe. Von den Bergwerken aus führten Pferdebahnen zum Flußufer sowie Kunststraßen, deren Bau durch Aktien finanziert worden war (›Aktienstraßen‹). Die Ruhr wurde für wenige Jahrzehnte ein Welthandelsweg. Um 1880 brachte die Konkurrenz der Eisenbahn die Frachtschiffahrt wieder zum Erliegen. Auch die Lippe diente zeitweilig dem Kohletransport, ohne jedoch das Verkehrsaufkommen der Ruhr auch nur annähernd zu erreichen.

Für den gigantischen Aufschwung des Ruhrbergbaus zwischen 1850 (Jahresfördermenge: knapp 2 Mio. t Kohle) und 1913 (114 Mio. t) gab es verschiedene Gründe. Technische Voraussetzung für eine Erschließung der reichen Kohlevorkommen in größerer Tiefe war das Abpumpen des einströmenden Grundwassers. Dieses Problem konnte mit Hilfe leistungsstarker Dampfmaschinen in den 1830er Jahren erstmals gelöst werden. Die Dampfmaschine, namentlich die Dampflokomotive, wurde auch zu einem wichtigen Verbraucher der geförderten Kohle. In den 1840er Jahren entstand mit der ›Köln-Mindener Eisenbahn‹ die erste große Bahnlinie Westdeutschlands. 1847/48 gelang im Ruhrgebiet erstmals die Erzverhüttung auf reiner Koksbasis anstelle von Holzkohle. Bereits seit den 1820er Jahren wurde das gewonnene Roheisen mit Hilfe von Steinkohle zu Stahl weiterverarbeitet. Die stark expandierende Eisen- und Stahlindustrie – 1850 wurden im Ruhrgebiet 11 500 t Roheisen erzeugt, 1913 waren es 8,2 Mio. t – verbrauchte zeitweilig 30 – 40% der geförderten Ruhrkohle. Die entscheidende Rolle spielte auch hier bald der Eisenbahnbau mit seinem immensen Bedarf an rollendem Material, Schienen und Brücken. In der Frühzeit wurde für den Verhüttungsprozeß zehnmal mehr Kohle bzw. doppelt soviel Koks wie Erz benötigt, so daß man die Hochöfen vorzugsweise in der Nähe der Zechen errichtete und das Erz auch aus größerer Entfernung antransportierte. Die Hoffnung, den Erzbedarf für die Eisen- und Stahlerzeugung aus Lagerstätten im Revier selbst abzudecken, erwies sich bald als trügerisch. Raseneisenerzvorkommen an Emscher und Lippe und Kohleneisensteinlager, die man in den 1840er Jahren in den Ruhrbergen wiederentdeckte, konnten in bezug auf Quantität und Qualität mit dem auswärtigen Erz auf Dauer gesehen nicht konkurrieren. Immerhin stammten noch in den 1860er Jahren 60% des Erzbedarfs im Ruhrgebiet aus heimischen Vorkommen. Weitere wichtige Abnehmer für die Ruhrkohle wurden gegen Ende des vorigen Jahrhunderts die chemische Industrie sowie Kraftwerke für die aufkommende Elektrizitätsversorgung.

Die Periode zwischen 1850 und dem Ersten Weltkrieg hat das Erscheinungsbild des Ruhrgebiets bis heute nachhaltig geprägt. Die Expansion von Kohleförderung und Stahlerzeugung zog ein Millionenheer auswärtiger Arbeitskräfte an. In den Städten und Gemeinden des ›engeren Ruhrgebiets‹[2] lebten 1852 ca. 375 000 Menschen, 1925 aber fast 3,8 Millionen. Städte vervielfachten binnen kurzem ihre Einwohnerzahl. Neue Siedlungskerne entstanden in großer Anzahl auf dem Lande nach folgendem Schema: Eine Bergwerksgesellschaft teuft

Treidelschiffahrt auf der Ruhr bei Kettwig

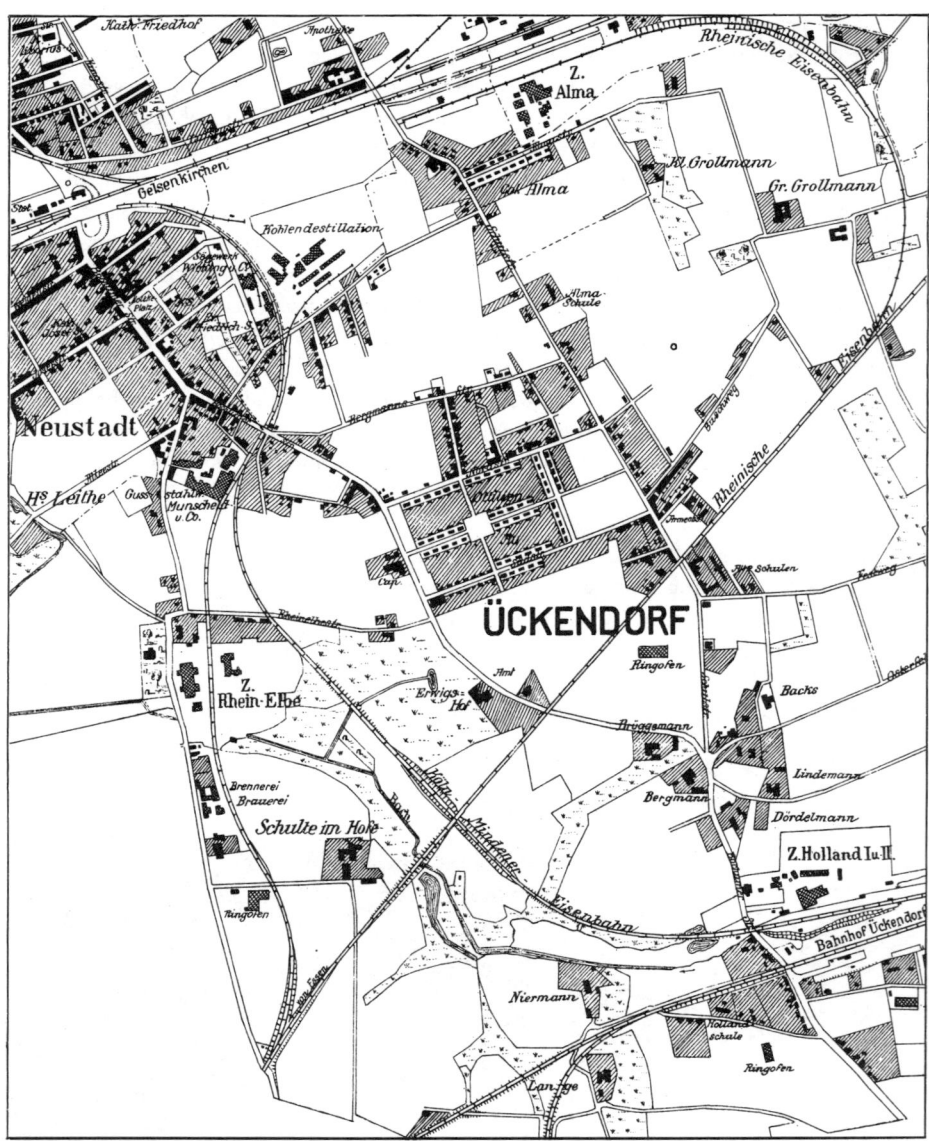

Verstädterung im Süden Gelsenkirchens. Links oben noch ein Teil der Altstadt, südlich der Bahnlinie die planmäßig angelegte Neustadt. Ansonsten ein buntes Gemisch von Zechen, Kolonien und Bauernhöfen der vorindustriellen Epoche, dazwischen noch viel Freiland. Geschäfte, Kneipen etc. siedelten sich vornehmlich an der Bochumer Straße zwischen Neustadt und Ückendorf an. Der Planausschnitt von 1890 zeigt somit gut die ›Ruhrgebiets-Trias‹ Zeche – Kolonie – Vorortkern.

Schächte ab, wo reiche Kohlevorkommen günstig gefördert werden können. In Betriebsnähe werden ›Kolonien‹ mit Werkswohnungen errichtet. Ladengeschäfte, Kneipen, ›Schnapskasinos‹ entstehen in bunter Anordnung im nächsten Dorf oder eigenständig in der Nähe des Zechentors. Der erforderliche Neubau von Kirchen und Schulen wird in der Regel von der Zechengesellschaft bezuschußt. Häufig ist auch ein großer rechteckiger Marktplatz zu finden. Im Revier wird das Ortsbild gegenwärtig nicht nur von Zechen- und Kirchtürmen, sondern gelegentlich auch von wuchtigen Weltkriegsbunkern beherrscht.

Siedlungskerne, bestehend aus der Dreiheit Zeche, Bergarbeitersiedlung und Vorortszentrum, entstanden zwischen 1850 und 1914 im Ruhrgebiet zu Hunderten. In weit stärkerem Maße als die Zentren der Großstädte konnten sie bis in die Gegenwart ihre unverwechselbare Identität bewahren. Zwischen Kolonie und Kneipe, Büdchen und Schrebergarten, Zechengelände und Sportplatz findet man heute noch am ehesten die Welt des ›Kumpel Anton‹, des ›Taubenvatters‹, des Ruhrgebietsfußballs…

Ein oder mehrere Dutzend solcher Siedlungskerne machen zusammen eine Revierstadt aus. Da der Vorort für die meisten Einwohner Arbeitsplatz und Wohnung vereinigte und zudem ausreichend Versorgungs- und Freizeiteinrichtungen bot, waren die Verbindungen zum eigentlichen Stadtzentrum nicht sehr eng. Verwaltungstechnisch entwickelten sich die einzelnen Städte im Gefolge des rasanten Bevölkerungszuwachses in einem kontinuierlichen Wirrwarr von Ein- und Umgemeindungen. Immer wieder mußten Großstädte ausgekreist und Landkreise aufgelöst werden. Die preußische Regierung schreckte um die Jahrhundertwende zunehmend davor zurück, Großgemeinden das Stadtrecht zu verleihen. Sie wären dann der Polizeiaufsicht des Landrats entzogen gewesen, und das städtische Wahlrecht hätte der Erfahrung nach oppositionelle Stadtparlamente (Zentrum/SPD) gefördert. Bei dörflichen Verwaltungsstrukturen und einem niedrigen Steueraufkommen der Arbeiterbevölkerung war bis ins 20. Jahrhundert hinein keine großzügige Stadt- oder gar Raumplanung möglich, wovon der planlos verwinkelte Straßenverlauf in der Emscherregion heute noch kündet. Im Fall von [Essen-]Borbeck, dem zeitweilig größten Industriedorf des Deutschen Reichs (1915 – 77000 Einwohner), führte – wie eine neuere Studie auf beklemmende Weise dokumentiert[3] – die Unfähigkeit zur Stadtentwicklung auch zur persönlichen Tragödie des verantwortlichen Kommunalbaumeisters. Eine Vereinigung der einzelnen Städte und Gemeinden zu einer einzigen Revier-Großstadt, einer ›Megalopolis Ruhr‹, beschäftigte gelegentlich die Öffentlichkeit, blieb aber angesichts der ›gewachsenen‹ Strukturen illusionär. Es erfolgte auch keine Ausrichtung der Region auf ein einziges Zentrum hin.

Die Stadtlandschaft an Hellweg, Emscher und Lippe wird noch heute in einem beträchtlichen Ausmaß von Gründerzeit-Architektur geprägt. An den kilometerlangen Hauptstraßen findet sich oft zwischen einzelnen Fachwerkhäusern aus der vorindustriellen Epoche und modernen Nachkriegsbauten ein buntes Gemisch von überladenen Stuckfassaden unterschiedlicher Stilrichtung. Die erste Generation der großen neugotischen Backsteinkirchen, gelegentlich mit Doppelturmfassade, wurde noch von Architekten der Kölner Dombauschule entworfen. Zahlreiche öffentliche Gebäude von großzügigen Abmessungen und qualitätvoller Gestaltung erwecken den Eindruck, als sei man in den ersten drei Jahrzehnten des 20. Jahrhunderts bestrebt gewesen, einen seit langem aufgestauten Nachholbedarf an Urbanität abzubauen. In Bottrop, Herne und [Gelsenkirchen-]Buer kam es zur Anlage eines ›Stadtforums‹. Die neuen Rathäuser, Verwaltungsgebäude und Schulen dieser Epoche wurden mit Jugendstilzitaten oder expressionistischem Ziegeldekor auf ansprechende Weise geschmückt. Der frühmoderne Sakralbau erreichte – z. B. mit der St. Nikolaus-Kirche in [Essen-]Stoppenberg (Farbt. 12) oder den Kirchen Josef Frankes in Bottrop, Gelsenkirchen, Waltrop und Oer-Erkenschwick – einen hohen künstlerischen Rang, der weit über die Grenzen des Ruhrgebiets hinaus Beachtung verdient.

Wichtigstes Baumaterial des Reviers ist der Ziegelstein. Er wurde an Ort und Stelle gebrannt – auch von den Zechengesellschaften; er ist vergleichsweise resistent gegen feuchte Witterung und Industrieabgase und eignet sich durchaus auch zur künstlerischen Gestaltung von Schaufassaden.

Daß die Stadtzentren des Reviers verschiedene bedeutende ›Kunstdenkmäler‹ der traditionellen Lesart aufweisen, dürfte allgemein bekannt sein. Auf die beachtlich große Zahl von mittelalterlichen Dorfkirchen und barocken Wasserschlössern in den heutigen Vororten der Großstädte soll empfehlend hingewiesen werden. Eingehender beschrieben wird im folgenden die Architektur der Bergwerke und des Werkswohnungsbaus.

Einzelne Zechen und Bergarbeitersiedlungen werden auch später, bei den einzelnen Stadtporträts, in vielleicht ungewohnter Ausführlichkeit vorgestellt werden. Eine solche Akzentsetzung findet ihre Berechtigung in Versäumnissen der letzten Jahrzehnte: Während man seit langem im Ruhrgebiet mit Akribie die Zeugnisse der vorindustriellen Epochen aufspürt und auch stolz auf die städtebaulichen Anstrengungen unserer Zeit hinweist – in bezug auf die großzügigen Grünplanungen der Kommunen sicherlich zu Recht –, fristeten die ›Denkmäler der Maloche‹ im öffentlichen Bewußtsein bis an die Schwelle der Gegenwart eher ein Schattendasein. Dabei verdienen manche Zechen und Kolonien aufgrund ihrer architektonischen Qualität den Respekt auch des Kunsthistorikers. Grundsätzlich dürfen sie aber als sozialgeschichtliche Dokumente Aufmerksamkeit beanspruchen, als Zeugen von harter Arbeit und wirtschaftlichem Erfolg, Krisen und Lebensbewältigung, betrieblicher Fürsorge, Kameradschaft und Nachbarschaftshilfe, Kampf um bessere Lebensbedingungen, Recht und Freiheit...

Die Architektur des Ruhrbergbaus

>»Das Bauwerk als Botschaft: Das ist eine Funktion, die Architektur seit
alters und in allen Hochkulturen auch zu erfüllen hatte. Die Darstellung von
Macht und Machtansprüchen, von gesellschaftlicher Stellung, wirtschaftlicher Kraft oder ideologischer Botschaft gehörte immer wieder mit zur
Bauaufgabe.«[4]   *(Hartwig Suhrbier, 1976)*

>»Mancher stolze, in reicherem Stile aufgeführte Schachtthurm ragt wie eine
Ritterburg aus Wald und Busch oder in lachendem Gefilde hervor, umgeben
von musterhaften Ansiedelungen trefflicher Arbeiterwohnungen, die Sorge
der Werksleitungen um das Wohl ihrer Arbeiter bekundend.«[5]
>*(Zeitschrift ›Stahl und Eisen‹, 1882)*

Im vorindustriellen Zeitalter wurde die Kohle ohne nennenswerte technische Hilfsmittel
gewonnen. Auf den Ruhrhöhen, wo die Flöze dicht unterhalb der Erdoberfläche verlaufen,
förderte man die ›schwarzen Diamanten‹ zunächst im Tagebau, d. h. durch Schürfen in
Erdlöchern (›Pingen‹). Lief eine Pinge voll Wasser, grub man mit Spaten und Schaufel in der
Nachbarschaft eine neue. Um die Mitte des 15. Jahrhunderts erreichten die ersten senkrech-
ten Schächte (›Pütts‹, von lateinisch ›puteus‹ = Brunnen) eine Tiefe von mehreren Metern.
Seit dem Ende des 17. Jahrhunderts trieb man waagrechte oder leicht geneigte Stollen in die
Berghänge vor. Sie wurden in regelmäßigen Abständen durch Schächte mit der Erdoberflä-
che verbunden, so daß eine Luftzirkulation entstehen und Frischluft einströmen konnte
(›Bewetterung‹).

Der Abfluß des Grubenwassers aus den Abbaustollen erfolgte über eigene, tiefer liegende
›Erbstollen‹. Die gewonnene Kohle wurde durch die Schächte an das Tageslicht transportiert
(›gefördert‹). Hilfsmittel war hier zunächst der einfache *Handhaspel*, eine Seilwinde mit
Stützkonstruktion. Eine rationellere Ausnutzung der eingesetzten Energie wurde erreicht,
indem man an *beiden* Seilenden einen Förderkorb befestigte. Um etwa 1780 kam der *Göpel*
im Ruhrbergbau auf. Pferde drehten nun die Seilspindel mit Hilfe von Schwengeln. Die
Umlenkung der zunächst waagrecht laufenden Seile erfolgte mit Hilfe von Rädern. Die
Stützkonstruktion für diese Seilscheiben ist vom Prinzip her das früheste Fördergerüst des
Ruhrgebiets. Haspel und Pferdegöpel wurden am bergbauhistorischen Lehrpfad im Muttental bei Witten rekonstruiert (s. S. 41). Stollenmundlöcher finden sich noch – gelegentlich
solide ummauert – in beachtlicher Anzahl an den Talhängen der Ruhr und ihrer Nebenbäche
(Abb. 41).

Bis ins 19. Jahrhundert hinein wurde die Ruhrkohle nicht das ganze Jahr über gefördert.
Der Bergmann betrieb nebenbei eine bescheidene Landwirtschaft. Sein Kotten aus Bruch-
stein oder Fachwerk wurde zum Vorbild für die bescheidenen Betriebsgebäude der frühen
Zechen: Es entstanden Geräte- und Lagerschuppen sowie Häuser mit ›Büro‹- und Aufent-

Fördertürme und Fördergerüste des Bergbaus

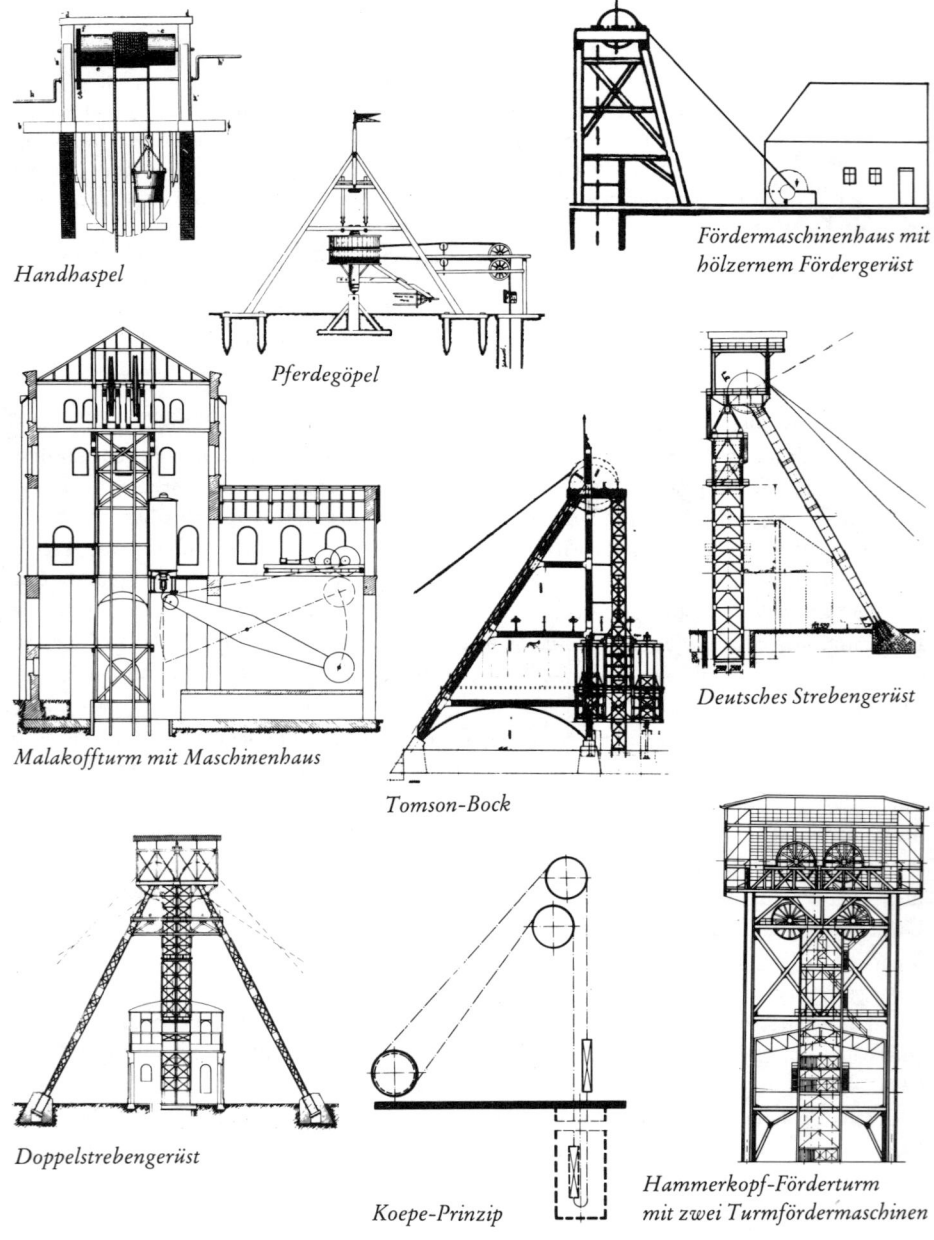

Handhaspel

Pferdegöpel

Fördermaschinenhaus mit
hölzernem Fördergerüst

Malakoffturm mit Maschinenhaus

Tomson-Bock

Deutsches Strebengerüst

Doppelstrebengerüst

Koepe-Prinzip

Hammerkopf-Förderturm
mit zwei Turmfördermaschinen

haltsräumen, auch Steigerwohnungen. Kleine ›Bethäuser‹ dienten als Versammlungsraum (s. auch S. 40f.). Die Belegschaft eines Bergwerks bestand zumeist nur aus wenigen Personen. Die Installierung der ersten Dampfmaschinen des Ruhrbergbaus in den frühen Jahrzehnten des 19. Jahrhunderts erforderte dann eine solidere Konstruktion der Zechengebäude, die nun grundsätzlich aus hartem Ruhrsandstein aufgemauert wurden. In ihrem äußeren Erscheinungsbild folgten sie häufig – wie z. B. das erhaltene Schachthaus der Zeche Wallfisch bei Witten-Stockum – der Formsprache des Spätklassizismus. Bei Wallfisch lag der Schacht im Keller des ca. 1850 errichteten Gebäudes. Bei anderen Anlagen lag er vor dem Haus und war von einem einfachen hölzernen Fördergerüst überbaut. Dies gilt z. B. für die Schachtanlage Friederika der Zeche Trappe in der Nähe von Wetter, bei der das Fördermaschinenhaus von ca. 1820 erhalten blieb (Abb. 42).

Seit dem Ende der 1830er Jahre ermöglichte der Einsatz von immer leistungsfähigeren Dampfmaschinen zum Abpumpen des einfließenden Grundwassers (›Wasserhaltung‹) eine Förderung aus Tiefen um die hundert Meter. Die Zechen arbeiteten nun fabrikmäßig. Eine Schachtanlage vereinigte zwei oder mehrere Schächte. 1850 beschäftigte ein Bergwerk im Durchschnitt 64 Personen, 1870 waren es bereits 230, 1910 über 2000 Menschen. Solch ein Betrieb war natürlich längst nicht mehr in einem einzigen Gebäude unterzubringen. Die ›Tagesanlagen‹ umfaßten neben den Fördertürmen u. a. Maschinen- und Kesselhäuser, Kohleaufbereitung, Verladung und Werkstätten, Waschkauen und Verwaltung, schließlich auch eine Kokerei. Die Bauten wurden harmonisch, häufig auch nach dem Gesichtspunkt der Symmetrie gegliedert. Gelegentlich entstanden Zechenanlagen aus einem Guß, bei denen die einzelnen Gebäude auch optisch einander zugeordnet waren.

Die durchschnittliche Fördertiefe stieg bis zur Jahrhundertwende auf ca. 500 Meter. Je tiefer der Schacht, desto aufwendiger geriet das Schachthaus, das um 1850 zum Schachtturm heranwuchs. Hierfür gab es mehrere Gründe: Um möglichst viel Kohle auf einmal nach oben transportieren zu können, wollte man sehr hohe Förderkörbe einsetzen, d. h. Gestelle mit zwei oder mehreren übereinanderliegenden Etagen für die Kohlenloren (›Hunde‹). Die Entladungsstation des Korbes übertage (›Hängebank‹) wurde seit den 1860er Jahren mehrere Meter über dem Straßenniveau angelegt, damit die natürliche Fallkraft zum Sortieren und Verladen der Kohle ausgenutzt werden konnte. Die Bergämter schrieben zwischen der höchsten Betriebsstellung des Förderkorbes und der Seilscheibe einen beträchtlichen Sicherheitsabstand vor, um für den Fall einer verspäteten Bremsung ein Aufprallen des Korbes nach oben auszuschließen.

Die steinernen Schachttürme des Ruhrgebiets wurden in vager Erinnerung an ein Fort der Festung Sewastopol, dessen Erstürmung im Krimkrieg am 8. 9. 1855 von entscheidender Bedeutung gewesen war, bald allgemein ›Malakofftürme‹ genannt. Die Lage der Seilscheiben über dem Schacht erforderte den Einzug zusätzlicher Träger im Turm. Außen wurde die zum Maschinenhaus hin gelegene, am stärksten beanspruchte Wand häufig durch vorgelegte Strebepfeiler entlastet. Um die enormen Seilzugkräfte abzuleiten, mußte die Mauerstärke bei manchen Türmen am Sockel bis auf 2,50 m gebracht werden. Ecktürmchen von meist oktogonalem Zuschnitt nahmen Fluchttreppen auf, die hier von der anfangs aus Holz gefertigten, stark

Schnitt durch eine Zeche

brandgefährdeten Führungskonstruktion im Innern des Hauptturms ausreichend abgeschirmt lagen.

Die Fassadengestaltung orientierte sich bei den Malakofftürmen zunächst häufig an klassizistischen Stilformen. Bei der Zeche Hannover I/II in Bochum-Hordel (1857/58, Abb. 52)
erinnern allerdings Zinnen und Gesimsformen an die preußische Ritterburgromantik von
Stolzenfels oder Rheinstein. Die (abgerissenen) Malakofftürme der Zechen Dahlbusch in
Gelsenkirchen-Rotthausen und Königin Elisabeth in Essen-Frillendorf waren mit neugotischen Blendbögen verziert. Daß auch die übrigen Betriebsgebäude der immer aufwendigeren Bergwerksanlagen in historistischen oder klassizistischen Formen errichtet wurden,
liegt nahe. Seit 1890 versuchte man offenbar, dem Phantasiebild ostelbischer Ordensritterburgen nachzueifern (u. a. Zechen Bonifacius in Essen-Kray, Abb. 58; Adolf von Hanse-

mann in Dortmund-Mengede, Abb. 60). Nach der Jahrhundertwende finden sich verhaltene Spuren von Jugendstildekor bei den riesigen Ziegelbauten der Zechen (u. a. Zeche Waltrop, Prosper-Zechen in Bottrop, Zeche Westhausen in Dortmund-Bodelschwingh).

Es mag dem einzelnen überlassen bleiben, angesichts von Zinnenkränzen auf Fördertürmen an eine romantisierende Verschleierung der industriellen Arbeitswelt zu denken, die ›Industriekathedrale‹ als subtil domestizierende Imponierarchitektur zu interpretieren oder in der Schloßarchitektur bei Zechenanlagen eine Manifestation des Bündnisses zwischen Hohenzollerndynastie und Ruhraristokratie zu sehen.

Der Malakoffturm wurde seit den 1870er Jahren im Ruhrgebiet durch das stählerne Fördergerüst abgelöst. Es war immun gegen Brände und mittlerweile wesentlich preiswerter zu errichten. Die Forderung nach größtmöglicher Standsicherheit und Materialersparnis führte nach und nach zur Entwicklung verschiedener Varianten. Von den älteren Spielarten blieb im Revier der in den 1860er Jahren entwickelte ›Tomson-Bock‹ nur in einem einzigen Beispiel erhalten (Zeche Gneisenau, Dortmund-Derne). Ziemlich rar ist inzwischen auch das nur wenig jüngere Deutsche Strebengerüst, das gegenüber dem Tomson-Bock die Materialersparnis steigert, indem die Führungskonstruktion für die Förderkörbe gleichzeitig als Stütze für die Gesamtkonstruktion in Anspruch genommen wird. Auf den Schachtanlagen

Die Tagesanlagen der Zeche Zollern II/IV in Dortmund-Bövinghausen als Beispiel für eine Großzeche um 1900

1 Maschinenhalle
2 Fördergerüste (inwischen niedergelegt)
3 Verwaltungsgebäude
4 Lohnhalle / Waschkaue / Magazin
5 Werkstätten
6 Pferdestall / Remise
7 Kesselhaus
8 Separation
9 Kohlenwäsche
10 Kokerei
11 Kaminkühler
12 Kamin
(8–12) abgetragen

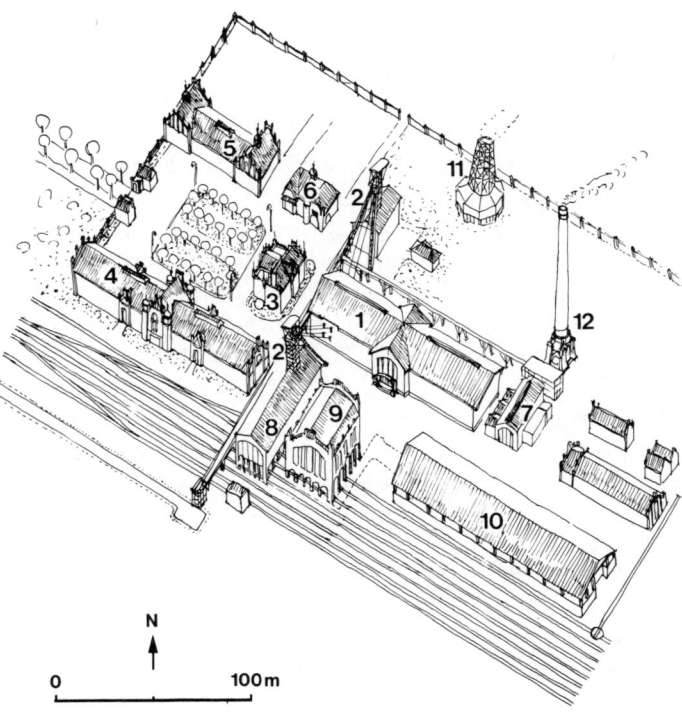

N

0   100 m

*Die Erstürmung des
Forts Malakoff im
Krimkrieg
(Phantasiebild)*

Consolidation in Gelsenkirchen-Bismarck und Rheinpreußen (Abb. 62) in Moers stehen die letzten Doppelstrebengerüste des Ruhrgebiets in Gitterträgerbauweise.

Die Fördertechnik wurde in den letzten Jahrzehnten des 19. Jahrhunderts maßgeblich verbessert. 1876 revolutionierte Carl Friedrich Koepe das Förderverfahren: Das mehrere hundert Meter lange Seil wurde bei der Dampfmaschine nun nicht mehr um eine Seiltrommel gewickelt, sondern in einer Rille um eine Treibscheibe geführt und durch Haftreibung in Gang gesetzt. Zu dieser Zeit transportierte man untertage die gewonnene Kohle mit Pferdekraft, seit den 1890er Jahren auch mit Seilbahnen und zwanzig Jahre später bereits mit lokomotivbespannten Zügen zum Füllort. Zu Beginn des 20. Jahrhunderts wurden im Ruhrbergbau die ersten elektrischen Fördermaschinen der Welt in Betrieb genommen.

Dies geschah u. a. auf der Zeche Zollern II/IV in Dortmund-Bövinghausen, die in ihrer Architektur den Umbruch zur Moderne eindrucksvoll markiert. Um einen begrünten ›Cour d'honneur‹ gruppiert sich der erste Bauabschnitt noch im Stil eines phantasievollen Historismus (Abb. 59). Die anschließende Maschinenhalle wurde 1902/03 in Stahlskelettbauweise errichtet (Farbt. 11). Das Gebäude zeigt außen wie innen seine tragende Stahlkonstruktion, die aus genormten Elementen eines riesigen Stabilbaukastens zusammengesetzt zu sein scheint. Die Gefache wurden mit Ziegeln ausgemauert. Diese Bauweise sollte für die nächsten sechs Jahrzehnte den Stil der Zechenarchitektur des Ruhrgebiets prägen. Sie fand ihren qualitätvollen Höhepunkt mit den harmonisch proportionierten, auch optisch einander zugeordneten Baukörpern der Tagesanlagen von Schacht XII des Bergwerks Zollverein in Essen-Katernberg. Neben Stahlskelettbauten errichtete man beim Bergbau auch weiterhin reine Ziegelarchitektur, die in den 1920er Jahren gelegentlich mit expressionistischen

Schmuckformen verziert wurde und zehn Jahre später unter dem Einfluß des Dritten Reichs eine bedrückende Monumentalität erreichen konnte (Kraftwerk in Gelsenkirchen-Horst, Abb. 107).

Bei den Fördergerüsten wurde die filigrane Gitterkonstruktion seit 1929 zunehmend von vollwandigen, klar konturierten Stahlblechträgern abgelöst. In dieser Bauweise entstand auch das riesige Doppelbockgerüst von Zollverein XII, das – oft nachgeahmt – zum weithin sichtbaren Markenzeichen des Ruhrbergbaus überhaupt werden sollte (Farbt. 23). Außerdem wurde in den 1920er Jahren der Bau von geschlossenen Fördertürmen wieder aufgenommen. Errichtet wurden entweder glatte Baukuben (Beispiel: Zeche Nordstern in Gelsenkirchen-Horst, Abb. 35) oder ›Hammerkopf‹-Fördertürme, bei denen das oberste Geschoß mit Rücksicht auf die Größe der dort installierten Turmfördermaschine(n) leicht vorspringt (Beispiel: Bergwerk Minister Stein in Dortmund-Eving, Abb. 66).

Erst um 1960 fand die Bergwerksarchitektur wieder zu einer grundlegend neuen Formgebung. Neue Baustoffe – Stahlbeton, Wellasbestzementtafeln, Trapezprofilbleche – führten auch bei den Tagesanlagen der Zechen zu einer monotonen, ›anonymen Verpackungsarchitektur‹, die sich von der Gestaltungsweise der Bauten anderer Industriebranchen nicht mehr unterscheidet. Auch die kubischen Fördertürme wurden nun nicht mehr aus Ziegeln aufge-

Sprengung eines Fördergerüsts auf Zeche Sachsen in Hamm-Heessen, 1981

mauert, sondern mit diesen Materialien verkleidet. Individuelle, auch originelle Gestaltung erfahren allerdings z. Z. die neuentwickelten Fördergerüste aus Stahlbeton, die zumeist über Material- oder Seilfahrtsschächten errichtet werden und verhältnismäßig niedrig sind. Ein hohes, elegant gestaltetes Doppelfördergerüst aus Beton erhebt sich auf dem Gelände der Zeche Neu-Monopol in Bergkamen, die als vorerst letzte Schachtanlage des Ruhrbergbaus 1982 den Betrieb aufnahm (Farbt. 24).

Trotz häufig anspruchsvoller architektonischer Gestaltung wurde ein Fabrikgebäude lange in erster Linie als notwendige Schutzhülle für die Produktion angesehen. Bei einer Modernisierung des Betriebs konnte diese Hülle abgelegt und erneuert werden, d. h. man riß alte Architektur ohne Bedenken zugunsten neuer Hallen ab. Eine Überlebenschance bestand zumeist nur, wenn nach einer Betriebsstillegung für die Fabrikgebäude eine neue Nutzung gefunden werden konnte. Die Rettung von einzelnen Maschinen des frühen Bergbaus für Museen blieb dabei eher dem Zufall überlassen. Schacht- und Fördermaschinenhäuser des 19. Jahrhunderts erreichten als Wohn- oder Ziegeleigebäude in wenigen Glücksfällen die Schwelle der Gegenwart.

Um die Mitte der 1960er Jahre lenkte eine zunehmende Sensibilisierung von Öffentlichkeit, Geschichtswissenschaft und Denkmalpflege für Themen aus der heimischen Sozialgeschichte den Blick auf die ›Technischen Kulturdenkmale‹ als wichtige Zeugnisse der ›Maloche‹ vergangener Generationen. Die Denkmalämter der beiden Landschaftsverbände in Nordrhein-Westfalen engagierten sich zunehmend für die Erhaltung historischer Fabrikgebäude, ihre Erforschung und Bekanntmachung in der Öffentlichkeit. Unscheinbare Spuren einer frühen, vielfältigen Bergbautätigkeit in der Ruhrregion wurden in den letzten Jahren systematisch aufgespürt, inventarisiert und restauriert. Wenige exemplarische Großzechen werden in Westfalen als Bestandteile eines dezentral konzipierten Industriemuseums erhalten bleiben. Ansonsten müssen auch gegenwärtig immer wieder schmerzliche Verluste in Kauf genommen werden. Ein Circulus vitiosus besteht in der Koppelung von Zechensterben und aktueller Armut der öffentlichen Hand. Es ist sehr schwierig, für ein Bergwerk, das nur unter großem Kostenaufwand erhalten werden kann, nach der Betriebsstillegung eine neue, angemessene Nutzung zu finden.

Wohnen im Ruhrrevier

»Masuren!
In rein ländlicher Gegend ... liegt, ganz wie ein masurisches Dorf ... eine
reizende, ganz neu erbaute Kolonie der Zeche Viktor bei Rauxel. Diese
Kolonie besteht vorläufig aus über 40 Häusern und soll später auf etwa 65
Häuser erweitert werden. In jedem Haus sind nur 4 Wohnungen ... Zu jeder
Wohnung gehört ein sehr guter, hoher und trockener Keller ... Ferner
gehört dazu ein geräumiger Stall, wo sich jeder sein Schwein, seine Ziege
oder seine Hühner halten kann ... Endlich gehört zu jeder Wohnung auch
ein Garten von etwa 23 bis 24 Quadratruten ... Die ganze Kolonie ist von
schönen breiten Straßen durchzogen, Wasserleitung und Kanalisation sind
vorhanden. Abends werden die Straßen elektrisch beleuchtet. Vor jedem
zweiten Hause liegt noch ein Vorgärtchen, in dem man Blumen oder auch
Gemüse ziehen kann. Wer es am schönsten hält, bekommt eine Prämie ...«[6]
*(aus einem Aufruf zur Werbung masurischer Arbeiter
für die Zeche Viktor bei [Castrop-]Rauxel, 1908)*

Bis an die Schwelle des Industriezeitalters lebten die Kohlegräber mit ihren Familien zumeist
in Kotten, die weit verstreut in den Tälern der Ruhr und ihrer Nebenbäche lagen. Die
1½stöckigen Häuser wurden auf einfachem Grundriß in Fachwerk errichtet oder aus Bruch-
steinen aufgemauert. Neben Küche und Kammern gab es hier Stall- und Vorratsraum sowie
eine ›Waschkaue‹ und Platz zur Aufbewahrung der noch primitiven Gerätschaften für den
Kohleabbau. Noch bis in unser Jahrhundert hinein wohnten zahlreiche Bergleute im eigenen
Kotten.

In der Frühzeit der Industrialisierung nahmen Kötterhäuser auch die ersten Zuwanderer
ins Kohlerevier auf. Andere Arbeiter zogen als ›Einlieger‹ in die Bauernhöfe der Region oder
zur Untermiete in die kleinen Städte am Hellweg.

Die Menschen rückten dort in den bergischen Fachwerkhäusern und den klassizistischen
Stadthäusern enger zusammen. In Essen wuchs die Personenzahl pro Haus allein zwischen
1840 und 1871 im Durchschnitt auf mehr als das Doppelte. Jeder verfügbare Raum – auch
Schuppen, Scheunen und Ställe – wurde zu Wohnquartieren umgebaut. Die hygienischen
Verhältnisse waren unzureichend. Immer wieder wurden die dichtbebauten Elendsviertel
zur Brutstätte von Epidemien.

Der private Mietwohnungsbau erreichte im Ruhrgebiet bei weitem nicht die gleiche
Bedeutung wie in anderen deutschen Städten. In der Bergarbeiterregion ließen sich in Anbetracht des verhältnismäßig niedrigen Lohnniveaus keine hohen Mieten durchsetzen. Kommunale Stadterweiterungsplanungen, die ein einheitliches Straßennetz und harmonisch
gestaltete Straßenzüge vorsahen, blieben in verschiedenen Städten unverwirklicht. ›Neu-
städte‹ mit repräsentativen Stadthäusern entstanden um die Jahrhundertwende nur in
bescheidenem Ausmaß, etwa in Gelsenkirchen oder in Dortmund (›Kreuzviertel‹).

Verschiedene Haustypen im Ruhrgebiet

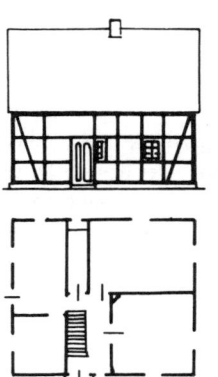

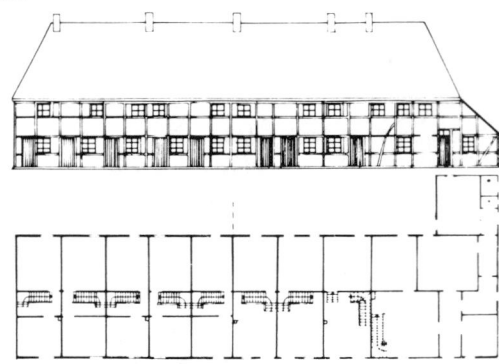

Hauszeile mit Arbeiterwohnungen der Saline Königsborn bei Unna

Bergmannskotten im Ruhrtal

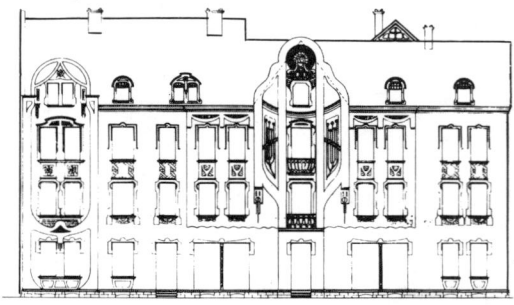

Stadthaus mit Jugendstilfassade in Gelsenkirchen-Mitte, Augustastraße

Arbeitermietshaus in Gelsenkirchen-Rotthausen

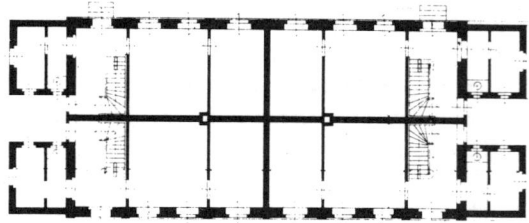

Vierfamilienhaus in der Alten Kolonie Eving in Dortmund, um 1900

Koloniehaus im Kreuzgrundriß, 1873 (AG ›Differdingen-Dannenbaum‹ / Bochum)

In größerer Anzahl errichtete man ziemlich planlos in der Nähe neuer Zechen zwei- bis dreistöckige Mietshäuser. Manchmal ragen in unwirtlicher Gegend unvermittelt einzelne Häuser oder Häuserzeilen gen Himmel. Über die Vorderfront ergießt sich in üppigem Stuck das Repertoire klassizistischer oder historistischer Schmuckformen. Hinter der Rückwand aus unverputztem Ziegelstein gab es niedrige Anbauten und Trakte für Toiletten, Ställe und evtl. auch Werkstätten.

Angesichts der allgemein bekannten Umweltverschmutzung genoß der ›Kohlenpott‹ bereits im vorigen Jahrhundert in bezug auf ›Lebensqualität‹ einen schlechten Ruf. Die Zechengesellschaften und Stahlwerkseigentümer sahen sich zunehmend gezwungen, mit dem Lockmittel einer günstigen, großzügig geschnittenen Werkswohnung Arbeitskräfte aus entlegenen Gebieten anzuwerben. Alleinstehenden jungen Arbeitern bot man Unterkunft und Verpflegung, in ›Menagen‹, d. h. Logier- und Kosthäusern an; Familien zogen in die ›Kolonie‹.

1844 errichtete die Gutehoffnungshütte in ›Eisenheim‹ bei Oberhausen die ersten Kolonie-häuser des Ruhrgebiets. Bereits 1873 gab es im Revier insgesamt 5930 zecheneigene Wohnungen, um die Jahrhundertwende waren es 26245 und beim Ausbruch des Ersten Weltkriegs 94027. 1900 lebte von den Bergleuten in Oberhausen fast ein Drittel in einer Werkswohnung. Erst in den Krisenjahren der Weimarer Republik büßte der Werkswohnungsbau seine Bedeutung ein. Auch im Ruhrgebiet bauten Genossenschaften und gemeinnützige Gesellschaften nun (mit kommunaler Unterstützung) Wohnblocks und ›moderne‹ Siedlungen, die im Gegensatz zur Bergarbeiterkolonie früherer Jahrzehnte keine regionsspezifische Individualität mehr beanspruchen konnten. Demgegenüber hatte sich das Koloniehaus im Aufbau noch an speziellen Erfordernissen und Lebensgewohnheiten des Bergmannsberufs orientiert.

Die Tradition des Werkswohnungsbaus reicht in Deutschland vereinzelt bis ins 17. Jahrhundert zurück. Aus dem frühen 19. Jahrhundert blieben in Westfalen u. a. Arbeiterhäuser der Silberhütte in Kredenbach bei Kreuztal, der Glasfabrik Gernheim bei Petershagen/Weser und der Saline Königsborn bei Unna erhalten. Das Königsborner Beispiel (Abb. 75), eine langgestreckte Hauszeile mit aneinandergereihten Wohneinheiten, wurde auch zu einem frühen Grundtyp des Massenwohnungsbaus für Ruhrbergleute. In Dortmund-Scharnhorst steht ein später Ausläufer dieser Tradition, die als wichtigstes Gestaltungsmerkmal eine straffe Fassadengliederung und paarweise gekoppelte Eingangstüren aufweist. Im Volksmund bekam der Haustyp bald den Spitznamen ›D-Zug‹ (Abb. 81). Wie fast alle anderen Typen besaß er maßgebliche Vorbilder in westeuropäischen Industrierevieren. Verschiedene Entwicklungsstufen des Arbeiterwohnhauses in England, Belgien oder Frankreich wurden in der zweiten Hälfte des 19. Jahrhunderts nach und nach auf Weltausstellungen vorgeführt und gewannen dadurch einen internationalen Bekanntheitsgrad.

Neben den ›D-Zug‹ trat im Ruhrgebiet das frei stehende Einzelhaus. Einfamilienhäuser blieben hier selten. Auch Zweifamilienhäuser waren nicht häufig. Dominierend wurde das Mietshaus für vier Parteien. Jede Wohneinheit besaß ihren eigenen Eingang. Als besonders gelungen galt der Kreuzgrundriß, bei dem die vier Wohnungen innerhalb des Gebäuderechtecks in Kreuzform aneinanderstoßen. Die unverputzten Ziegelmauern waren oft mit sparsamem Gesims geschmückt, die Häuser grundsätzlich entlang schnurgerader Straßen aufgereiht. Mehrere Straßenzüge bildeten zusammengenommen eine Kolonie.

Mit dem Ansteigen der Bodenpreise nutzte man seit den 1890er Jahren auch im Ruhrgebiet das Bauland intensiver aus, errichtete Sechs- und Achtfamilienhäuser und rückte die einzelnen Gebäude dichter zueinander.

Die Fassaden wurden nun etwas aufwendiger gestaltet: Häufig kontrastierten rote Ziegel- und helle eingestreute Putzflächen lebhaft miteinander.

Nach der Jahrhundertwende begann man, nach englischem Vorbild Gartenstädte für Bergarbeiter und Bergbauinvaliden zu errichten: Die Straßenführung paßt sich nun dem zumeist hügeligen Gelände an. Nicht mehr die Achse bestimmt das Straßenbild, sondern die weit ausschwingende Kurve. Verschiedene Haustypen wechseln in gefälliger Reihenfolge. Wesentliche Elemente wie Grundmaße, Baumaterialien, Farbgebung etc. folgen allerdings bei sämtlichen Häusern der gleichen Norm oder sind aufeinander abgestimmt, so daß – bei großer Vielfalt im Detail – ein harmonischer Gesamteindruck zustande kommt. Besonders an Straßenecken oder in Blickpunktsituationen werden die Hausfassaden sorgfältig gestaltet und liebevoll verziert. Hier finden sich Holzverblendungen und romantisierende Fachwerkornamente, Erker und Türmchen, Gauben und Krüppelwalmdachgiebel. Zu einer Zeit, als die deutsche Kaiserherrlichkeit von 1870/71 für viele Menschen bereits anachronistische Züge anzunehmen begann, wurde – oft in unmittelbarer Nähe zur Zeche – mit ländlicher Siedlungsbauweise und heimattümelnden Architekturzitaten noch einmal die dörfliche Idylle aus einer längst vergangenen, vorgeblich heilen Welt heraufbeschworen.

In einer Bergmannssiedlung besaßen die einzelnen Wohnungen grundsätzlich einen großzügigeren Zuschnitt als in den Mietskasernen des gleichen Zeitraums. In der Kolonie verteilten sich die vier Räume einer Wohneinheit durchweg auf zwei Stockwerke. Das war für den Tagesablauf der Bergmannsfamilie von Vorteil: In den Zimmern der ersten Etage fanden Bergleute nach der Nachtschicht tagsüber halbwegs ungestört Schlaf, während sich in den unteren Räumen das Alltagsleben von Frau und Kindern abspielte. Anders als bei mehrstöckigen Mietskasernen konnten im Koloniehaus alle Zimmer ohne nennenswertes Treppensteigen, das für Bergbauinvaliden mit ›Staublunge‹ mühsam gewesen wäre, erreicht werden. Zu jeder Werkswohnung gehörte ein eigenes Gartenstück. Einstöckige Trakte hinter dem Haus oder niedrige Anbauten boten Raum für Aborte (Wasserspülung, die jede Geruchsbelästigung ausschloß, kam erst nach 1900 auf) sowie für Gerätschaften und Kleintierhaltung. Nach einer Zählung von 1893 besaßen 16 060 Bergleute (auch Kötter) neben 524 Pferden und 8210 Rindern insgesamt 38 017 Schweine, 885 Schafe und 31 221 Ziegen (›Bergmannskühe‹).

Gartenarbeit und Viehhaltung stellten allerdings nicht nur eine angenehme Feierabendbeschäftigung für Menschen dar, die lange Stunden untertage zugebracht hatten. Diese Mini-Landwirtschaft ergänzte vielmehr als notwendiges Zubrot den Bergmannslohn, der bis an die Schwelle des 20. Jahrhunderts auch bei normaler Konjunktur im Durchschnitt für den Lebensunterhalt einer fünfköpfigen Familie nicht ausreichte.

Idylle im Koloniegarten – Ziegenhaltung und Taubenzucht

Eine Aufbesserung der Haushaltskasse erfolgte zudem häufig durch die Untervermietung von Zimmern oder Schlafstellen (auch in einer Art ›Schichtwechsel‹) an ledige Jungbergleute. 1888/89 machten solche ›Schlafgänger‹ in Gelsenkirchen fast ein Viertel der Bevölkerung aus. Um 1900 lebten in [Duisburg-] Hamborn in einem Bergmannshaushalt durchschnittlich vier bis fünf Personen, die nicht zur Familie gehörten.

Während des Zweiten Weltkrieges erlitten zahlreiche Siedlungshäuser Bombenschäden, ohne daß der Bestand in einem gravierenden Ausmaß dezimiert worden wäre. Mit dem bundesrepublikanischen ›Wirtschaftswunder‹ setzte eine Abrißwelle zugunsten einer ›modernen‹ Wohnbebauung ein. Zu Beginn der 70er Jahre formierte sich erstmals der Widerstand von Koloniebewohnern, die ihre gewohnte Lebenswelt gegen weitere Abriß- und Neubaupläne verteidigten. Vielfältige Nachbarschaftskontakte wurden zur Voraussetzung für unerschrockene Solidarität, die eine Rettung der Kolonien erst ermöglichte. Der erfolgreiche Kampf um Eisenheim (Abb. 77–80) in Oberhausen-Osterfeld und Flöz Dickebank (Abb. 83) in Gelsenkirchen-Ückendorf gewann überregional eine Signalwirkung. Die hohe Wohnqualität der Zechenhäuser wurde zum Gegenstand verschiedener Forschungsprojekte und Publikationen. Die Sanierung der Architektur erfolgte zunehmend mit Unterstützung der Landesämter für Denkmalpflege in Münster und Bonn.

Heute sind viele Bergbaukolonien allerdings wieder gefährdet, und zwar nicht in ihrem Bestand, sondern in ihrem Erscheinungsbild. Die einzelnen Häuser werden von den Bergbaugesellschaften zunehmend an Privatpersonen, häufig die Bewohner, verkauft und dann in individualistisch-unverantwortlicher Weise renoviert. Ohne Rücksicht auf die Grundstrukturen der Gesamtanlage setzt man neue Türen und Fenster ein, entfernt die Fensterläden, verputzt oder plattiert die Fassaden, setzt klotzige Garagen in Höfe und Gärten…eine Entwicklung, deren erste sichtbare Ergebnisse nachdenklich stimmen.

Die einzelnen Städte

Im vorliegenden Buch finden alle Revierstädte und Gemeinden Berücksichtigung, auf deren Gebiet Steinkohle gefördert wurde oder wird. Der Kohleabbau und seine Nachfolgeindustrien haben der Region durch die Art der Industriearchitektur, der Arbeitersiedlungen und der Infrastruktur einheitliche Züge aufgeprägt. Innerhalb weniger Jahrzehnte verschmolzen bergische, münsterländische, niederrheinische Städte und Dörfer zu einer einzigen gigantischen Stadtlandschaft.

Die Zonengliederung des Ruhrgebiets orientiert sich an der Nordwanderung der Kohleförderung, beginnend mit dem landschaftlich reizvollen *Tal der Ruhr* und der *Region am Hellweg*. Es folgen weiter nördlich die *Emscherzone* im Tal des gleichnamigen Flusses, die *Vestische Zone* im ehem. Vest Recklinghausen, die *Lippezone* und schließlich im Westen das Kohleabbaugebiet am *Niederrhein*. Häufig haben spätere Eingemeindungen Gebiete aus verschiedenen Zonen in einer einzigen Stadt zusammengefaßt. Aus diesem Grunde werden im folgenden z. B. die südlichen, im Ruhrtal gelegenen Vororte von Mülheim, Essen und Bochum in der Hellwegzone (wo die Stadtzentren liegen) mitbehandelt, die Emscher- und Vestische Zone aber zusammengefaßt. Randgebiete, in denen der Kohleabbau erst verhältnismäßig spät begann und noch nicht das Erscheinungsbild der Landschaft prägt, werden

Die Nordwanderung des Kohleabbaus im Ruhrgebiet

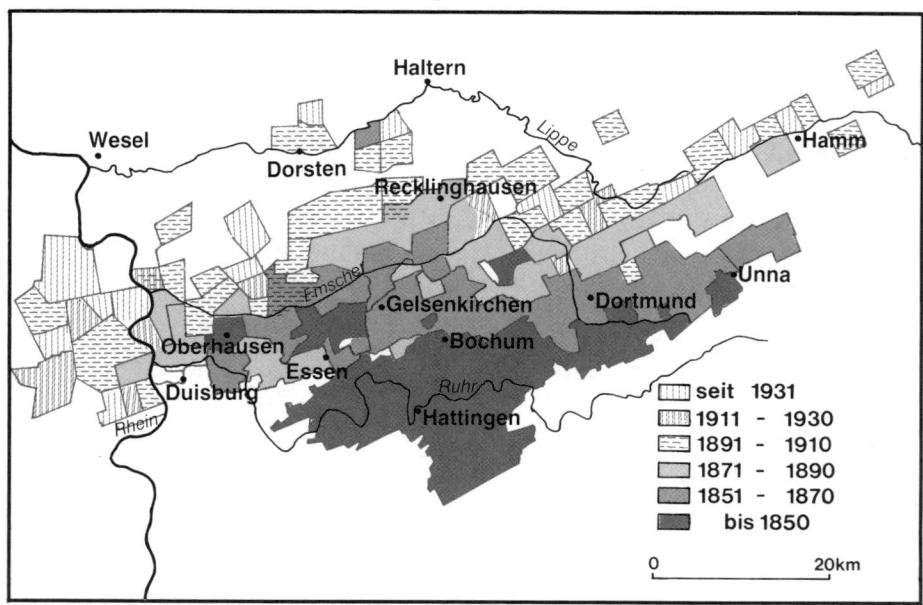

knapper beschrieben als der Kern des Ruhrreviers. Sie finden – allerdings unter anderen Leitgedanken – ausführlichere Berücksichtigung in weiteren Bänden dieser Reihe.[7]

Im Dienst einer übersichtlichen Strukturierung orientieren sich die Stadtporträts der Großstädte in den folgenden Kapiteln zumeist an einem einheitlichen Grundschema: Einem kurzen geschichtlichen Abriß folgen Abschnitte über Kirchen, Burgen/Schlösser, Öffentliche Bauten/Verwaltungsgebäude, Technische Denkmale und Wohnhäuser. Innerhalb der einzelnen Rubriken gilt eine chronologische Reihenfolge. Angesichts des auch gegenwärtig fortschreitenden ›Zechensterbens‹ kann keinerlei Garantie dafür übernommen werden, daß einzelne, auch erhaltenswerte Industriebauten während der Drucklegung des Manuskripts nicht abgerissen wurden.

Im Tal der Ruhr

Hattingen

> »... das freundliche Städtchen Hattingen, lebhaft, gewerkthätig, nach dem Fluß hinab sich drängend, als wollte es den Ruß seiner Kohlenöfen in den blinkenden Wellen abwaschen.«[8]   *(Levin Schücking, 1841)*

990 wurde in einer Urkunde des Stifts Essen erstmals der Reichshof ›Hatneghen‹ erwähnt, den Kaiser Heinrich II. 1005 der Benediktinerabtei in [Köln-] Deutz übertrug. Ein 1396 geschlossener Vertrag über das Recht, Hattingen zu befestigen, wird allgemein als entscheidender Schritt zur Stadtwerdung angesehen. Mit großzügigen Privilegien ausgestattet, erlebte die Hansestadt dann ihre Wirtschaftsblüte im 16. Jahrhundert. Vor allem Tuchmacher und Feintuchmacher siedelten hier. Hattinger Kaufleute zogen auf viele Märkte Europas. Der Dreißigjährige Krieg brachte den Niedergang. 1722 waren von den 267 Hattinger Häusern 52 strohgedeckt. In der Ortschaft gab es acht Pferde, 310 Kühe und 47 Ziegen. Immerhin übertraf Hattingen noch 1818 mit 2107 Einwohnern das nahe gelegene Bochum, wo damals nur 505 Menschen lebten. Hattingen konnte allerdings in den folgenden Jahrzehnten keinen ähnlich großen Aufschwung nehmen wie die Städte am Hellweg oder die Dörfer im Emschertal. Nach der kommunalen Neuordnung von 1970, die dem Stadtgebiet u. a. im Osten die Kleinstadt Blankenstein und im Süden das Erholungsgebiet der ›Elfringhauser Schweiz‹ zufügte, zählte Hattingen 1982 57000 Einwohner.

Die Kohleförderung im Hattinger Raum reicht vermutlich bis ins späte Mittelalter zurück. Ebenfalls abgebaut wurden dort bereits damals Spat- und Kohleneisensteinvorkommen, die dann allerdings für Jahrhunderte in Vergessenheit gerieten. Sie wurden um 1850

Hattingen, Fachwerk-Rathaus und Turmhelm der Stadtpfarrkirche St. Georg

wiederentdeckt und bildeten die erste Erzbasis für die 1853/54 durch den Grafen Henrich zu Stolberg-Wernigerode gegründete *Henrichshütte*. Der Bergbau erlebte in Hattingen in der letzten Kriegs- und Nachkriegszeit noch einmal eine unerwartete Blüte.

Die evangelische Stadtpfarrkirche **St. Georg** (Farbt. 28) stammt im Kern aus dem 13. Jahrhundert, mußte aber nach einem Brand im 15. Jahrhundert erneuert werden. Zu Beginn des 19. Jahrhunderts erhielt das Langhaus seine heutige Gestalt und Ausstattung. Hinter dem romanischen Westturm mit seinem schiefen Spitzhelm öffnet sich eine einschiffige, fast quadratische Halle mit flachem, kassettiertem Tonnengewölbe. Der klassizistische Kanzelaltar an der Rückwand wird von der Orgel (1829) gekrönt. Der alte Taufstein aus dem 16. Jahrhundert steht heute in der katholischen *Kirche St. Peter und Paul*. Das achteckige Steinbecken ruht auf einer gedrehten Mittelsäule und vier runden Ecksäulen, die zusätzlich noch Platz zur Aufstellung von vier zeitgenössisch gekleideten Frauengestalten bieten. In den Taufstein wurden zwischen 1612 und 1665 zahlreiche Hausmarken, Familiennamen und Jahreszahlen eingekerbt oder eingeritzt. – In *Blankenstein* besitzt die kleine evangelische Pfarrkirche (Portalinschrift: 1767) einen schönen Kanzelaltar, die katholische Kirche **St. Johannes** (1794, erweitert 1929) einen barocken Hochaltar, eine Pietà aus der Zeit um 1450 und einen ca. fünfzig Jahre jüngeren Kreuzkorpus. – In *Niederwenigern* wurde an den teilweise noch romanischen Westturm von **St. Mauritius** (kath.) 1858–61 nach Plänen des Architekten Friedrich von Schmidt eine aufwendige neugotische Hallenkirche angeschlossen. Im Inneren dieses ›Domes‹ fand der spätromanische Taufstein des Vorgängerbaus Platz. Außen an der Südseite erinnert eine Gedenktafel an Nikolaus Groß, der in dieser Kirche getauft und gefirmt wurde und 1945 als katholischer Märtyrer der Glaubens- und Gewissensfreiheit in Berlin-Plötzensee durch den Strang hingerichtet wurde.

An strategisch wichtigen Stellen erinnern auf Hattinger Stadtgebiet hoch über dem Ruhrtal zwei Burgruinen an Machtkämpfe aus der ersten Hälfte des 13. Jahrhunderts. Auf dem **Isenberg,** der seinen Namen nach Eisensteinvorkommen erhielt – Spekulationen um einen lokalen Isiskult oder die Herleitung vom Wolf Isegrimm sind blanker Unsinn –, errichtete Graf Arnold von Altena um 1200 eine Burg und verlegte den Wohnsitz seiner Familie dorthin. Sein Sohn Friedrich von Isenberg tötete 1225 den Erzbischof Engelbert von Köln. Kölner Vasallen belagerten und zerstörten daraufhin die Burg des 1226 hingerichteten Mörders; die Mauerreste werden z. Z. archäologisch untersucht.

Das Erbe des Isenbergers fiel zum großen Teil an dessen Vetter Adolf von der Mark, der an dem Komplott nicht beteiligt gewesen war. Auf dem ›blanken Stein‹, wenige Kilometer westlich des Isenbergs begann Adolf 1226 mit dem Bau einer neuen Burg, wobei er der Überlieferung nach Baumaterial der geschleiften Isenburg wiederverwandte. Im 14. und 15. Jahrhundert wurde **Burg Blankenstein** weiter ausgebaut. Nachdem sie während des 30jäh-

Blankenstein, um 1910

rigen Kriegs baufällig geworden war, befahl der Große Kurfürst 1662 die Abtragung der Anlage. Ein Rest diente als Steinbruch, bis er in den 1860er Jahren restauriert und ergänzt werden konnte (Farbt. 29).

Der letzte Drost und Amtmann von Burg Blankenstein, Johann Georg von Syberg, zog zu Anfang des 17. Jahrhunderts in das unweit gelegene Wasserschloß **Haus Kemnade** im Ruhrtal, das nach einem Brand (1589) unter Verwendung von älterer Bausubstanz bis 1663 neu errichtet wurde; die Vorburg konnte erst 1704 fertiggestellt werden. Zwei ungleiche Türme flankieren den mächtigen Hauptbau. Im Innern beeindrucken vor allem bemalte oder stuckierte Balkendecken sowie zwei Renaissancekamine. Der größere von ihnen ist farbig gefaßt und zeigt u. a. Porträtköpfe, Allegorien und die Opferung Isaaks. Der kleinere im Stockwerk darüber präsentiert u. a. Darstellungen des ersten Sündenfalls, der Vertreibung aus dem Paradies und der Ermordung Abels durch Kain. – Obwohl auf Hattinger Gebiet gelegen, befindet sich Haus Kemnade im Besitz der Stadt Bochum, die dort ihr *Stadtgeschichtliches Museum* sowie die *Musikinstrumentensammlung Hans Grumbt* untergebracht hat.

An die Bergbau-Tradition erinnern in Hattingen vornehmlich frühe, aus Bruchstein gemauerte Betriebsgebäude von Kleinzechen in *Niederwenigern* (Am Kempel) und in *Bredenscheid* (Wodantal 34) sowie im Ortsteil *Rauendahl* nördlich der Ruhr Reste der Trasse der *ältesten Pferdeeisenbahn* Westdeutschlands (1787, s. auch S. 153).

An die Ruhrschiffahrt erinnert bei *Blankenstein* eine ehemalige Ruhrschleuse mit Wärterhaus, in Hattingen eine weitere Schleuse, die in ihrem heutigen Bauzustand durch zwei gußeiserne Tafeln auf 1829/30 datiert wird.

Die *Hattinger Altstadt* wird durch zahlreiche malerische Fachwerkhäuser aus dem 16. bis 19. Jahrhundert geprägt. Besonders bemerkenswert sind hier das **Renaissance-Rathaus** von 1576 (ursprünglich Fleischhalle, heute Heimatmuseum) und das schmal zulaufende sog. ›**Bügeleisen**‹ von 1625 mit kleinen bleiverglasten Fenstern und geschnitzten Balkenköpfen (heute Eigentum des Heimatvereins).

Aus der Entstehungszeit der Henrichshütte blieben im Ortsteil Welper frühe Arbeiterhäuser erhalten (Straße ›Im Loh‹); ihre Architektur orientiert sich an Vorbildern aus dem Harz, von wo die Werksleitung Facharbeiter angeworben hatte. Als die Henrichshütte zu Beginn unseres Jahrhunderts ihre Belegschaft erheblich vergrößerte, entwarf der prominente Architekt Georg Metzendorf, der Schöpfer der Essener ›Margarethenhöhe‹, die Gartenstadt *Hüttenau:* In Welper und Blankenstein entstanden seit 1910 zahlreiche Ein- und Zweifamilienhäuser, eine Kirche, eine Schule und auch ein Sportplatz nach einheitlichem Gesamtplan.

Sprockhövel

>»... unvergeßlich bleiben mir die Karawanen der Sprockhöveler Treiber, welche auf Gebirgspfaden das Bergische mit Steinkohlen versorgten. Das non plus ultra eines groben Westfalen war ein solcher Kohlentreiber, der drei bis sechs schlechte, magere Pferde besaß, deren wunde Rücken mit den scharfkantigen, harten Kohlen in größeren und kleineren Säcken bepackt wurden, und nun in langen Zügen z. B. von den Zechen in Stiepel und Herbede bis Ronsdorf und Lennep das Land durchzogen und der durch schlechte Behandlung seiner Lasttiere sowie durch Toben, Saufen und Fluchen sich auszeichnete.«[9] *(Anton Ludwig Sombart, um 1820)*

Der Name *Spurkinhuvelo* taucht zum erstenmal im Großen Privilegienbuch der Abtei Werden (11. Jh.) auf. Im 12. Jahrhundert wird für den Ort eine dem hl. Januarius geweihte Kirche genannt. Das Schatzbuch der Grafschaft Mark von 1486 erwähnt 49 Höfe in *Sproeckhoevell* sowie erstmals auch die benachbarte Bauerschaft *Haßlinghausen*.

In der bergischen Gegend südlich des Ruhrtals wurde spätestens seit dem 12. Jahrhundert bis ca. 1600 Eisenerz abgebaut und mit Hilfe von Holzkohle ›verhüttet‹. Auf 1547 datiert der älteste Beleg für Kohlegewinnung aus Flözen, die speziell in der *Herzkämper Mulde* an verschiedenen Stellen zutage traten. Im Laufe des 18. Jahrhunderts gingen die Kleinbetriebe vom primitiven Tagebau zum Stollenbau über. Bis um die Mitte des 19. Jahrhunderts wurde die gewonnene Kohle auf dem Rücken von Lasttieren ins Bergische Land mit seiner vielfältigen Eisenindustrie expediert. Schließlich entstand ein leistungsfähiges Straßennetz, 1888 auch eine Eisenbahnlinie zwischen Hattingen und [Wuppertal-] Barmen. Etwa um diese Zeit gingen die Zechen im Sprockhöveler und Haßlinghauser Revier zum Tiefbau über. Um 1850 wurden auch die alten Eisensteinvorkommen wiederentdeckt und mehrere Jahrzehnte lang quasi an Ort und Stelle unter Verwendung der heimischen Kohle verhüttet. Der vergleichsweise geringe Eisengehalt des Steins war vermutlich der Hauptgrund für das Ende des Erzabbaus um 1900. Als letzte Kohlenzeche der Region stellte Alte Haase in Niedersprockhövel 1968 die Förderung schließlich ein. – Eine kommunale Neuordnung vereinigte die *Gemeinde Sprockhövel* 1970 mit dem größten Teil des *Amtes Haßlinghausen* zur *Stadt Sprockhövel*.

Das Ortsbild wird wesentlich von bergischen Häusern in Sandsteinmauerwerk oder Fachwerk, häufig mit Schieferverblendung, geprägt. Im Zentrum von *Niedersprockhövel* steht die evangelische **Pfarrkirche,** ein schlichter, klassizistischer Saalbau mit Mansarddach (1784/85). Der Turm bekam 1889 seinen heutigen Zwiebelhelm aufgesetzt. – Unweit dieser Kirche blieben die Tagesanlagen der Zeche **Alte Haase** erhalten. Bemerkenswert ist hier vor allem der jüngste Malakoffturm des Ruhrgebiets (bez. 1897), dessen Ziegelmauerwerk eine sorgfältige Gestaltung aufweist (Abb. 55). Jede Wand wird durch Lisenen in drei Bahnen aufgeteilt. Friese mit hellen Ziegelmustern trennen die drei Stockwerke optisch voneinander. Die Rundbögen der Fenster erhalten eine dezente Betonung durch helle Blendbögen.

Der Turm läuft an drei Seiten elegant in einem Flachbogen aus, der durch zinnenartige Akzente gerahmt und in der Mitte überhöht wird.

Die übrigen, zahlreichen Spuren des Bergbaus – Halden, Wüstungen, Pingenzüge, Stollenmundlöcher etc. – sind in Sprockhövel zumeist nur durch den Kundigen auffindbar und zu identifizieren. Erwähnt werden sollen abschließend Betriebsgebäude einiger ehemaliger Kleinzechen, die heute als Wohnhäuser genutzt werden, und zwar in den Ortsteilen *Schewen* (Zum Sackschacht 48), *Quellenburg* (Quellenburger Straße 60, 62, 68, 70, 72) und *Obersprockhövel* (Zeche Kleine Windmühle, Sierenberger Straße 27, 70, 72).

Witten

In einer Urkunde des Kölner Erzbischofs Adolf von Altena wird 1214 unter den Zeugen ein ›Antonius dec[anus] in Wittene‹ aufgeführt. Wesentlich früher noch sind die Namen verschiedener Ortschaften überliefert, die später nach Witten eingemeindet werden sollten. Die älteste dieser Nachrichten stammt aus Herbede: Als die Gebeine des hl. Alexander von Rom

Niedersprockhövel, 1877

Märkischer Kohlentreiber, Ende 18. Jh.

nach Wildeshausen überführt wurden – so notiert die ›Translatio Sancti Alexandri‹ für das Jahr 851 –, sei eine blindgeborene Frau ›ex villa *Herribeddiu*‹, die man zu den Reliquien dieses Märtyrers gebracht habe, auf wunderbare Weise wieder sehend geworden. Seit dem 13. Jahrhundert werden die ›Herren von Witten‹ häufig erwähnt. Sie konnten bis zum Ende des Heiligen Römischen Reichs in der Region die Gerichtshoheit und einige Herrschaftsrechte behaupten (u. a. Erhebung des Zehnten, Lehnshoheit, Besetzung der Pfarrstelle in der Wittener Kirche), ohne eine wirkliche Landesherrschaft auszuüben. Im 17. Jahrhundert wütete der Hexenwahn in Witten; noch 1701 soll hier eine unschuldige Frau als Hexe verbrannt worden sein.

Vermutlich wurde im Wittener Raum, namentlich in den südlichen Nebentälern der Ruhr, bereits im Spätmittelalter nach Kohle gegraben. Aus dem 16. Jahrhundert sind Klagen über Verwüstungen in Wald und Flur als Folge von ›wildem‹ Kohleabbau überliefert. Behördliche Regelung und Förderung sowie eine Verbesserung der Verkehrswege führten in der zweiten Hälfte des 18. Jahrhunderts zu einem Aufschwung im Ruhrbergbau. Seit den 1830er Jahren schlossen sich die Kleinzechen mehr und mehr zu kapitalkräftigeren Gesellschaften zusammen und teuften auch in der Gegend um Witten mit Hilfe von Dampfmaschinen die ersten Tiefbauschächte (um die 100 m) ab. Im Rahmen der Nordwanderung des Kohleabbaus erfolgten Zechenstillegungen hier um die Jahrhundertwende, um 1925 und schließlich im Jahr 1972. 1976 schloß in Witten mit Egbert die letzte Kleinzeche des Ruhrgebiets.

Die Tradition der Metallindustrie dieser Stadt reicht bis zu den verschiedenen Wasserhämmern des frühen 18. Jahrhunderts. 1862 wurde in Witten mit dem Bau einer Eisenbahn-Hauptwerkstätte begonnen, die zeitweilig mehr als 1000 Arbeiter beschäftigen sollte. Außerdem ist in Witten u. a. Glasindustrie ansässig. Otto Schott (1851–1935), einer der Erfinder des Jenaer Glases, begann hier seine berufliche Laufbahn. Einem anderen Sohn ihrer Stadt setzten seine Mitbürger 1902 ein unübersehbares Denkmal in Gestalt eines wuchtigen Turmes: Louis Constans Berger (1829–1891), ein Schwiegersohn Friedrich Harkorts, war zeitweilig in der Wittener Gußstahlindustrie engagiert und vertrat seit 1865 linksliberale Positionen im preußischen Abgeordnetenhaus, 1874–81 auch im Deutschen Reichstag.

Um die Mitte des 16. Jahrhunderts umfaßte Witten neben dem Pastorat und der Küsterei sechzig Bauernstellen von unterschiedlicher Größe. Im 18. Jahrhundert kamen ›Köttersiedlungen‹ hinzu. Lange bevor die industrielle Revolution in größerem Ausmaß den Zuzug auswärtiger Arbeitskräfte herbeiführte, erhielt das Dorf 1825 mit nur 1860 Einwohnern die Stadtrechte verliehen: Das Gesetz über die Einrichtung eines Provinziallandtags (1824) sah vor, daß zwanzig westfälische Städte ihre Vertreter in den Provinziallandtag nach Münster entsandten. Um auf diese Zahl zu kommen, wurden damals einige Ortschaften, bei denen ein wirtschaftlicher Aufschwung zu erwarten war, kurzerhand zur Stadt erhoben.

Witten besaß 1870 mehr als 15000 und 1920 fast 38000 Einwohner. 1921 wurde *Heven* eingemeindet. 1929 folgten *Rüdinghausen, Bommern* und vor allem *Annen*, wo der Essener Stahlkonzern Krupp ein Zweigwerk betrieb. Nach der 1975 erfolgten Eingemeindung von *Herbede* lebten 1982 ungefähr 105000 Menschen in Witten.

Burgruine Hardenstein über dem Ruhrtal, Wilhelm Riefstahl, 1860

Aus der eingangs erwähnten Kölner Urkunde von 1214 geht hervor, daß Witten um diese Zeit bereits eine Pfarrkirche besaß. Im Zuge der Reformation wandte sich die gesamte Bevölkerung der neuen Lehre zu. Der heutige Bau der evangelischen **Johanneskirche** an einem Hang oberhalb des Marktplatzes stammt aus dem 18. Jahrhundert, wurde allerdings nach schwerem Bombenschaden in teilweise moderner Formgebung erneuert. Der Glokkenturm korrespondiert stadtbildprägend mit dem Turm des gegenüberliegenden Rathauses aus den 1920er Jahren. – Die während der industriellen Revolution neu heranwachsende katholische Kirchengemeinde Wittens konnte für den Bauplan ihres ersten Gotteshauses den prominenten Kölner Dombaumeister Ernst Friedrich Zwirner gewinnen. Die **Marienkirche** wurde 1846–48 als Basilika in neuromanischem Stil – zu dieser Zeit eher die Ausnahme – errichtet und 1896 durch den Paderborner Diözesanbaumeister Arnold Güldenpfennig beträchtlich vergrößert. – Die evangelische Kirche in *Herbede*, ein schlichter klassizistischer Saalbau von 1811/12, besitzt noch einen romanischen Glockenturm. In *Witten-Rüdinghausen* entstand 1863 eine klassizistische Saalkirche nach Plänen von Friedrich August Stüler.

Unter den ehemaligen Herrensitzen auf Wittener Stadtgebiet präsentiert sich **Burg Hardenstein** bei Herbede heute als malerische, sagenumwobene Ruine. Ein Sagenkreis knüpft

mit der Gestalt des Ritters Nevelung an den Nibelungenstoff an. Der Zwergenkönig Golde-
mar könnte auf mittelalterlichen Bergbau verweisen, da Zwerge ja in der Sagen- und Mär-
chenwelt häufig Bodenschätze – wenn auch eher Edelsteine als Kohle – aus der Tiefe der
Berge ans Tageslicht bringen. – Das barocke **Haus Witten** im Zentrum wurde nach schwerer Kriegszerstörung teilweise wieder aufgebaut, wobei man sich am Erscheinungsbild des
späten 19. Jahrhunderts orientierte, als der linke der beiden Ecktürme seine Bekrönung in
einem gotisierenden Zinnenkranz fand. – **Schloß Steinhausen** in *Bommern* besteht heute im
wesentlichen aus einem runden Turm und einem Giebelhaus im Renaissancestil (16./17. Jh.)
sowie einem klassizistischen Herrenhaus (vor 1813). Die Freiherrn von Elverfeldt, die hier
1753–1851 lebten, machten sich als Miteigentümer mehrerer nahe gelegener Zechen um die
Entwicklung des Steinkohlebergbaus verdient.

Bei der ehemaligen Wasserburg **Haus Herbede** wurde die Innenhoffassade des Rittersaals
besonders prächtig gestaltet. Eingerahmt von zwei hohen Säulen mit korinthischen Kapitellen sind über fünf Fenstern fünf Relieffelder angebracht. Das mittlere nennt in einer Inschrift
den Architekten und das Erbauungsdatum (1568). Links und rechts schließen die Wappen
des Burgherrn Konrad von Elverfeldt und seiner Gemahlin Bertha von Vittinghoff-Schell
an. Links außen erinnert eine Justitia an die Gerichtshoheit des Burgherrn. Rechts außen
symbolisiert eine Darstellung der Lukretia, die sich das Schwert in die Brust stößt, nach
einer antiken Sage die eheliche Tugendhaftigkeit.

Vielfältige Spuren des frühen Bergbaus im Wittener Raum finden sich vornehmlich im Tal
des Muttenbachs, der von Süden kommend, zwischen Bommern und Herbede in die Ruhr
einmündet. Das **Muttental** konnte solche Zeugnisse bewahren, da sich hier nach Abklingen
einer fast 300jährigen Fördertätigkeit seit den 20er Jahren so gut wie keine Nachfolgeindustrien ansiedelten. Heute ist das auch landschaftlich reizvolle Gebiet durch einen *bergbauhistorischen Rundweg* mit kompetent konzipierten Erläuterungstafeln für den Tourismus
erschlossen.

An zwei Felswänden lassen geologische Aufschlüsse den Verlauf eines Kohleflözes zwischen anderen Gesteinsschichten erkennen. An den Kohleabbau aus vorindustrieller Zeit
erinnern Pingen und sorgfältig restaurierte Mundlöcher von Förder- oder Entwässerungs-
stollen. Rekonstruiert wurden im Maßstab 1:1 verschiedene Entwicklungsstufen des frühen
Fördergerüsts: ein Dreibaum, eine Schachtkaue mit Handhaspel, ein Pferdegöpel (Abb. 44),
beim Schacht Juno ein hölzernes Fördergerüst mit Maschinenhaus. Eine Anzahl bescheidener Bruchstein- und Fachwerkhäuser, heute zumeist bewohnt, bildet den Restbestand der
Tagesanlagen verschiedener Kleinzechen. Erhalten blieben Maschinenhaus, Kaue und Koh-
lenlagerschuppen der Zeche *Hermann* sowie Betriebsgebäude der Zechen *Fortuna ins
Westen*, *Theresia* (Nachtigallstraße 29/33; Abb. 40) und *Auf der Marta*. Schließlich soll auch
ein Steigerhaus in Fachwerk erwähnt werden.

Zentrum des Muttentals ist das besterhaltene **Bethaus** des Ruhrgebiets, ein kleiner
Bruchsteinbau mit Dachreiter (Abb. 45). Hier rief die Schichtglocke die Bergleute vor
Arbeitsbeginn zusammen. Mit dem gemeinsamen Gebet verband sich eine Anwesenheits-
kontrolle, die den aus Sicherheitsgründen notwendigen Überblick über die Zahl der einfah-

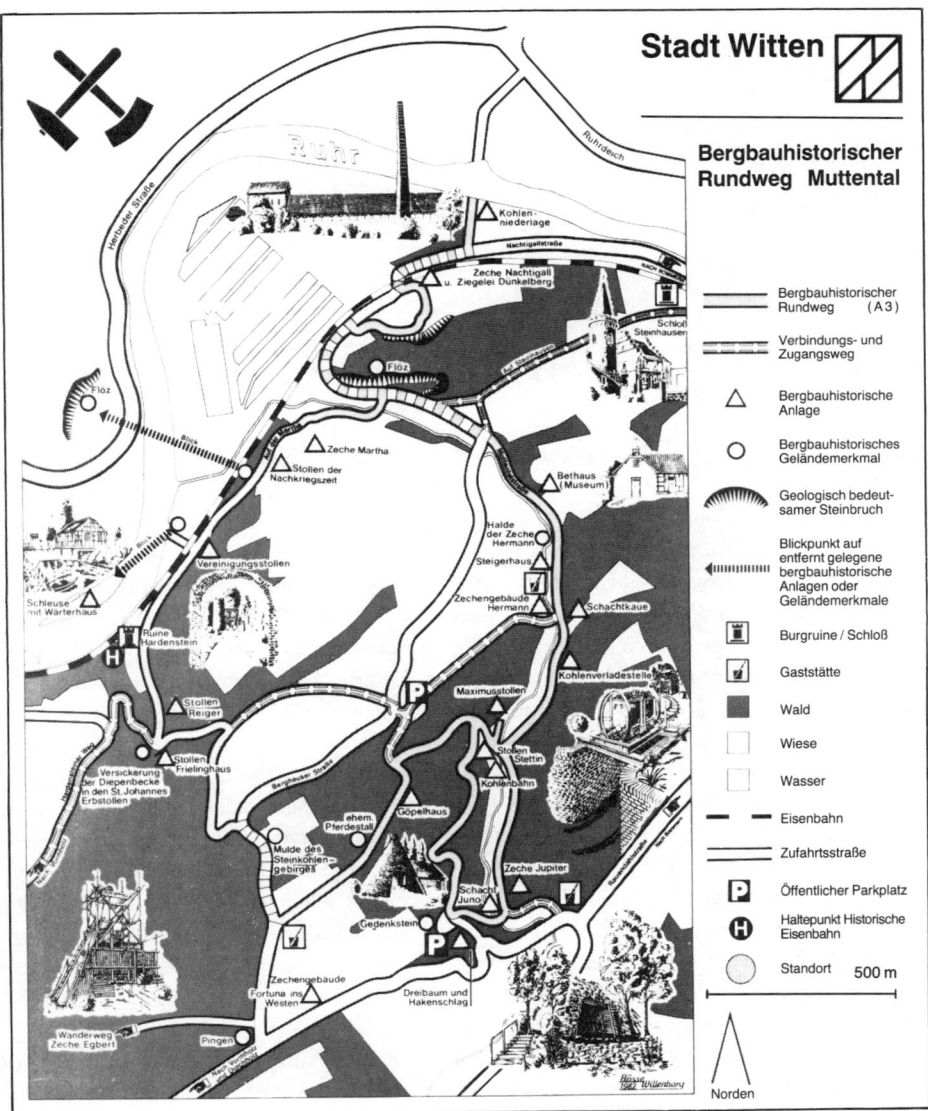

Stadt Witten

Bergbauhistorischer
Rundweg Muttental

	Bergbauhistorischer Rundweg (A3)
	Verbindungs- und Zugangsweg
△	Bergbauhistorische Anlage
○	Bergbauhistorisches Geländemerkmal
	Geologisch bedeutsamer Steinbruch
	Blickpunkt auf entfernt gelegene bergbauhistorische Anlagen oder Geländemerkmale
	Burgruine / Schloß
	Gaststätte
	Wald
	Wiese
	Wasser
	Eisenbahn
	Zufahrtsstraße
P	Öffentlicher Parkplatz
H	Haltepunkt Historische Eisenbahn
○	Standort 500 m

Norden

renden Bergleute erbrachte. Das Wittener Bethaus wurde vermutlich 1823 errichtet und bildet heute – ausgestattet mit originalem Arbeitsgerät aus der Frühzeit des Bergbaus, Modellen und Bildern – eine Außenstelle des Deutschen Bergbau-Museums in Bochum.

Am Eingang des Muttentals liegt die frühe Großzeche **Nachtigall,** die als Bestandteil des Westfälischen Industriemuseums z. Z. restauriert wird. Die erstmals 1728 erwähnte Anlage

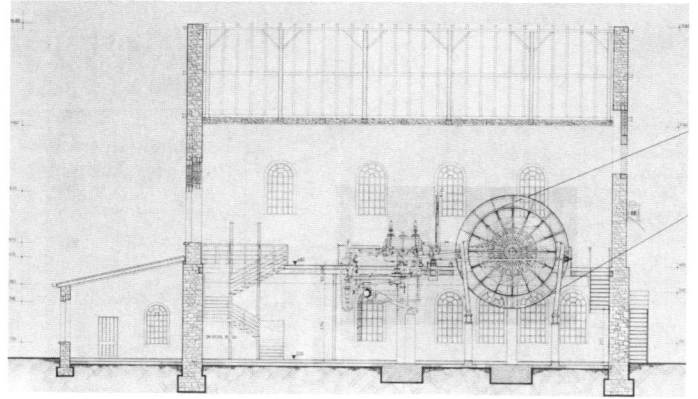

Zeche Nachtigall, Maschinenhaus von Schacht Herkules mit einmontierter Dampf-fördermaschine (Planung des West-fälischen Industrie-museums)

wurde gut hundert Jahre später mit verschiedenen Nachbarzechen zu einer Betriebsgesellschaft zusammengeschlossen. Die neue Kapitalbasis ermöglichte zwischen 1833 und 1844 die Abteufung der beiden Tiefbauschächte ›Neptun‹ und ›Herkules‹ bis weit unter den Wasserspiegel der Ruhr. Einfließendes Grubenwasser mußte mit Hilfe von Dampfmaschinen, auch aus der Harkortschen Fabrik in Wetter, hochgepumpt werden. 1868 zogen auf Nachtigall die ersten Pferde die Kohlehunde auch untertage. 1876 brauchten die Bergleute nicht mehr über lange Leitern in den Schacht einzusteigen, sondern konnten mit Hilfe von primitiven Vorläufern des Förderkorbs einfahren. Aufgrund gravierender Wasserhaltungsprobleme mußte die Zeche die Förderung allerdings bereits 1897 endgültig einstellen. Ihre Tagesanlagen gingen in den Baubestand einer Ziegelei ein, die 1897 auf dem Gelände angesiedelt wurde. Die riesige Doppelringofenanlage steht quasi über Schacht Herkules. Erhalten blieben der viereckige Schornstein des dazugehörigen Kesselhauses und die Bruchsteinmauern von Maschinenhaus, Verwaltungs- und Kauengebäude. Die schlichte, gut proportionierte Architektur orientiert sich an der Formsprache des Klassizismus.

Vom Muttental aus führt westlich ein Wanderweg zur Kleinzeche **Egbert** in *Herbede*. Hier förderten 1975 noch fünf Bergleute 1871 Tonnen Kohle. Im darauffolgenden Jahr mußte der Betrieb eingestellt werden. Die Tagesanlagen dieses einzigen vollständig erhaltenen Zeugen des Wittener Steinkohlebergbaus aus jüngster Zeit, namentlich auch das hölzerne Fördergerüst, wurden restauriert.

Verschiedene Spuren erinnern in der Muttental-Region auch an den Abtransport der gewonnenen Kohle. So finden wir eine (rekonstruierte) Kohleverladestelle, einen Hohlweg für Lasttiere (Abb. 43), die Trasse einer Pferdebahn, die Pfeilerreste der Nachtigallbrücke über die Ruhr (1849). An die Kohleverschiffung des 19. Jahrhunderts erinnern noch Kohleniederlagen (d. h. abgeteilte Lagerungsflächen) sowie die Herbeder Ruhrschleuse (Bauzustand von 1825) mit Schleusenwärterhaus (1835).

Im Stadtteil *Buchholz* erhebt sich auf einer Anhöhe der letzte **Wetterkamin** des Ruhrgebiets (ehem. Zeche *Vereinigte Geschwind*, später Zeche *Blankenburg*, erbaut ca. 1855; Abb.

46). Das 14 Meter hohe Bauwerk auf quadratischem Grundriß unterstützte die Sogwirkung, die für die Frischluftzufuhr untertage notwendig war. In dem durch einen Rauchkanal angeschlossenen tiefer gelegenen Kesselhaus zog ein Feuer die zur Verbrennung notwendige Luft aus dem unterirdischen Stollensystem ab, die dann durch den Kamin entwich. Inzwischen konnte durch die Mundlöcher etc. frische, unverbrauchte Luft in das Bergwerk einströmen.

Südwestlich von Stockum wurde vor einigen Jahren das Schachthaus der stillgelegten Zeche **Wallfisch** wiederentdeckt. Die Erhaltung auf Betreiben des Westfälischen Amts für Denkmalpflege war 1980 nur unter großer Anstrengung durchsetzbar, da der im Keller gelegene ehemalige Schacht kostenaufwendig neu abgedeckt werden mußte, um die Bewohner von einer Vergiftung durch eventuell ausströmende Grubengase zu schützen. Der stattliche spätklassizistische Bau (um 1850) weist die wesentlichen Merkmale der frühen Bergwerksarchitektur auf: flachgeneigtes Ziegeldach, Bruchsteinmauerwerk mit Eckverquaderung, Rundbogenfenster mit Ziegelsteinfassung.

Als technische Denkmale der Stadt Witten sollen noch die vielbogige *Eisenbahnbrücke* über die Ruhr sowie der *Hauptbahnhof* erwähnt werden. Er besitzt ein repräsentatives Empfangsgebäude in historisierenden Bauformen und Bahnsteighallen mit verzierten Gußeisenpfeilern.

Aus der Zeit um die Jahrhundertwende gibt es in Witten zahlreiche Bürgerhäuser mit repräsentativen Neurenaissance- oder Jugendstilfassaden. In den dörflichen Vororten, namentlich in *Herbede,* blieben zahlreiche malerische Fachwerkhäuser erhalten. Die alten Bergmannskotten der Region sind zumeist durch Modernisierung oder Umbauten stark entstellt. – Der Krupp-Konzern errichtete 1899–1909 für Arbeiter seines Stahlwerks die kleine **Kolonie Annen** mit abwechslungsreich gestalteten Hausfassaden, die ein lebhaftes Wechselspiel zwischen Putzfeldern und Ziegelakzentuierungen, Holzverschalung und Fachwerkdekor aufweisen. – Eine originelle Siedlung ließ 1913 die ›Westfälische Straßenbahn‹ in *Crengeldanz* für ihre Betriebsangehörigen erbauen. Die Mietshäuser im bergischen Stil sind in dezenter Musterung verschiefert, manche Giebel in Glockenform gestaltet (Abb. 85).

Witten, Kolonie Annen

Wetter

»Eine Meile unterhalb den Trümmern der tausendjährigen Veste Siegburg [= Syburg], an deren Lagerwall sich der gefeierte Name des Sachsenhelden Wittekind knüpft, den anmuthig gelegenen Ruinen des Schlosses Volmerstein gegenüber, erhebt sich der weit umherschauende, ungebrochene, stattliche Wartthurm von Wetter. Hier umfließt die Ruhr ein gegen Süden abfallendes Vorgebirge des Ardeys. Auf dem rechten Ufer, am Fuße des Hügels, mit Wiesen, Weiden, Gärten und Aecker umgürtet, liegt das Dorf, auf der Höhe des Rückens, auf einer gegen Osten jäh abfallenden Klippe, die Burg mit der noch theilweise ummauerten Freiheit.«[10]   *(Friedrich Harkort, 1856)*

Die Erwähnung von Nachbarortschaften in einem Werdener Urbar läßt auf eine Besiedlung Wetters im 9. Jahrhundert schließen. Der Ortsname ist erstmals in einer Urkunde von 1214 überliefert, wo unter den Zeugen ein Fridericus de Wettere fungiert, offenbar Herr eines gleichnamigen Edelsitzes. Ein Mitglied dieser Familie wurde auch erster Burggraf auf der Burg Wetter, die der Graf von der Mark im 13. Jahrhundert in Auseinandersetzung mit dem Kölner Erzbischof errichten ließ. Freiheit und Dorf Wetter gewannen 1355 mit den Privilegien der Selbstverwaltung die Stadtrechte, die 1809 durch eine napoleonische Verwaltungsreform aufgehoben und 1909 anläßlich eines Besuchs des letzten deutschen Kaiserpaars erneut verliehen wurden.

Zu dieser Zeit war Wetter bereits ein rühriger Industrieort. Nachdem eine Pestepidemie während des 30jährigen Krieges die Einwohnerzahl auf 24 (1648) reduziert hatte, siedelten sich 1661 hier zwölf bergische Klingenschmiede an, während man im benachbarten Volmarstein Türschlösser fabrizierte. In der ersten Hälfte des 19. Jahrhunderts war die Harkortsche Fabrik in Wetter der Ort bahnbrechender Pionierleistungen im Maschinenbau des Ruhrgebiets.

Pfarrkirchen aus dem Mittelalter – wenn auch in späteren Jahrhunderten erheblich verändert und ergänzt – gibt es in Volmarstein und Wengern. **St. Bartholomäus** in *Volmarstein* (evangelisch) ist heute ein schlichter, rechteckiger Saalbau mit gewölbter spätgotischer Sakristei. Die evangelische Kirche **St. Liborius** in *Wengern* besitzt u. a. ein spätromanisches Triumphkreuz und einen Schnitzaltar von 1714 mit der Darstellung des letzten Abendmahls. An der Südseite schließt der sog. ›**Leimkasten**‹ an, ein behäbiges Fachwerkhaus mit vorkragendem Obergeschoß und Musterungen in der Form des Andreaskreuzes (bez. 1541 und 1621).

In *Oberwengern* liegt der ehemalige Rittersitz **Haus Hove**, im wesentlichen ein klassizistisches Schlößchen und ein Rundturm aus Bruchsteinmauerwerk. August Heinrich Hoffmann von Fallersleben, der Dichter der deutschen Nationalhymne, verliebte sich hier 1820 in die Schloßherrin Henriette von Schwachtenberg.

Die Burg im benachbarten *Volmarstein* wurde als Vorposten der Kölner Erzbischöfe 1288 und 1324 erobert und zerstört und verfiel nach erneutem Wiederaufbau seit dem 15. Jahrhundert. Die romantische Anlage regte die Phantasie zu verschiedenen Sagen an. So wird z. B. vom ›Junker von Volmarstein‹ erzählt, der als übermütiger Raubritter reichen Kaufleuten auflauerte und schließlich – wie der Dichter Wolfgang Müller von Königswinter reimte – auf schauervolle Weise ums Leben kam:

Sie suchten ihn nachts im Waldesraum
Und fanden ihn morgens am Eichenbaum,
Das Haupt hing an einem Gabelast,
Das Roß floh unter ihm fort in Hast.
So büßte der schnöden Taten Last
Der Junker von Volmarstein.

1780–1815 war Wetter Sitz des Bergamts für die Grafschaft Mark. Das Amtsgebäude wurde auf dem Gelände von **Burg Wetter** errichtet. An den Bergamtsdirektor Heinrich Friedrich Karl Reichsfreiherr vom und zum Stein (1784–1793) erinnert noch eine Metalltafel an seinem *Wohnhaus*, Freiheitstraße 18. Der Freiherr vom Stein förderte den Ruhrbergbau durch Engagement für technische Innovationen, eine bessere Ausbildung der Bergleute, soziale Reformen und den Ausbau des regionalen Verkehrsnetzes. Er kümmerte sich u. a. um den Straßenbau und die Schiffbarmachung der Ruhr. An den späteren preußischen Reformer erinnert in Wetter ein Bronzedenkmal vor dem Rathaus, auf dem Kaisberg im benachbarten *Hagen-Vorhalle* ein Stein-Turm. Nach seinem Weggang hatte Stein der Ruhrregion ein gutes Andenken bewahrt: »Da habe ich in schöner Gegend die Seligkeit der Einsamkeit genossen. Ein Stachel der Sehnsucht dahin ist mir geblieben.«[11]

Alfred Rethel: Die Harkortsche Fabrik auf Burg Wetter (1834)

Henriette Davidis (1800–1876)

Nachdem das märkische Bergamt 1815 nach Bochum verlegt worden war, kaufte Friedrich Harkort 1819 die verödete Burg Wetter und richtete dort die Mechanischen Werkstätten Harkort & Co ein. Ihre Produktionspalette reichte vom gußeisernen Grabkreuz über Bügeleisen aus gleichem Material bis hin zu Maschinenteilen und Maschinen, u. a. für die Textilfabrikation, die Eisenverhüttung und den Bergbau. Bereits 1820 wurden die ersten Dampfmaschinen gebaut. 1826 stellte Harkort den ersten Puddelofen des Ruhrgebiets (Stahlproduktion auf Steinkohlebasis!) auf. 1834 schied er allerdings aus dem Unternehmen aus und wandte sich zunehmend der Politik zu. 25 Jahre lang kämpfte er als linksliberaler Abgeordneter für Freiheit, Recht und eine menschliche Lösung der sozialen Frage. Vier Jahre nach seinem Tod setzten seine Anhänger dem populären Volksmann 1884 in Wetter mit dem Harkortturm ein weithin sichtbares Denkmal. Haus Harkorten, der Stammsitz der Familie, liegt bei *Hagen-Haspe,* das Grab Friedrich Harkorts auf dem Familienfriedhof Schede bei Wettter (auf dem Gebiet der benachbarten Stadt *Herdecke*).

Fritz Harkort war auch einer der frühen Propagandisten und Pioniere des Eisenbahnbaus in Deutschland. Auf seine Initiative hin entstand 1826 die bis dato längste **Pferdebahn** des Ruhrbergbaus. Sie verband über eine Entfernung von 8 km die Zeche Trappe im Süden Wetters mit Kohlenniederlagen im Ennepetal bei Haus Harkorten. Auf zunächst noch hölzernen Schienen liefen Kohlenzüge mit neun Wagen, die von zwei Pferden gezogen wurden. Teile der alten Trasse sind im sog. ›Schlebuscher Revier‹ noch vorhanden.

Zur Zeche Trappe gehörte der Schacht **Friederika** mit dem wohl ältesten erhaltenen Fördermaschinenhaus des Ruhrgebiets (nahe *Silschede,* Straße Am Hülsey, Abb. 42). Krüppelwalmdach und efeubewachsenes Bruchsteinmauerwerk verleihen diesem ehemaligen Zechengebäude von ca. 1820 das Aussehen eines behäbig anheimelnden Wohnhauses. Wie fast alle erhaltenen Betriebsgebäude des frühen Bergbaus dient es inzwischen auch tatsächlich Wohnzwecken. In seinem vier Meter hohen Kellerraum stand allerdings früher eine Dampfmaschine.

Im Schlebuscher Bergbaurevier wurde die Wasserhaltung mit Hilfe des längsten ›Erbstollens‹ im Ruhrgebiet bewerkstelligt. Der **Schlebuscher** oder **Dreckbänker Erbstollen** mißt ca. 15 km, mit allen Flügelstrecken sogar ca. 25 km. Der Eingang zum ersten Befahrungsschacht, zwischen Wengern und Oberwengern, wurde aufwendig gestaltet. Eine zweite

Öffnung in der Bruchsteinwand führt zu einem Geräteraum. Sie wird von zwei umgestülpt angebrachten Kaminvorlagen flankiert, die offenbar von einem Renaissancekamin stammen.

Abschließend eine Kuriosität: An der Eisenbahnunterführung über den Henriette-Davidis-Weg im Ortsteil *Wengern* sind zwei steinerne Kochplatten eingemauert, auf denen die Pfarrerstochter Henriette Davidis manch' schmackhaftes Rezept für ihr berühmtes Kochbuch erprobte, das seit 1844 in über sechzig Auflagen erschien. Als das Pfarrhaus von Wengern dem Bau der Bahnlinie weichen mußte, setzte man der Kochkünstlerin, die auch Sonette und religiöse Erbauungslieder dichtete, auf diese Weise ein originelles Denkmal.

Herdecke

Der Ort entstand am Südhang des *Ardeygebirges* (Abb. 136) in Anlehnung an ein Frauenstift, das wohl nicht – wie es die Überlieferung gern wissen wollte – von einer Nichte Kaiser Karls des Großen gegründet worden war. Die ehemalige *Stiftskirche* dient heute als evangelische Pfarrkirche. Die romanische Pfeilerbasilika wurde im 13. Jahrhundert gotisch eingewölbt und auch später noch verschiedentlich umgebaut.

Ein vergleichsweise hohes Steueraufkommen in dem Marktort, wo auch Tuchweberei in Blüte kam, bewog König Friedrich Wilhelm I. von Preußen, Herdecke 1739 die Stadtrechte zu verleihen. 1982 lebten hier 24 000 Einwohner. Die Stadt besitzt im Zentrum eine größere Anzahl gut restaurierter Fachwerkhäuser. – Bei Herdecke überquert eine Eisenbahnlinie das Ruhrtal über einen leicht geschwungenen vielbogigen Viadukt aus Sandstein (1876; Abb. 152).

Der Bergbau blieb in den Herdecker Bergen Episode. In der realistischen Erwartung einer nur geringen Ausbeute legte sich das bedeutendste Unternehmen, das zwischen 1840 und 1860 im Tagebau nach Kohle grub, den Namen *Angst und Bange* zu. Die Idee eines zentralen Kohlemarktes für Herdecke ließ sich nicht in Realität umsetzen. Immerhin liegt noch auf dem Stadtgebiet an der B 234 zwischen Herdecke und Wetter das Stollenmundloch der Zeche *Vereinigte Eulalia* (bez. 1858). Der Schlußstein des Rundbogens zeigt umkränzt von Eichenlaub die wichtigsten Abbauwerkzeuge des frühen Bergbaus: Schlägel und Eisen.

Am Hellweg

Duisburg

>... wer einen Blick finden will in die gewaltige Poesie, die die moderne Industrie dem schauenden Menschen zeigt, der stelle sich auf die Duisburger Rheinbrücke, wenn die Sonne blutrot versunken in weite Fernen niederrheinischer Lande und dunkle Schatten, gleich schweren Wolken, vom Osten her sich schieben, und schaue den Strom hinab gen Norden. Was da seinem Auge sich bietet, ist eine gewaltige Symphonie mächtig schaffender Tat. Die größten Werke des Ruhrkohlengebiets haben hier, am alles nutzenden Strom ihre Anlagen geschaffen, und wie gepanzerte Ritter und Wächter..., recken sich hier dunkel drohend hunderte von Schloten und Essen und schnellen Myriaden Pfeile und Glutlanzen gegen den nächtlichen Himmel. Da glühen links die riesigen Hochöfen auf in mächtigen Flammen und Purpurbränden, und diese Alleen rauchender Schlote bilden ein mächtiges Spalier den ganzen Strom entlang. Und wenn in dämmernder Abendstunde all' die Hütten ihre feurigen Schlacken in das ruhig treibende Wasser werfen und hochaufzischend die Flammen gen Himmel schlagen, dann gleicht der Strom wohl einem tiefblutroten Bande, das stillschweigend durch die Landschaft zieht....«[12]   (*Alt-Duisburg in Wort und Bild, 1911*)

Die Nähe zur Ruhrmündung war Voraussetzung für die wirtschaftliche Blüte der Stadt; die Nähe zum Rhein als der wichtigsten europäischen Verkehrsader privilegiert die Duisburger Stahlwerke noch heute gegenüber Konkurrenzunternehmen aus dem östlichen Teil des Ruhrgebiets. Die enge Abhängigkeit der Wirtschaftsblüte Duisburgs vom Rhein wurde bereits im Mittelalter einmal überdeutlich, als dieser – kurz nach 1200 – nach einer Naturkatastrophe plötzlich seinen Lauf um mehrere Kilometer nach Westen hin verlagerte. Auf lange Sicht hin bedeutete dies für Handel und Wohlstand der Stadt einen schleichenden Niedergang, der erst mit dem Einbruch der industriellen Revolution in einen neuen Aufschwung umgekehrt werden konnte. Ein Stichkanal wurde nun zum Rhein hin gegraben und später zur Ruhr hin erweitert, die ihren Lauf ebenfalls von der Stadt wegverlagert hatte. Der eigentliche Mündungshafen entstand allerdings bei Ruhrort, einer bis zur späten Eingemeindung machtvollen Rivalin Duisburgs. Der Landhandel benutzte in Richtung Osten von alters her den Hellweg, der in Duisburg seinen Ausgangspunkt nahm.

Die Geschichte der Stadt beginnt mit der wohl im 8. Jahrhundert erfolgten Anlage eines befestigten *fränkischen Königshofes*. In der lateinisch geschriebenen Chronik des Abtes Regino von Prüm wird erstmals der Name genannt: 883/84 hätten die Normannen auf einem ihrer zahlreichen Einfälle ins Rheintal das oppidum *Duisburch* besetzt und dort auch über-

1 DUISBURG   St. Salvator und Rolandfigur am Rathaus ▷

2 ESSEN–WERDEN   Abteikirche
4 GELSENKIRCHEN   Evangelische Altstadtkirche und Propsteikirche St. Augustinus

3 ESSEN   Westwerk der Domkirche
5 DORTMUND   St. Reinoldi und St. Marien
   (rechts)

6 DORTMUND   St. Petri, Aufsetzen des Turmhelms im November 1981

8   HAMM   St. Paulus   9   ESSEN–WERDEN   Abteikirche

◁ 7   ESSEN   Dom, Blick ins Westwerk

10   DORTMUND   St. Reinoldi, gotischer Chor, vorn die Skulpturen des hl. Reinold und Karls des Großen

11 DORTMUND–BRECHTEN Dorfkirche
St. Johann Baptist

12 DUISBURG-MÜNDELHEIM Dorfkirche St. Dionysius

13 BOCHUM–STIEPEL Dorfkirche

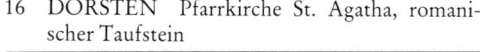

14   KAMEN–METHLER   Dorfkirche, Kapitelle mit Tiermotiven
15   DORTMUND–APLERBECK   Dorfkirche,
Taufstein mit Darstellung der Geburt Christi

16   DORSTEN   Pfarrkirche St. Agatha, romanischer Taufstein

18 ESSEN–WERDEN   Schatzkammer der Abteikirche, spätantike Elfenbeinpyxis

◁ 17 ESSEN–WERDEN   Abteikirche, romanischer Bronzekruzifixus

20 LÜNEN   Stadtkirche, spätgotischer Flügelaltar: Christus in der Vorhölle ▷

19 ESSEN–WERDEN   Schatzkammer, fränkischer Reliquienkasten, Tragaltar des hl. Liudger

21 DORTMUND Propsteikirche, spätgotischer Flügelaltar von Derick Baegert: Kreuzigung

22 DUISBURG–MÜNDELHEIM St. Dionysius, Tafelbild: Die Auferstehung

23 ESSEN St. Johannis, Flügelaltar von Bartholomäus Bruyn d. Ä.: Detail aus der Kreuzigung

24 CASTROP–RAUXEL Haus Goldschmieding, Relief auf dem Renaissancekamin: Zug der ›Superbia‹
26 CASTROP–RAUXEL Schloß Bladenhorst, Torhaus ▷
25 GELSENKIRCHEN Schloß Horst, Relief auf dem ›Küchenkamin‹: Der Jüngste Tag

27   MÜLHEIM/RUHR   St. Mariae Geburt

28 GLADBECK–BUTENDORF Heilig-Kreuz-Kirche

29 DATTELN Lutherkirche

30 WALTROP St. Marien

31 DORTMUND St. Anna

32 DATTELN Martin-Luther-Skulptur an der Lutherkirche

33 WALTROP Muttergottesfigur am Turm von St. Marien

34 GELSENKIRCHEN–ÜCKENDORF Heilig-Kreuz-Kirche

wintert. Seit der ersten Hälfte des 10. Jahrhunderts wurde der Königshof zu einer *Pfalz* ausgebaut, von der bei neuzeitlichen Grabungen unter Rathaus und Salvatorkirche noch Mauerreste entdeckt werden konnten. 1145 legalisierte König Konrad III. im nachhinein den bereits erfolgten Bau von Bürgerhäusern im Pfalzbereich. Die Verlagerung des Schwerpunkts deutscher Königsmacht in den Süden des Reichs ließ Duisburg allmählich an politischer Bedeutung verlieren. Für die deutschen Könige wurde die Reichsstadt am fernen Niederrhein mehr und mehr zum Pfandobjekt, das man zur Geldbeschaffung verwerten konnte. 1290 verpfändete Rudolf von Habsburg sie an die Grafen von Kleve, und seine Nachfolger lösten sie nicht mehr aus. Duisburg verlor seine Reichsunmittelbarkeit und sank trotz Zugehörigkeit zur Hanse allmählich zur kleinen Landstadt herab. 1614 kam die Stadt zusammen mit dem Herzogtum Kleve an Brandenburg. 1655–1818 unterhielt sie immerhin eine Universität.

Duisburg (1566), Ausschnitt aus dem Plan von Johannes Corputius

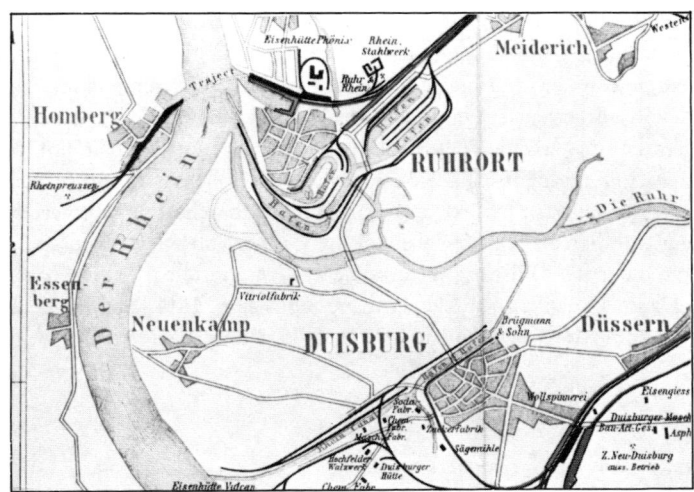

Duisburg und Ruhrort (1882)

Seit dem Ende des 17. Jahrhunderts brachte die Einrichtung von regelmäßig verkehrenden Schiffahrtslinien zu holländischen Städten einen bescheidenen wirtschaftlichen Aufschwung mit sich. Der große Durchbruch aber kam dann mit der industriellen Revolution des 19. Jahrhunderts. Neben Kohlenzechen entstanden im Duisburger Raum vornehmlich Werke der Metall- und Chemiebranche, so z. B. bereits 1824 eine der frühesten deutschen Schwefelsäurefabriken. 1905 konnten im Norden *Ruhrort, Meiderich, Beeck* und *Laer* eingemeindet werden, 1929 daran anschließend die Großstadt *Hamborn* sowie einige Ortschaften im Süden. 1975 schließlich erfolgte neben der Eingliederung von *Walsum* der Sprung über den Rhein mit der Eingemeindung u. a. der Städte *Homberg* und *Rheinhausen*. Die Stadt erreichte damit für kurze Zeit knapp die 600 000-Einwohner-Marke.

Duisburg ist heute (1985 – ca. 523 000 Einwohner) die drittgrößte Stadt im Revier. Die Lage an Rhein und Ruhr hat ihr Erscheinungsbild bis in die Gegenwart maßgeblich geprägt. Angeblich gibt es hier – namentlich auch aufgrund der weitläufigen Hafenanlagen – mehr Brücken als in Venedig. Die Industriekulisse des Duisburger Rheinpanoramas (Farbt. 26) hat ihre Faszinationskraft bewahren können, auch wenn sie uns heute nicht mehr so leicht zu melodramatischen Elogen wie der eingangs zitierten hinreißt. Stärker als in anderen Ruhrgebietsstädten drängt sich in manchen Gegenden Duisburgs allerdings auch der Eindruck auf, die Schwelle zu einem postindustriellen Zeitalter sei bereits überschritten. So breitet sich z. B. westlich von Hochfeld (d. h. unweit auch des Stadtzentrums) nach Konkurs und Teilabriß mehrerer Fabriken z. Z. eine öde Region aus, in der einzelne, manchmal bereits aufgegebene Stadthäuser aus der Gründerzeit als Monumente einer vergangenen Hochkonjunktur etwas verloren in den Himmel ragen.

Neben mehreren Klöstern besaß Duisburg im Mittelalter zwei Pfarrkirchen. Die Hauptkirche, **St. Salvator** (ev.; Abb. 1), wurde bereits 893 erstmals erwähnt und entstand sicherlich in Verbindung mit dem fränkischen Königshof. Der älteste, noch aus Holz errichtete Bau sowie auch drei nachfolgende Steinbauten des 10. bis 12. Jahrhunderts konnten unter dem Fußboden der heutigen Kirche noch nachgewiesen werden. Das älteste überlieferte Stadtsiegel aus der Mitte des 13. Jahrhunderts beweist, daß der Salvator auch als Duisburger Stadtpatron verehrt wurde. Um die Darstellung eines thronenden Christus verläuft die Umschrift SALVATOR MUNDI PATRONUS IN DUISBURG.

1254 bis 1533 hatte der Deutsche Ritterorden das Patronat über St. Salvator inne. Von ihm ging vermutlich die Initiative zur Errichtung einer neuen Kirche aus, die dann neben St. Willibrord in Wesel der bedeutendste gotische Sakralbau am rechten Niederrhein werden sollte. Ihr 1367 vollendeter Westturm, der die stolze Höhe von 112 Metern erreichte, brannte allerdings 1467 nieder, nachdem der Turmwächter bei brennender Kerze eingeschlafen war. Ein erheblich niedrigerer Turm wurde nun 1479 bis 1513 von Johannes Haller errichtet. Der steile, achteckige Helm mußte nach erneutem Turmbrand (1684) durch eine Barockhaube ersetzt werden. Im Zuge der grundlegenden Kirchenrenovierung von 1903/04 wurde der Turm durch ein achteckiges Glockengeschoß mit neuem Spitzhelm nicht ganz harmonisch aufgestockt. Dieser letzte Spitzhelm von St. Salvator fiel dem Bombenkrieg zum Opfer.

Das fünfjochige basilikale Langhaus der Kirche entstand wohl zwischen 1369 und 1415. Das Maßwerk der Fenster in den Seitenschiffen beginnt im Westen in strenger, hochgotischer Formgebung, um sich nach Osten zu immer üppiger in spätgotischen Fischblasenmu-

Duisburg, Burgplatz mit St. Salvator, Rathaus
und Mercatorbrunnen

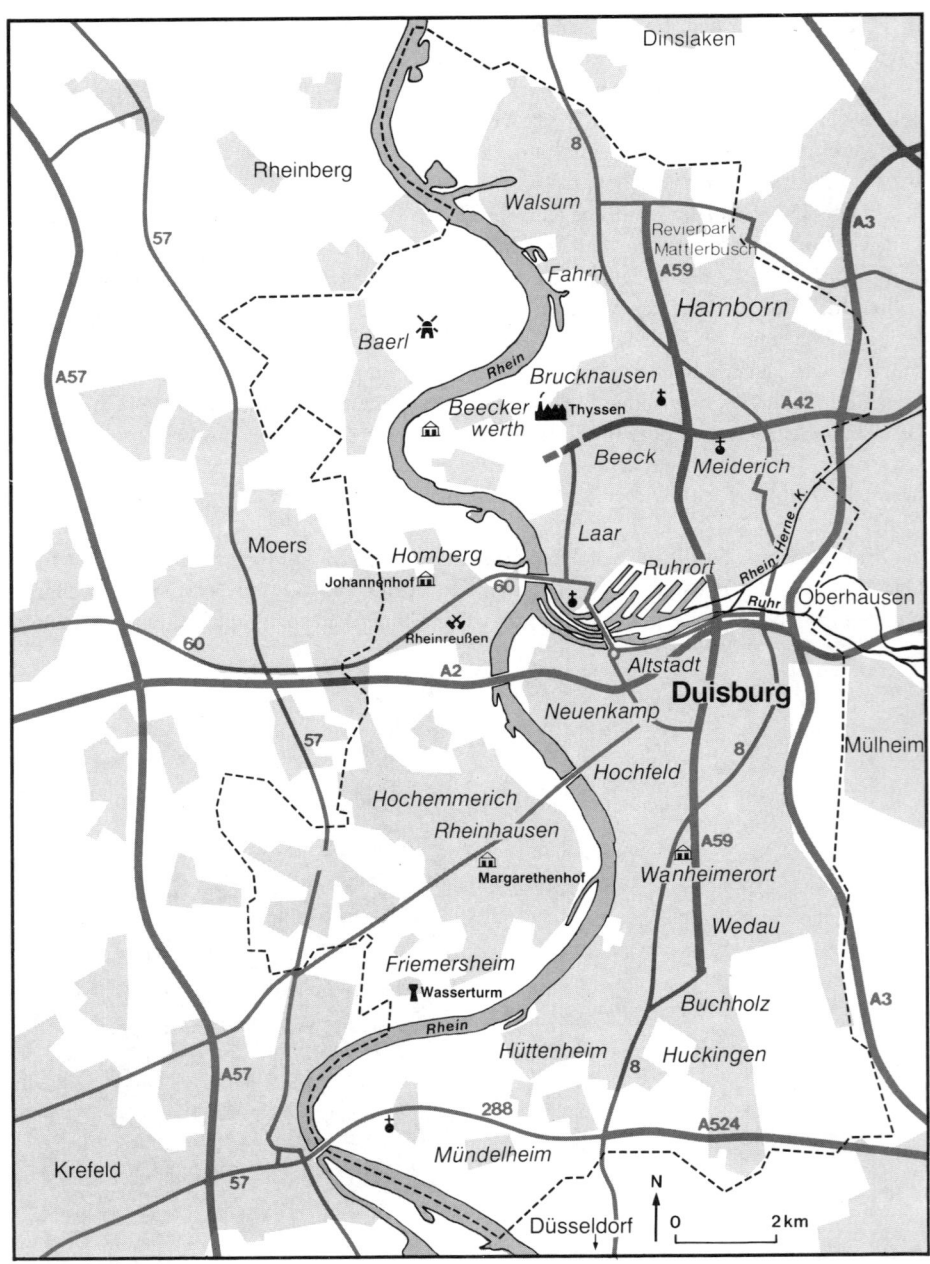

Duisburg, Stadtgebiet

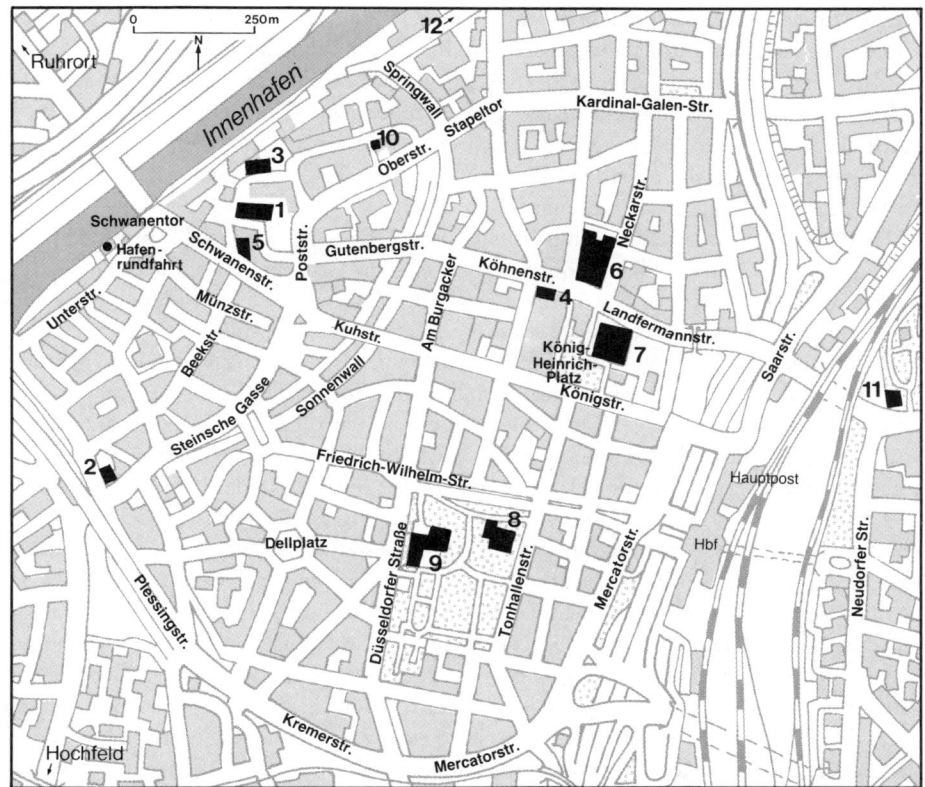

Duisburg, Stadtzentrum 1 St. Salvator 2 St. Marien 3 Minoritenkirche 4 Neue Liebfrauenkirche 5 Rathaus 6 Stadttheater 7 Mercatorhalle 8 Niederrheinisches Museum 9 Wilhelm-
Lehmbruck-Museum 10 Dreigiebelhaus 11 Museum Haus Königsberg 12 Mühlenwerke Küppers & Werner

sterungen zu entfalten. 1426–49 wurde der Chor erbaut. Im Anschluß daran entstanden das
Querschiff und die beiden ungleichen Chorseitenkapellen, von denen die südliche eine
eigene Apsis aufweist. Die Renovierung von 1903/04 bescherte der Kirche u. a. neue Querhausgiebel; in den südlichen Wimperg wurde hier eine neugotische Kreuzigungsgruppe
eingefügt. Ebenfalls 1903/04 überspannte man die Seitenschiffe mit einem Strebepfeilersy-
stem.

Das Kircheninnere beeindruckt durch Einheitlichkeit und Schlichtheit. Die mittelalterliche Ausstattung ging während der Reformation weitgehend verloren. Manches mußte verkauft werden, um Kriegssteuern aufzubringen, anderes fiel dem Bildersturm von 1613 zum
Opfer. Als vermeintlicher ›Ölgötz … der Salvator genannt‹ wurde aufgrund eines Ratsbe-
schlusses bereits 1555 das Gnadenbild des Erlösers entfernt. Die Christusskulptur war im

späten Mittelalter als wundertätig verehrt und in Prozessionen durch die Stadt getragen worden. Sie fand bald Zuflucht in der Dorfkirche von Nievenheim bei Neuss. In die Stirnwand des Südchores ist ein spätgotisches Sakramentshaus eingelassen. Das sechsseitige Taufbecken aus dem 15. Jahrhundert steht auf einem modernen Sockel. Die Kanzel von 1644 wurde nach Kriegsbeschädigung neu zusammengesetzt und ergänzt. Vom Chorgestühl überlebten sechs Holzskulpturen den Zweiten Weltkrieg dank des Umstands, daß sie bereits um 1900 ins Niederrheinische Museum gelangt waren.

Das Bemerkenswerteste der Kirchenausstattung von St. Salvator sind achtzehn Epitaphien und neun Wappenschilder, hölzerne oder steinerne Gedächtnistafeln aus dem 16.–18. Jahrhundert. Sie erinnern an Duisburger Bürger, Professoren, Studenten oder auch fremde Soldaten, die in oder neben dem Gotteshaus bestattet worden sind. Die quadratischen Wappenschilder sind übereck aufgehängt, die Epitaphien jeweils von einem Giebel bekrönt und von zwei Säulen flankiert. – In der südlichen Chorkapelle hängt das *Epitaph von Gerhard Mercator* (1512–1594). Ein kleines Brustbild in einem Medaillon zeigt hier, wie der berühmte Geograph und Kosmograph Zirkel und Globus in der linken Hand hält. Mercator (eigentlich Kremer) stammte aus Flandern und wirkte zunächst an der Universität Löwen. 1544 entging er nur knapp der Hinrichtung nachdem er unter der spanischen Zwangsherrschaft wegen lutherischer ›Ketzerei‹ angeklagt worden war. Er siedelte 1552 in das tolerantere Duisburg über, wo man ihm anscheinend eine Lehrtätigkeit an der geplanten Universität (die dann doch erst nach seinem Tode eröffnet wurde) in Aussicht gestellt hatte. In Duisburg lehrte Mercator zeitweilig am Gymnasium und entwickelte das nach ihm benannte Verfahren einer winkelgetreuen Projektion der gekrümmten Erdoberfläche auf das ebene Kartenblatt. Er schuf damit eine Grundvoraussetzung für die Zeichnung brauchbarer Seekarten. Ein Jahr nach seinem Tode erschien ein von ihm zusammengestelltes Kartenwerk der ganzen Welt, dem er den Namen ›Atlas‹ beigegeben hatte. Rumold Mercator versicherte, sein Vater habe bei diesem Titel nicht an den griechischen Titanen, der das Himmelsgewölbe auf seinen Schultern trägt, gedacht, sondern an einen gleichnamigen legendären lydischen König, der den ersten Himmelsglobus geschaffen haben soll. Erd- und Himmelsgloben Gerhard Mercators werden übrigens im Niederrheinischen Museum der Stadt Duisburg aufbewahrt. Ein *Mercator-Brunnen* steht auf dem Burgplatz vor dem Rathaus.

St. Marien (ev.) ist die zweite alte Pfarrkirche Duisburgs. Sie entstand als Hospitalkirche des Johanniterordens, der – zur Zeit der Kreuzzüge in Palästina gegründet – um 1145 vor den Mauern Duisburgs seine erste Niederlassung auf deutschem Boden errichtete. 1187 erhielt St. Marien einen eigenen, von St. Salvator abgezweigten Pfarrsprengel zugeteilt. Um 1292 wurden Kirche und Ordensniederlassung in den Duisburger Befestigungsring miteinbezogen. Der wohl einschiffige Sakralbau mit zwei Türmen und spätgotischem Chor (1475) mußte 1789 wegen Baufälligkeit geschlossen werden und wurde weitgehend abgetragen. Bis 1802 entstand unter Verwendung von altem Mauerwerk ein schlichter klassizistischer Neubau. Im Innern sind hufeisenförmig Emporen eingezogen. Der Glockenturm wird von einer welschen Haube mit aufgesetzter hoher Spitze bekrönt. In die östliche Außenwand der Kirche wurde der geschmückte Grabstein der Christeina von Eugele[n] († 1631) eingelassen.

Gerhard Mercator, Stich von 1574

Eine Niederlassung der *Minoriten* ist für Duisburg erstmals 1265 nachgewiesen. 1315 konnte dann eine gotische *Klosterkirche* geweiht werden. Sie war im 18. Jahrhundert auch kurzfristig Spielort von Stücken des jungen August von Kotzebue, der an der Duisburger Universität Jurisprudenz studierte. Das Kloster ging mit der Säkularisation unter. Die Kirche wurde 1896 als südliches Seitenschiff in die neue neugotische Liebfrauenkirche (kath.) eingegliedert. Nach schwerer Kriegszerstörung der Anlage restaurierte man nur den frühgotischen Mönchschor und die Westwand der **Minoritenkirche** und fügte dazwischen etwas versetzt ein schlichtes, modernes Kirchenschiff mit hölzernem Dachstuhl (Heinz Thoma, 1959/61) ein. Unter dem Patronat der ›Mutter vom Guten Rat‹ dient das Gotteshaus heute den unbeschuhten Karmeliterinnen als Klosterkirche. Für das Chorgebet der Schwestern wurde der Chorraum durch einen Bronzelettner abgeteilt. Nach Rücksprache mit der Klosterverwaltung können als Ausgrabungen Fundamente aus dem 12. Jahrhundert und Grabkammern des 18. Jahrhunderts besichtigt werden.

Zwei spätgotische Vesperbilder aus der Minoritenkirche gelangten in die *neue Liebfrauenkirche* (kath.) am König-Heinrich-Platz. Die doppelgeschossige Anlage (Toni Hermann, 1958–61) umfaßt im Untergeschoß eine kleine Anbetungskirche, oben eine weiträumige Feierkirche. Die Glasfenster sowie Teile der Ausstattung stammen aus der Vatikankirche der Brüsseler Weltausstellung von 1958.

In *Hamborn* schenkte Graf Gerhard von Hochstaden-Wickrath 1136 dem Kölner Erzbischof Bruno II. einen Gutshof mit der Auflage, dort ein *Prämonstratenserkloster* zu gründen. Bei den erforderlichen Baumaßnahmen blieb von der alten Eigenkirche des Gutes nur der Glockenturm aus dem 11. Jahrhundert im Unterbau erhalten. Die neue, flachgedeckte Pfeilerbasilika wurde 1170 durch Erzbischof Philipp von Heinsberg geweiht. Im 15. und 16. Jahrhundert erfolgte der Ausbau zur kreuzrippengewölbten gotischen Hallenkirche. Die Verbreiterung des südlichen Seitenschiffes konnte mit Rücksicht auf den Kreuzgang im Norden nicht nachvollzogen werden. Kriegswirren der Reformationszeit führten 1587 zu einer Brandkatastrophe, die u. a. sämtliche Gewölbe einstürzen ließ. Der rekonstruierende Neubau der *Kirche* zog sich bis in die zweite Hälfte des 17. Jahrhunderts hin. Eine vergleichbare Neubauaktion war nach dem letzten Bombenkrieg notwendig. Dieses Mal verzichtete man allerdings auf eine Einwölbung sowie auf gotisches Maßwerk in den Fenstern. 1959 kehrten die Prämonstratenser nach Hamborn zurück.

Die Kirchenausstattung umfaßt u. a. einen romanischen Taufstein aus Namurer Blaustein, der in die Zeit um 1200 zu datieren sein dürfte. Aus dem oberen Rand der Schale ragen zwei von ehemals vier stilisierten Köpfen mit expressiven, weit aufgerissenen Augen hervor. Eine tiefbraune Eichenholzplastik der Anna Selbdritt (15. Jh.) konnte aus dem Trümmerschutt des letzten Krieges geborgen werden. Sie wird als ›schwarze Muttergottes von Hamborn‹ von altersher verehrt. Die drei modernen Chorfenster der Kirche entwarf Anton Wendling (1950/51). Christus in der Mitte wird flankiert von Johannes dem Täufer als Kirchenpatron (mit Gotteslamm, Buch und Kreuzstab) und dem Apostel Johannes (mit Adler und Giftbecher). – Vom romanischen *Kreuzgang* des Klosters blieb der Nordflügel mit einigen beachtlichen Kapitellen erhalten. In der Sakristei werden u. a. liturgische Gewänder aus dem 16. Jahrhundert und eine barocke Sonnenmonstranz (Jakob Hüls, 1710) aufbewahrt. Der alte Hamborner Abtsstab liegt heute allerdings in der Schatzkammer des Kölner Domes, da Karl Adalbert von Beyer, der letzte Abt vor der Säkularisation, später in Köln als Dompropst und Weihbischof wirkte und 1842 dort auch verstarb.

Die älteste und besterhaltene der mittelalterlichen Dorfkirchen auf Duisburger Stadtgebiet, **St. Dionysius** (kath.; Abb. 12) in *Mündelheim*, liegt weit im Süden in der Nähe des Rheins, gegenüber von Krefeld-Uerdingen. Ihre Anfänge sind legendenumwoben. So wird von drei frommen und reichen ›Juffern‹ erzählt, die in karolingischer Zeit gleichzeitig in Mündelheim, [Düsseldorf-]Wittlaer und [Düsseldorf-]Kalkum Kirchbauten gestiftet hätten. Grabungen anläßlich einer Heinzungsinstallation bestätigten 1955 für Duisburg einen karolingischen Vorgängerbau. Um die Mitte des 12. Jahrhundert wurde ihm ein neuer Glockenturm beigegeben, der bis auf die beiden untersten Geschosse 1945 zerstört und nach dem Krieg in schlichterer Form erneuert wurde. Im Anschluß an diesen Turm entstand dann 1220/30 eine spätstaufische Gewölbebasilika im gebundenen System mit Chorjoch und Dreiapsidenabschluß. Die ungewöhnlich reich und fein ausgebildeten Kapitelle der Dienste zeigen vorwiegend Knospen- und Vogelmotive, im Südosten auch eine Kopfmaske. Die Rückwand der Seitenschiffe wird jeweils durch eine anscheinend zweitverwandte ältere Säule geteilt. Auf der Nordseite ist in die Palmettenranken des Kapitells hier eine menschliche Gestalt eingeschlungen. Die farbliche Gestaltung des Innenraumes orientiert sich an Spuren originaler Bemalung. Von einem figürlichen Freskenzyklus, der in der Arkadenzone des Hauptschiffs während des Krieges aufgedeckt worden war, überstand nur die Gestalt der hl. Katharina den alliierten Beschuß der Kirche im Frühjahr 1945.

Erhalten blieb allerdings eine Anzahl älterer Ausstattungsstücke. Ein Tafelbild des auferstandenen Christus (Abb. 22) in der Turmhalle war vielleicht Bestandteil eines nicht weiter bekannten niederländischen Flügelaltars. Gegenüber ist ein barockes, in Gold auf silbernem Grund gefaßtes Holzrelief mit dem hl. Dionysius angebracht worden. Seine Herkunft und ursprüngliche Verwendung ist ungeklärt. Schließlich gibt es mehrere Holzskulpturen des 15.–18. Jahrhunderts: ein Kruzifix, ein Vesperbild, zwei Figuren des hl. Sebastian. Der hl.

Dionysius hält in der Rechten auf einem Buch ein weiteres mitragekröntes Haupt (der Märtyrer wurde der Legende nach geköpft), die hl. Magdalena einen Totenschädel als Symbol irdischer Vergänglichkeit.

Die übrigen Duisburger Dorfkirchen des Mittelalters haben unter dem Einfluß der hier calvinistisch geprägten Reformation ihre frühere Ausstattung zumeist verloren. Turm und Schiff von **St. Luzia** in *Baerl* stammen noch aus dem 12. Jahrhundert. Im 15. Jahrhundert wurde ein höherer Chor angefügt, im 16. Jahrhundert das Langhaus erhöht und neu gewölbt und der Turm aufgestockt. Den steilen Achteckhelm setzte man im 17. Jahrhundert auf. – **St. Laurentius** in *Beeck*, eine dreischiffige Basilika aus dem 15. Jahrhundert, wurde im 19. und 20. Jahrhundert umfassend erneuert. – Noch stärkere Eingriffe erfuhr die **Christuskirche** in *Hochemmerich*, die bereits für das Jahr 900 erstmals bezeugt wird: Die heutige dreischiffige Backsteinbasilika wurde laut Inschrift an einem Chorstrebepfeiler 1447 errichtet, mußte aber nach Zerstörungen mehrfach wieder aufgebaut werden, zum letzten Mal 1945–49. – In *Friemersheim* steht nahe beim Rheindeich eine kleine dreischiffige **Barockkirche** (1770), die im letzten Krieg bis auf die Umfassungsmauern unterging und bis 1962 in alter Form wiedererstand. – **St. Hubertus** in *Rahm* (1922/23) wurde in ihrer Architektur genau nach Maßgabe einer Barockausstattung entworfen, die aus einer zum Abbruch bestimmten Kirche in Karken bei Heinsberg käuflich erworben worden war.

Der große Platzbedarf infolge der Bevölkerungsexplosion des 19. Jahrhunderts führte beim Kirchbau im hochindustrialisierten Duisburger Norden an zwei Stellen zu originellen Raumlösungen. Bei **St. Georg** (ev.) in *Meiderich* war ursprünglich nur ein Neubau anstelle des Chores vorgesehen, als bei den dazu erforderlichen Abbrucharbeiten 1862 auch das spätmittelalterliche Langhaus einstürzte. So konnte 1863 an den gotischen Glockenturm (begonnen 1502) eine weiträumige neue Backsteinkirche angefügt werden (Entwurf von Carl Wilhelm Theodor Freyse, Beratung durch August Stüler wahrscheinlich). Grundriß und äußeres Erscheinungsbild lassen hier zunächst auf eine kreuzförmige neugotische Hallenkirche schließen. Im Innern öffnet sich dem Besucher dann allerdings ein achtseitiger Zentralraum, der im Geist und Dienst der protestantischen Predigt gestaltet wurde. Eine

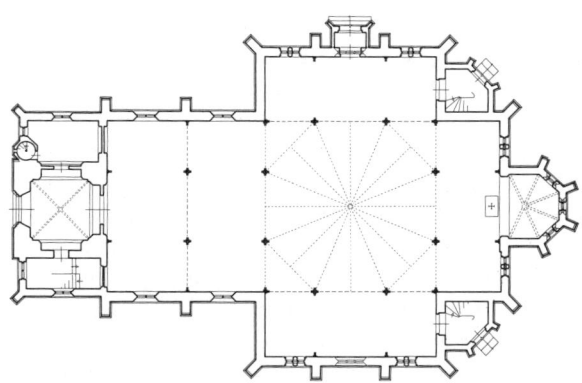

Duisburg-Meiderich, St. Georg,
Grundriß

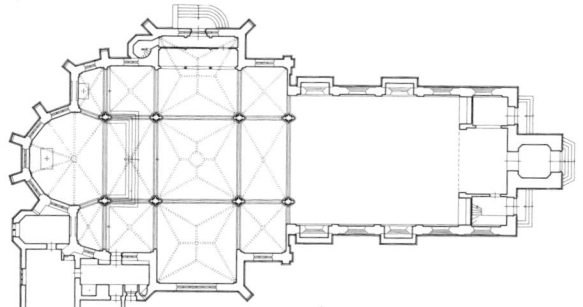

Duisburg-Ruhrort, St. Maximilian, Grundriß

achteckige Rippenkuppel überwölbt die Vierung. Die Säulen, die Flachdecken der Schiffe und die eingezogenen Emporen sind aus Holz. Da auch die übrige Originalausstattung vollständig erhalten ist, entsteht ein Gesamtbild von großer Harmonie.

St. Maximilian (kath.) im aufstrebenden *Ruhrort* mußte bereits gut zwanzig Jahre nach der Fertigstellung an Grundfläche verdoppelt werden. An den einschiffigen klassizistischen Saalbau (Freyse, 1845–47) fügte Heinrich Wiethase ein dreischiffiges Querhaus und einen Chorbau im neugotischen Stil ein (1869–71). Der vorgesehene Abriß des alten Teiles zugunsten einer einheitlichen Gesamtanlage unterblieb später aufgrund finanzieller Engpässe, so daß die unfreiwillige Kombination von zwei grundverschiedenen Baukörpern auch heute noch als eigenwillige, ungewöhnliche Architekurlösung ihre Wirkung ausübt.

Im Innern fällt ein Chorgestühl mit geschnitzten Monstren und Fabeltieren auf, das in einzelnen Teilen aus dem untergegangenen Kloster Sterkrade stammt. Außerdem verdienen ein Leinwandbild mit der Anbetung des Christkindes (niederländisch, 17. Jh.) sowie das Modell eines Rheinseglers unter der Orgelempore Beachtung. Die Weihnachtskrippe der Kirche (Holtmann/Stummel, beide Kevelaer) erhebt sich in ihrer künstlerischen Qualität weit über ähnliche Schöpfungen der Neugotik.

Neben Recklinghausen hat Duisburg als einzige Großstadt des Ruhrgebiets beachtliche Reste der **mittelalterlichen Stadtmauer** bewahren können. Eine Urkunde König Lothars II. von 1129, die den Duisburger Bürgern das unentgeltliche Brechen von Steinen im Stadtwald gestattete, ist vermutlich die wichtigste Datierungshilfe für das Befestigungswerk von ca. 3 km Länge, das allerdings in späterer Zeit an der Marienkirche erweitert und im 15. Jahrhundert durch Ziegelmauerwerk vielfach ausgebessert wurde. Der Verlauf spiegelt sich noch in einzelnen Straßennamen wider (Stapeltor, Marientorstraße, Sonnenwall, Kuhlenwall, Springwall, Untermauerstraße, Obermauerstraße) und wird im Norden durch den Innenhafen, das alte Flußbett des Rheins, markiert. An verschiedenen Stellen, namentlich an der Unterstraße, sind noch beträchtliche Mauerreste, u. a. von zwei Türmen, sichtbar. Die Stadtbefestigung wird nach und nach restauriert und z. T. auch ergänzt. Sie soll in ihrem Verlauf auch auf dem Straßenpflaster markiert werden.

Von **Haus Böckum,** einer ehemaligen Wasserburg im Stadtteil *Huckingen,* blieb die Vorburg erhalten. Der Turm an der Nordostecke der Viereckanlage trägt eine geschweifte Schieferhaube. Auf dem **Steinhof** in *Huckingen* steht ein fünfzehn Meter hoher Wehr- bzw. Zufluchtsturm (16. Jh.). Die Reste von **Haus Angerort** im benachbarten *Hüttenheim,* einer weiteren ehemaligen Wasserburg, liegen heute auf einem Industriegelände. Das Hauptgebäude (im Kern 18. Jh.) wurde nach dem letzten Weltkrieg als Laboratorium wieder aufgebaut. Der **Oberhof** in *Beeck,* im Mittelalter Sitz von Schultheißen, wurde 1665 in heutiger Form neu errichtet. Der zweigeschossige Backsteinbau hat einen dreifach geschweiften Giebel.

Selbstbewußter Bürgerstolz aus einer Zeit industriellen Aufschwungs kommt im Duisburger **Rathaus** am Burgplatz zum Ausdruck. Der 1902 eingeweihte Bau mit Giebelturm und Tordurchfahrt, repräsentativem Mittelrisalit und heimattümelndem Fachwerk nimmt betont die Stile der Blütezeit des deutschen Bürgertums auf: Spätgotik und Renaissance. Ganz im Sinne der Erbauungszeit fließen aber auch Gestaltungsmerkmale des Jugendstils ein. Als Reliefskulpturen finden wir u. a. die Kaiser Karl und Wilhelm ›den Großen‹ als die Gründer des Alten und Neuen Reiches, den überlebensgroßen Roland (Abb. 1) und den Vater Rhein sowie Adam und Eva. Das Innere des Gebäudes für Rat und Stadtverwaltung gewinnt durch teils gewölbte Korridore und das malerische Treppenhaus den Charakter einer ›erhebenden‹ Repräsentativität.

Zwischen dem ehemaligen mittelalterlichen Stadtzentrum und dem Hauptbahnhof ließen die Duisburger Stadtplaner wohltuend viel Raum für urbane Plätze und öffentliche Grünanlagen. In dieser Region liegen u. a. das neuklassizistische **Stadttheater** (1912; Abb. 105), die **Mercatorhalle** als Konzert- und Tagungszentrum (Gerhard Graubner, Heido Stumpf, Peter Vorländer, 1957–1962) sowie dicht beieinander das **Niederrheinische Museum** und das **Wilhelm-Lehmbruck-Museum** (1959–64), das von Manfred Lehmbruck, einem Sohn des hier würdig geehrten Duisburger Bildhauers, entworfen wurde und z. Z. erweitert wird.

Mit dem sog. **Dreigiebelhaus** im Stadtzentrum (Niederstraße 30) gibt es in Duisburg noch ein Bürgerhaus aus dem 16. Jahrhundert. Der Bau mit drei nebeneinanderliegenden ziegelgemauerten Treppengiebeln diente von 1608 bis zur Säkularisation Zisterzienserinnen aus dem 1582/90 zerstörten Kloster Duissern als Zufluchtsort. Er birgt heute geräumige Atelierwohnungen für Künstler, die mit einem Lehmbruck-Stipendium ausgezeichnet wurden.

Bei der Industrialisierung des westlichen Ruhrgebiets spielten die Namen Haniel und Thyssen eine dominierende Rolle. *Franz Haniel* (1779–1868), der aus einer Duisburger Kaufmannsfamilie stammte, führte 1821 im Ruhrgebiet den bereits an der Saar betriebenen geschlossenen Koksofen ein, der bald die alten Koksmeiler verdrängen sollte. Seit 1830 bemühte er sich im Mülheimer Raum erfolgreich um die Abteufung von Tiefbauzechen. Die Gutehoffnungshütte in [Oberhausen-]Sterkrade, deren Mitbesitzer er war, konnte 1829 den ersten deutschen Rheindampfer vom Stapel lassen. Haniel engagierte sich auch tatkräftig beim Bau eines rheinischen Eisenbahnnetzes.

Duisburg-Homberg, Zeche Rheinpreußen (1888)

Das Ruhrorter **Barockhaus** aus dem Familienbesitz seiner Frau, das zur Keimzelle der Firma Haniel & Cie wurde, beherbergt heute das *private Museum des Unternehmens.* Der schlichte, dreigeschossige Bau mit Flachbogenfenstern und Walmdach war früher gleichzeitig Wohnhaus, Speicher und Warenhaus. Durch die Luke im Fassadengiebel wurden die Lasten zum Speicherraum emporgezogen.

Als erster Ruhrindustrieller bemühte Haniel sich auch um den Kohleabbau auf dem linken Rheinufer. 1828 erwarb er in Homberg Grundbesitz, ließ hier 1836/37 ein (heute noch existierendes) *Landgut* errichten und begann 1851 mit Probebohrungen. 1857 wurde die Zeche **Rheinpreußen** gegründet und auf dem Gutsgelände mit Abteufungsarbeiten, die sich bald sehr schwierig gestalteten, begonnen. 1876 kam Schacht II und erst 1884 Schacht I voll in Betrieb.

Die Bergwerksbauten von Rheinpreußen konzentrierten sich übertage zu einer symmetrischen Gesamtanlage mit zwei identischen, mächtigen Malakofftürmen, zwischen denen sich auf über fünfzig Meter Breite ein Trakt für Fördermaschinen, Magazine, Waschkauen und Verwaltungsräume erstreckte. Bis heute erhalten blieben der Turm über Schacht I, ein Teil des Zwischenflügels sowie ein Komplex weiträumiger, z. T. tonnengewölbter Hallen, der im ersten Jahrzehnt unseres Jahrhunderts angefügt worden war. Beim Malakoffturm ist die Jahreszahl 1879 als Erbauungsdatum angebracht (Abb. 54). Stilistisch nimmt er Motive aus der Bautradition des Klassizismus auf. Lisenen aus hellerem Ziegelmauerwerk teilen die Fassade auf allen vier Seiten kontrastreich in drei Achsen. Die ersten drei Etagen sind mit Rundbogenfenstern ausgestattet. Darüber folgt noch eine Galerie aus Ochsenaugen. Den

Fassadenabschluß bilden ein Konsolfries und ein Traufengesims mit Sägeschnittdekor. Das pfannengedeckte Pyramidendach wird von einer aufwendigen Lüfteranlage gekrönt.

August Thyssen (1842–1926) stammte aus einer Aachener Bauern- und Handwerkerfamilie. Er begann 25jährig mit dem Betrieb eines Bandeisenwalzwerks und schuf im Laufe von Jahrzehnten ein Industrieimperium, das von der Rohstoffgewinnung (Kohle- und Erzbergwerke) bis hin zur Fertigwarenproduktion alle Zwischenstufen umfaßte. 1904 übertraf die Stahlproduktion seiner Werke die Kruppsche Konkurrenz. In *Duisburg-Bruckhausen* baute Thyssen ab 1890 entlang der Kaiser-Wilhelm-Straße das modernste Hochofenwerk seiner Zeit. Daneben ließ er zu Beginn des 20. Jahrhunderts auch ein **Zentral-Verwaltungsgebäude** errichten, dessen prächtige Gestaltung unternehmerisches Selbstbewußtsein eindrucksvoll widerspiegelt (Farbt. 14). Der stattliche Ziegelsteinbau, der an preußische Schulen oder Kasernen aus der Kaiserzeit erinnert, verlor inzwischen einige Nebengiebel und Giebelbekrönungen, wodurch seine Wirkung aber nur unwesentlich beeinträchtigt wird. Die Fassade beeindruckt durch eine feinnervige Gestaltung unter Verwendung origineller, sorgfältig ausgearbeiteter Details. Aus Werksteinreliefs mit Maskenmotiven wachsen profilierte Lisenen empor; bei ihren Rundstäben wechseln glatte und geriffelte Ziegel einander ab. Der Mittelrisalit findet seine Krönung in einem Treppengiebel. Das Hauptportal mit reichem Gewände und Archivolte schließt mit einem Dreipaßbogen. Es ist mit einem Mosaik aus diagonalen Ziegelbändern hinterlegt. Dort sind auch zwei Medaillons mit offenbar asiatisch inspirierten Fabeltierfratzen eingefügt. Geflügelte Fabelwesen dienten zudem links und rechts des Eingangs als Halterungen für Fahnenstangen. Blendfenster im Giebel tragen farbige Mosaikmedaillons mit Pflanzenmotiven im Jugendstil.

In kurzem Abstand zum alten Hauptverwaltungsgebäude folgt die moderne Hauptverwaltung des Thyssen-Konzerns (Weber, Fischer, Rossol, 1958–1963). Die Fassade aus Beton, Metall und Glas verkraftet den Ausstoß des gegenüberliegenden Thyssen-Stahlwerks augenscheinlich schlechter als der wilhelminische Bau. Letzter Zeuge Thyssenscher Bergbautätigkeit auf Duisburger Stadtgebiet ist ein 1907 errichtetes Deutsches Strebengerüst auf der ehemaligen Schachtanlage *Thyssen I/VI* an der Neumühler Straße.

Bei *Friemersheim* beherrscht hinter dem weitläufigen Rangierbahnhof Hohenbudberg ein 35 Meter hoher *Doppelwasserturm,* der in seiner architektonischen Gestaltung dem Danziger Krantor zu folgen scheint, das Straßenbild in der anheimelnden Eisenbahnersiedlung (Farbt. 13). Einer der Wasserbehälter diente zur Versorgung von Dampflokomotiven, der zweite zur Trinkwasserversorgung der Umgebung. Der 1916 erbaute Turm wurde 1982 restauriert, erhielt dabei eine sorgfältig abgestufte Farbgebung (rot – beige – grau) und eine neue Nutzung als Wohnhaus und Kneipe mit Galerie. – Als weitere technische Denkmale Duisburgs sind noch zwei Windmühlen in *Baerl* erwähnenswert, vor allem aber sollen die zahlreichen Wasserbauwerke – Hafenanlagen und Brücken – vorgestellt werden.

Die **Duisburger Häfen** gelten als das größte Binnenhafensystem der Welt. Dieses setzt sich zusammen aus den Ruhrorter Häfen, den Häfen in der Nähe der Duisburger Innenstadt und vierzehn privaten Werkshäfen, die inzwischen die öffentlichen Häfen an wirtschaftlicher

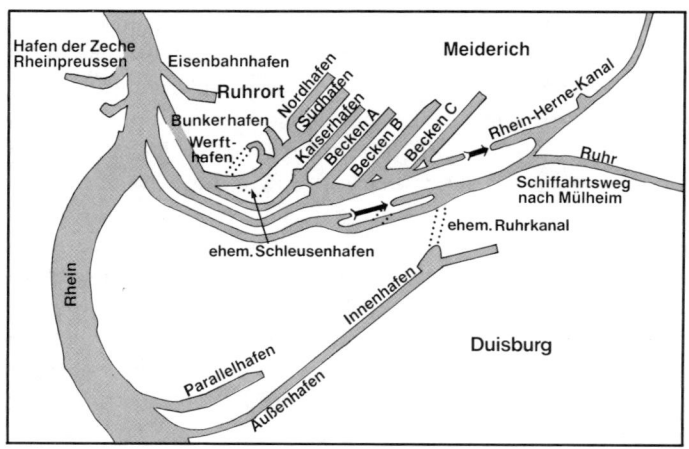

Die Hafenanlagen in Duisburg und Ruhrort

Bedeutung übertroffen haben (Güterumschlag 1978: 31,4 Mio. t gegenüber 25,8 Mio. t). Heute wird in den öffentlichen Häfen nicht mehr in erster Linie Kohle verladen, sondern vornehmlich Erz und neben vielen anderen Gütern zunehmend auch Erdöl.

Die neuzeitliche Hafenentwicklung im Duisburger Raum begann Anfang des 18. Jahrhunderts, als die allmählich zu einiger Bedeutung gelangende Kohleschiffahrt an der Ruhrmündung technische Einrichtungen zum Güterumschlag und geschützte Liegeplätze für den damals häufigen Fall von Eisgang oder Hochwasser forderte. Bei Ruhrort konnte 1732 erstmals ein bescheidenes Hafenbecken in Dienst gestellt werden. Weiteren Auftrieb erfuhr die Schiffahrt mit dem Schleusenausbau entlang der Ruhr auf Drängen Friedrichs des Großen, der den Kohleexport aus der preußischen Grafschaft Mark sichern wollte (1774–80). In den ersten Jahrzehnten des 19. Jahrhunderts förderte der Münsteraner Oberpräsident Ludwig Freiherr von Vincke den Ausbau der Ruhrorter Häfen maßgeblich. Von der damals als erstes entstandenen Anlage blieben mit der Rundung des heutigen Werfthafens (1826) noch Reste bis in die Gegenwart erhalten.

Die Revolutionierung von Kohleabbau, Stahlerzeugung und Verkehrswesen ließ bis 1910 im wesentlichen das heutige *Ruhrorter Hafenbeckennetz* entstehen, u. a. den Schleusenhafen (1837), Nord- und Südhafen (1860), Kaiserhafen (1872) und die Hafenbecken A, B und C (1905–08). Im Rahmen dieser Baumaßnahmen mußte für die Ruhr zweimal, jeweils etwas weiter südlich, ein neues Bett gegraben werden. Der Fluß büßte zwar nach dem Aufbau eines leistungsfähigen Eisenbahnnetzes in der zweiten Hälfte des vorigen Jahrhunderts seine Bedeutung als Schiffahrtsweg bis 1880 vollständig ein; zu Beginn des 20. Jahrhunderts erreichte aber dann das neue westdeutsche Kanalnetz an der Ruhrmündung den Rhein.

Standortmäßig benachteiligt, blieb der Ausbau eines *Duisburger Hafens* gegenüber der Ruhrorter Konkurrenz stark an Bedeutung zurück. Er beschränkte sich auf den Außenhafen mit Kanal zum Rhein (1828–32), den Innenhafen mit einem inzwischen wieder zugeschütteten Kanal zur Ruhr (1840–44) und den Parallelhafen (1895–98). Im Jahr der Eingemeindung

Ruhrorts nach Duisburg (1905) wurden die Häfen beider Städte zu einer Betriebsgemeinschaft zusammengefaßt.

Während des Zweiten Weltkriegs waren die Duisburger Hafenanlagen das Ziel zahlreicher Bombenangriffe. 1945 blockierten über dreihundert gesunkene Schiffe die Becken. Auch die Hafengebäude und -anlagen waren zu einem beträchtlichen Teil zerstört worden, so daß heute nur noch wenig alte Architektur hier zu sehen ist. Bemerkenswert ist vornehmlich eine Reihe von teils historistischen **Speicher- und Mühlengebäuden** am Südufer des Innenhafens; unter ihnen fällt der wuchtige, mehrgeschossige Ziegelbau der *Mühlenwerke Küppers & Werner KG* durch besondere architektonische Qualität auf (Abb. 106).

Die *Erzumschlaganlage* im Ruhrorter Hafen ist ein klar gegliedertes Spätwerk von Fritz Schupp (1959/60). Bei der Fassadenarchitektur wird hier der Übergang vom ausgemauerten Stahlfachwerk, das nahezu sechzig Jahre lang den Industriebau im Ruhrgebiet prägte, zur heute üblichen Wandgestaltung aus einheitlicherem und eintönigerem Material vollzogen. Die ungewöhnlich langen Förderbandbrücken für den Erztransport hätten bei Ziegelverblendung eine aufwendige Unterkonstruktion erfordert, so daß Schupp leichtere Wellasbesttafeln wählte, die in ihrer hellen Farbgebung zu den nach wie vor ziegelgemauerten Türmen in harmonischem Kontrast stehen.

Im Ruhrorter Hafenmund ankert neben einem historischen Eimerkettenbagger die ›*Oscar Huber*‹ als *Museumsschiff* (Farbt. 27). Dieser 1922 erbaute Radschlepper wurde als letztes Modell seiner Gattung 1975 außer Dienst gestellt. Der Antrieb erfolgte bei dem 75 Meter

Duisburg, Alte Hochfelder Rheinbrücke (bis auf ein Turmpaar zerstört)

Ruhrort, Rheinpanorama um die Mitte des 19. Jh.

langen Schiff über eine Dreizylinder-Dampfmaschine mit ölgefeuertem Kessel, die eine Leistung von 1550 PS erbrachte.

In der Frühzeit der Eisenbahn geschah die Überquerung des Rheins gelegentlich mit Hilfe von *Trajekten,* d. h. Fährschiffen, die einen ganzen Zug befördern konnten. Im Duisburger Raum verkehrte ein solches Trajekt seit 1852 zwischen Ruhrort und Homberg, ein weiteres seit 1866 zwischen Rheinhausen und Hochfeld. Zunächst geschah die Zufahrt auf das Fährschiff über schiefe Ebenen. 1854–56 wurden bei der nördlichen Linie dann zwei *Hebetürme* errichtet. Sie bargen eine hydraulische Maschinerie, mit deren Hilfe die Waggons auf einer Plattform zum Schiff abgesenkt bzw. zur Kaihöhe emporgehoben werden konnten. Während der Ruhrorter Turm erst 1970/71 abgerissen wurde, blieb das Homberger Gegenstück bis heute als Jugendherberge erhalten. Das Ziegelbauwerk von neuromanischer Grundstruktur ist mit vier achteckigen Treppentürmen ausgestattet sowie mit Blendfenstern, Friesen, Zinnen und einem großen preußischen Wappen geschmückt.

Heute führen im Duisburger Stadtgebiet sechs Brücken über den Rhein. Sofern sie bereits vor 1945 bestanden, fielen sie dem Weltkrieg zum Opfer und wurden später wieder aufgebaut. Von der alten **Hochfelder Brücke,** die seit 1874 im Süden Duisburgs den Trajektverkehr überflüssig machte, steht nach der Zerstörung noch das zinnengekrönte Turmpaar der westlichen Rampe. Im alten Zustand wieder aufgebaut wurde die zweite Duisburger Eisenbahnbrücke, die **Haus-Knipping-Brücke,** die als schön geformte Bogenkonstruktion mit weit ausladenden Rampen bei Beeckerwerth das Tal des Niederrheins überquert. Die **Friedrich-Ebert-Brücke** (Abb. 112) wird auf dem Ruhrorter Ufer von zwei bewohnbaren trutzi-

gen Türmen flankiert (Hermann Billing, 1907). In der Nähe erinnert eine *Ehrensäule,* die von einer Bronzefigur der ›Felicitas publica‹ bekrönt ist (Christian Daniel Rauch, Neuguß von 1942) an die Verdienste des Freiherrn von Vincke um den Duisburger Hafen. Diese Säule war 1845 in Anwesenheit König Friedrich Wilhelms IV. feierlich eingeweiht worden.

Nach den frühen Bergarbeiterkolonien entstanden auch in den ersten drei Jahrzehnten unseres Jahrhunderts in Duisburg bemerkenswerte Wohnsiedlungen. Im linksrheinischen *Rheinhausen* wurde seit 1903 bis 1922 die **Kolonie Margarethenhof** gebaut, ein Vermächtnis Friedrich Alfred Krupps († 1902), der hier am Rheinufer ein gewaltiges Hüttenwerk angelegt hatte. Bei den Planungen scheint dem verantwortlichen Architekten, Robert Schmohl, nicht die dörfliche Siedlung, sondern eine Kleinstadt als Ideal vorgeschwebt zu haben. Der Margarethenhof stellt eine Massenkomposition aus relativ wenigen, klar umschriebenen Haustypen dar. Die Normierung vieler Bauteile, eine Einheitlichkeit bei Fenster- und Türformen, Sims- und Traufenhöhen sowie beim Baumaterial erzeugen einen geschlossenen, harmonischen Gesamteindruck. Die Verwendung dedizierter Schmuckformen geschah nur verhältnismäßig sparsam. Gelegentlich gibt es geschweifte oder mit Fachwerk verzierte Giebel. Gekrümmte Straßenläufe ermöglichen malerische Perspektiven. Plätze werden durch eine etwas aufwendigere Fassadengestaltung der umliegenden Häuser optisch hervorgehoben. Eine *Denkmalsbüste* auf dem Krupp-Platz (Hugo Lederer, 1937) will die Erinnerung an den Inspirator der Anlage wachhalten.

Das Bergwerk Rheinpreußen ließ in *Homberg* kurz vor dem Ersten Weltkrieg für seine Zechenangestellten eine niederrheinisch anmutende Mustersiedlung errichten, nach heutiger Wertschätzung ein ›gestalterisches Kleinod‹[13]. Zentrum und Namensgeber der Anlage ist der quadratische **Johannenhof.** Tordurchgänge, vor- bzw. zurückspringende Fluchtlinien und klar gegliederte Hausfassaden am Ende der linear geführten Wege beschäftigen das Auge auf angenehme Weise. Die Dächer sind häufig durch Gauben unterschiedlicher Größe aufgelockert, die Giebelfelder durch hell und dunkel abgesetzte Holzvertäfelungen (die allerdings nicht sehr witterungsbeständig zu sein scheinen) kontrastreich gegliedert (Abb. 91). Das Gesamterscheinungsbild ist heute durch eigenwillige Renovierungen bei manchen Häusern, denen namentlich die grüngestrichenen Holztüren und Fensterläden zum Opfer fielen, getrübt.

1922–32 errichteten die Thyssen-Werke in *Beeckerwerth* eine weitläufige Wohnsiedlung. Sie wird im Norden und Osten durch einen Bahndamm vom angrenzenden Fabrikgelände abgeschirmt, im Süden und Westen stößt sie bis zum Rheindeich. Die Straßen laufen zumeist parallel; malerische Straßenbilder sind dementsprechend selten. Als Point de vue wurden die katholische Kirche und ein Bunker, die vom Baustil her den Wohnhäusern ähneln, angelegt. Die Fassaden der Häuser weisen verhalten, aber qualitätvoll expressionistischen Dekor auf: Türgiebel, Wandgesims, Werksteinmedaillons (Masken oder Tauben), verschlungene Reliefs und kleine Mosaikfelder aus Ziegelstein.

In augenfälligem Gegensatz zu dieser Werkssiedlung, die eine gewisse repräsentative Großzügigkeit ausstrahlt, stehen drei kommunale Wohnungsbauvorhaben der gleichen Jahre nach Plänen aus dem städtischen Hochbauamt (Beigeordneter Karl Preziger, Stadtbaurat Hermann Bräuhäuser, Hermann Bähr, 1925–1930). Angesichts der wirtschaftlichen Engpässe der Weimarer Republik wurde hier an Grundstück und Bauausführung so intensiv wie eben möglich gespart, ohne daß die Qualitäten eines menschenwürdigen Wohnens darunter gelitten hätten. Bei der zunächst entstandenen **Dickelsbach-Siedlung** in *Wahnheimerort* (Abb. 92) lautete die Vorgabe, daß die Baukosten pro Reihenhaus die Summe von nur 5000 Reichsmark nicht überschreiten dürften. Nach der Fertigstellung betrug die monatliche Miete bei einem zweistöckigen Haus dann lediglich dreißig Reichsmark, bei einem dreistöckigen Haus sechs Mark mehr. Die Wohnungen waren ausschließlich für Familien mit mindestens vier bzw. sechs Kindern reserviert.

Duisburg, zeitgenössische Karikaturen auf den avantgardistischen Siedlungsbau

Du Häuschen am Bach
Mit dem Südländer-Dach,
Du irrtest dich sehr,
Du paßt nicht hierher.

Hier lebt sich's gesünder, hier jubeln die Münder,
Hier kommen die Kinder auch immer geschwinder.

Nachbar, hier gibt's kein Klavier,
Denn das ging nicht durch die Tür.

Die kostengünstige Errichtung der Siedlung wurde durch eine starke Beschneidung der Grundstücke – wobei allerdings durchaus noch ein Landstreifen für intensiv zu nutzende Gärten übrigblieb – und eine strenge Normierung erreicht. Die Einfamilienhäuser sind in bis zu 146 Meter lange, betont nüchterne und gleichförmige Zeilen zusammengefaßt. Sie besitzen einen denkbar einfachen Grundriß, bestehen aus unverputztem Ziegelmauerwerk und tragen allesamt Flachdächer. Innen gibt es drei bzw. fünf Schlafzimmer, Toilette und eine Wohnküche mit Koch- und Spülnische, wo jeweils ein Vorratsschrank und unter dem Fenster eine Arbeitsplatte fest installiert sind. Einer der drei Kellerräume dient als Waschküche (der eingebaute Bottich sollte dort zugleich als Badewanne benutzt werden). An der Gartenseite schließt eine kleine Terrasse an, die häufig später überdacht und als zusätzliches Zimmer geschlossen wurde. In der Siedlung versorgen mehrere Läden die Bevölkerung, die zu Beginn ca. 2500 Personen betragen haben dürfte. Eine Schule liegt in unmittelbarer Nähe. Ein freistehendes Gebäude in der Düsseldorfer Straße (heute Polizeistation) diente ursprünglich sozialen Zwecken und beherbergte u. a. eine Arztpraxis, ein Zimmer für die Fürsorgeschwester und einen Aufenthaltsraum für Arbeitslose.

Die Siedlung war in der ersten Zeit häufig das Ziel polemischer oder ironischer Angriffe und wurde als monoton und kleinlich, als ›Schandmal der Architektur‹ oder als ›Kolonie aneinandergereihter Karnickelställe‹ diffamiert. Heute, angesichts aktueller Fehlentwicklungen beim Wohnungsbau, urteilt man positiver. Die Wohnstraßen, teilweise noch nach holländischer Manier mit roten Ziegeln gepflastert, sind durchaus kommunikationsfreundlich, werden in dieser Beziehung aber übertroffen durch die Terrassen- und Gartensituation mit einem halböffentlichen Erschließungsweg an der Rückfront. Es sollte durchaus gewürdigt werden, mit welch' bescheidenen Mitteln in Duisburg in einer schwierigen Zeit menschenwürdiger Wohnraum für die wenig zahlungskräftige Unterschicht geschaffen wurde. Schließlich verdient die großzügige Ausstattung der Siedlung mit ursprünglich vier Kinderspielplätzen und einem Bolzplatz Beachtung.

Dem Beispiel der Dickelsbach-Siedlung folgten 1927/28 eine kleine *Siedlung am Parellelhafen* in *Neuenkamp* sowie die *Siedlung Ratingsee* in *Meiderich*, die sich mit ihren gebrochenen, aus vergleichsweise kurzen Riegeln zusammengefügten Hausfluchten in Hufeisenform um einen großen Spielplatz (der ursprünglich mit einem Planschbecken versehen war) gruppiert.

Mülheim an der Ruhr

»Hier ruht ein Gottesmann, ein Menschenfreund und Christ,
Der recht durch Kreuz bewährt, nunmehr vollendet ist,
Ein Priester, von Gott selbst, der stets vor ihn getreten,
Und tausend Seelen Heil, durch Christi Geist erbeten,
Ein wahrer Seelenhirt, ein Vorbild Christi Herd’.
Der Jesus nur gelebt und Jesum nur verklärt.
Ach, daß ein solcher starb! doch nein! es lebt Terstegen
Und bleibt bei Zion hier, in ew’gem Ruf und Segen.«
(Spruch von Johann Jacob Burckhard auf dem Gerhard-Tersteegen-
Denkmal in Mülheim/Ruhr)

Als einzige Großstadt des Ruhrgebiets liegt Mülheim mit seinem Stadtzentrum direkt am Fluß, der dem gesamten Industrierevier seinen Namen gab. Die Ruhr verläßt hier das bergische Hügelland und tritt bis zur Mündung noch für wenige Kilometer in die niederrheinische Tiefebene ein. Sie wird nun von weitläufigen Industrieanlagen begleitet, während mit den Villen am Mülheimer Innenstadtrand stromauf das Ruhrtal als Erholungslandschaft beginnt.

Direkt am Zentrum, zwischen Schloß- und Eisenbahnbrücke, ist die Ruhr zu einem Stadtsee aufgestaut. Seine Ufer werden durch ein repräsentatives Ensemble öffentlicher Bauten eindrucksvoll aufgewertet: Die Stadthalle auf der Westseite korrespondiert mit dem Stadtbad und Museum auf dem Ostufer, während der Rathausturm hier einen weiteren markanten Akzent setzt. Ansonsten wird das Mülheimer Stadtbild neuerdings von einer Hochhausgruppe am Bahnhof beherrscht, die auch das ungleiche Turmpaar des Kirchenhügels, die Nadelspitze der mittelalterlichen Petrikirche und den expressionistischen Kubus der Kirche St. Mariae Geburt an Höhe erheblich übertrifft.

Ausgangspunkt der Siedlungsgründung dürfte eine Furt gewesen sein, die an dieser Stelle den Zugang zum Hellweg erleichterte. Ihr Ufer wurde an der Westseite, in *Broich*, seit der zweiten Hälfte des 9. Jahrhunderts durch eine Burg gesichert. Auf der gegenüberliegenden Seite war der spätere Kirchenhügel vermutlich ähnlich befestigt und wurde zur Keimzelle des Ortes, der bereits 1093 urkundliche Erwähnung fand. Als weiterer mittelalterlicher Siedlungskern ist *Saarn* mit seinem Zisterzienserinnenkloster zu erwähnen. Mülheim war bereits seit mehreren Jahrhunderten ein Zentrum von Handel und Gewerbe, als 1808 die Erhebung zur Stadt erfolgte. Fünfzehn Bauerschaften der näheren Umgebung schlossen sich freiwillig dieser neuen Stadt an. 1846 wurde allerdings eine ebenfalls Mülheim genannte Landgemeinde wieder abgetrennt. Verschiedene Eingemeindungen korrigierten diese Maßnahme während der nächsten Jahrzehnte. Bereits 1904 hatte Mülheim die 100 000-Einwohner-Marke überschritten.

In der ersten Hälfte des 19. Jahrhunderts war die Ruhr ein Massengütertransportweg, und Mülheim erlebte einen großen Aufschwung als Standort von Reedereien und Umschlagsort für Kohle. Maßgeblichen Anteil hieran hatte der Reeder und Großindustrielle Mathias

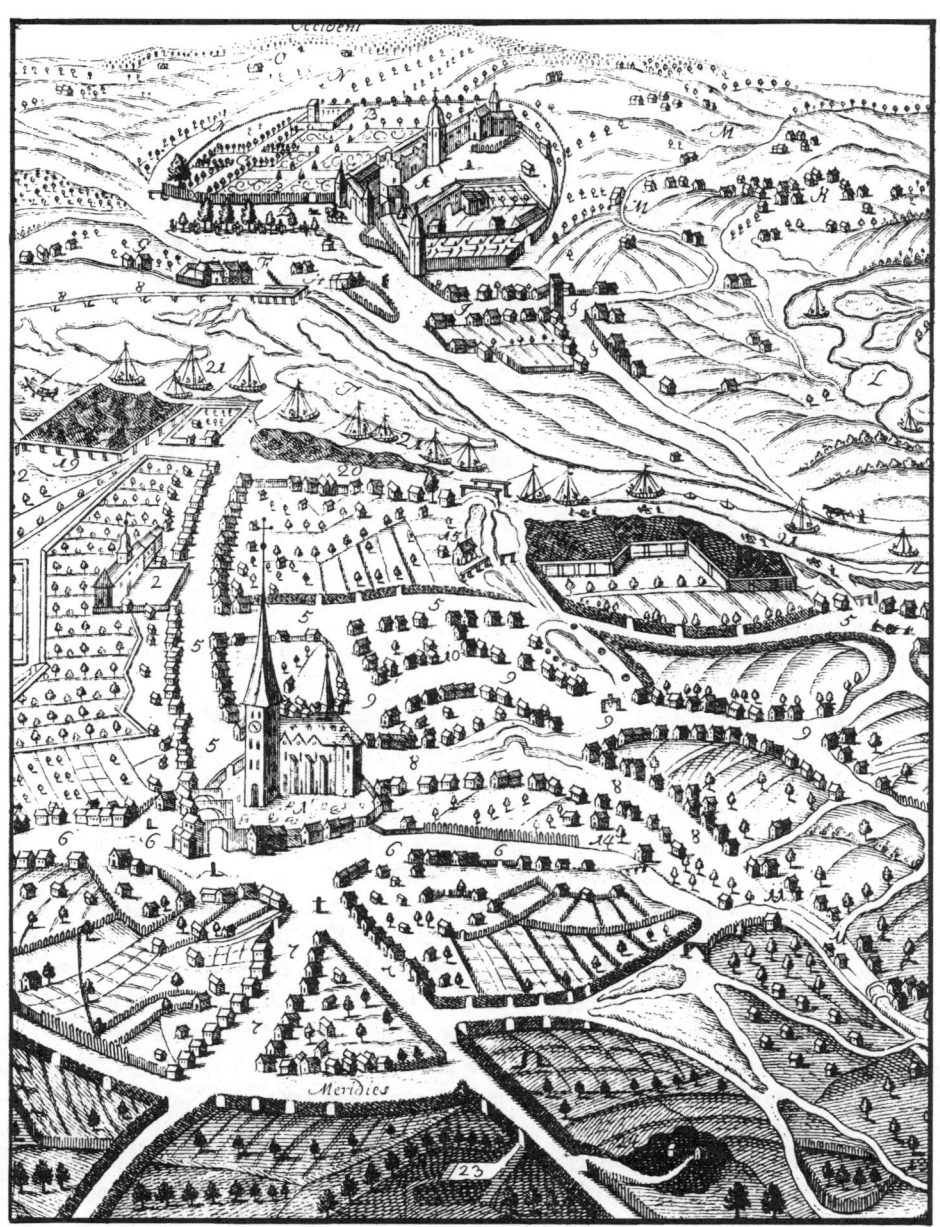

Mülheim an der Ruhr, um 1750. In der oberen Bildhälfte Schloß Broich, am südlichen Ruhrufer erkennt man Kohleniederlagen und auf dem Fluß zahlreiche Treidelschiffe.

Mülheim an der Ruhr, um 1845. Friedrich-Wilhelms-Hütte und Kohletransport auf der Aktienstraße

Stinnes (1790–1845). Das Essener Fettkohlenrevier wurde durch eine Privatstraße, die noch heute ›Aktienstraße‹ heißt, an den Mülheimer Ruhrhafen angeschlossen. 1861 entstand bei der Mülheimer Zeche *Wiesche* die erste Brikettfabrik des Ruhrgebiets. 1820 bereits gründete Johann Dinnendahl zusammen mit dem Kaufmann Friedrich Wilhelm Liebrecht die nach letzterem genannte *Friedrich-Wilhelms-Hütte*. Hier gelang es Julius Römhild 1847/48 für das Ruhrgebiet erstmals, die Eisenverhüttung von Holzkohle auf die heimische Steinkohle umzustellen. Ab 1871 baute August Thyssen in Mülheim-Styrum ein Eisen- und Stahlimperium auf.

Eine erste Kapelle auf dem *Mülheimer Kirchenhügel* ist für das Jahr 1093 urkundlich nachgewiesen. Sie war vermutlich dem hl. Petrus geweiht. Um 1200 entstand ein größerer Nachfolgebau. Ein Turm wurde ungefähr fünfzig Jahre später angefügt. Von ihm ist noch einiges Mauerwerk im Glockenturm der heutigen evangelischen **Petrikirche** enthalten. Im 15./16. Jahrhundert erfolgte schrittweise der Neubau von Schiff und Chor in spätgotischem Stil. In freier Anlehnung hieran wurde das Kirchenschiff 1870/72 in Kohlensandstein ein weiteres Mal neu errichtet. Im Zweiten Weltkrieg erlitt die Kirche starke Bombenschäden. Der schlichte Innenraum trägt heute zum überwiegenden Teil eine Kassettendecke; nur die beiden östlichen Joche vor der Chorapsis sind gewölbt. Zahlreiche Grabsteine – auch aus der Gruft der Grafen von Broich, die 1870 entdeckt wurde – gingen inzwischen verloren oder fielen mutwilliger Zerstörung anheim.

Die katholische Kirche **St. Mariae Geburt** auf dem Kirchenhügel (Emil Fahrenkamp, 1928/29; Abb. 27) zählt zu den bedeutendsten Sakralbauten der frühen Moderne im Rheinland. Die Architektur gewinnt hier ihre Spannung durch Kontraste: Der steil emporragende Kubus des Glockenturmes korrespondiert mit dem glatten, breit gelagerten Baukörper des

Hauptschiffes. Dagegen stehen dann unruhig gestaltete Seitenschiffe: überhöhte Kapellenblöcke mit jeweils einem Strebepfeiler an der linken Seite springen in regelmäßigen Abständen vor. Weitere Spannung gewinnt der Bau durch die Tatsache, daß in die scharfkantigen Mauern grundsätzlich rundbogige Fenster mit wiederum rechtwinkliger, grobmaschiger Sprossengliederung eingelassen sind. – Im Innenraum erfährt die Monumentalität des Hauptschiffs eine Steigerung durch die Überhöhung der kassettierten Mittelbahn in der Decke. Die Skulptur des Triumphators über dem Hauptportal trägt expressionistische Züge. Quer über die gesamte innere Rückwand der Kirche zieht sich durchlaufend ein Kreuzweg aus Schieferplatten hin, der durch kleine eingestreute Mosaikfelder lebhaft akzentuiert wird (Ernst Rasche, 1962). Ein kleiner spätgotischer Reliquienschrein aus Holz in Form einer Basilika (kölnisch, 15. Jh.) zeigt an den Frontseiten die Gottesmutter mit Kind und knienden Stifterinnen sowie die hl. Ursula, die ihren Mantel schutzspendend über fünf Gefährtinnen ausbreitet. Auf dem Hauptaltar der Kirche steht ein Vortragekreuz aus vergoldeter Bronze, das vermutlich aus dem Saarner Kloster stammt. Auf die Rückseite sind Medaillons des segnenden Christus und der Evangeliensymbole (das unterste im 17./18. Jh. erneuert) sowie verbindende Rankenornamente eingraviert.

Das **Frauenkloster** ›Aula beatae Mariae‹ wurde 1214 in *Saarn* gegründet. Für 1216 bezeugt eine nicht unbedingt glaubwürdige Urkundenüberlieferung seine Übernahme in den Zisterzienserorden und die Weihe der Kirche durch den Erzbischof Engelbert I. von Köln. Seit der Säkularisation dient sie als katholische *Pfarrkirche (›St. Mariae Himmelfahrt‹).* Der Bau wurde im vorigen Jahrhundert erheblich verändert. Noch aus dem 13. Jahrhundert stammen heute die beiden kreuzrippengewölbten Joche des einschiffigen Westteils. An der Südwand erinnern zwei Fensterzonen übereinander daran, daß fast der gesamte Raum früher durch eine Nonnenempore in zwei Etagen geteilt war (neuerdings modern wiederhergestellt). Von ihrem Dormitorium aus erreichten die Ordensfrauen diese Empore durch eine Tür in der Nordwand. Anstelle der bescheidenen mittelalterlichen Choranlage wurde 1895–97 an das Kirchenschiff ein weiteres Joch – nun mit Seitenschiffen in gebundenem System – angefügt. Daran schließen sich ein historistisches Querhaus mit östlichen Altarnischen sowie Chor und Apsis an. Der dem Zisterziensergeist eigene Dachreiter des mittelalterlichen Teiles korrespondiert heute mit einem achteckigen Glockenturm am Chor, der in reichen, spätstaufisch angelegten Bauformen errichtet wurde. Von den Kirchenbänken stammen 21 noch aus dem 18. Jahrhundert. Ihre barocken Wangen sind mit geschnitzten Rocaillen, Akanthusblättern und Palmetten prächtig geschmückt. Unter den Holzskulpturen der Kirche sind eine spätgotische Pietà und vor allem ein Gabelkruzifix (um 1400) bemerkenswert.

Die Saarner Klostergebäude wurden größtenteils während des 18. Jahrhunderts neu errichtet und dienten nach der Säkularisation zeitweilig als Gewehr- und später als Tapetenfabrik. Auf dem Friedhof gibt es noch mehrere Äbtissinnengrabsteine des immerhin einzig erhaltenen Zisterzienserinnenklosters im Rheinland.

Die evangelische Gemeinde in Saarn dokumentierte 1845 ihren Stolz über die soeben gewonnene Selbständigkeit von der reformierten Gemeinde in Mülheim, indem sie einen

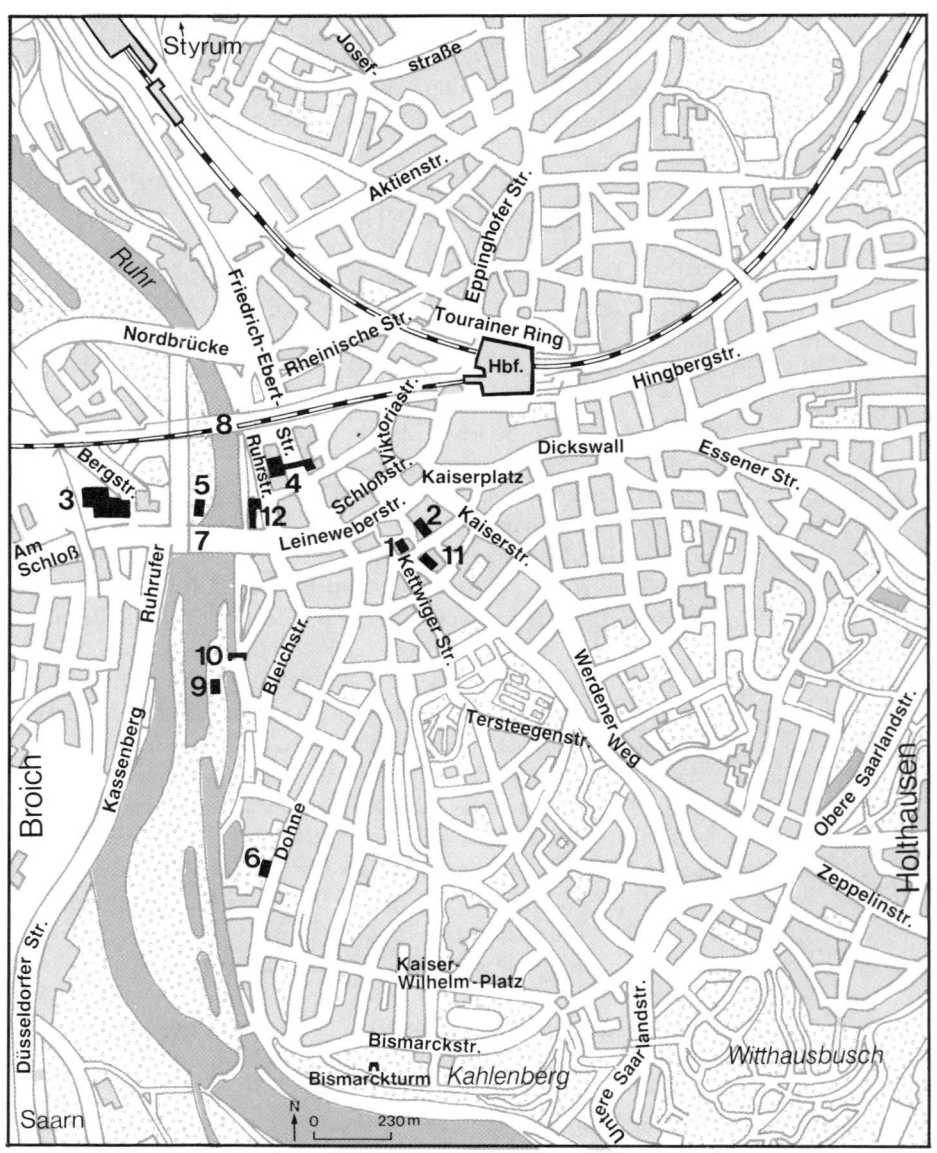

Mülheim an der Ruhr, Stadtzentrum 1 Petrikirche 2 St. Mariae Geburt 3 Schloß Broich 4 Rathaus 5 Stadthalle 6 Baumwollspinnerei und -weberei J. C. Troost 7 Schloßbrücke 8 Brücke der Rheinischen Eisenbahn 9 Wasserbahnhof 10 Ruhrschleuse 11 Tersteegenhaus 12 Städtisches Kunstmuseum

repräsentativen viergeschossigen Turm an ihre kleine, 1775 erbaute Saalkirche anfügte. Obwohl vor die Mitte der südlichen Längsfront des Kirchenschiffes gesetzt, nahm dieser Turm den Haupteingang auf. Der Kanzelaltar steht an der gegenüberliegenden Längswand, so daß eine ungewöhnliche Querorientierung des Kirchenraumes zustande kommt.

Noch aus dem 11. Jahrhundert stammt der Turm der katholischen Kirche **St. Laurentius** in *Mintard* (nahe Kettwig), in dem eine gut 800jährige Glocke hängt. Die Kirche selbst wurde im 17. Jahrhundert neu errichtet, birgt aber einen Taufstein aus dem 13. und ein Altarbild aus dem 16. Jahrhundert.

Neben Schloß Burg an der Wupper und der Schwanenburg in Kleve dürfte **Schloß Broich** (Abb. 69) in Mülheim zu den bedeutendsten mittelalterlichen Befestigungsanlagen im nördlichen Rheinland zu zählen sein. Keramikfunde erlauben eine Datierung der frühesten Anlage in die zweite Hälfte des neunten Jahrhunderts. Wahrscheinlich wurde sie zum Schutz der Region gegen Normanneneinfälle erbaut und nach dem Abflauen der Normannengefahr seit dem 10. Jahrhundert als Verwaltungs- und Repräsentationssitz benutzt. Die Herren von Broich werden erst 1093 erstmals urkundlich genannt. 1188 verkaufen Theoderich und Erwin Bruke die Anlage an den Kölner Erzbischof Philipp von Heinsberg und unterstellen sich seiner Lehenshoheit. Die Burg sollte fortan im Kriegsfall zur Sicherung des Kölner Territoriums dienen. Das Geschlecht der Grafen von Broich starb 1372 aus. Verschiedene Familien wechselten in den folgenden Jahrhunderten in der Herrschaft ab. Nur zwei Ereignisse sollen noch erwähnt werden: Graf Wirich V. von Daun, Falkenstein und Oberstein, der 1508 die Herrschaft Broich übernahm, besiegte als Oberbefehlshaber im

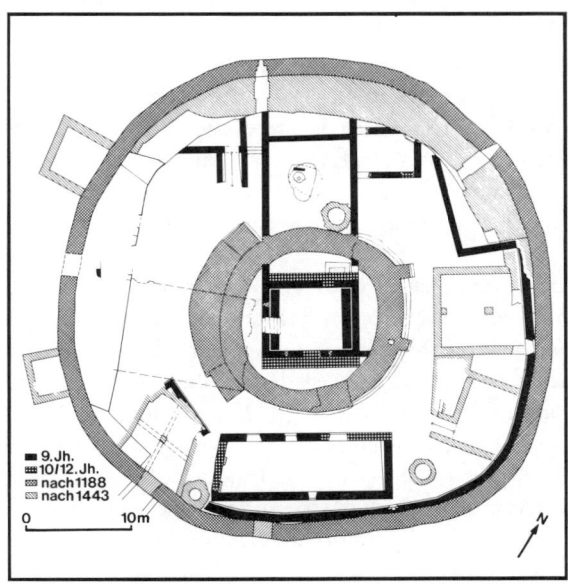

Mülheim an der Ruhr, Schloß Broich, Grundriß (Rheinisches Landesmuseum Bonn / Rheinisches Amt für Bodendenkmalpflege)

9. Jh.
10/12. Jh.
nach 1188
nach 1443

0   10m

Dienste des Heiligen Römischen Reiches 1535 die Münsteraner Wiedertäufer entscheidend. Seit 1766 war die Landgräfin Marie Luise Albertine von Hessen-Darmstadt Herrin von Broich, und ihre Enkelin Luise von Mecklenburg-Strelitz, die später den preußischen König Friedrich Wilhelm III. heiratete, weilte zweimal für einige Zeit in dem Ruhrschloß. Im Mülheimer Tersteegenhaus (s. S. 92) werden noch Pantöffelchen, die angeblich von der Prinzessin stammen, als Reliquien aufbewahrt und ausgestellt.

Im Laufe seiner langen Geschichte wurde Schloß Broich mehrfach beschädigt und verschiedentlich renoviert und erweitert. Der Südraum der karolingischen Gründungsanlage wurde bereits im 11./12. Jahrhundert zu einem quadratischen Turm ausgebaut. Philipp von Heinsberg ließ ihn durch einen weiteren, nun runden Turm überbauen, der eine Höhe von 17,5 Metern erreichte. Der Erzbischof legte auch eine neue, stärkere Ringmauer an. Am Ende des 14. Jahrhunderts errichtete Graf Dietrich V. von Limburg das Niederschloß. Nach einer Belagerung während der Soester Fehde (1443) wurde die Ringmauer ausgebessert und weiter verstärkt. Graf Wilhelm Wirich ließ 1644–48 die Anlage im wesentlichen zur heutigen Form ausbauen und namentlich das Hochschloß errichten. Beträchtliche Veränderungen erfolgten dann allerdings noch im 18. Jahrhundert. Nach umfangreichen Ausgrabungs- (Günter Binding, 1965/66) und Restaurierungsmaßnahmen kann man heute die Baugeschichte der Burg anhand ihrer Mauern und Grundmauern gut ablesen. Die erhaltenen Gebäude (Hoch- und Niederschloß) beherbergen gegenwärtig die Volkshochschule Mülheim und enthalten stimmungsvolle Repräsentationsräume.

Schloß Styrum in der Ruhrniederung war anfänglich ein königliches Gut mit Reichsunmittelbarkeit. Der wohl um die Mitte des 13. Jahrhunderts errichtete Schloßbau erfuhr dann in der Barockzeit grundsätzliche Eingriffe in seine mittelalterliche Bausubstanz. August Thyssen erwarb 1890 die Anlage und ließ sie zur Wohnung für die Familie seiner Generaldirektoren umbauen. Heute dient das Schloß als Altentagesstätte. – An den Hauptbau wurde im 17. Jahrhundert ein sechseckiger Turm mit geschweifter Haube angefügt. Der Torbau trägt in Ankersplinten die Jahreszahl 1658 sowie Wappensteine seiner Erbauer, des Grafen Hermann Georg von Limburg-Styrum und seiner Frau Maria geb. von Hoya. Etwas abseits erhalten ist schließlich noch ein dreigeschossiger Befestigungsturm (heute Wohnturm) mit angefügtem Treppenturm und geschweifter Haube.

Das Mülheimer **Rathaus** (Otto Orlando Kurz/John, 1911–15; Erweiterungsbau 1962) prägt mit seinen ausladenden Trakten das Zentrum der Stadt. Der etwas spröde Bau an der Schwelle zur Moderne prunkt doch noch mit reichem neubarockem Fassadendekor. Reizvoll sind hier insbesondere die vielfältig angebrachten Schmuckgehänge mit ihren abwechslungsreichen Motiven: Engel, Masken, Ranken, Muscheln, Füllhörner, geflügelte Löwen etc. Die Arkadengänge des Rathauses, die in der City Urbanität fördern, tauchen als Architekturmotiv auch bei der Stadthalle und dem Museums- und Stadtbadbau auf und verstärken dort, am Stadtsee, die Assoziationen eines Venedig an der Ruhr.

Die Mülheimer **Stadthalle** (Hans Großmann/Arthur Pfeiffer, 1923–25; die Innenarchitektur Emil Fahrenkamps ist weitgehend zerstört) nimmt in ihrer Architektur die Tradition antiker Uferpaläste, so etwa des Diokletianischen Kaiserpalasts in Split oder der Kölner Regia, wieder auf. Der Bau aus hellem Muschelkalk wird außen durch Konsolgesimse und expressionistische Fassadenornamentik markant gegliedert. Im Innern sind zwei Glasmosaiken (Jan Thorn Prikker, 1926 oder 1928) bemerkenswert. Sie symbolisieren in intensiver Farbgebung die geistliche und die weltliche Musik.

An **älterer Industriearchitektur** besitzt Mülheim nicht mehr viel Bemerkenswertes. Hervorzuheben ist ein *Fabrikgebäude der ehemaligen Baumwollspinnerei und -weberei Johann Caspar Troost*, die als einer der ersten mechanischen Betriebe im Rheinland von 1791–1875 ihre Waren produzierte. Der erhaltene dreigeschossige Bau wurde in der ersten Hälfte des 19. Jahrhunderts errichtet und ähnelt mit seinem Simsdekor und dem Krüppelwalmdach Wirtschaftsgebäuden, wie sie im 18. Jahrhundert für Schlösser und Klöster – so z. B. auch in Saarn – errichtet worden waren. – Erwähnenswert sind außerdem noch frühe Lederfabrikgebäude am Kasseberg.

Mülheim besitzt eine interessante Auswahl von **Wasserbauwerken,** wenn auch die 1842–44 errichtete, reichverzierte *Schloßbrücke* – immerhin die erste Hängebrücke in Deutschland – bereits 1909 einem leistungsfähigeren Neubau weichen mußte, der seinerseits 1958–60 durch ein moderneres Bauwerk ersetzt wurde. – Weitgehend erhalten blieb demgegenüber die großzügige *Brückenanlage der Rheinischen Eisenbahn* (1864–66): Am Westufer überspannen sieben massige Steinbögen die Ruhrauen. Fluß und Uferstraße werden sodann mit Hilfe von drei weitergespannten eisernen Bögen (nach dem Zweiten Weltkrieg mit Veränderungen wiederhergestellt) überquert. Auf dem Ostufer der Ruhr verläuft die Bahnlinie im Mülheimer Stadtzentrum nach Berliner Vorbild über 31 ausgemauerten Steinbögen. – Ein bizarres Ensemble von acht nebeneinanderliegenden *Gitterkastenbrücken* von gleicher Bauart, aber unterschiedlicher Länge und Höhe überquert im äußersten Nordwesten von Mülheim den Fluß. Abgesehen von einer Ausnahme handelt es sich hierbei um Eisenbahnbrücken. – Schließlich gibt es noch eine riesige *Autobahnbrücke* über die Ruhr, eine Pfeilerbrücke von 1830 Metern Länge und 65 Metern Höhe bei einer Stützweite von maximal 126 Metern. – Etwas oberhalb des Stadtsees blieb vor dem *Wasserbahnhof* für die Personenschiffahrt eine der im 19. Jahrhundert erneuerten *Ruhrschleusen* erhalten. – Als eine Art Trutzburg lagert schließlich das *Kraftwerk Raffelberg* (Pfeifer/Großmann, 1925) quer über der Ruhr. Ein Paar stumpfer Türme flankiert die Turbinenhalle über der Staumauer. Schmale, steile Fenster betonen den Festungscharakter. Die Dachzone wird durch ein umlaufendes Konsolgesims verziert.

Trotz erheblicher Verluste, namentlich auch durch Abbruch während der Nachkriegsjahrzehnte, verfügt Mülheim heute noch über eine breite Palette **historischer Wohnbebauung.** Aus vorindustrieller Zeit gibt es noch eine beträchtliche Anzahl von *Bauernhöfen*, zumeist vom Typ des mitteldeutschen Querdielenhauses in Fachwerkarchitektur: Wohnung und Stallungen sind unter einem Dach vereinigt. Der Balken zwischen Eingangstür und Oberlicht trägt häufig die Namenszüge des Erbauerehepaars sowie das Erbauungsdatum. Gelegentlich ist noch historisches Mobiliar und Zinngeschirr vorhanden. Besonders erwähnt werden sollen der *Rosenhof* in *Holthausen* (1768, mit prachtvoll geschnitzter Holztür) sowie die Häuser *Dümpelweg 37* (1721, mit dekorativ gestalteten Fassadenbalken), *Forstbachtal 4* (1738) und der *Schultenhof* (1781) in *Menden*.

Im Zentrum von Mülheim, vor allem in der Nähe des Kirchenhügels, gibt es noch relativ viele ältere Stadthäuser aus z. T. verschiefertem Fachwerk. Direkt gegenüber der Kirche beherbergt das *Tersteegenhaus* (Abb. 72) heute eine heimat- und volkskundliche Sammlung zur Mülheimer Geschichte. 1746–1769 wirkte Gerhard Tersteegen hier als Heilkundiger, Laienprediger und Dichter aus dem Geiste pietistischer Innerlichkeit. Das Fenster, aus dem er zu einer oft großen Anhängerschaft predigte – nicht ohne den Argwohn des Klerus zu erregen –, ist noch vorhanden. Von den Werken Tersteegens erlangte vor allem das Gedicht ›Ich bete an die Macht der Liebe‹ eine ungeahnte Berühmtheit: Die Melodie, die Dimitri Bortnianski 1822 auf die geistlichen Verse schrieb, wurde später zum Bestandteil des Großen Zapfenstreichs.

Einmalig für das Ruhrgebiet dürfte der Baukomplex an der *Kettwiger Str. 12a* sein. Durch einen Torgang stößt man auf den Hof, der mit mehreren winzigen Fachwerkhäusern eng bebaut ist. Aus zeitgenössischen Adreßbüchern geht hervor, daß im 19. Jahrhundert meist mehrere Familien in jedem dieser Häuser wohnten. Durch dieses Bauensemble wird der (bald gescheiterte) Versuch der Hellwegstädte schlagend dokumentiert, die erste Zuwanderungswelle der industriellen Revolution durch eine regellos-spontane Errichtung von Wohnungen im eng bebauten Stadtzentrum aufzufangen. – Großzügig mutet demgegenüber das gründerzeitliche Viertel im Süden der Innenstadt an *(Bleichstraße, Friedrichstraße, Dohne).* Hier gibt es historistische Bürgerhäuser und Jugendstilvillen. Das *Denkmal* für die Toten des Krieges von 1870/71 auf dem *Kaiser-Wilhelm-Platz* wurde nach dem Vorbild der Igeler Säule (Original heute im Rheinischen Landesmuseum Trier) geschaffen.

Nun noch drei Beispiele aus dem Mülheimer **Arbeiterwohnungsbau:** Sechs Miethäuser in der *Josefstraße* (1903) überraschen durch eine abwechslungsreiche Giebelgestaltung sowie durch lebhafte Akzentuierungen: Mit Hilfe von gelben Ziegeln sind dekorative Muster in das ansonsten dunkelrote Backsteinmauerwerk eingelegt. – An der *Kreftenscheer-* und der *Mausegattstraße* in *Heißen* sind auf einer Seite abwechselnd Traufen- und Giebelhäuser aus Ziegeln nebeneinander aufgereiht (1900). Auf der anderen Straßenseite wurden fünf Jahre später Walmdachhäuser mit verputzter Wandfläche und Fassadengliederungen aus Back-

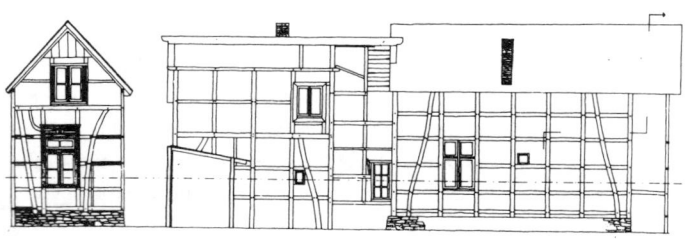

*Mülheim an der Ruhr,
Kettwiger Straße 12 a,
früher Mietshauskomplex für Arbeiter*

stein zugefügt. Die Hofpflasterung besteht jeweils aus flachgelegten Ziegelsteinen. Die Straßen sind boulevardartig gestaltet.

Besonders großzügig angelegt wurde die von der Firma Krupp initiierte Genossenschaftssiedlung **Heimaterde** in *Heißen* (Theodor Suhnel, 1918–29). Das Ideal war hier zunächst ein Einfamilienhaus mit Spül- und Wohnküche, drei Zimmern sowie einer Einliegerwohnung für die Eltern bzw. Schwiegereltern, die nicht auf ihre alten Tage hin aus der gewohnten Umgebung vertrieben werden sollten. Die allgemeine Wohnungsnot zwang auch in Heimaterde bald zum Bau von Doppelhäusern. Die Siedlung paßt sich glücklich in das abschüssige, von langen Talfurchen durchzogene Gelände ein. Die Grundstücke sind großzügig zugeschnitten. In der schwierigen Zeit nach dem Ersten Weltkrieg sollten Ernährungskrisen durch Selbsthilfe bekämpft werden. Selbstversorgung wurde in Heimaterde mit idyllisierendem Pathos propagiert.: »Der Kotten ist unser Ideal!«, erklärte der Krupp-Prokurist Max Hallbach in der Gründungsversammlung der Siedlungsgenossenschaft den Interessenten. »Das bedeutet ein spalierobstumranktes Häuschen in Grün und Sonnenschein; bedeutet Gemüse in Hülle und Fülle mit Schinken, Speck und Würsten, die kein bares Geld kosten, weil das zu verkaufende zweite Schwein die Auslagen für beide Schweine wieder einbringt; bedeutet verheißungsvolles Meckern und Gackern aus dem Stall; bedeutet Gesundheit, Lebensfreude und Arbeitsfreude; bedeutet Liebe zu Heimat und Vaterland; bedeutet aber auch die Verbindung mit unserm Herrgott droben, von dem das Gedeihen der Scholle abhängt.«[14] Zur Relativierung eines solchen Pathos muß allerdings gesagt werden, daß die Selbstversorgung von Arbeitern aus ihren Hausgärten dem Unternehmer die Möglichkeit bot, bei Krisenzeiten die Löhne auch unter das normale Existenzminimum zu drücken. Die Siedlung Heimaterde ist heute, nach ihrer Privatisierung, durch unangemessene und uneinheitliche Bau- und Renovierungsmaßnahmen in ihrem ehedem harmonischen Erscheinungsbild empfindlich gestört.

Essen

»Essen ... ist eine häßliche Stadt, der nur die vor ihren Thoren liegenden villenartigen Häuser reicher Industriellen einigen Schmuck geben. Sie ist so schwarz vom Kohlenstaub wie London von seinem Nebelqualm. Der Bergbau auf Kohlen, dessen Mittelpunkt Essen ist, wird schon um 1317 erwähnt; von 1663 an läßt sich in den Urkunden des städtischen Archivs seine Entwicklung verfolgen; von der Einführung der Dampfmaschinen an beginnt sein riesenhafter Aufschwung, den schon die Schiffbarmachung der Ruhr wesentlich gefördert hatte ...

Ist aber die Ausbeutung des Kohlenreichthums der Gegend um Essen zu riesenhaftem Aufschwunge gediehen, noch riesenhafter erscheint uns die Ausbeutung der Maschinenkräfte, welche mit dieser Kohle genährt werden – in dem weltberühmten Industrie-Colosseum, welches an der Westseite von Essen liegt, in der größten aller Fabriken, welche menschliche Betriebsamkeit geschaffen hat – in dieser merkwürdigen Anstalt, wo wie im Mittelalter sich das Handwerk mit der Kunst, so heute die Fabrication sich auf's engste mit der Wissenschaft verbindet und verschmilzt. Wir brauchten den Namen des Schöpfers dieser Anstalt nicht zu nennen, die Welt kennt ihn, aber wir wollen ihn nennen . . .: wo man die großen Namen von 1870 und 1871 nennt, da muß man auch den Namen Krupp's nennen; des Mannes, dessen Energie, Ausdauer und Scharfsinn es gelang, jene Waffen von Alles zerschmetternder Wirkung zu schaffen, welche die beispiellose Heeresrüstung unseres Volkes so glänzend vervollständigten.«[15]   *(Levin Schücking, 1872)*

1928 wurde in Essen-Vogelheim die älteste Spur des Menschen im Ruhrgebiet gefunden: eine 200000 Jahre alte Steinklinge, die heute zu den Schätzen des Ruhrlandmuseums gehört. Die eigentliche Geschichte der Stadt Essen begann in fränkischer Zeit mit der Errichtung einer Burg zum Schutze des Hellwegs gegen Angriffe der noch heidnischen Sachsen. Diese Burganlage wird an der Stelle des heutigen Burgplatzes vermutet. Weitere Schutzkastelle lagen auf den Ruhrbergen, bei Werden und Steele-Horst. Um 800 wurde in Werden eine Abtei gegründet, um 950 in Essen ein adeliges Damenstift. Beide Institutionen blieben bis zur Säkularisation als geistliche Miniaturfürstentümer reichsunmittelbar. Im Schatten der Essener Stiftskirche blühte an einem Kreuzungspunkt zweier Straßen im Mittelalter eine Kaufmanns- und Handwerkersiedlung auf. Sie wurde 1377 zur freien Reichsstadt privilegiert, was jedoch zu jahrhundertelangen Querelen mit den Herrschaftsansprüchen der Äbtissinnen führte.

Die Essener Stahlindustrie steht gewissermaßen in der Tradition des mittelalterlichen Schmiedehandwerks und der Essener Gewehrfabrikation der frühen Neuzeit. In der Frühphase der industriellen Revolution wurden auf (heutigem) Essener Stadtgebiet verschiedene

Essen, Alfred Krupp (1812–1887) vor der Industriekulisse seiner Gußstahlfabrik

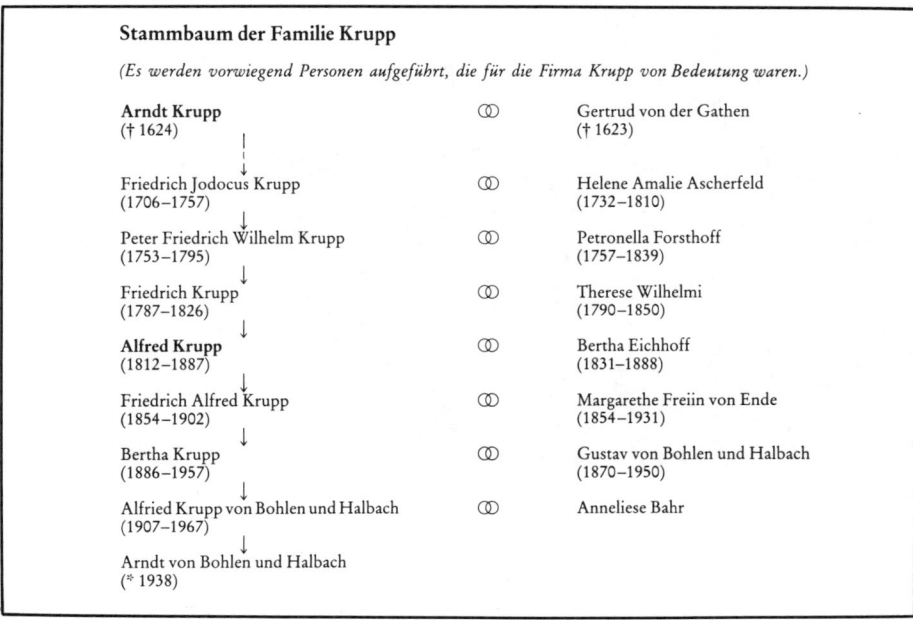

Stammbaum der Familie Krupp

(Es werden vorwiegend Personen aufgeführt, die für die Firma Krupp von Bedeutung waren.)

Arndt Krupp ⚭ Gertrud von der Gathen
(† 1624)   († 1623)

Friedrich Jodocus Krupp ⚭ Helene Amalie Ascherfeld
(1706–1757)   (1732–1810)

Peter Friedrich Wilhelm Krupp ⚭ Petronella Forsthoff
(1753–1795)   (1757–1839)

Friedrich Krupp ⚭ Therese Wilhelmi
(1787–1826)   (1790–1850)

Alfred Krupp ⚭ Bertha Eichhoff
(1812–1887)   (1831–1888)

Friedrich Alfred Krupp ⚭ Margarethe Freiin von Ende
(1854–1902)   (1854–1931)

Bertha Krupp ⚭ Gustav von Bohlen und Halbach
(1886–1957)   (1870–1950)

Alfried Krupp von Bohlen und Halbach ⚭ Anneliese Bahr
(1907–1967)

Arndt von Bohlen und Halbach
(* 1938)

technische Pionierleistungen vollbracht. Für die Zeche Wohlgemuth bei Kupferdreh konstruierte Franz Dinnendahl 1801–1804 die erste im Ruhrgebiet selbst gefertigte Dampfmaschine. Auf Zechen im Essener Nordwesten gelang in den 1830er Jahren mit Hilfe früher Dampfmaschinen erstmals die Abteufung von Schächten durch die Mergeldecke hindurch und damit die Erschließung der wesentlichen Kohlevorkommen des Ruhrgebiets. Markenzeichen Essens aber wurde die **Gußstahlfabrik der Familie Krupp.**

1587 schrieb sich Arndt Krupp in das Handelsregister der Stadt Essen ein. Einer seiner Nachfahren, Friedrich Krupp, gründete hier 1811 eine Fabrik »zur Erzeugung von englischem Gußstahl und aller daraus hergestellten Waren«, betrieb sie aber glücklos. Nach seinem frühen Tod (1826) brachte Alfred Krupp in jahrzehntelanger zäher Arbeit das Unternehmen zu Weltruf. Maßgeblich für den Erfolg war die Qualität des ›Kruppstahls‹, die Erfindung nahtloser Radreifen für die Eisenbahn (drei ineinandergeschlungene Reifen bilden heute noch das Firmensymbol) sowie die Herstellung (1870/71) kriegsentscheidender Kanonen, die Alfred Krupp den Beinamen ›Kanonenkönig‹ eintrug. Unter Friedrich Alfred Krupp (1854–1902) konnte das Unternehmen weiter expandieren. Seine älteste Tochter Bertha Krupp galt als die reichste Erbin Europas. Anläßlich ihrer Heirat mit Gustav von Bohlen und Halbach (1906) verfügte Kaiser Wilhelm II., daß auch zukünftige Firmenchefs aus der Familie den Namen Krupp führen dürften. Bis ins Todesjahr von Alfried Krupp von Bohlen und Halbach (1967) blieb die Fabrik im Familienbesitz. Die Familie Krupp hat als Arbeitgeber von zigtausend Bürgern und Versteuerer eines immensen Vermögens in Essen

Essen, um 1625

zeitweise maßgeblichen Einfluß auf die Kommunalpolitik gewinnen können und die Stadt-geschichte in einem beträchtlichen Ausmaß mitgeprägt.

Heute besitzt die Stadt Essen eine vielfältige Wirtschaftsstruktur. Den Rang als größte Stadt des Ruhrgebiets (1961: 726 000 Einwohner, 1985 trotz Gebietserweiterung: 625 700 Einwohner) verdankt Essen einer weitsichtigen Eingemeindungspolitik (im wesentlichen: 1901 *Gemeinde Altendorf*; 1905 *Rüttenscheid*; 1910 *Rellinghausen*, 1915 *Altenessen, Bor-beck, Bredeney, Haarzopf*; 1929 den *ehemaligen Landkreis Essen* mit den Städten *Steele* und *Werden*; 1970 *Burgaltendorf*; 1975 *Kettwig*). Als Sitz einiger Regionalbehörden und geogra-phischer Mittelpunkt des Ruhrgebiets wirbt Essen um den Rang der ersten Metropole dieser Industrieregion.

Im Süden haben die Vororte des Ruhrtals, namentlich *Steele, Kupferdreh, Werden* und *Kettwig* (Farbt. 30) noch teilweise ihren dörflichen oder kleinstädtischen Charakter bewah-ren können und sind heute bevorzugtes Wohn- und Freizeitgebiet. *Bredeney*, auf steiler Höhe nördlich der Ruhr gelegen, ist der traditionelle Essener Nobelvorort. Von hier ab senkt sich das Gelände nach Norden hin langsam, und die Wohngebiete werden immer ›proletarischer‹: In *Rüttenscheid, Margarethenhöhe, Holsterhausen, Frohnhausen* und *Altendorf* wohnten vorwiegend die ›Kruppianer‹. In den nördlichen Vororten, jenseits der Altstadt, folgte dann die Region der großen Zechen und Bergarbeiterkolonien. Für 1987 ist die Schließung von ›Zollverein‹ als der letzten Essener Zeche angekündigt.

Domkirche
Bischof Altfrid von Hildesheim, der Hauptberater Kaiser Ludwigs des Deutschen, gründete um die Mitte des 9. Jahrhunderts auf seinem Gut *Asnide* ein Kanonissenstift zur Versor-

gung unverheirateter Töchter aus hohen sächsischen Adelsfamilien. Altfrid schenkte dem Stift Reliquien der hl. Ärzte und Märtyrer Cosmas und Damian, die ihm wahrscheinlich während eines Romaufenthaltes von Papst Sergius II. übergeben worden waren. Cosmas und Damian wurden neben der Hl. Dreifaltigkeit und der Jungfrau Maria Patrone der um 870 erstmals vollendeten *Essener Stiftskirche*, in der Altfrid 874 seine letzte Ruhestätte fand. Zur ersten Äbtissin des Stifts war seine Schwester Gerswida bestimmt worden.

Nach grundlegenden Erneuerungsarbeiten in der zweiten Hälfte des 10. Jahrhunderts erfolgte ein dritter Kirchenbau unter der Äbtissin Theophanu. In der Krypta nennt eine Inschrift als Weihedatum den 9.9.1051. Von diesem ›Theophanu-Bau‹ sind außer der Krypta heute noch das Westwerk, einige Mauerteile vom Langhaus sowie das (nach 1180 eingewölbte) Querschiff erhalten. Eine durchgreifende Erneuerung von Langhaus und Chor erfolgte nach einem Brand (1275) durch die Äbtissin Beatrix von Holte. Im Zweiten Weltkrieg wurde die Essener Münsterkirche stark zerstört. Sie ist seit 1958 Kathedrale des neu errichteten Ruhrbistums.

Von den Essener Äbtissinnen gehörten Mathilde (971–1011), Sophia (1011–1039) und Theophanu (1039–1058) dem ottonischen Kaiserhaus an. Die erst- und die letztgenannte haben über eine großzügige Förderung ihrer Stiftskirche die Symbolik der imperialen Herrschaftsideologie aufgeprägt. Das offenbart sich vor allem in der Architektur des Westwerks (Abb. 3). Das Oktogon der Aachener Pfalzkapelle Karls des Großen, des ersten abendländischen ›römischen‹ Kaisers seit der Antike, wird hier in einer späten, reduzierten, aber ungemein qualitätvollen Spielart aufgegriffen. Ein achteckiger Turmaufbau mit schöngeformten gekuppelten Fenstern krönt, flankiert von zwei achteckigen Treppentürmchen, das

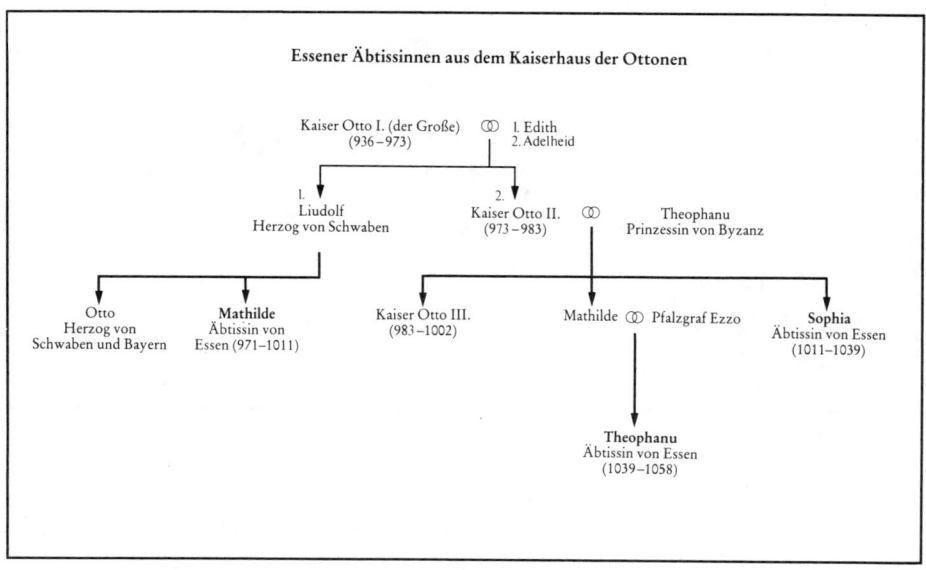

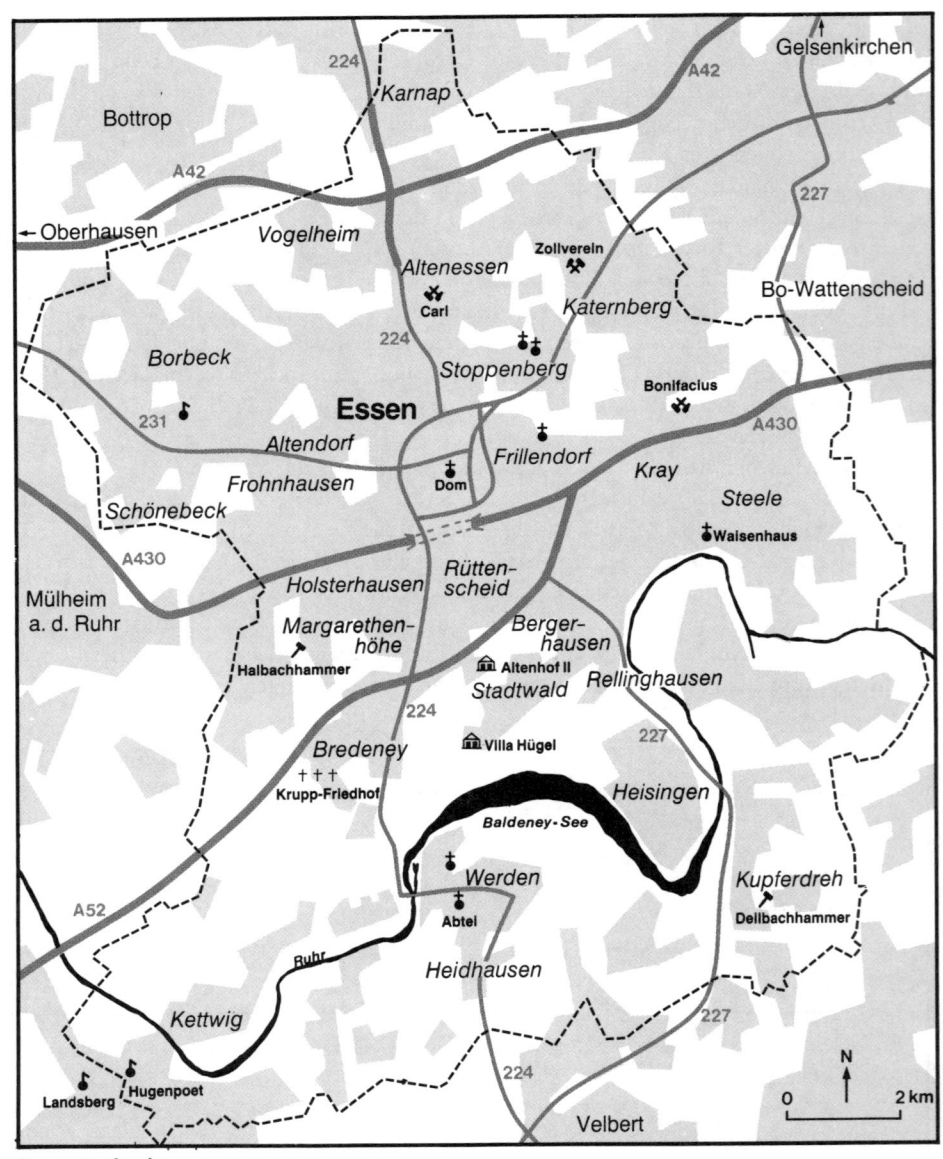

Essen, Stadtgebiet

Essen, Stadtzentrum   1 Dom   2 St. Johannis   3 Marktkirche   4 Erlöserkirche   5 Synagoge ▷
*6 Altkath. Friedenskirche   7 Neue Synagoge   8 Engelbertkirche   9 St. Andreas   10 Hotel Handels-
hof   11 Hauptpost   12 Haus der Technik   13 Emschergenossenschaft   14 Kommunalverband Ruhrgebiet   15 Ruhrkohle AG   16 Rathaus   17 Saalbau   18 Theater   19 Folkwang-Museum   20 Ruhrlandmuseum   21 Denkmal der Arbeit   22 Grugapark   23 Bismarck-Denkmal*

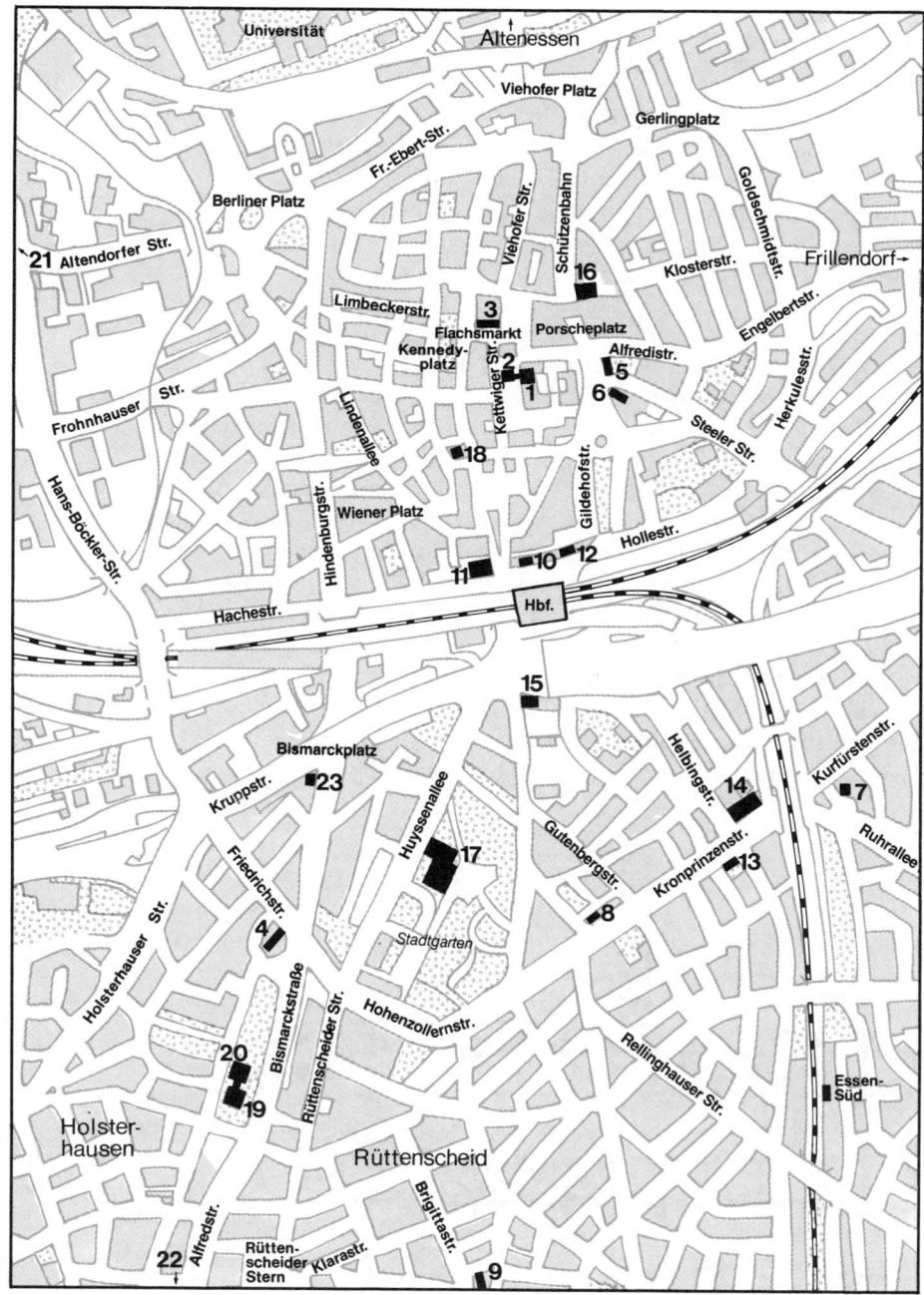

Universität

Altenessen

Viehofer Platz

Gerlingplatz

Fr.-Ebert-Str.

Viehofer Str.

Schützenbahn

Goldschmidtstr.

Berliner Platz

Klosterstr.

Frillendorf→

21 Altendorfer Str.

Limbeckerstr.

3

16

Porscheplatz

Engelbertstr.

Herkulesstr.

Flachsmarkt

Kennedy-
platz

Kettwiger Str.

Alfredistr.

2

5

Frohnhauser Str.

1

6

Lindenallee

Steeler Str.

Hindenburgstr.

18

Gildehofstr.

Hans-Böcker-Str.

Wiener Platz

Hollestr.

11

10

12

Hachestr.

Hbf.

15

Bismarckplatz

Helbingstr.

Kurfürstenstr.

Kruppstr.

23

Huyssenallee

14

7

Ruhrallee

Friedrichstr.

Gutenbergstr.

17

13

Stadtgarten

Kronprinzenstr.

4

8

Bismarckstraße

Rüttenscheider Str.

Hohenzollernstr.

Rellinghauser Str.

Holsterhauser Str.

20

Essen-
Süd

19

Holster-
hausen

Rüttenscheid

Brigittastr.

Alfredstr.

22

Rütten-
scheider
Stern

Klarastr.

erste Joch des Mittelschiffs. Der Einbau einer Polygonapsis im Innern (Abb. 7) orientiert sich hier betont an der Architektur des Aachener Oktogons. Drei monumentale Bögen werden im Emporengeschoß durch ein Gitter aus Säulenarkaden gegliedert. Über der Arkadenbrücke schließen weitere antikisierende Marmorsäulen mit prächtigen korinthischen Kapitellen jeweils bis zum Bogen auf. Mit solchen Architekturzitaten stellt sich die ottonische Kaiserfamilie augenfällig in die Tradition Karls des Großen.

Als eine Art Halbkuppel öffnet sich das Westwerk im Osten zu einer hochgotischen Hallenkirche hin. Der erste der beiden Baumeister, Martin, kannte sicherlich die St. Elisabeth-Kirche in Marburg. Er orientierte sich aber in manchen Details, etwa bei der Ornamentik der Kapitelle, auch am Kölner Domchor. Das Sockelgeschoß der ottonischen Seitenschiffwände – innen durch halbrunde Nischen gegliedert – ging in den gotischen Neubau ein. Die Zone von Querhaus, Vorchor und Nebenchören stellt ein nicht ganz harmonisches Wechselspiel von ottonischen, spätromanischen und spätgotischen Bauformen dar. Erwähnenswert sind hier verschiedene Figurenkapitelle aus dem 12. Jahrhundert, die neben Tiermotiven u. a. die vier Paradiesflüsse und die vier Evangelistensymbole zeigen.

Der gotische Chorraum ist dreischiffig und hat einen geraden Abschluß. Sein etwas unregelmäßiger Grundriß erklärt sich aus der Anlage der darunterliegenden romanischen Krypta. Sie gliedert sich in eine dreischiffige Innenkrypta und eine ursprünglich zweigeschossige Außenkrypta mit bemerkenswert kunstvoll gearbeiteten Pfeilern. An der Außenkrypta schloß sich im Osten eine Gruft mit der Grabstätte der Äbtissin Theophanu an.

Ältestes Stück der Domausstattung ist eine dunkelgelbe, spätantike Marmorsäule, die vermutlich auf Veranlassung Kaiser Ottos I. von Italien nach Deutschland überführt und auf Geheiß der Essener Äbtissin Ida im Chor als Kreuzsäule aufgestellt wurde. Die Bekrönung des Kapitells durch ein goldenes Kreuz statt einer Jupiterstatue sollte die Überwindung des Heidentums durch den christlichen Glauben augenfällig symbolisieren. Dieses inzwischen

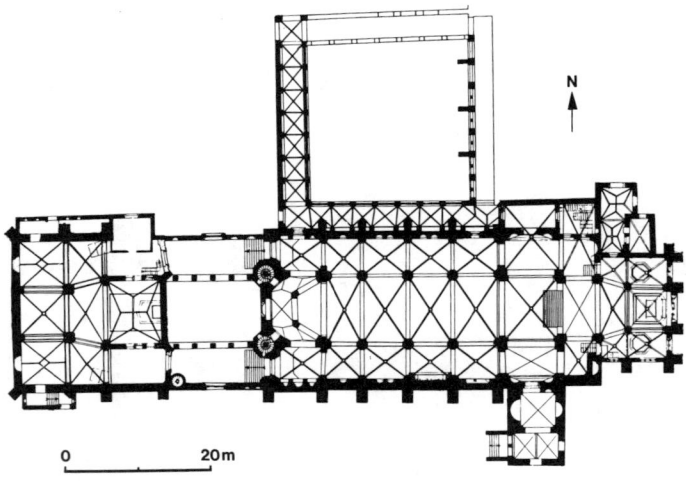

Essen, Dom, Atrium und St. Johannis, Grundriß (von rechts nach links)

verschollene ›Ida-Kreuz‹, von dem im Domschatz noch eine Stifterinschrift zu sehen ist, läßt sich bis ins 15. Jahrhundert nachweisen und wurde nach dem Zweiten Weltkrieg durch eine moderne Neuschöpfung ersetzt.

Ein spätgotisches Hochgrab in der Krypta birgt heute die Gebeine des Stiftsgründers Altfrid. Aus dem 15. Jahrhundert stammen die Steinfiguren der Kirchenpatrone Cosmas und Damian (Attribute: Schwert, Salbengefäß, Medizinflasche) an den Chorpfeilern. Ein ›Heiliges Grab‹, eine figurenreiche Darstellung der Grablegung Christi, entstand wohl um das Jahr 1500. Die Grabtafel der Äbtissin Elisabeth von dem Berg († 1614) wurde in einem behäbigen Renaissancestil geschaffen, eine Skulptur des Kölner Erzbischofs Engelbert I. im Barockstil.

Die beiden kostbarsten Stücke der Kirchenausstattung gehören der mittelalterlichen Goldschmiedekunst an: Die *Goldene Madonna* – wohl kurz vor der Jahrtausendwende in Köln oder von einem Kölner Künstler geschaffen – gilt als ältestes vollplastisches Marienbild des Abendlandes (Farbt. 6). Um einen Holzkern herum wurden hier mit kleinen goldenen Stiften ¼ Millimeter starke Folien aus Goldblech befestigt. Die Augen von Mutter und Kind sind in Email ausgeführt; der Blick gewinnt dadurch eine ungewohnte, eigentümlich anmutende Starrheit. Maria hält in der rechten Hand einen prächtig verzierten Apfel. Sie ist die neue Eva, im Gegensatz zur Urmutter des Menschengeschlechts eine Mutter der Gnade, die als Gottesgebärerin die Welterlösung von Sünde und Schuld erst ermöglicht. Auf ihrem Schoß erscheint Jesus nicht als neugeborenes Kind, sondern in der Würde des Erlösers, bereits erwachsen und priesterlich gekleidet.

Im Westwerk des Domes steht ein monumentaler siebenarmiger *Leuchter* aus Bronze, den eine Inschrift als Geschenk der Äbtissin Mathilde ausweist. Solche Leuchter haben ihren Ursprung wohl in den älteren Kulturen Mesopotamiens, wo sie als ›kosmischer Baum‹ oder ›Lebensbaum‹ die guten Kräfte des Kosmos symbolisierten. Im Heiligen Zelt des Alten Testaments und im Salomonischen Tempel gehörte ein siebenarmiger Leuchter zu den hervorragenden Kultgegenständen. Die Kirche übernahm den Leuchter als Zeichen der Kontinuität vom Alten zum Neuen Bund und interpretierte ihn als Zeichen Christi um, der das Licht in der Finsternis ist. Die sieben Lichter weisen nun auf die sieben Gaben des Heiligen Geistes hin. Der Essener Leuchter ist aus 46 Einzelteilen zusammengesetzt. In seinen Schmuckformen – kelchartigen Gliedern und Knäufen, die mit stilisierten Blattornamenten verziert sind – spielt er auf die im 2. Buch Mose detailliert beschriebene Gestalt des alttestamentlichen Leuchters an.

Byzantinische Stilanklänge bei dem Essener Leuchter wie auch bei verschiedenen anderen Kunstwerken des Münsterschatzes aus der ottonischen Zeit sind leicht zu erklären: Unter dem Einfluß der Kaiserin Theophanu, der aus Konstantinopel stammenden Gemahlin Kaiser Ottos II., wurde byzantinisches Kunstschaffen für mehrere Jahrzehnte im Rheinland heimisch. Die Essener Äbtissinnen Mathilde und Theophanu konnten als Mitglieder der Ottonenfamilie im Umkreis des zeitweilig in Köln residierenden ›Kaiserhofes‹ arbeiten lassen oder vielleicht auch einzelne Goldschmiede für einige Zeit nach Essen abwerben. In der Schatzkammer an der Nordseite des Domes werden allein *vier ottonische Vortrage-*

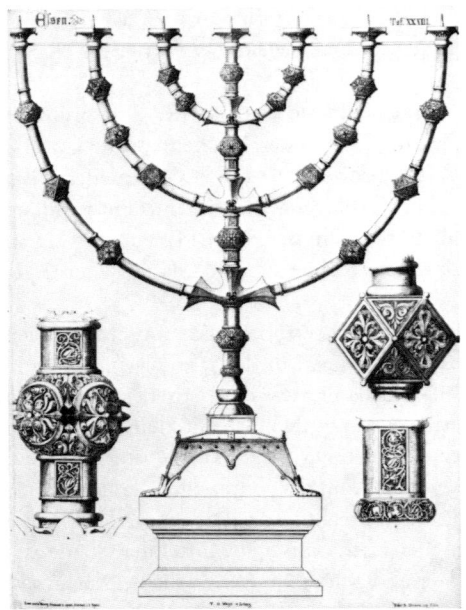

Essen, Siebenarmiger Leuchter aus dem Domschatz

kreuze aufbewahrt. Sie wurden im Mittelalter an langen Stangen bei Prozessionen vorangetragen und beim anschließenden Gottesdienst in der Kirche hinter oder neben dem Altar aufgestellt. Stilistische Ähnlichkeiten bei jeweils zwei Kreuzen deuten dabei auf eine symmetrische Anordnung hin. Die Vortragekreuze sind aus Gold- und Kupferblech gefertigt und mit Filigran, Emailplatten, Perlen und Steinen in kostbaren Fassungen prächtig geschmückt. Auf der Rückseite ist jeweils Rankenwerk eingraviert, mit Evangelistenmedaillons an den vier Enden und dem Osterlamm im Schnittpunkt der Balken; lediglich das ›Theophanu-Kreuz‹ zeigt hier ein Porträt Christi als Weltherrscher.

Qualitätvollstes Essener Vortragekreuz ist das *Ältere Mathildenkreuz* (oder auch *Otto-Kreuz* genannt). Die Christusfigur ist aus dem Goldblech des Kreuzesbalkens herausgetrieben und zeigt den Gekreuzigten nicht als Leidenden, sondern als den Überwinder des Bösen, das sich in Gestalt der Schlange unter dem Fußbrett ringelt. Am Kreuzfuß ermöglicht ein Bild in Zellenschmelztechnik eine Datierung. Es zeigt die Szene, wie Herzog Otto von Bayern und Schwaben († 982) der Essener Äbtissin Mathilde (die 971 ihr Amt antrat) eben dieses Vortragekreuz überreicht.

Dem *Kreuz mit der großen Senkschmelze* gab die spezifische Technik der Golgatha-Darstellung im Schnittpunkt der Balken seinen Namen. Auf einer großen Schmelzplatte sieht man Christus am Kreuz, Maria und Johannes sowie Personifikationen von Sonne und Mond. Vier weitere große Senkschmelzplatten an den Enden der Kreuzarme tragen die Evangelistensymbole. Am Kreuzfuß symbolisiert ein Medusenhaupt, das in einen Chalzedon eingeschnitten wurde, das durch den Tod Jesu besiegte Böse.

Das *Jüngere Mathildenkreuz* nimmt Stilelemente der beiden vorweg besprochenen Kreuze auf, ist allerdings von geringerer Qualität. Daraus kann man eine Entstehung in Essen selbst, nach dem Vorbild der dort bereits vorhandenen Vortragekreuze folgern. Der Corpus ist beim Jüngeren Mathildenkreuz aus Silber gegossen und vergoldet worden; in der Technik ist er ziemlich grob und in der Gesamtdarstellung, etwa der Proportionierung der Gliedmaßen, unbeholfen. Schmelzplättchen an den Kreuzarmen zeigen, wie Sonne und Mond sich verfinstern, ihre Gesichter trauernd mit Tüchern verhüllen (Farbt. 8). Eine Platte am Kreuzfuß stellt dar, wie Mathilde, die Essener Äbtissinnentracht trägt, ihr Kreuz einer thronenden Muttergottes überreicht.

Das vierte Vortragekreuz des Essener Münsterschatzes wird durch eine fragmentarisch erhaltene Inschrift als Geschenk der Äbtissin Theophanu ausgewiesen. Als ein spätes Gegenstück zum Kreuz mit der großen Senkschmelze dürfte es um 1050 entstanden sein. Manche seiner Bestandteile sind vermutlich zweitverwandt, einiges dürfte auch später noch hinzugekommen sein. Die Emailplättchen an den Balkenenden tragen persisch-sassanidische Muster und wurden wohl aus Byzanz nach Deutschland eingeführt. In der Mitte des *Theophanu-Kreuzes* überdeckt ein großer, oval geschliffener Kristall zwei auf roter Seide angeheftete angebliche Partikel des Kreuzes Christi.

Von den übrigen Stücken des Münsterschatzes sollen nur noch wenige erwähnt werden: Bei einer *Lilienkrone* zur Bekrönung der Goldenen Madonna handelt es sich einer Überlieferung nach um den Kronreif, mit dem Otto III. als dreijähriges Kind am Weihnachtstag des Jahres 983 in Aachen zum Deutschen König gekrönt wurde (Farbt. 7). – Die Scheide des Zeremonialschwerts der Essener Äbtissinnen war vermutlich ein Geschenk dieses Kaisers an das Stift, ein karolingisches Evangeliar eine Gabe Altfrids. – Zu einem weiteren *Evangeliar*,

Essen, Älteres Mathildenkreuz aus dem Domschatz

Essen, Buchdeckel des Theophanu-Evangeliars aus dem Domschatz

Essen, St. Johannis und Westwerk des Doms um die Mitte des neunzehnten Jahrhunderts

geschrieben für die Äbtissin Theophanu, gehört ein sehr kostbarer Buchdeckel. Die Elfenbeinplatte in seiner Mitte zeigt in der unteren Zone die Geburt Christi, darüber eine figurenreiche Kreuzigung und oben die Himmelfahrt in einer unüblichen Form: Der Auferstandene schreitet, im Profil sichtbar, aufwärts (Farbt. 9). – Ansonsten enthält der Essener Kirchenschatz eine Fülle von Reliquiaren, Reliquienmonstranzen, Meßgerät, Meßgewändern und Skulpturen aus der Zeit vom 8. bis ins 18. Jahrhundert.

In dem romanischen *Atrium*, das den Essener Dom im Westen mit der **St. Johannis-Kirche** verbindet, hängt ein ausdrucksvolles Kruzifix aus dem 14. Jahrhundert. Ursprünglich Taufkirche, seit 1260 dann Pfarrkirche, wurde St. Johannis 1471 im gotischen Stil neu errichtet. Der beschränkte Raum zwischen der Westfront des Domes und der überkommenen Gerichtslinde auf der heutigen Kettwiger Straße zwang zu einer unorthodoxen Grundrißlösung: Es entstand eine annähernd quadratische, nur zwei Joch lange dreischiffige Hallenkirche mit eingezogenem Westturm und geradem Chorabschluß. In diese Kirche wurden nach dem Zweiten Weltkrieg die vier (von ursprünglich neun) erhaltenen Altartafeln überführt, die Bartholomäus Bruyn d. Ä. im Auftrage der Äbtissin Margarethe von Beichlingen (1525 bis ca. 1534) für das Essener Münster geschaffen hatte. Der Renaissance verpflichtet, prächtig-theatralisch gemalt, finden wir hier Darstellungen der Geburt Christi, der Anbetung des Kindes durch die Drei Weisen, der Kreuzigung (Abb. 23) und der Kreuzabnahme. Bei der Kreuzigung zeigt eine Detailszene links im Hintergrund, wie der selbstgerichtete Apostel Judas von einem Ast herab über einem Abgrund baumelt, exakt über dem kreuztragenden Heiland, den er für dreißig Silberlinge verriet. Die Kreuzabnahme spielt vor der ältesten uns bekannten Panoramaansicht der Stadt Essen.

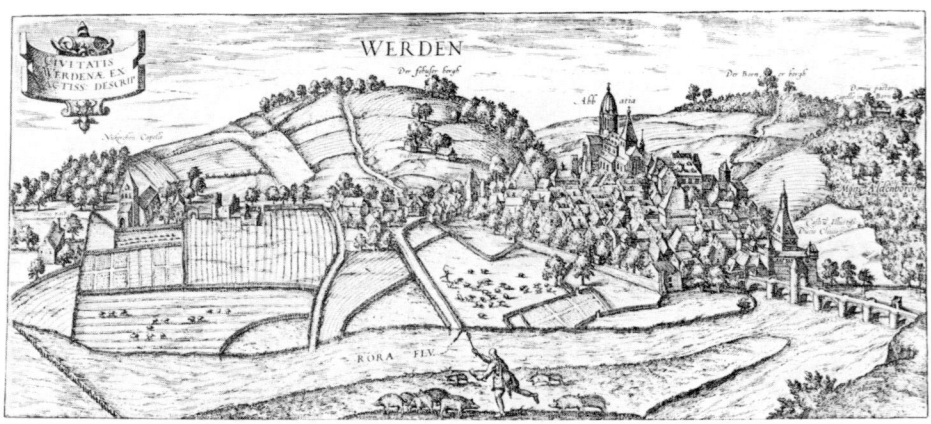

Werden, aus dem Städtebuch von Braun und Hogenberg, 1572

Älter noch als das Essener Frauenstift war das *Benediktinerkloster* von *Werden* (Abb. 147); die dortige **Klosterkirche** (Abb. 2) ist in ihren Ursprüngen älter als der Essener Dom. Die Werdener Abtei – südlich der Ruhr – wurde um 800 durch den Friesen Liudger gegründet, dem Kaiser Karl der Große 792 die Leitung der Mission für Nordwestdeutschland übertragen hatte. Liudger starb 809 als erster Bischof von Münster. Seinem letzten Willen folgend bestattete man ihn aber nicht dort, sondern unter einem Baum hinter dem Chor der Werdener Kirche. Das Grab wurde bald zum Ziel zahlreicher Pilger. Seit Beginn des 10. Jahrhunderts steht Liudger an erster Stelle unter den Werdener Kirchenpatronen. Die Abtei wurde als Eigenkloster der Liudgeriden zunächst mehrere Jahrzehnte lang von Familienangehörigen geleitet, nach Unstimmigkeiten jedoch 877 durch König Ludwig III. in die Reihe der Reichsabteien aufgenommen. Berühmtheit erlangten im Mittelalter vor allem die *Klosterbibliothek*, wo bis gegen 1600 der ›Codex Argenteus‹ (eine mit Silber- und Goldbuchstaben auf purpurgefärbtes Pergament aufgetragene Handschrift der gotischen Ulfilas-Bibel aus dem 6. Jahrhundert, heute Universitätsbibliothek Uppsala) aufbewahrt wurde, und die Schreibstube, wo vermutlich um 850 der ›Heliand‹ (eine altsächsische Evangelienharmonie in Stabreimen) entstand.

Die Abteikirche Liudgers wurde bereits nach wenigen Jahrzehnten durch einen 875 geweihten Neubau ersetzt, das Grab des Klostergründers nun miteinbezogen. 943 weihte der Kölner Erzbischof Wigfried ein Westwerk, das auch zu Sendgerichten und als Pfarrkirche benutzt wurde. Unter Abt Gero (1050–1063) translozierte man die Gebeine Liudgers unter den Hochaltar der Klosterkirche und gestaltete die Krypta neu. 1056 brannte die Anlage ab. Der von Abt Albero (1257–1277) initiierte Neubau, der sich in seiner Längserstreckung an der vom Brand verschonten Krypta und dem teilweise erhaltenen Westwerk orientierte, konnte 1275 durch den hl. Gelehrten Albertus Magnus geweiht werden. Zu einer Zeit, als der gotische Kölner Domchor bereits seit fast einem Jahrzehnt im Bau war, entschloß man sich in Werden noch einmal zu einem Sakralbau im Stil der rheinischen Spätromanik, der allerdings in seiner Raumwirkung und in einer leichten Zuspitzung der Bögen die Zeitwende zur Gotik hin ahnen läßt. Die aufgeworfene Frage, ob für diese Stilwahl eine konservative Grundhaltung im Mönchskonvent ausschlaggebend war oder ob durch die Aufnahme einer Tradition zu den rheinischen Kaiserdomen ein Bekenntnis zum Heiligen Römischen Reich ausgedrückt werden sollte, dürfte kaum zu entscheiden sein.

Das *Werdener Westwerk* weist an wenigen Stellen noch Wandmalereireste des 10. Jahrhunderts auf. Baugeschichtlich steht es zwischen den Westwerken von Kloster Corvey und St. Pantaleon in Köln. Es erfuhr allerdings erhebliche Umgestaltungen. So wurden z. B. in die Mauerbögen zu den Seitenemporen im 11. Jahrhundert Doppelarkaden mit schönen antikisierenden Säulen eingebaut. Im 13. Jahrhundert paßte man dann das Westwerk in den Werdener Kirchenneubau ein, u. a. durch eine geschickte Einwölbung. Die Westempore wurde auf die Höhe des neuen Mittelschiffs gebracht. Im 19. Jahrhundert erhöhte man schließlich den Zentralraum um ein Glockengeschoß und krönte ihn mit einem Faltdach, das nach dem Vorbild von St. Gereon in Köln entworfen worden war.

An das Werdener Westwerk schließt eine *spätromanische Emporenbasilika mit Querhaus* an (Abb. 9). Ihr Inneres gewinnt durch reiche Wandgliederungen Harmonie und Spannung: Über den wuchtigen Pfeilerarkaden des Untergeschosses öffnen sich kleinere, feiner gestaltete Doppelarkaden zum Emporengeschoß hin. Erst unmittelbar unter den Gewölben lassen große Rosettenfenster Licht direkt in das Mittelschiff einfallen. Der Gesamteindruck des Raumes läßt bereits das Himmelanstrebende der Gotik ahnen; die Vierung wird durch einen achteckigen Turm mit Spitzbogenfenstern und steilem Kuppelgewölbe überhöht.

Die *innere Krypta* unter dem Hochaltar, die auf die Mitte des 9. Jahrhunderts zurückgeht, birgt in einem Schrein die Gebeine Liudgers. In der Nähe markiert eine Raumnische den ›locus arboris‹, den Ort unter einem Baum, den der Heilige als Grabplatz bestimmt hatte und wo er zunächst auch bestattet worden war. Um den Kern der Krypta

Werden, Abteikirche, Grundriß

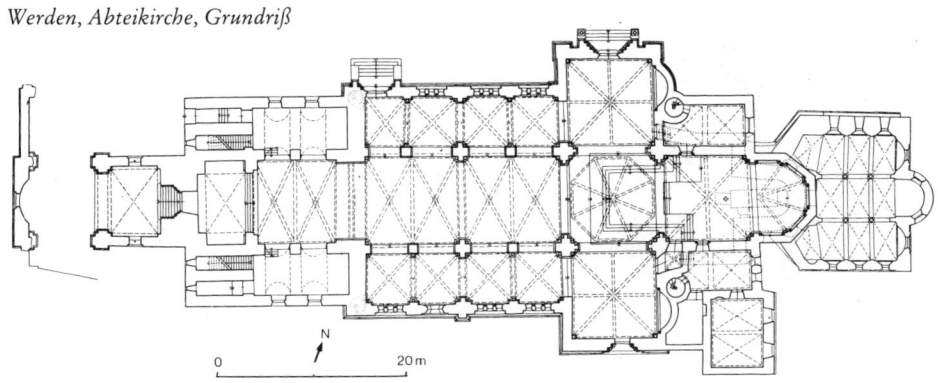

N

0   20 m

herum verläuft halbkreisförmig ein tonnengewölbter Umgang aus dem 11. Jahrhundert. – Im Osten schließt sich die *Liudgeridenkrypta* an, eine Halle mit 3 × 3 Gewölbejochen und schönen Kapitellen aus dem 11. Jahrhundert. Dort gab es früher die Grabstätten der ersten Werdener Äbte, die mit dem Abteigründer verwandt waren.

Im Vorraum zur Sakristei hin ist ein romanischer Türsturz (um 1060) eingemauert, der als Relief zeigt, wie ein Löwe einen fliehenden Hirsch reißt. Eine fast lebensgroße Muttergottesstatue im nördlichen Querschiff stammt aus dem 13. Jahrhundert, ein Vesperbild im Westwerk aus der Wende vom 15. zum 16. Jahrhundert. In Querhaus und Apsis gibt es mehrere Epitaphe von Werdener Äbten, darunter die ausdrucksstarke Grabplatte des Abtes Grimhold († 1517).

Der romanische Kirchenraum wird durch barocke Ausstattungsstücke geprägt, namentlich durch den monumentalen Aufbau des *Hochaltars,* der – wie ein angebrachtes Wappen schließen läßt – von dem in Düsseldorf residierenden Kurfürsten ›Jan Wellem‹ (1690–1716) gestiftet wurde. Das Mittelbild zeigt das ›Baumwunder‹ aus der Werdener Gründungslegende. Es kann hochgekurbelt werden und gibt dann den Blick auf eine Statue Liudgers frei, der von Engeln in den Himmel erhoben wird. Zwei lebensgroße Figuren an den Flanken des Altares zeigen links wiederum Liudger, rechts Karl den Großen.

Obwohl der Werdener *Klosterschatz* durch die Säkularisation teils vernichtet, teils in alle Welt verstreut wurde, blieben einige Stücke von außerordentlichem Wert am Ort. Manche von ihnen werden mit Liudger in Verbindung gebracht, so etwa eine spätantike, wohl in Ravenna gefertigte Elfenbeinpyxis (5. Jahrhundert), ein Hostien- oder Reliquienbehälter (Abb. 18). Das Gefäß zeigt die Geburt Christi sowie eine Hirtenszene. Ein fränkischer Reliquienkasten (8. Jh.) diente dem Heiligen vielleicht auf seinen Reisen als Tragaltar (Abb.19). Er ist mit durchbrochenen Beinplatten belegt, die 1982 in die (vermutlich) originale Anordnung zurückversetzt wurden. Umrandet von Flechtbändern sieht man eine Kreuzigung, den Auferstandenen zwischen zwei Engeln sowie fabelhafte Tiergestalten. – Ob der schlichte ›Liudger-Kelch‹ (9. Jh.) seinen Namen zu Recht trägt, wird bezweifelt. Er wurde erst 1547 aus dem Werdener Tochterkloster Helmstedt an die Ruhr gebracht (oder zurückgebracht?), zusammen mit dem Werdener Bronzekruzifix (um 1060; Abb. 17), das

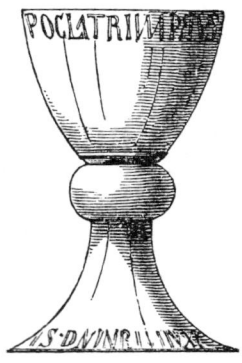

Werden, Liudger-Kelch aus dem Klosterschatz

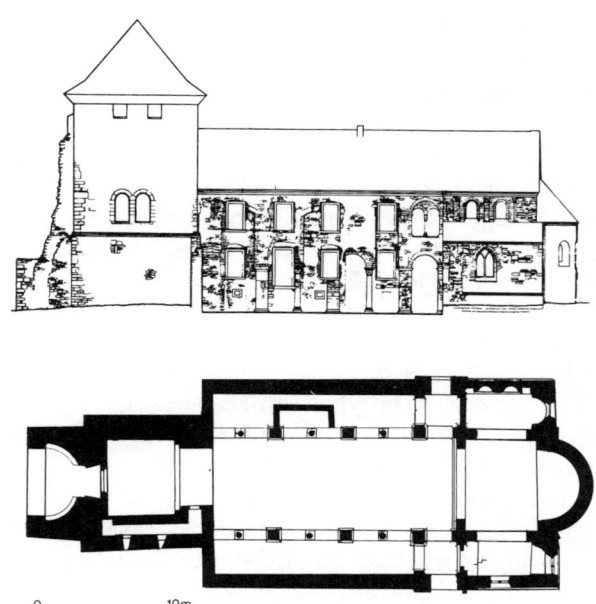

Werden, Luziuskirche vor dem Rückbau zum Gotteshaus (1958), Aufriß und Grundriß

0   10m

einer fabulösen Überlieferung aus dem späten Mittelalter zufolge lange als ›Feldzeichen‹ Karls des Großen galt, vom Kaiser während der Sachsenkriege im Steigbügel gehalten. »Der Schmerz des Todes, in einigen Kruzifixen der Zeit um 1000 deutlich gezeigt, ist hier zu unnahbarer Milde verklärt.«[16]

Unter den Äbten Benedict, Anselm und Bernhard II. entstanden 1754–1794 die *barocken Werdener Abteigebäude.* Sie umschließen einen Innenhof, der durch ein Torhaus zugänglich ist. Im 19. Jahrhundert dienten sie als Zuchthaus. Spätklassizistische Ergänzungen (1843–83) wurden – einem nicht unumstrittenen denkmalpflegerischen Reinheitsideal folgend – vor kurzem z. T. wieder rückgängig gemacht.

Die romanische **Luziuskirche** in *Werden* galt lange als älteste Pfarrkirche nördlich der Alpen; nach neuen Erkenntnissen ist ihre rechtliche Autonomie von der Abtei wohl doch nicht früh genug anzusetzen, um diese Würdigung zu rechtfertigen. Der 995 begonnene Ursprungsbau wurde bereits nach einigen Jahrzehnten durch eine zweite, 1063 geweihte Kirche ersetzt. Im 12. Jahrhundert fügte man den Glockenturm an. Die Kirche wurde 1811 profaniert und 1862 zu einem Wohnhaus umgebaut. Erst nach dem Zweiten Weltkrieg erfolgte der Rückbau zum Gotteshaus. Die beiden Seitenschiffe, die Vorhalle, die beiden Osttürme und das Glockengeschoß des Hauptturms wurden damals rekonstruiert.

Die Werdener Luziuskirche, eine flachgedeckte, dreischiffige Basilika, folgt dem Essener Münsterbau der Äbtissin Theophanu in manchen Details als qualitätvolle Nachschöpfung en miniature. Individuell gestaltet sind die dreigeschossige Gliederung der Chorseitenwände (mit Freskenresten aus dem 12. Jh.) und die reichen, antikisierenden, allerdings stark ergänzten Blattkapitelle an den Chorpilastern.

1073 stiftete die Äbtissin Swanhild (1073 bis nach 1085) für den Oberhof *Stoppenberg*, der dem Essener Damenstift zehntpflichtig war, ein Gotteshaus, das bereits im folgenden Jahr durch den Kölner Erzbischof Anno geweiht werden konnte. Ein im 12. Jahrhundert angegliedertes **Prämonstratenserinnenkloster** wurde im 15. Jahrhundert in ein Frauenstift umgewandelt. Seit 1964 betreuen unbeschuhte Karmeliterinnen die Kirche (Patrozinium heute: St. Maria in der Not).

Die kleine dreischiffige Basilika mit südwestlich angesetztem Turm, quadratischem Chorhaus und polygonaler Apsis gibt im wesentlichen den Bauzustand aus der Mitte des 13. Jahrhunderts wieder. Nach der Zerstörung des gotischen Kreuzrippengewölbes im Zweiten Weltkrieg setzte man z. T. wieder Flachdecken ein. Der romanische Taufstein stammt noch aus dem 11. Jahrhundert. In der Kirche wurde der Gründer der St. Antonii-Hütte in [Oberhausen-]Sterkrade, Franz Ferdinand Freiherr von der Wenge, beigesetzt (s. S. 209).

Der Übertritt eines Großteils der Essener Bevölkerung zum evangelischen Glauben verschärfte im 16. Jahrhundert die traditionellen Konflikte um eine Loslösung der Bürgerstadt aus dem Hoheitsbereich des nach wie vor katholischen Stiftes. Nach langwierigen Konfessionsstreitigkeiten konnten die Protestanten die bereits 1056 erstmals erwähnte, gotische **Marktkirche** behaupten, von der in unserem Jahrhundert nach schwerer Kriegszerstörung nur der Ostteil wieder errichtet wurde. Bemerkenswert ist das neue, moderne Bronzeportal mit einer Darstellung der Apokalyptischen Reiter (H. Schardt).

In *Rellinghausen* gründete die Äbtissin Mathilde 990 ein adeliges Damenstift. Der romanische Glockenturm blieb hier erhalten, die heutige Kirche wurde im klassizistischen Stil erbaut (Otto von Gloeden, 1826/27). Auch die evangelische Kirche in *Kettwig* (1721) hat noch einen romanischen Turm. – Die katholische **St. Ägidius-Kapelle** im *Stadtwald* wurde einer Überlieferung nach von einer nahen Verwandten des Grafen Friedrich von Isenburg gestiftet, der 1225 den Kölner Erzbischof Engelbert II. ermordet hatte. Der Name ›Klusenkapelle‹ erinnere daran, daß die Stifterin sich hier zeitweilig einmauern ließ, um diese Untat mitzusühnen. Ursache des tödlichen Zwistes waren u. a. auch Beschwerden der Essener Äbtissin an Engelbert über den Isenburger gewesen, der als Vogt das Stift bedrückte. Eine andere Überlieferung erklärt die Bezeichnung Kluse allerdings als Anspielung auf ein isoliert gelegenes Siechenhaus für lepröse Kapitularinnen des Essener Stiftes. – Ebenfalls einer Leprastation angeschlossen war die **Siechenhauskapelle** in *Rüttenscheid* (15. Jh.).

In *Steele* errichtete die zweitletzte der Essener Äbtissinnen, Franziska Christine von Pfalz-Sulzbach, ein **Waisenhaus** (Kees/J. Judas, 1765–70). Die großzügige barocke Flügelanlage ist Denkmal einer kirchlich gebrochenen Aufklärung, nach deren Idealen hier elternlose katholische Kinder erzogen und gebildet wurden. Die Kirche als Mittelpunkt hat ihre originale Innenausstattung im wesentlichen bewahrt. Die Gemälde der drei Altäre schuf der mittelrheinische Maler Januarius Zick: in der Mitte die Himmelfahrt Mariens, links den hl. Josef als Pflegevater Jesu, rechts den hl. Aloysius als Patron der Jugend. Franziska Christine hat der Anstalt die Rechtsform einer (heute noch existierenden) Stiftung gegeben. Die Äbtissin residierte zeitweise hier und bestimmte die Waisenhauskirche zu ihrer Grablege. Ebenfalls dort bestattet wurden ihr geistlicher Berater, der Jesuit Marner, und ihr persönlicher Diener, der Afrikaner Ignatius Fortunatus.

In *Kettwig* entstand 1829–33 eine schlichte klassizistische katholische Pfarrkirche (Plan von Otto von Gloeden, überarbeitet von Adolph von Vagedes und Karl Friedrich Schinkel). Der neubarocke Turmhelm wurde erst 1886 aufgesetzt. Der barocke Hochaltar stammt aus dem ehemaligen Katharinenkloster in [Düsseldorf-]Gerresheim. Das Gemälde des Schmerzensmanns (um 1600) wurde erst bei der letzten Restaurierung eingefügt.

Die Essener Bevölkerungsexplosion des industriellen Revolutionszeitalters spiegelt sich auch im Bau zahlreicher historistischer Pfarrkirchen wider. Eine sehr individuelle Schöpfung gelang hier August Rinklake mit **St. Laurentius** in *Steele* (kath., 1870–73). An das basilikale Langhaus schließt im Osten eine Folge von sechs ineinander verschachtelten Oktogonen an: Vierung, Chorhaus, zwei Nebenchöre, zwei Sakristeien. Mit dem Westturm korrespondiert ein Dachreiter auf der Vierungskuppel. Er soll als stilisierte Kaiserkrone an einen Hoftag erinnern, den Kaiser Otto der Große 938 in Steele abhielt.

In der westlichen ›Krupp-Vorstadt‹ entstand 1891–1897 der ›Altendorfer Dom‹ (Architekt: Franz Schmitz): Die riesige katholische **St. Mariä-Himmelfahrtskirche** faßt über 3000 Gläubige und wird durch eine monumentale Doppelturmfassade architektonisch aufgewertet. Für die evangelische **Erlöserkirche** (ab 1906), die Pfarrkirche in der Wohngegend des oberen Kruppschen Beamtenstabes, konnte Franz Schwechten gewonnen werden, der prominente Architekt der Kaiser-Wilhelm-Gedächtniskirche in Berlin. Der repräsentative Bau aus rötlichem Wesersandstein scheint in seinem überkuppelten Innenraum leicht byzantinisch, außen klingen Stilelemente der mittelrheinischen Kaiserdome an. Der Glockenturm wurde nach dem Krieg in vereinfachter Form wieder aufgebaut. Der Reliefschmuck an der Eingangsloggia weist bereits Jugendstileinflüsse auf.

Die Schwelle zum Sakralbau der Moderne wird in Essen dann erstmals mit der katholischen **St. Nikolauskirche** in *Stoppenberg* überschritten (Carl Moritz, 1904–1907). Das Gotteshaus wirkte auf den Kölner Kardinal Antonius Fischer so schockierend, daß er zunächst die Weihe verweigerte. Ein anderer Zeitgenosse, Max Creutz, fühlte sich hier an die Architekturideale der heimischen Pfeilerbrücken und Hochöfen erinnert, an »geschlossene Körperlichkeit, ... Größe und Monumentalität«[17].

Das Kirchenschiff wirkt auch aufgrund einer abgestuften Vorlagerung niedriger Anbauten und der Einrahmung durch ein Paar sehr schlanker, achteckiger Spitztürme besonders wuchtig. Die meisten Fassadendetails sind noch der Gotik verpflichtet. Die Kreuzigungsgruppe auf dem Hauptgiebel folgt allerdings – wie auch der Swanhildbrunnen am Fuß des Treppenaufgangs – bereits der Formensprache des Jugendstils. Innen kommt keineswegs der Raumeindruck einer weitläufigen gotischen Basilika auf (Farbt. 12). Das Hauptschiff will vielmehr als großer, tonnengewölbter Zentralraum ein ›Gemeinde-Erlebnis‹ unter den Gläubigen fördern und gibt den Blick in die Apsis von jedem Platz aus ungehindert frei. Die

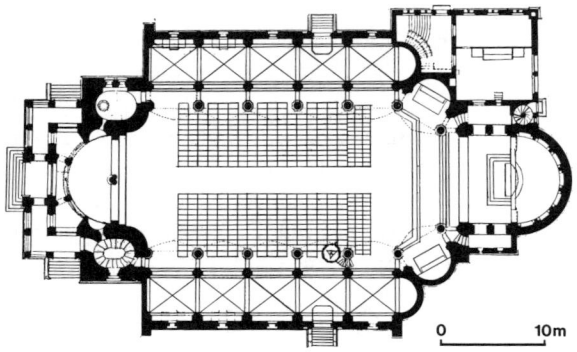

Essen-Stoppenberg, St. Nikolaus,
Grundriß

Seitenschiffe sind auf die Funktion schmaler, niedriger Umgänge (mit Kapellennischen) reduziert. Der Saalcharakter des Mittelschiffes wird durch Rundsäulen betont, die – den Pfeilern vorgelagert – die Kräfte des Tonnengewölbes ableiten helfen. Ungewöhnlich ist die Anbringung von plastischen Kreuzwegstationen vor den Blendarkaden der Triforienzone.

Bergschäden zwangen bereits zweimal zu umfangreichen Sicherungsarbeiten. So konnte 1936 noch unter der Mitwirkung des Architeken eine neue, nun hölzerne und kassettierte Decke eingezogen werden. Bei der zweiten, in den 70er Jahren vorgenommenen Grundrenovierung erhielt die Kirche auch die jetzige, vielleicht zu farbenfrohe Ausmalung. Von der Originalausstattung in Jugendstil und Beuroner Stil blieben beträchtliche Teile erhalten, namentlich der von Moritz entworfene Hochaltar und die Kanzel mit der Bergpredigt als Thema. Sehr qualitätvoll sind die mit Schnitzereien verzierten Beichtstühle und Bankwangen, bei denen verschiedene Symbole aus der Bibel einander abwechseln. Im rechten Seitenschiff erinnert ein Barbara-Altar an die Bergbautradition des Vororts.

1908 bis 1913 errichtete Edmund Körner an der Steeler Straße im Essener Stadtzentrum die größte **Synagoge** Deutschlands, einen massigen, gedrungenen Kuppelbau mit Jugendstildekor (Abb. 101). Schwere Schäden aus ›Reichskristallnacht‹ und Bombenkrieg konnten bald beseitigt werden. Auf Initiative der jüdischen Kultgemeinde hin wurde der schlicht renovierte Innenraum 1980 in eine Gedenk- und Ausstellungshalle zur jüngeren Essener Vergangenheit umgewandelt. – Neben der alten Synagoge entstand im Ersten Weltkrieg die altkatholische **Friedenskirche**, ein Ziegelbau mit Hausteinschmuck und achteckigem Glockenturm. Das ornamentale Goldmosaik im Chorraum stammt von Jan Thorn Prikker. – Eine kleine, **moderne Synagoge** wurde 1958/59 an der Ruhrallee südöstlich der Innenstadt errichtet (Dieter Knoblauch/Heinz Heise).

Mit der katholischen **Pfarrkirche ›Zu den heiligen Schutzengeln‹** schuf Edmund Körner 1923–1928 in *Frillendorf* einen eigenwilligen expressionistischen Backsteinbau. Der ovale, von einem schmalen Umgang umgebene Hauptraum wird an beiden Längsseiten durch drei Konchen ausgefächert, über denen große Dacherker für die Fenster die Rundung der Kuppel

36, 37   BERGKAMEN   Kohleförderbänder des Bergwerks Neu-Monopol

◁ 35   GELSENKIRCHEN–HORST   Zeche Nordstern

38 WALTROP Dampffördermaschine auf der Zeche Waltrop

39 BOCHUM–HORDEL Dampffördermaschine von 1892 auf der Zeche Hannover

40 WITTEN–BOMMERN Betriebsgebäude der Zeche Theresia und Schloß Steinhausen

41 WITTEN St. Johannes-Erbstollen im Muttental

42 WETTER Ältestes erhaltenes Schachthaus des
Ruhrbergbaus (Schacht Friederika)

43 WITTEN Alter Kohlenweg in der Nähe der Burgruine Hardenstein

44 WITTEN Muttental, Pferdegöpel auf dem bergbauhistorischen Rundwanderweg

45 WITTEN Bethaus im Muttental

46 WITTEN–BUCHHOLZ Wetterkamin

47 GELSENKIRCHEN–ÜCKENDORF   Zeche Holland
                49   DORTMUND–BODELSCHWINGH   Malakoffturm der Zeche Westhausen ▷
48 ESSEN–ALTENESSEN   Malakoffturm über Schacht Carl des Kölner Bergwerksvereins

50 BOCHUM–WIEMELHAUSEN Malakoffturm der Zeche Prinzregent-Dannenbaum

51 BOCHUM–SUNDERN Malakoffturm der
Zeche Brockhauser Tiefbau

52 BOCHUM–HORDEL Malakoffturm der
Zeche Hannover

53 DORTMUND–LINDENHORST Malakoffturm auf der Zeche Fürst Hardenberg

54 DUISBURG–HOMBERG Malakoffturm der
Zeche Rheinpreußen

55 SPROCKHÖVEL Malakoffturm der Zeche
Alte Haase

56 BOCHUM–HAMME Malakoffturm auf der
Zeche Carolinenglück

57 HERNE-WANNE Malakoffturm der Zeche Unser Fritz

58 ESSEN–KRAY Zeche Bonifacius

60 DORTMUND–MENGEDE Zeche Adolf von Hansemann ▷
59 DORTMUND–BÖVINGHAUSEN Lohnhalle und Waschkaue der Zeche Zollern II/IV

61 DINSLAKEN Fördergerüst auf der Zeche Lohberg

62 MOERS Zeche Rheinpreußen

63 BOCHUM Deutsches Bergbaumuseum mit Fördergerüst von der Zeche Germania in Dortmund-Marten

64 HERTEN Malakoffturm auf der Zeche Ewald

65 ESSEN–KATERNBERG Fördergerüst und Schachthalle von Zollverein XII

66 DORTMUND–EVING Hammerkopf-Förderturm auf Zeche Minister Stein

67   Kohleabbau auf der Zeche Hannover in Bochum-Hordel, um 1935

68   Pferdeförderung untertage auf der Zeche Hannover, um 1935

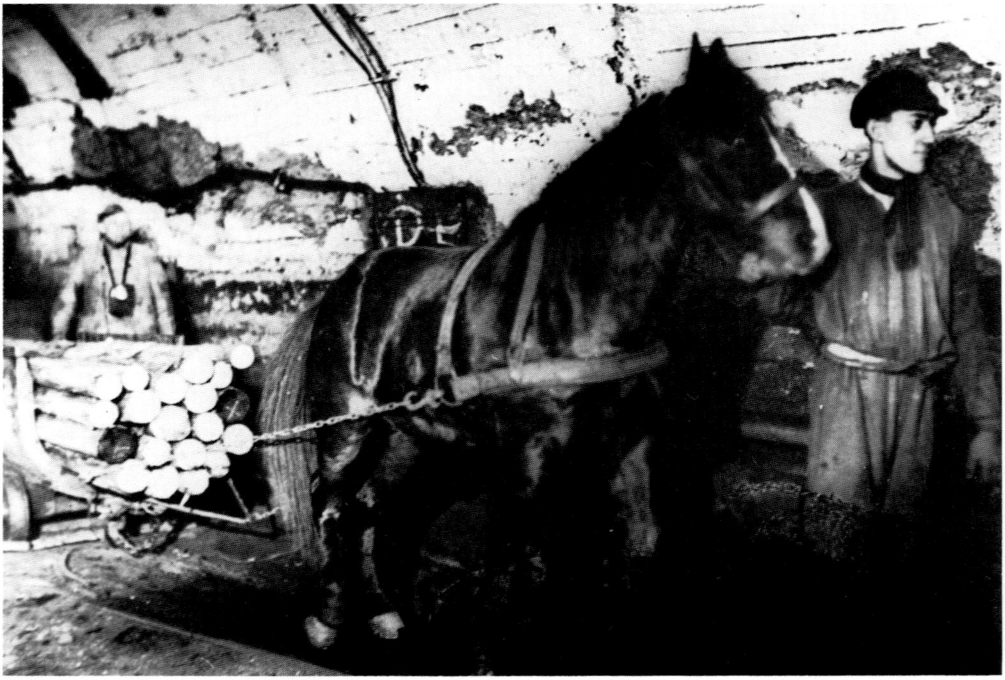

unterbrechen. Turmhalle und Chorhaus schließen auf eckigem Grundriß an den Mittelraum an. Der von Klapheck erwähnte Plan, für die Kirche Thorn-Prikker-Fenster zu gewinnen[18], scheint nicht zur Ausführung gelangt zu sein. Fenster und Ausstattung stammen heute im wesentlichen aus der zweiten Nachkriegszeit. Aus der Entstehungszeit der Kirche blieben allerdings noch expressionistische Konsolengel am Kuppelansatz und farbige Majolika-Kreuzwegstationen an den Doppelpfeilern erhalten. – Zu dem überkuppelten Sakralbau schuf Körner 1925 mit dem nahe gelegenen **Frillendorfer Wasserturm** auf sternförmigem Grundriß einen eigenwilligen expressionistischen Widerpart.

Dem Gedanken folgend, daß ein Kirchenbau die Sammlung der Gemeinde um Kanzel und Altar verkörpern solle, entwarf Otto Bartning für die evangelische **Auferstehungsgemeinde** in *Huttrop* 1929/30 auf kreisrundem Grundriß den bis dato konsequentesten Zentralbau der neueren Sakralarchitektur. Grundprinzip ist der Zylinder, der sich bis zur Laterne hin stufenweise dreimal verjüngt. Die Wände bestehen aus einem Stahlbetonskelett, das mit Ziegelsteinen ausgemauert wurde. Aufgrund eingezogener Emporen kann die Kirche 1200 Gläubigen Platz bieten.

Nach dem Ideal der Gottesburg baute Dominikus Böhm an der Hohenzollernstraße südlich des Stadtgartens 1934–1936 die katholische **St. Engelbertskirche**, eine flachgedeckte Backsteinbasilika mit wuchtigem, hohem Mittelschiff, Querhaus und niedrigen Seitenschiffen. Nach schwerer Kriegszerstörung modifizierte Böhm beim Wiederaufbau 1953–55 die Architektur. Das südliche Seitenschiff und die beiden romanisch anmutenden Fassadentürme fielen nun weg. Neu hinzu kam eine dunkel verglaste, hohe Chorkonche, die mit der großen Fensterrosette in der Westfassade glücklich korrespondiert.

Nach dem Zweiten Weltkrieg schuf Rudolf Schwarz in Essen mehrere Sakralbauten. Auf kreuzförmigem Grundriß entstand 1954–1957 **St. Andreas** in *Rüttenscheid* in der heute bevölkerungsreichsten katholischen Pfarre der Stadt. Bei den Nahtstellen der Kreuzesarme unterbrechen symmetrisch angeordnete große Flächen aus Glasbausteinen das Ziegelmauerwerk und konzentrieren die Lichtführung konsequent auf die Vierung, die durch zwei Stahlbetonbalken nach der Art des Andreaskreuzes diagonal überspannt wird. Die vier Enden von Haupt- und Querschiff werden allesamt durch Konchen abgeschlossen. – Die katholische Kirche **St. Antonius von Padua** (1959) in *Frohnhausen-West* wurde vom Ideal des Quadrats her entwickelt. Haupt- und Querschiff ergänzen sich zu einem großen T; die Einpassung von Seitenschiffen führt den Gesamtgrundriß auf ein Viereck. Das Quadrat ist auch Gliederungsprinzip der Wände, die durch ein Betongitter in entsprechende Felder unterteilt werden. Diese Felder sind dann entweder mit Backsteinmauerwerk oder mit Fenstern aus der Schule Georg Meistermanns ausgefüllt.

Auf Essener Stadtgebiet liegen zahlreiche **Burgen und Schlösser**. Nur als Ruine erhalten blieb die **Isenburg** auf der Ruhrhöhe nördlich des *Baldeneysees*. Sie war von einem Sohn des hingerichteten Grafen Friedrich von Isenburg gebaut worden, gelangte 1241 in den Besitz des Erzbistums Köln und wurde zerstört, als Erzbischof Friedrich von Westerburg 1288 gegen die Bürger seiner eigenen Stadt und eine rheinisch-westfälische Adelsopposition die

Schlacht von Worringen verlor. – Eine weitere Burgruine gab dem Vorort *Burgaltendorf* seinen Namen.

Auf dem Gelände des *Grugaparks* steht noch der romanische Wohnturm des **Stehnhofs** (wohl 12. Jh.), bei *Kettwig* der **Kattenturm** (13. Jh.) als Verteidigungsbollwerk. Eine Weiterentwicklung des Wohnturms stellt ein mächtiger dreigeschossiger Bruchsteinbau (14. Jh.) als ältester Teil von Schloß **Schellenberg** in *Rellinghausen* dar, das bis ins 19. Jahrhundert hinein verschiedentlich erweitert und umgebaut wurde. Der **Gerichtsturm** in Rellinghausen (16. Jahrhundert) war zeitweise auch Gefängnis und Schauplatz von Hexenprozessen.

August Thyssen kaufte 1903 Schloß **Landsberg** bei *Kettwig* (heute knapp jenseits der Essener Stadtgrenze gelegen). Er ließ die Anlage zu einem repräsentativen Industriellensitz umbauen. Die gärtnerische Gestaltung paßte die schluchtenzerfurchte Umgebung an das Ideal einer vorgeblich wildromantischen Idylle an. August Thyssen wohnte in Landsberg bis zu seinem Tode (1926) und wurde hier, im Bergfried des 13. Jahrhunderts, auch bestattet.

Das Wasserschloß **Hugenpoet**, ebenfalls bei Kettwig, wurde als Königsgut Karls des Großen 778 erstmals erwähnt. Die heutige, großzügige Anlage mit zwei vorgelagerten Wirtschaftshöfen stammt aus der Zeit gegen Ende des 30jährigen Krieges. Der Hauptbau wird von zwei wuchtigen Türmen mit geschweiften Hauben flankiert. Er wurde mit fünf prachtvollen Renaissancekaminen ausgestattet, die aus Schloß Horst bei Gelsenkirchen stammen und mit reichen Figurenreliefs geschmückt sind: Ein Kamin von Joist de la Court (1577) zeigt vorne den Brand Trojas und die Flucht des Äneas, an den Seiten das Urteil des Paris sowie Priamos und Thisbe. Wilhelm (?) Vernukken schuf zwei Kamine mit Episoden um den Untergang von Sodom und Gomorrha sowie weiteren Bibelszenen: Klage um die Ermordung Abels, Davids Klage um Absalom, Steinigung des Stephanus … Zwei weitere Kamine setzte man aus Bauplastiken von Schloß Horst in Gelsenkirchen zusammen.

Haus *Heisingen* im gleichnamigen Vorort wurde 1707 von der Werdener Abtei als Sommerresidenz gekauft. Die Essener Äbtissin schuf sich ihren Sommersitz mit Schloß **Borbeck**. Der Hauptbau mit mächtigem Fassadengiebel und zwei Flankentürmen erhielt seine heutige Gestalt unter Franziska Christine von Pfalz-Sulzbach, deren Wappen über dem Hauptportal angebracht ist. Das repräsentative Wirtschaftsgebäude stammt von 1842, das kunstvolle schmiedeeiserne Torgitter zum Landschaftsgarten hin (Ende 17. Jahrhundert) aus Schloß Hugenpoet.

Im Essener Stadtzentrum liegen einige respektable **Verwaltungs- und Geschäftsbauten** aus den ersten Jahrzehnten unseres Jahrhunderts. Dabei ergibt sich an zwei Stellen ein reizvoller Kontrast zwischen Gebäuden unterschiedlicher Stilrichtungen. Das *Hotel Handelshof* (Werner Stahl/Carl Moritz, 1911–13) gegenüber dem Hauptbahnhof, ein monumentaler Bau mit Türmen an beiden Fassadenenden, orientiert sich in seinem Dekor noch an neubarocken und Jugendstilformen. Das Hotel wird von zwei expressionistischen Backsteinbauten eingerahmt, der *Hauptpost* (1924–1933) und dem als Essener Börse errichteten *Haus* *der Technik* (Edmund Körner, 1922–1925), wo das spitz zulaufende, stark abschüssige Grundstück für den Architekten große Gestaltungsprobleme aufwarf. Sie wurden meisterhaft gelöst: mit Hilfe einer Abstaffelung der Rückfassade sowie durch einen markanten Kopfbau, der allerdings nach Kriegsbeschädigung nur in reduzierter Form wiedererstand. Die Ladenarkaden an der Bahnhofsfront vermitteln einen wohltuenden Eindruck von Urbanität.

Die *Emschergenossenschaft,* die sich vornehmlich mit Vorflutregelung und Abwasserbeseitigung im Ruhrgebiet beschäftigt, ließ ein ausgeprägtes Repräsentationsbedürfnis in die Architektur ihres aufwendigen *Hauptverwaltungsgebäudes* einfließen (Wilhelm Kreis, 1908). Die Ecklage des Grundstücks wird durch einen Turm betont. Der Bau insgesamt steckt »noch voller dekorativer barocker Einfälle und Gliederungen ... ein Überschäumen an Temperament und Kräfteäußerung«[19]. Fassadendetails markieren bereits den Übergang zum Jugendstil. – Schräg gegenüber verkörpert das schlichte *Hauptverwaltungsgebäude des Ruhrsiedlungsverbandes* (heute Kommunalverband Ruhrgebiet) eine ganz andere Architekturauffassung, die der Architekt, Alfred Fischer, wie folgt umschrieb: »Die Dekoration hat abgewirtschaftet. An Stelle des Scheins tritt das Sein. Das neue Bauwerk, Produkt in neuer Geistigkeit Schaffender, entsteht aus der Diktion des Materials, der Konstruktion, des Zwecks. Alles Beiwerk fällt. Wahrheit, Klarheit, Einfachheit sind die Richtlinien, denen der schöpferische Geist folgt.«[20] Es entstand 1929 ein zurückhaltender, unpathetischer Klinkerbau mit regelmäßigen Fensterbändern und abgerundeten Ecken. Seine Harmonie ist allerdings durch die Aufstockung des Westflügels nach dem Zweiten Weltkrieg leicht beeinträchtigt.

An der Südseite des Hauptbahnhofs wird ein *Verwaltungsgebäude der Ruhrkohle AG* durch die Fassadenskulpturen eines Bergmanns, der zur hl. Barbara aufblickt, beziehungsreich geschmückt. Ansonsten ist die Gegend durch ein Ensemble weniger moderner Hochhäuser ohne besondere architektonische Qualität und durch aufwendige Straßenführungen geprägt. Den Straßenplanungen fiel hier 1955 der *Alte Friedhof* am ehemaligen Kettwiger Tor zum Opfer, so daß auch die Gebeine der Familie Krupp nach *Bredeney* umgebettet werden mußten (Abb. 131).

Das neugotische Rathaus in der Essener Altstadt wurde nach Kriegsbeschädigung zunächst wieder aufgebaut, um dann schließlich einem Kaufhausbau zu weichen. Dafür besitzt Essen heute das höchste *Rathaus* Deutschlands, einen dreiflügeligen Bau aus Granit und Glas mit 24 Geschossen über und fünf unter der Erde (Theodor Seifert, 1975–1979; Abb. 101). Der Wolkenkratzer ist 103 Meter hoch und überragt nicht nur die nahe gelegene Domkuppel, sondern alle Essener Kirchtürme um ein mehrfaches.

Der *Saalbau,* die große Essener Festhalle, weist in der Fassadengestaltung Jugendstileinflüsse auf. Das Innere wurde 1950–1954 nach Kriegsschäden völlig neu gestaltet. Ebenfalls stark erneuert werden mußte das *Theater* der Stadt, das von Friedrich Grillo 1892 gestiftet worden war. Gegenwärtig entsteht ein großzügiger moderner *Theaterbau* nach den Plänen von Alvar Aalto im Essener Stadtgarten. Das ergeizige Projekt soll den Anspruch einer Vorrangstellung Essens in der Kulturszene des Ruhrreviers betonen.

Essen um 1860. Das Sammelbild zeigt die Stadt an der Schwelle zur Hochindustrialisierung. Auf der Stadtansicht in der Mitte wetteifern erst relativ wenige Fabrikschlote mit den Kirchtürmen. Die kleine Stadt ist noch von Grün umgeben. Die Bilder am Rand berücksichtigen neben dem Dom, der Marktkirche und einigen öffentlichen Gebäuden auch mehrere Bergwerke und die Kruppsche Gußstahlfabrik.

Die Bilder der Umrahmung zeigen (von links oben und dann im Uhrzeigersinn): Rathaus, Gymnasium, Leder-, Lackier- und Stockfabrik, Bergamt, Kruppsche Gußstahlfabrik, Domkirche, Kloster der barmherzigen Schwestern, Zeche Zollverein, Bahnhof Altenessen, Zeche Sälzer und Neueak, Zeche Graf Beust, Zeche Königin Elisabeth, Zeche Mathias, Eisenhütte, Zeche Helene und Amalie, Huyssen-Stiftung, Marktkirche

In Essen läßt sich die Entwicklung der **Bergwerksarchitektur** an drei eindrucksvollen Anlagen verschiedener Zeitstufen nachvollziehen. Der Malakoffturm der Schachtanlage **Carl** (Abb. 48) des Köln-Essener Bergwerkvereins in *Altenessen*, der älteste erhaltene im rheinischen Teil des Ruhrgebiets, wurde zu einer Zeit errichtet, als die technischen Probleme des Tiefbaus gelöst waren und die Hochkonjunktur im Anschluß an die Revolution von 1848/49 auch auf die Ruhrindustrie durchschlug. In den Jahren 1856–1861 entstand eine Anlage von großer Harmonie, mit symmetrischen Seitenflügeln zur Unterbringung der Dampfmaschinen für Förderung und Wasserhaltung. (Ein weiteres Fördermaschinenhaus wurde später hinten am Turm angefügt.) Die maßvoll-schlichte Fassadengestaltung in klaren Proportionen weiß sich noch der klassizistischen Formensprache Schinkels verpflichtet. Die horizontale Gliederung erfolgt durch Gesimsbänder, die vertikale durch Lisenen. Bei den beiden Fensterreihen wird der Flachbogenabschluß durch entsprechende Verdachungen behutsam betont. Beim Malakoffturm folgt oben noch eine Reihe von drei Rundfenstern. Das Konsolgesims am Fassadenabschluß findet u. a. durch einen eingefügten Schrägschnitt-fries eine etwas reichere Formgebung. Das Kasinogebäude von Carl beherbergt heute ein Jugend- und Kulturzentrum.

Die vergleichsweise aufwendiger gestaltete Zeche **Bonifacius** (1899; Abb. 58) in *Kray* symbolisiert in ihrer latenten Stilunsicherheit etwas von der geistigen Orientierungslosigkeit des wilhelminischen Deutschland. Verwaltung, Lohnhalle und Waschkaue wurden in einem einzigen mächtigen Bau untergebracht, der sich phantasievoll an die Architektur ostelbischer Ordensritterburgen des späten Mittelalters anlehnt, für Fassadendetails dabei allerdings etwas dissonant Schmuckformen unterschiedlicher Stilrichtungen aufbietet. Die

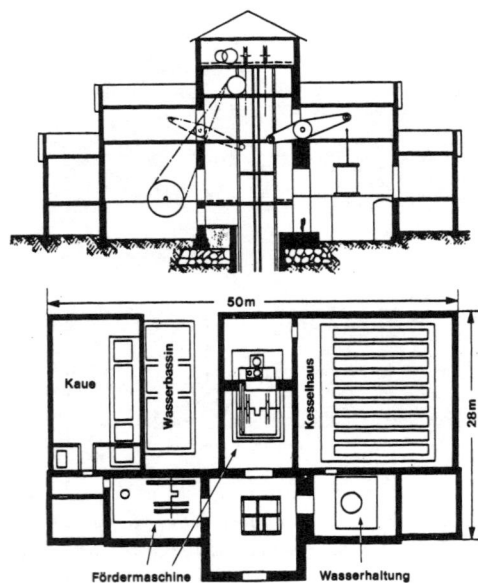

Essen-Altenessen, Zeche Carl, Grundriß und Aufriß

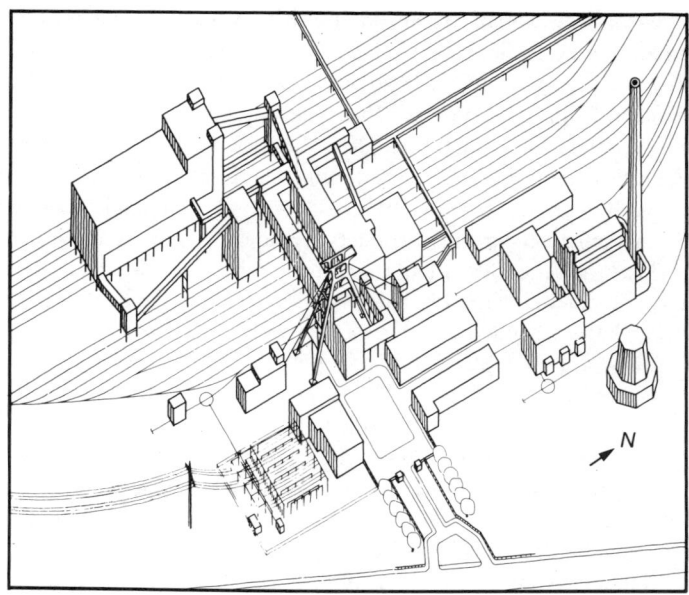

Essen-Katernberg,
Zeche Zollverein,
Isometrie

repräsentative Eingangsfront springt in der Mitte gleich doppelt vor; vor dem Mittelrisalit variiert der Türvorbau den getreppten Hauptgiebel en miniature. Der Bau ist mit Zinnen, Konsoltürmen und reichem Konsolgesims (mehrere übereinanderliegende Zahnschnittfriese!) dekoriert. Im Erdgeschoß schließen die Fenster mit gotisierenden Spitzbögen, im Obergeschoß sind sie gekuppelt und erinnern an Vorbilder aus der italienischen Renaissance. In ihrer Farbgebung gewinnt die Fassade weitere Spannung durch ein Wechselspiel von dunkelroten Ziegelsteinrahmungen und eingelassenen Füllflächen aus hellem Putz. Im gleichen Stil wurde das kleine, wohlproportionierte Gebäude der Elektrowerkstatt gestaltet, zusätzlich aber noch mit einem Wellenfries verziert. Im Maschinenraum der Schachtanlage arbeitet (1986) noch eine der frühesten Elektrofördermaschinen des Ruhrgebietes (1903).

Die Zeche **Zollverein** übernahm ihren Namen von einem Wirtschaftsbund deutscher Staaten im Vorfeld der Reichseinigung von 1871, der – 1834 begründet – unter Führung des Königreiches Preußen stand. Seine Mitglieder verzichteten untereinander auf alle Zollgrenzen. Dies förderte Handel und Wirtschaft und ermöglichte in der internationalen Politik ein geschlossen-nachdrückliches Auftreten gegenüber westeuropäischen Konkurrenzmächten. Im anbrechenden Industriezeitalter wurde der Zollverein zu einem Symbol für wirtschaftlichen Fortschritt schlechthin. Im Gebiet von *Katernberg,* wo seit 1840 Schürfbohrungen vorgenommen wurden, erhielt fünf Jahre später ein Grubenfeld erstmals den Namen Zollverein. 1851/52 wurde hier mit der gewerbemäßigen Förderung begonnen. Die Hochkonjunktur nach der Gründerkrise förderte weitere Abteufungen, so daß die Zeche 1920 bereits zehn Schächte auf vier Schachtanlagen besaß. Die krisenhaften zwanziger Jahre verlangsamten dann jede weitere Expansion. Immerhin wurde noch ein weiterer Schacht abgeteuft; vor allem aber kam damals der Gedanke auf, in Zukunft den Löwenanteil der Förderung in einer neuen Zentralschachtanlage zusammenzufassen, die mit einer Tagesförderung von 12 000 Tonnen Kohle die bisherige Höchstleistung vergleichbarer Anlagen um 100 % übertroffen hätte. Abgesehen von Schacht XI sollten die übrigen noch erhaltenen Zollvereinschächte dann fortan nur noch zur Bewetterung oder Einfahrt in Funktion bleiben.

Nach dem Willen des Trägers der Zeche, der Vereinigte Stahlwerke AG, sollte die neue Schachtanlage nicht nur besonders rentabel arbeiten, sondern zusätzlich auch durch ihre architektonische Gestaltung die Leistungskraft der deutschen Montanindustrie exemplarisch versinnbildlichen. Nach dem Selbstverständnis des Konzerns entstand 1927–32 mit Zollverein XII »nicht nur die schönste Zeche des Ruhrgebiets, sondern auch die modernste Deutschlands, ja Europas bzw. der ganzen Welt«[21]. Ein gelungener Industriebau galt damals – vielleicht stärker als heute – als werbewirksames Markenzeichen des Betriebes.

Eine aufgeschlossene Konzernleitung bot den beiden verantwortlichen Architekten, Fritz Schupp und Martin Kremmer, die Chance, bei allen, auch den technischen Planungen dabeizusein. Mit Zollverein XII konnte demnach ein funktionsgerechtes Architekturensemble aus einem Guß projektiert werden, das zudem nur aus wenigen Bauten zu bestehen brauchte, da Verwaltungs-, Betriebs- und Kauengebäude bereits bei den anderen Schachtanlagen in ausreichendem Maße zur Verfügung standen.

Das ästhetische Grundprinzip der Schachtanlage liegt in einer Reduktion der einzelnen Baukörper auf klare, kubische Formen, ihrer übersichtlichen Anordnung zu einer harmonischen Gesamtheit und einer einheitlichen Fassadengestaltung. Die einzelnen Bauten orientieren sich auf zwei Achsen hin, die rechtwinklig zueinander liegen. Ein Blickpunkt war der hohe Kamin des Kesselhauses, der inzwischen allerdings abgerissen wurde. Den Hauptbezugspunkt bildet – seiner zentralen Funktion entsprechend – das Fördergerüst, dem zur Gelsenkirchener Straße hin eine Art Cour d'honneur vorgelagert ist.

Für alle Gebäude gilt das gleiche Bauschema: Stahlskelettkonstruktion mit vorgehängtem ausgemauertem Stahlfachwerk. Die Rasterung des Fachwerks sowie auch der Fensterbänder orientiert sich an wenigen Grundmaßen, die aufeinander abgestimmt sind. In dieses Grundschema sollte sich ursprünglich auch der Förderturm voll einpassen. Ökonomische Rücksichten, aber wohl auch technische Probleme verhinderten dann aber die Realisierung von Entwürfen, die einen 70–80 Meter hohen umkleideten Turm mit zwei Fördermaschinen an der Spitze vorgesehen hatten. Statt dessen schufen Schupp und Kremmer ein vollwandiges *Doppelbockgerüst* von so glücklicher Proportionierung, daß die Zollverein-Silhouette zum vielfach nachgeeiferten Markenzeichen des Steinkohlebergbaus schlechthin werden konnte (Farbtafel 23, Abb. 65).

Von der legendären **Kruppschen Gußstahlfabrik** westlich der Essener Altstadt ist nach vielerlei Umbauten, Bombenkrieg und Demontage bis zur Gegenwart kaum ein bemerkenswerter Bau erhalten geblieben. 1976 beseitigte man auch das ehemalige Hauptverwaltungsgebäude, das 63 Meter hohe Turmhaus an der Altendorfer Straße. Als eine Art Reliquie des Firmenursprungs wurde allerdings das kriegszerstörte sog. *Kruppsche Stammhaus* wieder-

Essen, Kruppsche Gußstahlfabrik und Stammhaus der Familie Krupp

errichtet, und zwar leicht versetzt vom Originalstandort. Nach dem Verkauf ihres großzügigeren Essener Stadthauses hatte die verarmte Familie dieses kleine Aufseherhaus aus verschiefertem Fachwerk 1824 beziehen müssen. Nachdem der Aufschwung der Fabrik bereits nach und nach immer aufwendigere Zwischenlösungen gestattet hatte, ließ Alfred Krupp 1870/73 auf den Ruhrbergen bei Bredeney die **Villa Hügel** erbauen (Farbt. 32).

Wenn der Bauherr auch angeblich seine Baumeister Eduard Schwarz und Julius Rasch zum Studium fürstlicher bzw. großbürgerlicher Villen nach Italien und England schickte, so stammt doch das Grundkonzept dieses monumentalsten Industriellensitzes der Region von ihm selbst. Das Haus »sollte ein Symbol der Macht sein, die sich in Essen zusammenballte«. Es wirkt wie »die Klage eines großen Einsamen, dem seine Natur die harmlose Gemeinschaft mit den Menschen, die schlichte Lebensfreude versagt hat«[22]. Der größte Wohnhauskubus, den es im bürgerlichen Hausbau gibt, dokumentiert Orientierungsprobleme zwischen dem Ideal einfacher Lebensführung und der Pflicht zu aufwendiger Repräsentation im Interesse des Betriebes. Die Villa folgt nicht den Idealen historisierender Feudalarchitektur, sondern sie gibt sich mit soliden, glatten Steinfassaden bürgerlich-schlicht, zitiert in zahlreichen Gußeisenelementen gar den heimischen Fabrikbau. Der Tanzsaal von Hügel erreichte allerdings annähernd die Dimensionen des (untergegangenen) Berliner Kaiserschlosses. Nach dem Willen von Alfred Krupp sollte

Essen-Bredeney, Villa Hügel

moderne Technik die Bewohner seines Hauses gegen unkalkulierbare Übergriffe der Natur schützen, gegen Brandgefahr z. B. die bevorzugte Verwendung von Metall anstelle von Holz. – »Es gehört zu den heitersten Paradoxien, daß der Gußstahlkönig, der Mann der Hochgluten, nichts mehr fürchtete als das Feuer.«[23] Es mutet dann auch als Ironie des Schicksals an, daß die ausgeklügelte ›Klimaanlage‹ erst nach wiederholter, aufwendiger Nachbesserung halbwegs reibungslos funktionierte. – Im Gegensatz zum Wohnhaus kann der weitläufige *Hügelpark* als gelungen gelten. In der Furcht, seine volle Entfaltung nicht mehr zu erleben, ließ Alfred Krupp ihn weitgehend mit bereits hochaufgeschossenen Bäumen bepflanzen, die woanders mühsam ausgegraben werden mußten.

Die Villa Hügel wurde 1954 einer gemeinnützigen Stiftung übereignet und ist seitdem der Öffentlichkeit zugänglich. Im Haupthaus hängen neben Ölgemälden der Krupp-Familie Prachtporträts der Hohenzollern-Dynastie, die hier ebenfalls aus und ein ging. Außerdem werden flandrische Gobelins des 16.–18. Jahrhunderts gezeigt, die Gustav Krupp von Bohlen und Halbach 1912 erwarb: ein Zyklus aus der spanischen Geschichte zur Zeit Ferdinands und Isabellas, Allegorien der Sieben Freien Künste und Szenen aus der Apostelgeschichte als Repliken nach Teppichen, die Raffael für die Sixtinische Kapelle im Vatikan entwarf. Das *ehemalige Logierhaus* östlich der eigentlichen Villa Hügel gibt heute im Erdgeschoß einen Überblick über die Vielfalt der aktuellen Produktion des Krupp-Konzerns und zeigt im Obergeschoß Dokumente aus der Firmen- und Familiengeschichte.

Engagierter und großzügiger als andere Ruhrindustrielle betrieben Alfred und Friedrich Alfred Krupp den **Werkswohnungsbau.** Dies geschah aus einer Mischung von paternalistischer Fürsorgepflicht und Eigennutz, was auch offen eingestanden wurde: Es ging um den

Aufbau eines Stammes qualifizierter Arbeiter, der bei einem gesunden, leistungsbezogenen Selbstbewußtsein der Firma doch treu ergeben war. Angesichts der unzulänglichen, menschenunwürdigen Wohnquartiere in der übervölkerten Essener Altstadt und den umliegenden Bürgermeistereien konnten Facharbeiter mit dem Lockmittel einer gesunden Werkswohnung eher gewonnen und auch leichter davon abgehalten werden, kurzfristig zur Konkurrenz überzuwechseln. Je zufriedener ein Arbeiter mit seinen Lebensverhältnissen war, um so leistungswilliger war er in der Fabrik, um so weniger dachte er an Aufmucken oder Streik. Über die Werkswohnung war der Werktätige zudem erpreßbar. Stellte er sich gegen den Fabrikherrn – und Engagement bei der sozialdemokratischen Partei wurde durchaus bereits als Opposition gewertet –, so mußte er als Strafe nicht nur den Verlust des Arbeitsplatzes, sondern auch seiner Heimstatt gewärtigen.

Die Arbeiterfamilien wurden in vielen ihrer Lebensbereiche in die Firma eingebunden. Krupp baute für sie Konsumanstalten, Schulen, eine Bibliothek, ein Krankenhaus, Altenwohnungen ... In vielen Familien wechselten Generationen in der Berufstätigkeit für die gleiche Fabrik einander ab. In Essen, wo zeitweilig 20% der Bevölkerung von Krupp lohnabhängig war, unterschied sich die Kaste der ›Kruppianer‹ durch ihr Elitebewußtsein von den übrigen Einwohnern. In der abgeschlossenen Anlage mancher Kruppsiedlungen wird dieser Sonderstatus architektonisch manifest. Manche Baudetails, wie z. B. die abgeschirmte Lage von Hauseingängen und Veranden, lassen aber auch darauf schließen, daß zwischen den einzelnen Familien enge nachbarschaftliche Kontakte, aus denen unerwünschte Solidarisierungen in bezug auf betriebliche Streitfragen keimen konnten, erschwert werden sollten. Als idyllisches Ideal für den Feierabend wurde von der Werksleitung der Rückzug zu Frau und Kindern sowie zur Gartenarbeit propagiert.

Alfred Krupp entwickelte seine erste große Siedlungskonzeption auf einer Englandreise im Winter 1871/72 unter dem Eindruck dortiger Wohnkolonien. Von seinen Werkssiedlungen ist heute nichts mehr erhalten. Auch die Siedlungsbauvorhaben seines Sohnes wurden durch Bombenkrieg und Abrisse erheblich dezimiert, so daß in Essen, wo 1924 über 10 000 Kruppwohnungen standen, gegenwärtig im wesentlichen nur noch die Siedlungen *Altenhof II*, *Margarethenhöhe* sowie der verbliebene Rest von *Alfredshof* sehenswert sind.

Die frühen Krupp-Siedlungen waren zumeist während der Hochkonjunktur im Anschluß an den Krieg von 1870/71 errichtet worden. Sie lagen werksnah und fielen späteren Betriebserweiterungen zum Opfer. Das Erscheinungsbild war von dem Zwang geprägt, in kürzester Zeit Tausende von Wohnungen zu schaffen. Die Häuser waren zumeist nach einheitlichen Grundschemata gebaut, entlang der Straßen aufgereiht und nutzten das wertvolle Bauland rationell aus. Erst auf dem Totenbett änderte Alfred Krupp diese Grundkonzeption und fabulierte über die Vision einer Gartenstadt, deren Bauten sich sein kleines Stammhaus zum Vorbild nehmen sollten.

Friedrich Alfred Krupp übernahm dieses Ideal als Vermächtnis, als er 1892 eine Rentnersiedlung errichten ließ. Er wollte auf diese Weise seiner Belegschaft danken, die ein Denkmal für seinen verstorbenen Vater gestiftet hatte. Die Wohnungen in der Kolonie **Altenhof I** in *Rüttenscheid* (Robert Schmohl, 1893–1900) umfaßten zwei oder drei Räume, genug für

*Essen-Rüttenscheid, Invaliden-
siedlung Altenhof I*

Witwen oder alte Ehepaare. Ein bis drei Wohneinheiten waren jeweils in einem kleinen Haus untergebracht. Das Ideal eines Rückzugs ins Private war für die einzelnen Mietparteien durch separate Eingänge mit jeweils eigener Veranda auch optisch vorgegeben.

Die Siedlung erhielt ihr einheitliches und doch nuancenreiches Erscheinungsbild durch eine gefällige Abwechslung von zehn einander ähnlichen Haustypen. Sie waren in einem rustikalen ›Heimatstil‹ gestaltet. Die großzügige Verwendung verschiedenster Materialien – Ziegel, Putz, imitierter Haustein, Fachwerk, Bretterverkleidung – verlieh ihr ein lebhaft-pittoreskes Aussehen. Es existieren heute (1984) allerdings nur noch drei dieser Häuser (am Hundackerweg) sowie die geschlossenere, platzartige Bebauung der Gußmannstraße, die zur Rüttenscheider Straße mit ihren mehrstöckigen Stadthäusern hin überleitet.

Demgegenüber blieb jenseits der Kruppschen Krankenanstalten die Siedlung **Altenhof II** (Schmohl, 1907–1913) bislang vollständig erhalten. Sie ist nach ähnlichen Prinzipien wie Altenhof I gebaut, vom Materialaufwand her gesehen allerdings sparsamer, und im Stil, der auch englische und skandinavische Motive aufnimmt, schlichter. Die kleine Konsumanstalt erinnert an ein bergisches Haus. Die Straßenführung paßt sich dem hügeligen Gelände gekonnt an und verstärkt den Eindruck einer dörflichen Idylle, die die wirklichen Macht- und Abhängigkeitsverhältnisse des Industriezeitalters leicht vergessen läßt. Ausgedehnte ›Invalidensiedlungen‹ im Ruhrgebiet sind u. a. auch ein Indiz für ein frühes Rentenalter nach nur wenigen Jahrzehnten harter Arbeit, die den Körper überanstrengt und ausgemergelt hatte.

Die Siedlung **Margarethenhöhe** (Abb. 86) trägt den Namen ihrer Stifterin, der Witwe Friedrich Alfred Krupps, die 1906 anläßlich der Hochzeit ihrer ältesten Tochter 50 ha Land und 1 Million Mark zum Zweck »der Wohnungsfürsorge für [vornehmlich] die minderbemittelten Klassen«[24] zur Verfügung stellte. Bei der Vermietung des zu schaffenden Wohnraums waren zwar laut Stiftungsurkunde »die Angehörigen der Kruppschen Werke in angemessener Weise zu berücksichtigen«[25]; darüber hinaus durften aber auch andere Personen hier einziehen. Die Wohnungen wurden auf praktische Belange hin zugeschnitten und jeweils mit einem zentralen Kachelofen ausgestattet, der auch zur Warmwasserbereitung diente. Dies galt damals als gelungene, die Lebensqualität erheblich verbessernde Neuerung.

Mit der Margarethenhöhe entstand quasi eine eigene Stadt für mehrere tausend Bewohner. Die Siedlung liegt auf einer Hochfläche, die an drei Seiten durch Taleinschnitte begrenzt wird. Dadurch kommt ein Eindruck von Geschlossenheit zustande, der durch die von Georg Metzendorf entworfene Architektur – sie wirkt trotz großen Formenreichtums wie aus einem Guß – sublim verstärkt wird. Die Margarethenhöhe besitzt Kirchen für beide Konfessionen, einen urbanen Marktplatz mit stattlicher Konsumanstalt und ist mit Geschäften für den täglichen Bedarf in ausreichendem Maße ausgestattet.

Die Hauptzufahrt zur Siedlung erfolgt über eine weite Bogenbrücke. Die erste Häusergruppe dahinter ist als repräsentatives Torhaus gestaltet. Die Straßenzüge meiden wiederum die Unebenheiten des Geländes mit Hilfe weit ausgeschwungener Windungen, was eine individuelle Plazierung der Häuser erfordert und zu abwechslungsreichen Straßenbildern führt. Bei der Fassadengestaltung sind – schon im Interesse der Kostenreduzierung – einzelne Elemente normiert, andere hingegen werden in einer kaum vorstellbaren Vielfalt variiert. So sind z. B. die einzelnen Haustüren zumeist individuell entworfene Schmuckstücke, die sich doch in die Gesamtanlage harmonisch einpassen. In ihrem Grundtenor wirkt

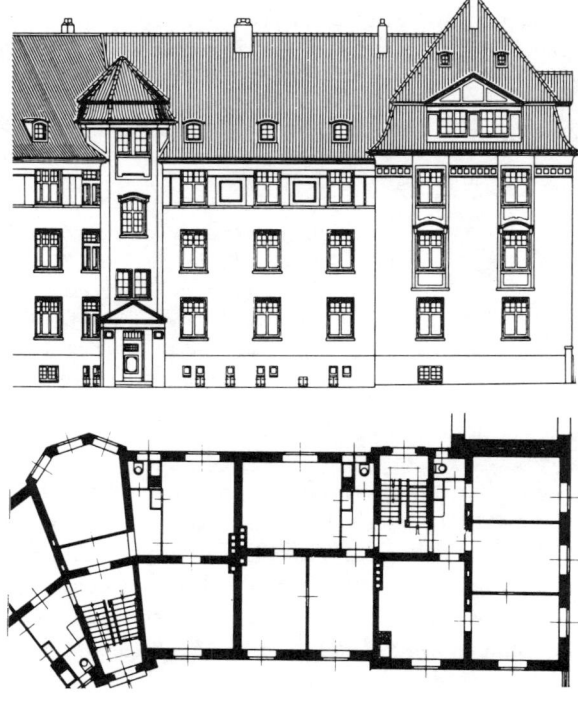

Essen-Holsterhausen, Siedlung Alfredshof

die Siedlung ein wenig altfränkisch, wie der Hauch einer beschaulichen, heilen Welt im Massenzeitalter. Wie menschlich ihre Architektur ist, kann man spüren, wenn man als Gegensatz dazu die im Süden anschließende Nachkriegssiedlung *Margarethenhöhe II* mit ihren sterilen Wohnblocks ›auf der grünen Wiese‹ auf sich wirken läßt.

Im Gegensatz zu Altenhof und Margarethenhöhe mit ihrem dörflichen bzw. kleinstädtischen Erscheinungsbild wirkt die Siedlung **Alfredshof** in ihrem einzig erhaltenen letzten Bauabschnitt (Schmohl, 1914–1918) eher großstädtisch. Sie liegt allerdings auch in der Nähe der ehemaligen Gußstahlfabrik, in *Hosterhausen*, wo hohe Quadratmeterpreise zu einer intensiveren Bebauung der Grundstücke zwangen. Dreistöckige Häuser umschließen begrünte große Höfe, die durch zweistöckige Gebäuderiegel weiter untergliedert werden. Die Fassadengestaltung ist zurückhaltend und harmonisch, Baumaterial war vorwiegend Ziegelstein. Die Toreinfahrten zu den Höfen werden durch hohe Giebelhäuser markiert. In ihrer Geschlossenheit wirkt die Anlage ein wenig wie eine Trutzburg für die Krupp-Arbeiter.

Der Gründer des Essener Stahlimperiums wird in der Stadt durch drei einander ähnliche *Standbilder* geehrt (heute vor der *Marktkirche*, bei den *Krankenanstalten* und im *Hügelpark*, allesamt von F. Schaper). Alfred Krupp taucht auch auf dem *Denkmal der Arbeit* in der Altendorfer Straße auf, einem 22 Meter langen Bronzerelief, das einen Tiegelstahlguß zeigt (A. Hoffmann, 1942; Abb. 124). Auf dem Essener *Bismarck-Denkmal* schließlich, am Bismarckplatz, zeigt ein Relief, wie Krupp dem preußischen Ministerpräsidenten ein Geschütz für den Deutsch-Französischen Krieg von 1870/71 präsentiert (Abb. 127).

Bochum

> »Eine Schönheit ist die Stadt Bochum nicht, bei Tag nicht und nicht bei Nacht. Wer abends mit dem Zug in Köln ankommt, sieht den dunklen Rhein und den illuminierten Dom. Wer nach Hamburg kommt, sieht die Elbe, die Lichter und die Schiffe im Hafen. Wer nach Bochum kommt – der sieht das Bochumer Schauspielhaus. Die Fassade ist hell erleuchtet. Zwei Fahnen, angestrahlt, flattern heftig im Wind. Wie ein pompöses Schiff überragt das Theater die niedrigen, dunklen Häuser der Stadt. Das Bild hat einen Sinn: das Bochumer Theater ist nicht bloß ein gutes Theater, es ist schon lange ein Mythos.«[26]
>
> *(Benjamin Henrichs)*

Keimzelle der Stadt war ein karolingischer Reichshof, wohl Ende des 8. Jahrhunderts erbaut und erst 1041 erstmals als ›villa publica Cofbuokheim dicta‹ urkundlich erwähnt. Bereits vor 900 führt allerdings das älteste Heberegister der Abtei Werden Klosterbesitzungen in Orten auf, die heute zu Bochumer Stadtteilen geworden sind, u. a. in *Werinun (= Werne)*, *Thréiri (= Langendreer)*, *Lahari (= Laer)*, *Querberga (= Querenburg)*, *Stipula (= Stiepel)*. Die Erwähnung von *Aldanbockem (= Altenbochum)* läßt darauf schließen, daß es zu dieser Zeit auch bereits das ›eigentliche‹ Bochum in der Nähe des Reichshofes gab.

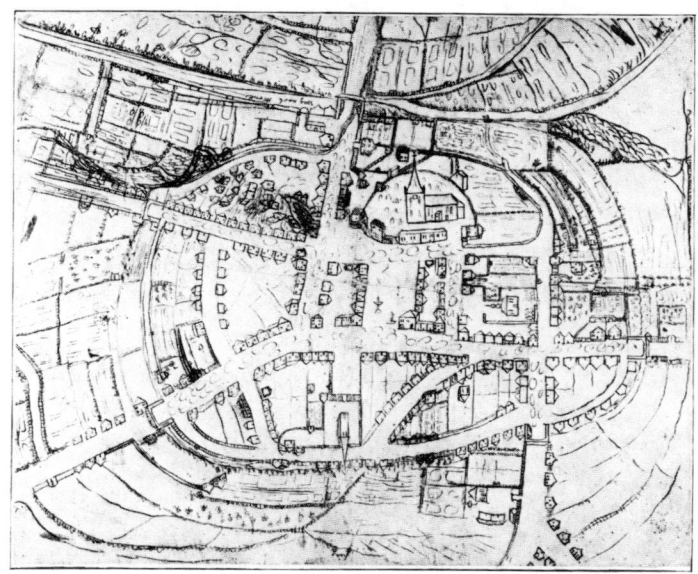

Bochum, um 1800,
Plan von Carl Arnold
Kortum

Der Ort war zeitweise Zankapfel zwischen dem Erzbischof von Köln und dem Grafen von der Mark, die schließlich 1243 laut Urkunde ›Grafschaft, Gericht und Hof *Cobochem* nebst dem Patronate der Kirche dort zur Erhaltung der Freundschaft gleichmäßig unter sich teilten‹. Die märkischen Grafen waren fortan rechtmäßige Mitbesitzer Bochums, der wirkliche Einfluß der Kölner Erzbischöfe blieb gering. Aus einer Urkunde von 1321 geht hervor, daß Bochum damals bereits Stadtrechte besaß.

1517 und 1581 wüteten verheerende Feuersbrünste. Die Reformation konnte nach mancherlei Wirren Teile der Bevölkerung für den neuen Glauben gewinnen. Schließlich kam es zu einem Status quo: In Bochum existierten seit dem 17. Jahrhundert eine katholische, eine lutherische und eine reformierte Gemeinde nebeneinander. Noch zu Beginn des 19. Jahrhunderts war Bochum eine unbedeutende Ackerbürgerstadt. Die meisten Häuser bestanden aus Fachwerk. Die fünf Stadttore waren nur teilweise durch Mauern miteinander verbunden.

Kohle wurde in dieser Region allerdings bereits seit dem 16. Jahrhundert nachweislich abgebaut. So verwandte man z. B. 1537 bei Reparaturarbeiten am Dach der Bochumer Propsteikirche Kohle aus Langendreer zum Bleischmelzen. 1735 gab es im Amt Bochum 25 Kleinzechen mit einer Belegschaft von jeweils maximal zwölf Mann. Drei Jahre später wurde in der Stadt das Bergamt für die Grafschaft Mark errichtet. 1799 experimentierte Franz Dinnendahl auf der Zeche Vollmond in Langendreer erstmals im Ruhrbergbau mit einer – allerdings importierten – Dampfmaschine.

Neben Gelsenkirchen wurde Bochum während des 19. Jahrhunderts zur am stärksten durch den Bergbau geprägten Stadt des Reviers. Im Stadtgebiet förderten zeitweilig über

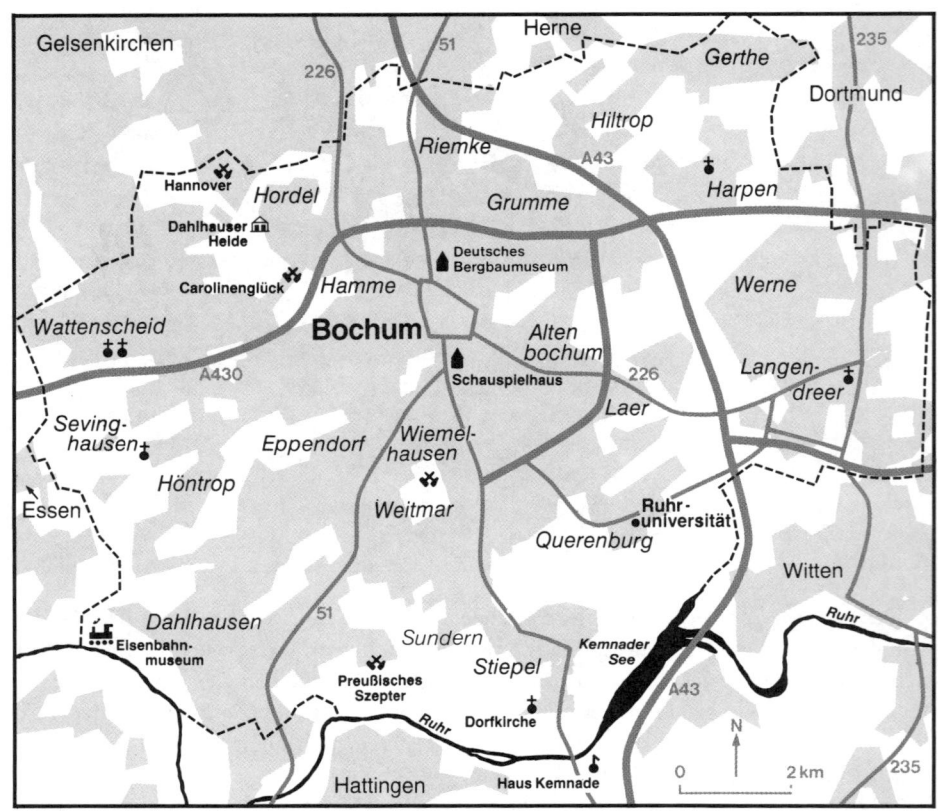

Bochum, Stadtgebiet

fünfzig Schachtanlagen ungefähr 1/8 der gesamten Ruhrkohle. Noch 1950 war 1/3 der in Bochum Beschäftigten beim Bergbau tätig. Als letzte Zeche stellte Hannover I/II/V in Hordel 1973 den Betrieb schließlich ein.

An die Tradition der Kohleförderung erinnern in Bochum heute noch verschiedene Institutionen, so die Westfälische Berggewerkschaftskasse (eine gemeinnützige Gemeinschaftsorganisation des Bergbaus für Lehre, Forschung, Prüfung und Beratung), ein Bergamt, die Fachhochschule Bergbau und das Deutsche Bergbaumuseum. Von den Industriebetrieben anderer Branchen muß der *Bochumer Verein für Gußstahlfabrikation* (heute zum Krupp-Konzern gehörig) vorrangig erwähnt werden: Der Schwabe Jacob Mayer entwickelte in Bochum 1841 den Stahlformguß und verbesserte dadurch wesentlich die Voraussetzungen für die Konstruktion brauchbarer Lokomotiven, Turbinen etc., auch für den Glockenguß. Vom Bochumer Verein stammen u. a. die Jahrhundertglocke in der Frankfurter Paulskirche

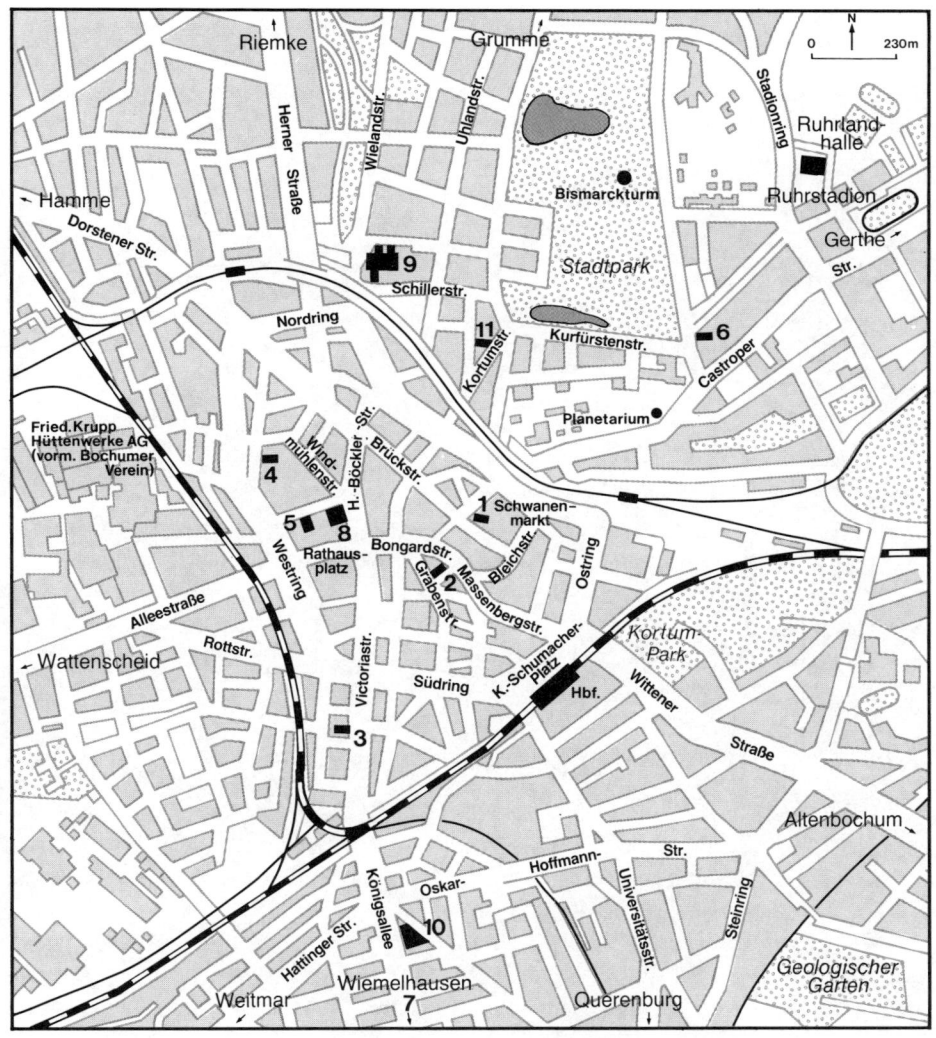

Bochum, Stadtzentrum 1 St. Peter und Paul 2 Pauluskirche 3 St. Marien 4 St. Joseph
5 Christuskirche 6 Lutherkirche 7 Melanchthonkirche 8 Rathaus 9 Deutsches Bergbau-
Museum 10 Städtisches Schauspielhaus 11 Museum Bochum – Kunstsammlung

Bochumer Verein, 1883. Vor den weitläufigen Anlagen des Stahlwerks erkennt man Arbeiterhäuser der ▷
Kolonie Stahlhausen sowie rechts unten eine Menage.

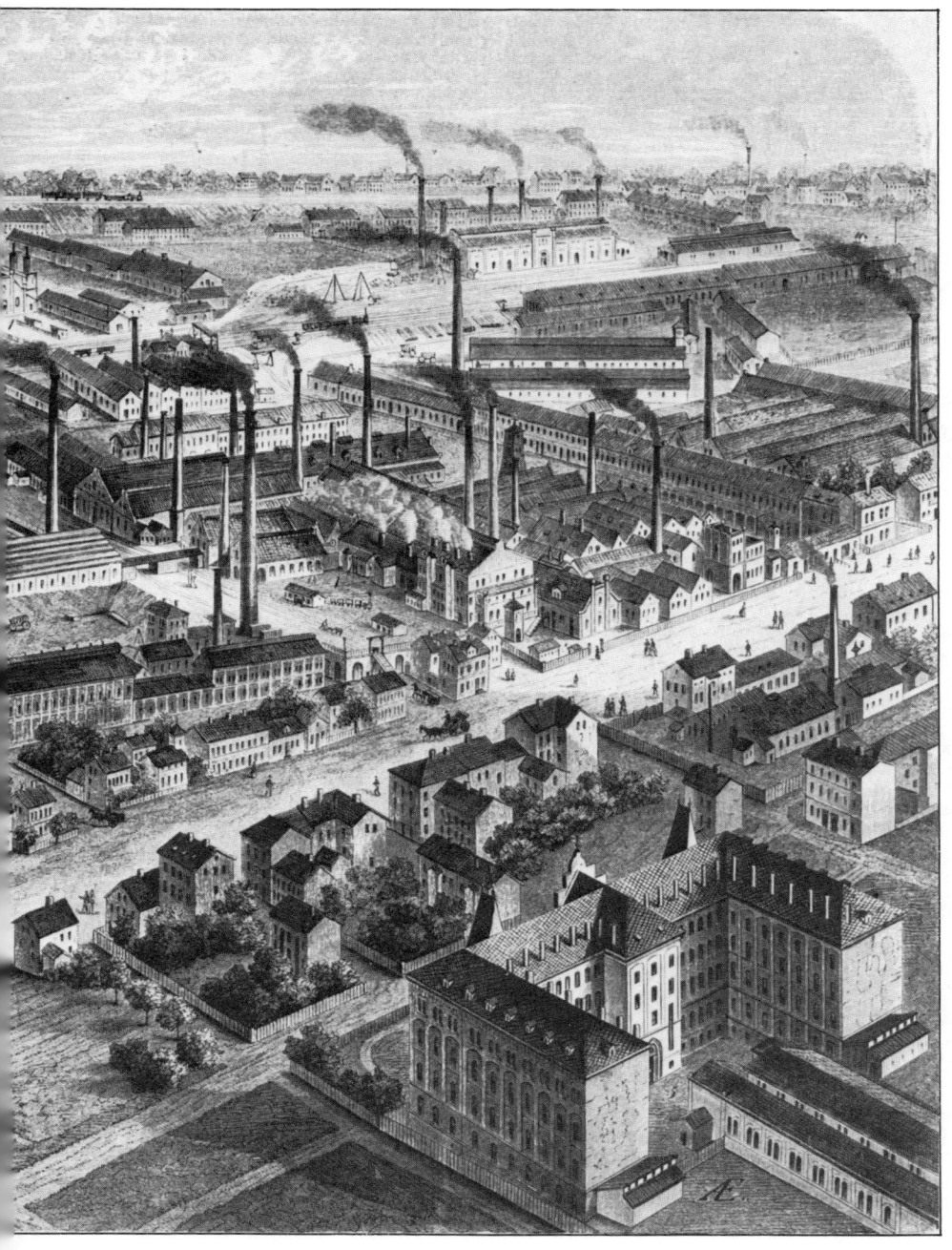

(1948), die Glocke der Weltfriedenskirche in Hiroschima (1952) sowie das Geläut des Bochumer Rathausturmes.

Die Vervielfachung des Bochumer Stadtgebiets geschah im 20. Jahrhundert mit Hilfe von vier großen Eingemeindungsaktionen: 1904 kamen die unmittelbar angrenzenden Gemeinden *Hamme, Hofstede, Grumme* und *Wiemelshausen* zu Bochum. 1926 folgten *Weitmar, Hordel, Riemke, Bergen* und *Altenbochum,* 1929 u. a. *Werne, Langendreer, Laer, Querenburg, Stiepel* und *Dahlhausen.* 1975 wurde schließlich die westlich angrenzende Mittelstadt *Wattenscheid* gegen heftige Widerstände nach Bochum eingemeindet, das 1982 insgesamt 398 00 Einwohner zählte. Manche Vororte, z. B. Stiepel, haben einen dörflichen Charakter bewahren können. In Wattenscheid blieb in mehreren Straßenzügen die Altstadt der vorindustriellen Epoche, auch mit Fachwerkhäusern aus dem 18. und frühen 19. Jahrhundert, erhalten.

Die Bochumer Hauptkirche, die katholische Propsteikirche **St. Peter und Paul** geht anscheinend auf eine Missionskapelle zurück, die Karl der Große der Überlieferung nach auf dem Reichshof errichten ließ. Nach einem ersten Umbau wurde die Kapelle durch eine romanische Bruchsteinkirche ersetzt, die man im 14. Jahrhundert zur Hallenkirche erweiterte. In den spätgotischen Neubau, der nach dem großen Stadtbrand von 1517 entstand, wurde der gerettete romanische Chor zunächst einbezogen. Das Langhaus, eine gedrungene dreischiffige Halle mit Sterngewölben, orientiert sich in wesentlichen Zügen an St. Lamberti in Münster. Der hohe Turm mußte im Laufe der Jahrhunderte verschiedentlich repariert werden. Um 1810 war er so baufällig, daß herabfallende Steine die Kirchgänger gefährdeten. Der drohende Abbruch konnte mit dem Argument, das Ansehen der Stadt werde dadurch leiden, schließlich vermieden werden. Die Reparaturkosten wurden durch alle in Bochum vertretenen Konfessionen getragen, deren gemeinsamer Besitz dieser Kirchturm bis 1835 war. 1872 legt man den mittelalterlichen Chor der Kirche nieder, um Raum für ein neugotisches Querhaus zu gewinnen. Nach schwerer Beschädigung im Bombenkrieg wurde das Gotteshaus in manchen Details vereinfacht wieder aufgebaut.

Die Kirchenausstattung umfaßt wertvolle Kunstwerke. Der romanische Taufstein stammt anscheinend aus der gleichen Werkstatt wie der Taufstein von St. Georg in Dortmund-Aplerbeck. Unter einem Palmblattfries sind fünf Motive aus dem neuen Testament aufgereiht: Geburt Christi, Anbetung der Drei Könige, Kindermord, Taufe, Kreuzigung (dort vier Schergen mit spitzen Judenhüten). Ein Goldschrein birgt der Überlieferung nach Reliquien der hl. Martyrin Perpetua. Er stammt im Kern von ca. 1100, wurde aber später verschiedentlich restauriert und erheblich ergänzt. Seine Emailarkaturen entstanden um 1200, die silbergetriebenen Apostelfiguren zwischen 1450 und 1560. Sein endgültiges Aussehen erhielt der Schrein erst 1881. Erwähnt werden sollen noch das spätgotische Sakramentshäuschen der Propsteikirche sowie eine Darstellung der Beweinung Christi (um 1520), die ›Bochumer Beweinung‹. Der holzgeschnitzte Christuskopf des ›Bladenhorster Kreuzes‹ über dem Hochaltar barg ein Pergament, das als Künstler den Rektor der Kapelle von Schloß Bladenhorst in Castrop-Rauxel, Bernhard von Waltrop, und als Schöpfungsdatum das Jahr

1352 nennt. Ein weiterer spätgotischer Corpus des Gekreuzigten wurde in den Gnadenstuhl des neugotischen Kreuzaltars (1884) integriert.

In der Nähe der Propsteikirche erinnert das **Kuhhirtendenkmal** (Nachbildung von 1962, Abb. 126) daran, daß in der Bochumer Innenstadt bis über die Mitte des 19. Jahrhunderts hinaus Milchkühe gehalten wurden.

Als kunstreichste Dorfkirche auf Bochumer Stadtgebiet reicht die evangelische **Pfarrkirche** in *Stiepel,* früher eine Marienwallfahrtsstätte, bis ins hohe Mittelalter zurück (Abb. 13). Kaiser Otto III. schenkte 1001 auf Fürsprache seines Hofkaplans Meinwerk hin dem Grafen Liutger aus dem Geschlecht der Billunger den Hof Stiepel. Hier ließ wenig später die Gräfin Imma, die Frau Liutgers und Schwester Meinwerks, eine Eigenkirche errichten. Die kleine Saalkirche wurde um die Mitte des 12. Jahrhunderts durch eine Basilika mit einjochigem Mittelschiff, dreijochigem Querhaus, Nebenapsiden und gerade abschließendem Chorjoch ersetzt. Im 15. Jahrhundert erfolgte dann der Ausbau zur gotischen Hallenkirche mit polygonalem Chorschluß. Im Altarraum steht ein schönes Sakramentshäuschen aus dem 15. Jahrhundert. In die beiden Langhauspfeiler sind Steinreliefs mit einem Löwen (= Christus) und einem Drachen (= Satan) eingelassen. Die Kapitelle des Triumphbogens weisen Steinköpfe auf.

Die Stiepeler Dorfkirche birgt eine Fülle wertvoller Wandmalereien aus dem 12.–16. Jahrhundert. Aus der frühesten Ausmalungsperiode stammen u. a. die Darstellungen über dem Triumphbogen: Christus streckt die Rechte segnend über Abel aus, der ein Lamm heranbringt. Mit der Linken hält er Kain, der ein Ährenbündel trägt, die Gesetzesrolle entgegen. An den vier Schildwänden der Vierung hocken Jünglinge, die Wasser aus großen Krügen ausgießen– Personifikationen der vier Paradiesflüsse. Die Gewölbe tragen ornamentale Freskoverzierungen. Im Gewölbezenit ragt die Hand Gottes aus den Wolken des Himmels heraus und spendet die sieben Gaben des Heiligen Geistes. Ein Regenbogen markiert die Versöhnung zwischen Gott und Menschheit. Links und rechts treten Personifikationen von Sonne und Mond auf.

In der nördlichen Apsis gibt es an der Wand eine Darstellung des bethlehemitischen Kindermordes, auf der anschließenden östlichen Querhauswand die Flucht nach Ägypten. In der südlichen Nebenapsis sind Reste einer figürlichen Ausmalung aus dem 13. Jahrhundert erhalten. Den dramatischen Höhepunkt bildet das große Fresko aus dem Ende des 15. Jahrhunderts an der Nordwand des Altarraumes: Der hl. Georg kämpft gegen den Drachen. Zwei Burgen im Hintergrund lassen an die heimische Landschaft denken; ein Fluß, in dem ein Totenkopf schwimmt, meint vielleicht die Ruhr, die 1486 die Gegend überschwemmte. Die übrige figürliche Ausmalung der Kirche, auch der Weltenrichter im Chorhaupt, stammt aus dem 16. Jahrhundert.

Im Kern mittelalterlich ist die evangelische Pfarrkirche **St. Vinzenz** in *Harpen.* An die romanische Pfeilerbasilika aus dem 12. Jahrhundert wurde im 15. Jahrhundert ein gotischer 5/8-Chor angefügt. Der Westturm datiert erst von 1876, die neugotische Erweiterung im Süden von 1905/06. Die Kirche besitzt u. a. ein spätgotisches Sakramentshäuschen, ein Steinrelief mit der Anbetung der Hl. Drei Könige (15. Jh.) und ein Taufsteinfragment

(12. Jh). – Von der evangelischen Pfarrkirche in *Langendreer* blieb der Turm (ca. 1250) bis in die Gegenwart im wesentlichen im Originalzustand erhalten. Das mittelalterliche Kirchenschiff wurde im Laufe der Jahrhunderte mehrfach erheblich beschädigt und 1886 um mehr als das Doppelte verlängert. Vor der Kirche pflanzte man 1871 eine ›Kaisereiche‹.

Der romanische Westturm der katholischen Propsteikirche **St. Gertrud von Brabant** in *Wattenscheid* wurde 1895/96 um acht Meter aufgestockt und mit einem neuen, kupfergedeckten Spitzhelm versehen. Die alte Kirche hatte bereits 1868–72 einem neugotischen Neubau des Paderborner Diözesanbaumeisters Arnold Güldenpfennig weichen müssen. Angesichts des hoch gelegenen, beengten Baugeländes wurde die neue Kirche fünfschiffig angelegt. Sie birgt einen romanischen Taufstein, wohl vom Ende des 12. Jahrhunderts, der in vier flachen, umlaufenden Reliefs Geburt, Taufe, Kreuzigung und Auferstehung Christi zeigt. Das Taufbecken ruht auf vier steinernen Löwen. – Am Hellweg liegt in *Wattenscheid-Sevinghausen* die kleine, im Kern gotische Kapelle **St. Bartholomäus** (kath.). In Verbindung mit einer benachbarten Herberge war sie Pilgerstation auf der berühmten Pilgerstraße zum Grabe des Apostels Jakobus im spanischen Santiago de Compostela.

Aus dem 16. Jahrhundert stammen die evangelischen Kirchen in den Zentren von Bochum und Wattenscheid. In Bochum konnte die lutherische Pfarrkirche (seit dem 19. Jh. ›*Pauluskirche*‹) 1655–64 errichtet werden, nachdem die arme Gemeinde bei zahlreichen protestantischen Fürsten, Universitäten, Städten, Kirchengemeinden und Bürgern weit über Deutschland hinaus die notwendigen Spenden gesammelt hatte. Der schlichte Saalbau mit eingezogenem Glockenturm und dreiseitigem Chorabschluß brannte im Kriege völlig aus und wurde inzwischen innen in modernen Formen wiederhergestellt. Am Westportal sind die Wappen adeliger Familien aus der Umgebung angebracht. – Die alte evangelische Kirche in Wattenscheid entstand seit 1686 als breit angelegter Saalbau mit fünfseitigem Chor, Holzdecke (1696) und Emporen (1766–1772). In den prächtigen Barockalter (Dietrich Körnemann, 1694) wurde später anstelle des Hauptbildes eine Kanzel mit Evangelistenfiguren eingefügt.

Die Bevölkerungsexplosion motivierte seit 1850 alle Konfessionen in Bochum zu großzügigen Kirchbauten. Als zweite katholische Kirche der Stadt entstand **St. Marien** 1868–72 nach Plänen des (protestantischen) Architekten Gustav Adolf Fischer aus [Wuppertal-]Barmen. In vorangegangenen langwierigen Streitigkeiten um den Bauplatz hatten wohlhabende Katholiken gegenüber der Arbeiterbevölkerung durchsetzen können, daß die Kirche im bürgerlich geprägten Süden der Stadt errichtet wurde. Sie geriet bald nach Fertigstellung in die Strudel des Kulturkampfes, mußte auf staatliches Geheiß 1876–82 der kleinen altkatholischen Gemeinde Bochums zur Mitbenutzung überlassen werden und wurde in dieser Zeit von romtreuen Katholiken konsequenterweise boykottiert. Die dreischiffige neugotische Hallenkirche erlitt 1943 starke Kriegsschäden. Sie beeindruckt heute vor allem durch ihren reichverzierten Glockenturm mit Fialen- und Strebbogenschmuck sowie einem oktogonalen, kunstvoll durchbrochenen Spitzhelm aus Ziegelmauerwerk.

Im Nordwesten der Bochumer Innenstadt wurde 1892 die katholische Pfarrkirche **St. Joseph** errichtet. Der neuromanische Bau von Hermann Wielers geriet aufwendig: eine Pfeilerbasilika im gebundenen System mit Querhaus, oktogonalem Vierungsturm, kleinen

Treppentürmchen am Chor sowie einer Doppelturmfassade, von der allerdings nach Kriegs-zerstörungen ein Turm nicht wieder aufgebaut wurde. Die Architektur erinnert auf den ersten Blick an den Limburger Dom, orientiert sich allerdings stärker an den Bauformen der Abteikirche von [Essen-]Werden. Von der Originalausstattung blieben Kanzel und Kreuz-weg erhalten.

Beim protestantischen Kirchenbau gelangen in Bochum um die letzte Jahrhundertwende eindrucksvolle Lösungen im Ideal eines zentralen Predigtraumes. Dies kündigte sich bereits bei der neugotischen **Christuskirche** an, deren kriegszerstörtes Kirchenschiff allerdings nach 1957–59 durch einen modernen Raum mit trapezförmigem Grundriß und vielfach gefaltetem Gewölbe ersetzt wurde.

An der Schwelle zur Moderne entstanden in Bochum dann u. a. die **Lutherkirche** in der Nähe des Stadtparks (Arno Eugen Fritsche, 1910/11) und die **Melanchthonkirche** an der Königsallee (Krieger/Hudlet, 1912/13), repräsentative Bauten aus Naturstein mit Jugend-stil-Elementen als Fassadendekor. Der Turm der Lutherkirche trägt z. Z. noch ein Notdach, beim Wiederaufbau der Melanchthonkirche wurde die Idee des Zentralraumes zugunsten einer herkömmlichen Längsorientierung aufgegeben.

Die *Burg Blankenstein* und der Adelssitz *Haus Kemnade* befinden sich zwar im Besitz der Stadt Bochum, liegen aber auf Hattinger Statgebiet und wurden dementsprechend bereits behandelt (s. S. 33). Von **Haus Langendreer,** einer ehemaligen Wasserburganlage, stehen nur noch die Vorburg, ein Torhaus, eine Mauer mit klassizistischen Pfeilern sowie ein Eckturm. **Haus Weitmar** ist seit dem letzten Weltkrieg Ruine; im Schloßpark gibt es auch noch die Ruine der Sylvesterkapelle.

In Verbindung mit den großen Eingemeindungsaktionen muß auch der Neubau eines reprä-sentativen **Rathauses** für Bochum (1926–31) gesehen werden. Obwohl Architektenwettbe-werbe 1912 und 1925 eine Fülle von z. T. auch originellen Entwürfen einbrachten, beauf-tragte die Stadtverwaltung nachträglich den Mannheimer Architekten Karl Roth damit, außer Konkurrenz Pläne zu erarbeiten, die dann auch realisiert wurden. Das Ergebnis erscheint vergleichsweise konventionell: Ein wuchtiger Zweckbau gruppiert sich vierflüge-lig um einen Innenhof. Die steilen Walmdächer werden in zwei Reihen übereinander von Mansardenfenstern durchbrochen. In den Hof ragt ein weiterer Hausflügel hinein, der einen Dachreiter mit einem Glockenspiel aus 28 Bochumer Gußstahlglocken trägt. Außerdem gibt es im Innenhof den Brunnen des Glücks und den Brunnen der Schönheit (Prof. Vogel, Berlin); die Brunnenfiguren bestehen aus vergoldeter Bronze.

Das Hauptgebäude des **Deutschen Bergbau-Museums** (Abb. 63) entstand 1938 unter gestalterischer Ägide des prominenten Industrie-Architekten Fritz Schupp. Manche Stilele-mente wie z. B. die hochrechteckigen Fenster und die kubische Gestaltung der Baukörper mit markanter Betonung der Ecken sind denn auch dem zeitgenössischen Industriebau entlehnt. Die Eingangssituation hingegen scheint der Architekturästhetik des Regimes ver-pflichtet, das zur Zeit der Erbauung des Museums Deutschland beherrschte. Eine Reihe riesiger Säulen vor dem eigentlichen Gebäudeeingang war u. a. auch bei Albert Speer ein gern geübter Rückgriff auf die klassizistische Formsprache, sei es, um den Besucher ›erhabene‹ Gefühle zu suggerieren, sei es um Macht zu demonstrieren.

Seit 1975 wird das Deutsche Bergbaumuseum von einem riesigen Doppelfördergerüst überragt, das 1944 ebenfalls von Schupp entworfen worden war, und zwar für die Zeche Germania in Dortmund-Marten. Nach Stillegung des Bergwerks übertrug man dieses Fördergerüst nach Bochum – vielleicht ein Symptom für die damals überfällige Erweiterung des traditionellen Denkmalpflegebegriffs auf den Bereich der technischen Kulturdenkmale (Farbt. 37).

An Publizität dem Deutschen Bergbaumuseum sicherlich vergleichbar – wenn auch partiell andere Bevölkerungskreise ansprechend –, ist das **Städtische Schauspielhaus** (Abb. 104) das zweite überregional vielbeachtete Markenzeichen Bochumer Kultur. Die Theatertradition ist hier vergleichsweise jung. Erst 1914 übernahm die Stadt ein in Schwierigkeiten geratenes Privattheater und ließ es zweckmäßig umbauen, 1919 wurde ein festes Ensemble gebildet. Unter der Intendanz von Saladin Schmitt (1919–49) setzte dann allerdings sogleich eine äußerst qualitätvolle Spieltätigkeit ein, die in Klassiker-, vornehmlich Shakespeare-Aufführungen ihre spektakulären Höhepunkte fand. Unter Hans Schalla (1949–72), Peter Zadek (1972–77) und Claus Peymann (1977–86) konnte der hohe Rang der Bühne gehalten werden, nun zunehmend mit zeitgenössischen Stücken und unkonventionellen Inszenierungen. Das Bochumer Sprechtheater wurde z. B. 1983 als bedeutendste deutschsprachige Bühne neben der Schaubühne am Lehniner Platz in Berlin eingestuft. Die Spielstätte, das Bochumer Schauspielhaus, mußte nach dem Krieg völlig neu errichtet werden. Auf keilförmigem Grundriß mit steil ansteigendem Zuschauerparkett entstand ein schlichter, zurückhaltend gegliederter Ziegelbau (Gerhard Graubner, 1951–53). Die exponierte Lage an der Königsallee in Hauptbahnhofsnähe macht das Schauspielhaus – wie eingangs zitiert – zum gut sichtbaren Symbol kulturellen Lebens in Bochum.

1962 wurde auf der *Querenburger Höhe* über dem Ruhrtal – in landschaftlich reizvoller Gegend – der Grundstein zur ersten Universität des Ruhrgebiets gelegt. In den folgenden Jahren betrieb man hier die zweitweise größte Baustelle Europas. Im Wintersemester 1965/ 66 konnte der Lehrbetrieb aufgenommen werden. An der für 10000 Studenten projektierten Hochschule studierten bereits zehn Jahre später ca. 22000 Studenten. Wenn auch Duisburg, Essen und Dortmund inzwischen mit Hochschulgründungen nachzogen, so steht doch die **Ruhr-Universität Bochum** im Revier nach wie vor an erster Stelle. Sie ist mit über 5000 Beschäftigten nach Krupp und Opel auch der drittgrößte Arbeitgeber der Stadt.

Aus einem nicht ganz einfach zu überschauenden Gewirr von Terrassen, Plattformen, Wegen und Brücken ragen dreizehn einander ähnliche, in Fertigbauweise aus genormten Elementen erstellte sechs- bis achtstöckige Baublöcke heraus (Farbt. 36). Architektonische Qualität ist dem zentral gelegenen Auditorium Maximum zuzubilligen, einer kreisförmigen Anlage mit sternförmig gefaltetem Dach. Insgesamt gesehen läßt die gigantische Baulandschaft aus Stahlbeton und Glas leicht ein Gefühl von Monotonie aufkommen. Da Studentenwohnheime und ein modernes Einkaufszentrum der Hochschule angegliedert sind, die

Bochumer Innenstadt mit ihrem vielfältigen Kulturangebot aber gute sechs Kilometer entfernt liegt, entsteht für den Studenten in Querenburg leicht das Gefühl einer Getto-Situation. Das Problem einer Integration der ›Gegenpole‹ Stadt und Universität ist bis heute noch nicht endgültig gelöst.

Auf Bochumer Stadtgebiet hat der **Bergbau** viele Zeugen vergangener Prosperität hinterlassen, darunter allein vier Malakofftürme sowie bemerkenswerte Anlagen aus der Frühzeit der Kohlegewinnung im Tal der Ruhr. In *Dahlhausen* blieb von der Zeche **Friedlicher Nachbar** ein Stollenmundloch erhalten. Der Schlußstein des gemauerten Torbogens trägt als Erbauungsdatum die Jahreszahl 1873. An den frühen Kohleexport erinnern in Dahlhausen eine **Ruhrschleuse** und die teilweise erhaltene Trasse der ältesten **Pferdeeisenbahn** Westdeutschlands, des ›Rauendahler Kohlenwegs‹, der die Zechen der Baaker Mulde mit Kohleniederlagen an der Ruhr verband (angelegt 1787). – In *Sundern* steht der einzige erhaltene Malakoffturm des Ruhrgebiets, der aus Bruchstein aufgemauert wurde (Abb. 51). 1874 von der Zeche **Preußisches Szepter** errichtet, diente er bis 1887 zur Kohleförderung und danach weitere 25 Jahre zur Grubenbewetterung. Das Baumaterial, das keine aufwendigen Verzierungen zuläßt, und paarweise angeordnete kleine Rundbogenfenster lassen an den Bergfried einer mittelalterlichen Burg denken. – Ein weiterer, alter Malakoffturm steht auf Zeche **Carolinenglück** in *Hamme* (Abb. 56). Die Gliederung der Seitenwände erfolgt hier durch schlichte Lisenen, in der vertikalen Ebene durch langgestreckte ziegelgemauerte Rechteckumrahmungen. Das Tonnendach stammt vermutlich nicht aus der Entstehungszeit des Turmes, der ursprünglich offenbar höher war. Neben dem Malakoffturm repräsentiert ein Deutsches Strebengerüst, das unmittelbar neben der A 430 liegt, auf Carolinenglück eine spätere Epoche Bergbaugeschichte.

In *Wiemelhausen* konnte der steinerne Förderturm des Schachtes **Julius Philipp** der Zeche **Prinzregent-Dannenbaum** 1972 vor drohendem Abbruch gerettet und in ein entstehendes Neubaugebiet als Denkmal (im wahrsten Sinne des Wortes) glücklich integriert werden (Abb. 50). Das 1875 errichtete, zurückhaltend gestaltete Bauwerk ist in seiner Grundstruktur Idealen des Klassizismus verpflichtet, orientiert sich in seinen großen rundbogigen Blendfenstern allerdings auch an romanischen Bauformen, während die beiden starken Strebepfeiler an der Seitenfront Anklänge an die Gotik einbringen. Daß trotz dieser Stilvielfalt ein harmonisches Gesamtbild zustande kommt, erreichte der Architekt durch eine klare Fassadengliederung, die z. B. Blendfenster durchweg in Dreier- bzw. Sechsergruppen berücksichtigt. Den Turm krönt, von weit vorkragendem Gesims gerahmt, ein Attikageschoß. Ein schmaler, übergiebelter Vorbau erweckt den Eindruck, als sei ein kurzes Kirchenschiff an einen Vierungsturm angesetzt.

Eine dreibahnige Grundstruktur prägt den Malakoffturm über Schacht I der Zeche **Hannover I/II/V** in *Hordel* (Abb. 52). Hier wurde allerdings auch mit historistischem Fassadenschmuck nicht gespart. Lisenen, doppeltes Konsolgesims und ein angedeuteter Kranz von Zinnen, die auf dekorative Weise kassettiert sind, erinnern an die Ritterburgromantik des 19. Jahrhunderts, die ja bereits 1836–45 beim Wiederaufbau der mittelalterlichen Ruine Stolzenfels bei Koblenz zum phantastischen Traumschloß ihren beredten künstlerischen

Bochum-Hordel, Zeche Hannover I/II, Planzeichnung von 1857

Ausdruck gefunden hatte. Manche Fassadendetails solcher Burgen tauchen beim Schacht-turm von Hannover, der 1857/58 errichtet wurde, als Architekturzitat wieder auf.

Dieser Förderturm besaß bis 1938 über Schacht II ein Pendant. Die zwischen beiden Türmen gelegene historistische *Maschinenhalle* wurde nach Stillegung des Bergwerks 1973 unter einer Ummantelung aus modernem Mauerwerk wiederentdeckt und inzwischen frei-gelegt. Die Wandgliederung ist hier symmetrisch angelegt, der Fassadenschmuck sparsamer als beim Turm. Im Innern steht die wohl *älteste Dampfmaschine*, die in einem westfälischen Bergwerk in situ erhalten blieb (Abb. 39). Sie wurde 1892 als Trommelfördermaschine installiert und 1913/14 zu einer Koepe-Maschine (s. S. 18) umgebaut. Sie ersetzte die erste Koepe-Maschine der Welt (1878), während die erste Turmfördermaschine, die 1888 – ebenfalls von Friedrich Koepe – für Schacht II konstruiert worden war, 1938 beim Abriß des zweiten Malakofturms verschrottet wurde. Koepe arbeitete 1872–89 als Bergwerksdirektor auf Hannover, und auch nach seiner Entlassung blieb diese Zeche Vorreiter bei der Einfüh-rung technischer Innovationen. Zu Anfang unseres Jahrhunderts schaffte man hier z. B. die Pferdetraktion unter Tage zugunsten einer mechanischen Förderung durch Seilbahnen ab. Das Bergwerk verdankte seinen Rang als Musterzeche vornehmlich seiner Zugehörigkeit zum Krupp-Konzern; 1872 bereits hatte Alfred Krupp Hannover erworben, um die

Energieversorgung seiner Stahlwerke möglichst im eigenen Einflußbereich abzusichern – im Interesse einer kostengünstigen Belieferung mit Kohle und einer effektiven Bekämpfung eventueller Streikbewegungen. Der bedeutende Rang innerhalb der Geschichte des Bergbaus und der einmalige Glücksfall, daß hier Malakoffturm, Maschinenhaus und Dampfmaschine als Ensemble erhalten blieben, legte eine Erhaltung der Zeche Hannover im Rahmen des im Aufbau befindlichen Westfälischen Industriemuseums nahe.

Die Mustersiedlung liegt nicht weit von der Musterzeche entfernt; ein breiter Grünstreifen schirmt das Wohngebiet allerdings von der Welt der Industrie mit ihrem Lärm und Schmutz, mit Streß, Abhängigkeitsverhältnissen und Gefahren wohltuend ab. Auf den Ländereien des ehemaligen *Gutes Dahlhausen* errichtete das Kruppsche Baubüro unter der Leitung von Robert Schmohl 1907–1915 die Kolonie **Dahlhauser Heide** (Abb. 87): sieben Mehrfamilienhäuser für Bergwerksbeamte und 339 Zweifamilienhäuser für Arbeiterfamilien, insgesamt 715 Wohnungen. Daneben baute man zwei Schulen, zwei Kindergärten und einen Saalbau mit Bierhalle, der allerdings den Bomben des letzten Weltkriegs zum Opfer fiel. Vier Neubauten wurden nach dem Zweiten Weltkrieg ohne Gespür für die Homogenität der Umgebung hinzugefügt. Auch die moderne katholische Kirche paßt sich – trotz augenfälliger entsprechender Absichten des Architekten – nicht unbedingt glücklich in das Gesamtbild der Kolonie ein.

Das Gelände ist hügelig. Die Straßen verlaufen in weiten Bögen, wodurch aufgelockerte Straßenbilder entstehen. Alter Baumbestand blieb beim Siedlungsbau erhalten. Der engli-

Bochum-Hordel, Gartenstadt
Dahlhauser Heide, Siedlungsgrundriß

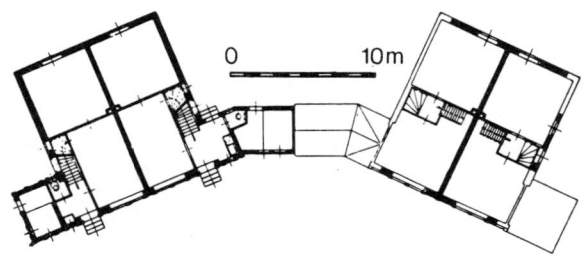

Bochum-Hordel, Siedlungshäuser
in der Dahlhauser Heide

sche Park des Gutes wurde quasi zum Dorfanger umfunktioniert. Große Gärten hinter den
Arbeitshäusern trugen der Siedlung bald den Namen ›Kappeskolonie‹ ein. Die Grundstücke
sind durchweg eingezäunt. Anders als bei den Kolonien früherer Jahrzehnte fehlt der ›halb-
öffentliche Weg‹ entlang der Hinterfront der Häuser. Durch die Anlage der Bauten wird in
der ›Dahlhauser Heide‹ wie überhaupt beim Kruppschen Werkswohnungsbau eher das Ideal
familiärer Abgeschlossenheit als intensive nachbarschaftliche Kommunikation gefördert.

Man kann die Arbeiterhäuser in etwa 45 verschiedene Typen aufgliedern, die allerdings in
ihrer großen Mehrheit einem gemeinsamen Grundmuster folgen. Im Obergeschoß liegen
zwei Schlafzimmer, die auch für kinderreiche Familien reichen mußten. Im Erdgeschoß gibt
es ein Wohnzimmer und eine Wohnküche. Da die ›gute Stube‹ früher traditionell nur zu
besonderen Anlässen benutzt wurde, spielte sich ein wesentlicher Teil des täglichen Lebens
in der Wohnküche ab. Ein praktischer Mehrzweckraum – Treppenhaus, Diele und Wasch-
platz in einem – leitet von der Wohnküche zum Stalltrakt über, wo aus Gründen der
Hygiene auch der Abort (zur Erbauungszeit der Siedlung noch ohne Wasserspülung) untergebracht ist.

Die Doppelhäuser wenden in ihrer Mehrheit den Giebel der Straße zu. Besonders an
exponierten Raumsituationen wird der breit gelagerte, behäbig wirkende Giebel durch Bretterverkleidung, Schindeln oder heimattümelndes Fachwerk optisch aufgewertet. Man fühlt
sich an westfälische Bauernhöfe früherer Epochen aus dem nahe gelegenen Münsterland
erinnert. Offenbar ging es den Erbauern der Dahlhauser Heide auch darum, durch den
Zauber einer altdeutschen, biedermeierlichen Idylle bei den Bewohnern für den Feierabend
eine Stimmungslage zu erzeugen, die einen harten Arbeitsalltag (und eventuelle Wünsche,
ihn mit Hilfe von Arbeitskämpfen zu humanisieren) vergesssen ließ.

Dortmund

> »Wir sind in *Dortmund,* neben dessen altersgrauen Mauern sich in eigenthümlich bedeutsamer Weise Vergangenheit und Gegenwart die Hand reichen. Dicht nebeneinander nämlich liegen hier der Hügel mit der alten absterbenden Linde, worunter einst ›des hilgen rykes hemelike camer‹, der berühmte oberste Freistuhl auf rother Erde stand und die Feme ihre Freigrafen, Schöffen und Frohnen versammelte, – und der Eisenbahnhof mit seinen unübersehbaren Stationsgebäuden und seinem Menschengewühl, mit seinen zischenden und dampfenden Locomotiven, deren schwarze Rauchsäulen vom Nordwinde gefaßt durch die dürftige Blätterkrone des alten heiligen Baumes wallen, deren Rasseln und Pfeifen die poetischen Schauer der einst so stillen, alten Malstätte ausgetrieben haben.«[27]   *(Levin Schücking, 1856)*

Vereinzelte Spuren aus der Dortmunder Frühgeschichte lassen auf tragische Ereignisse und verworrene Auseinandersetzungen schließen: 1907 entdeckten Bauarbeiter einen vergrabenen Goldschatz, der 444 Münzen aus der späten römischen Kaiserzeit umfaßt (heute im Museum für Kunst und Kulturgeschichte). Eine Legende überliefert eine Mordtat aus der Zeit um 700: Zwei Missionare, der weiße und der schwarze Ewald, werden bei ihren Versuchen, den heidnischen Sachsen das Evangelium zu predigen, in dem Emscherdorf Aplerbeck erschlagen. 775 erobert Kaiser Karl der Große auf seinem zweiten Sachsenzug die Syburg, angeblich aus dem Besitz des Herzogs Widukind. 799 soll er hier zusammen mit Papst Leo III. eine erste Kirche geweiht haben. Auch die Gründung Dortmunds wird dem ersten abendländischen Kaiser zugeschrieben; Keimzelle der Stadt war in der Tat ein karolingischer Königshof. Der Name wird erstmals im ältesten, neuerdings auf das Jahr 882 datierten Werdener Urbar überliefert: Ein gewisser Arnold aus *Throtmanni* schuldete der Abtei noch acht Denare. Bereits vor 900 besitzt Dortmund das Marktrecht. Für 935/36 sind Münzprägungen überliefert. Die Stadt wird zur einzigen Freien Reichsstadt Westfalens. Sie schließt sich der Hanse an. Der Hellweghandel und ortsansässige Tuchindustrie fördern Reichtum und Selbstbewußtsein der Bürger, die nach 1232 das erste steinerne Rathaus in Norddeutschland errichten (nach Kriegsbeschädigungen 1955 abgerissen). Im 14. und 15. Jahrhundert tagt unter einer im Industriezeitalter abgestorbenen Femelinde das Geheime Gericht zur Ächtung von Friedensstörern in Westfalen.

Langanhaltender wirtschaftlicher Niedergang reduziert Dortmund nach der Reformation zu einem unbedeutenden Flecken, der 1809 nur noch 4397 Einwohner zählt. Die industrielle Revolution ermöglicht dann den Aufschwung zur Metropole Westfalens, die bereits in den 1860er Jahren die alte Provinzhauptstadt Münster an Einwohnerzahl überrunden kann. Neben Kohleförderung ist vor allem die Stahlproduktion hierfür verantwortlich. Es dominieren bald die Hochöfen der 1871 aus Düren zugezogenen Familie Hoesch. Dortmund wird auch wichtigster Verkehrsknotenpunkt des östlichen Ruhrgebiets, Sitz des Oberbergamts (der obersten Bergbaubehörde) und berühmter Brauereistandort. Dank einer großangelegten Eingemeindungspolitik liegt die Stadt flächenmäßig heute (nach Hamburg und

Die Dortmunder Femelinde, C. Schlickum und A. H. Payne. Gestochenes Titelblatt der Erstausgabe von Freiligrath/Schükking: Das malerische und romantische Westfalen (1842)

München) an dritter Stelle in der Bundesrepublik, von der Einwohnerzahl her gesehen (1985 – 579 700) an achter Stelle.

Auf Dortmunder Stadtgebiet befinden sich heute noch 21 Sakralbauten, die ganz oder teilweise aus dem Mittelalter stammen. In der Stadtsilhouette wetteifern die (überhöht wieder aufgebauten!) Glockentürme von St. Reinoldi und St. Petri mit den Hochhausbauten der Gegenwart.

Legendenhafte Überlieferung verbindet die Ursprünge der Hauptkirche **St. Reinoldi** (Abb. 5) mit Karl dem Großen und seinem Kreis. Der Kaiser wurde in Dortmund nicht nur als Gründer dieses Gotteshauses angesehen, sondern darüber hinaus als Stifter des Rechtsstatus für die Freien Reichsstädte schlechthin. Den heiligen Reinold verehrte man als Stadtpatron und ritterlichen Schützer der eigenen Kommune. Dortmunder Ratsherren trugen seinen Goldschrein bei Prozessionen. Galt Reinold ursprünglich als Mönch und Steinmetz beim Kölner Dombau, so reihte man ihn nun unter die vier Haymonssöhne ein, sagenhafte Neffen Kaiser Karls. Zur jugendlich-idealen Lichtgestalt verklärt, wurde Reinold später fälschlich lange als ein Vorbild für den Ritter Roland interpretiert, dessen Standbild verschiedentlich norddeutsche Marktplätze ziert. Nachdem die Reformation sich in Dortmund durchgesetzt hatte und Heiligenverehrung dementsprechend als unzeitgemäß galt, verkaufte man 1614 bzw. 1792 Goldschrein und Reliquienbüste des Stadtpatrons, die inzwischen verschollen sind. Seine (angebliche) Gebeine werden heute noch in der Kathedrale von Toledo verehrt.

Der legendär überlieferte Gründungsbau von St. Reinoldi konnte auch bei Grabungen nach dem Zweiten Weltkrieg nicht eindeutig identifiziert werden. Entdeckt wurden damals allerdings die Fundamente einer ottonischen Saalkirche. Sie ähnelte im Grundriß den Kirchen St. Patroklus in Soest und St. Pantaleon in Köln, die beide durch den Kölner Erzbischof Bruno gestiftet wurden. Dieser Grabungsbefund stützt demnach eine weitere mittelalterliche Überlieferung, die den hl. Arzt und Märtyrer Pantaleon als ursprünglichen Patron der St. Reinoldi-Kirche nennt. Das Gotteshaus gehörte jedenfalls zu einem Kanonikerstift und wurde nach dessen Auflösung um 1064 durch den Kölner Erzbischof Anno dem Stift St. Mariengraden in der rheinischen Domstadt unterstellt.

Vom heutigen Bau der Reinoldikirche entstand das frühgotische Langhaus um 1260–80. Es steht mit seinen weit ausladenden Riesenarkaden in der Nachfolge des Münsteraner Domes. Die hohen Seitenschiffe lassen im Obergaden gerade noch Raum für halbierte Rundfenster, so daß trotz des basilikalen Grundmusters der Eindruck einer monumentalen Hallenkirche entsteht. Das Querschiff ist eingebunden. Die sechs Pfeiler auf Kreuzgrundriß

Ansicht und Aufsicht von Dortmund, Detmar Mülher, 1611

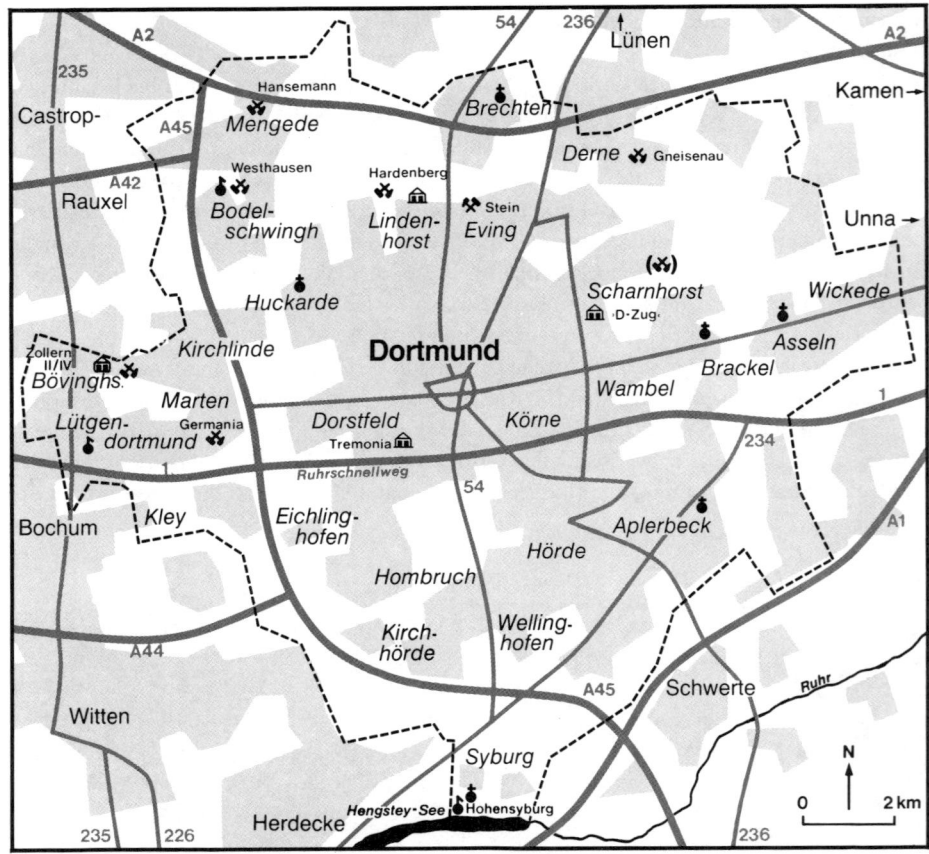

Dortmund, Stadtgebiet

sind durch Halbsäulenvorlagen und schlanke Eckdienste reich gegliedert, ihre Kapitelle durch feingeformtes Knospen- und Blattwerk qualitätvoll verziert. 1421–50 errichtete der wohl aus den Niederlanden stammende Meister Roseer den spätgotischen sterngewölbten Hochchor (Abb. 10). Die großen, vierbahnigen Fenster sind hier zweimal durch horizontale Maßwerkbrücken gegliedert und im Spitzenfeld durch reiches Maßwerkfiligran mit Fischblasenmusterung ausgefüllt. Nach dem Vorbild von St. Patroklus in Soest schuf Roseer, der Dortmund Bürger und Stadtbaumeister war, nach 1444 einen 112 Meter hohen Glockenturm, das ›Wunder Westfalens‹, der 1611 einstürzte. Der Turm entstand 1662–71 in neuer Form nach einem Entwurf von J. Degener, nun bekrönt von einer barocken Zwiebelhaube. In den 1950er Jahren wurde er nach Kriegsschäden leicht verändert wiederhergestellt.

Die Ausstattung von St. Reinoldi stammt im wesentlichen aus dem 15. Jahrhundert. Um 1300 entstand allerdings bereits die zwei Meter hohe, geschnitzte Holzfigur des Kirchenpa-

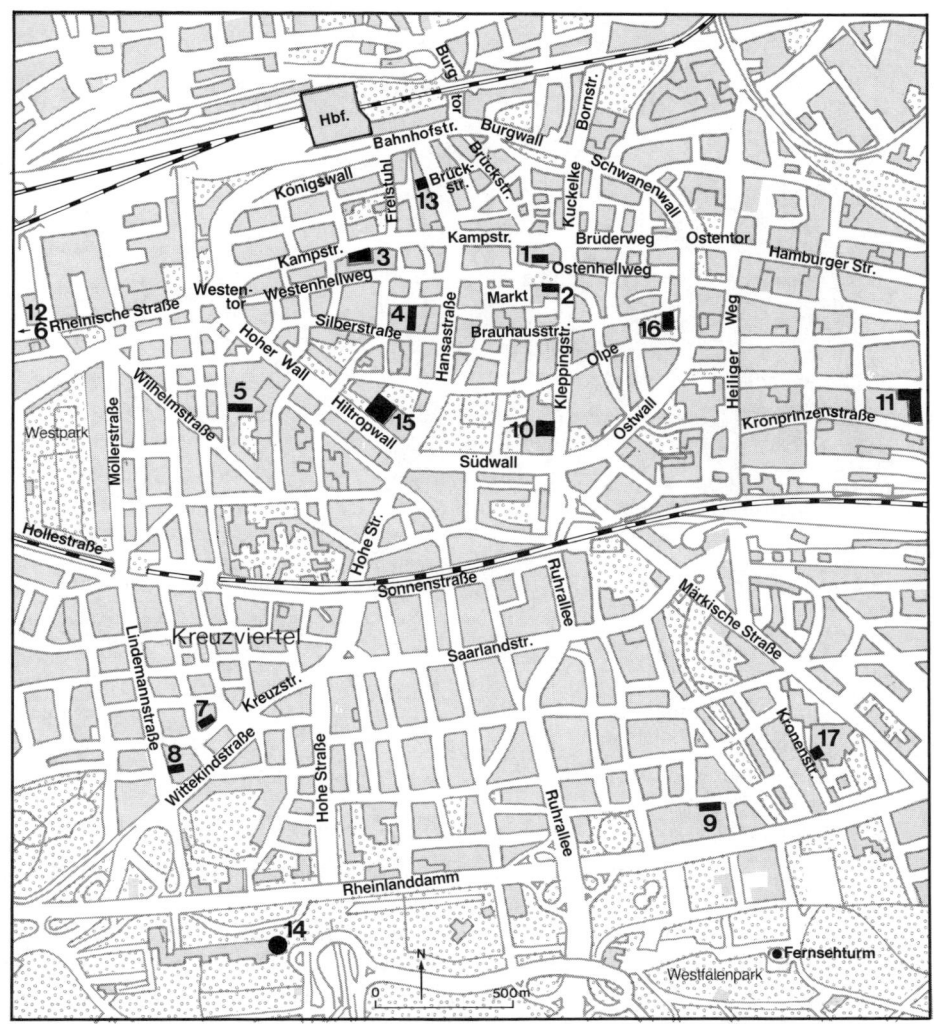

Dortmund, Stadtzentrum 1 St. Reinoldi 2 St. Marien 3 St. Petri 4 Propsteikirche (ehem. Dominikanerkirche) 5 Liebfrauenkirche 6 St. Anna 7 Kreuzkirche 8 Nikolaikirche 9 St. Bonifatius 10 Stadthaus 11 Landesoberbergamt 12 Verwaltungsgebäude der Hoesch AG 13 Alte Stadtsparkasse (Museum für Kunst und Kulturgeschichte) 14 Westfalenhalle 15 Stadttheater 16 Museum am Ostwall 17 Brauerei-Museum

trons. St. Reinold erscheint hier als jugendlicher Held, bartlos, mit gelocktem Haupthaar, als Ritter gekleidet (Abb. 10). Ihm gegenüber, vor dem Südpfeiler, steht Kaiser Karl (16. Jh.). Er erscheint wesentlich älter als Roland, bärtig und stirnzerfurcht. Er trägt Panzer

Dortmund, St. Reinoldi

und Schwert, Krone, Szepter und Reichsapfel. Die Figur ist ca. 2,60 Meter hoch. Unter den übrigen Skulpturen verdient eine Madonna mit Kind (um 1450) besondere Beachtung, handelt es sich doch »ohne Zweifel« um »die schönste Skulptur der Spätgotik, die es heute noch in Dortmund gibt. [...] Das Gefühl einer sich freundlich dem Betrachter zuwendenden Königin ist überall spürbar: im Antlitz von Mutter und Kind, in der Wohlausgewogenheit ihrer Haltung, im Spiel der Hände und in der betonten Sorgfalt, mit der Krone und Lockenhaar gegeben sind, auch in den modisch koketten Details, wie der Reihe der kleinen Knöpfe unter dem Ärmel«[28].

Der *Altar* von St. Reinoldi wurde wohl um 1420 in Flandern gearbeitet. Über einer feingeschnitzten Predella öffnet sich ein Schrein mit Holzfiguren unter gotischen Baldachinen. In der Mitte, überhöht, die Kreuzigungsgruppe. Vier Engel fangen das Blut Christi in Kelchen auf. Links unten die Gruppe der trauernden Angehörigen. Rechts eine Reitergruppe, mit spannungsreichem Gebärdenspiel, um den heidnischen Hauptmann. Auf beiden Seiten der Kreuzigungsgruppe schließen sich die Apostel an, jeweils in Zwiegespräche vertieft. Die farbliche Fassung der Holzschnitzarbeiten ging im Laufe der Jahrhunderte verloren. Die Innenseiten der Altarflügel sind allerdings bemalt und zeigen rechts einen Passionszyklus, links Szenen aus dem Marienleben. Besonders köstlich ist hier die Krippe dargestellt, wo der hl. Joseph über einem Kohlebecken eine Windel des Jesuskindes trocknet. Die kleineren, zur Schließung der überhöhten Mitte des Altares dienenden Flügel zeigen die hl. Katharina und die hl. Barbara.

An den Chorwänden gibt es ein Reliquienhaus und ein Sakramentshaus, beides aus der Spätgotik. Das geschnitzte Chorgestühl (um 1470) stammt wohl vom Niederrhein. Ein Engel an einer Schlußwange hält das Dortmunder Stadtwappen. Zu erwähnen sind schließlich noch das bronzene Taufbecken (Johann Winnenbrock, 1469), ein Adlerpult aus Dinant (um 1450) und ein nazarenisches Abendmahlsgemälde von Friedrich Overbeck. Eine vor der Kirche aufgestellte Glocke (Bochumer Verein, 1917) erinnert mit ihrer Inschrift (»Das Reich muß uns doch bleiben«) an die Durchhalte-Verzweiflung des Ersten Weltkriegs.

Gegenüber von St. Reinoldi, nur durch den Ostenhellweg getrennt, liegt die evangelische **Marienkirche** (Abb. 5). In ihrer Erbauung will Dortmunder Tradition eine Demonstration der Bürger gegen den Anschluß von St. Reinoldi an das Kölner Stift St. Mariengraden sehen. St. Marien wurde die Kirche des Dortmunder Stadtrats. In ihrer Architektur sieht man neuerdings Anklänge an die St. Ludgerikirche in Münster und an romanische Hallenkirchen aus Italien, vielleicht vermittelt durch den Erzbischof Hermann II. von Münster, der Friedrich Barbarossa zweimal auf Italienzügen begleitete. St. Marien ist wahrscheinlich der älteste Gewölbebau Westfalens. Das Langhaus der querschifflosen Basilika stammt aus der zweiten Hälfte des 12. Jahrhunderts. Man verwandte das gebundene System. Die drei Joche des Mittelschiffes tragen Kuppelgewölbe, die Seitenschiffe Kreuzgratgewölbe. Die Arkadenpfeiler wurden ungewöhnlich reich gestaltet. Dem quadratischen Kern sind jeweils zwei Rundsäulen als Träger für die Scheidbögen und zum Seitenschiff hin eine Rundsäule für jeden Gurtbogen vorgelagert. Die Kapitelle dieser Säulen wurden mit Blatt- und Rankenmotiven individuell verziert. Die zum Mittelschiff hin vorgelegten Dienste schließen mit einfachen Würfelkapitellen ab. Die Mauern trugen noch 1830 Reste mittelalterlicher Wandmalerei.

Im 19. Jahrhundert war die Kirche verschiedentlich stark gefährdet. Bereits 1805 mußte der baufällige Nordturm abgetragen werden. 1833 stand St. Marien als Steinbruch zum Verkauf an. Nur eine Intervention des kunstsinnigen preußischen Kronprinzen Friedrich Wilhelm konnte sie vor der Spitzhacke retten. Noch in der zweiten Jahrhunderthälfte erwog man, das romanische Langhaus zugunsten eines gefälligeren, neugotischen abzureißen.

Der *Hochaltar* von St. Marien gilt als der Höhepunkt der westfälischen Tafelmalerei. Der Künstler, Conrad von Soest, stammte vermutlich aus Dortmund und führte als Beinamen den Herkunftsort seiner Vorfahren. In Dortmund ist er verschiedentlich urkundlich nachgewiesen, u. a. durch seinen Ehevertrag vom 11. 2. 1394. Lange bevor dies üblich wurde, pflegte Conrad seine Werke – wenn auch verschlüsselt – zu signieren, was auf Selbstbewußtsein schließen läßt. Einzelne Buchstaben aus seinem Namen finden sich auf einem Zettel, der im Mittelbild des Dortmunder Marienaltars links auf einem Betpult liegt. 1720 beschnitt man die gotischen Altartafeln beträchtlich, um sie in einen neuen Barockaltar einzupassen. Der Urzustand kann mit Hilfe einer frühen Nachschöpfung, einem Marienaltar vom Meister des Blankenberch-Altares (heute im Westfälischen Landesmuseum für Kunst und Kulturgeschichte, Münster), erahnt werden. Der schmerzliche Substanzverlust beeinträchtigt naturgemäß die Harmonie der Komposition.

Im Gegensatz zu den älteren westfälischen Flügelaltären mit ihrer Fülle von kleinformatigen Bildern zur Heilsgeschichte konzentriert der Dortmunder Altar das Marienleben auf fünf Episoden: in der Mitte der Tod der Muttergottes (Farbt. 10), auf den Innenseiten der

Dortmund, St. Marien, Versuch einer Rekonstruktion des Marienaltars. Lediglich die stärker umrande-
ten Teile in den Bildflächen sind heute noch vorhanden

Flügel Krippe und Anbetung, außen (stark beschädigt) Verkündigung und Marienkrönung.
Gesichter und Gestik der Personen sind von großer Eindringlichkeit und Zartheit. Auf dem
Mittelbild schließt ein Engel Maria sanft die Augen, ein anderer Engel stützt ihr das Kinn.
»Die Hände der sterbenden Muttergottes und des Johannes, der ihr die Sterbekerze reicht,
werden zu einem Linienspiel von unvergeßlicher Eindringlichkeit; alles ist so unvergleich-
lich schön, daß sich Worte wie lieblich, zart und schön förmlich aufdrängen, will man dies
Wunder beschreiben. Die Kunstgeschichte empfindet darum den Begriff des ›weichen Stils‹
als willkommene Hilfe.«[29] – Der Altar entstand als Spätwerk des Künstlers um 1420. Er steht
an der Schwelle vom Mittelalter zu einer neuen Epoche, was u. a. durch die – wenn auch
zurückhaltende – Darstellung von einzelnen Pflanzen und etwas Landschaftshintergrund
seinen Ausdruck findet. Noch aber dominiert der Goldgrund, der Jahrhunderte zuvor aus
der byzantinischen Malerei übernommen worden war.

Ein weiteres spätgotisches Triptychon, der *Berswordt-Altar* im nördlichen Seitenschiff,
trägt den Namen der Familie seines Stifters und läßt sich auf ca. 1395 datieren. Die Verkün-
digungsszene auf den Außenseiten der Flügel hat im Laufe der Jahrhunderte stark gelitten.
Bei aufgeklapptem Zustand sind drei großformatige Passionsszenen sichtbar. Die Gestalt
Christi dominiert hier jeweils auch von der Körpergröße her als ›übermenschliche Figur‹.
Links die Kreuztragung mit weinenden Frauen, brutalen Kriegsknechten und Simon von
Cyrene, der den Heiland unterstützt. In der Mitte eine figurenreiche Kreuzigung. Beach-
tenswert sind hier die Seelen der beiden Schächer, die als kleine, nackte Gestalten den
Mündern der Sterbenden entfahren und von Engel bzw. Teufel sogleich in Empfang genom-
men werden. Auf dem rechten Flügel nimmt ein prächtig gekleideter Joseph von Arimathäa,
unterstützt durch zwei weitere Personen, den Leichnam Christi vom Kreuz ab.

Zur Kirchenausstattung gehören ansonsten u. a. ein spätgotisches Sakramentshäuschen,
das geschnitzte Chorgestühl mit drolligen Miserikordien (16. Jh.), ein von Hermann von
Mallinckrodt gestiftetes Taufbecken (1687) und ein bronzener Pultadler, das Symbol des
Evangelisten Johannes (15. Jh.). Eine majestätische spätromanische Sitzmadonna (um 1230)
hat im wesentlichen ihre originale Farbfassung bewahren können. Auf die Rückseite des
Thronsessels wurden um 1480 die Eltern Mariens, Joachim und Anna, gemalt. Dies läßt
darauf schließen, daß die Figur nicht immer vor einer Wand stand, sondern etwa auch bei

Prozessionen mitgeführt wurde. An weiterer Plastik gibt es noch eine gotische Madonna aus Stein (um 1400), eine Holzfigur, die entweder Gottvater oder Christus als Weltenrichter zeigt (2. H. 15. Jh.), den Erzengel Michael (um 1320) und ein geschnitztes Kruzifix im Triumphbogen (um 1520).

St. Petri (ev.) war einst die Kirche der Dortmunder Zünfte. Sie wurde 1322 begonnen, Langhaus und Chor waren 1392 vollendet. Der hohe Westturm (Abb. 6) wurde ab 1396 errichtet und später mehrfach zerstört. Das dreischiffige, dreijochige Langhaus der Hallenkirche steht auf annähernd quadratischem Grundriß.

Der *Antwerpener Altar* im Chor wurde infolge der Säkularisation aus der (inzwischen abgetragenen) Dortmunder Franziskanerkirche hierhin überführt. Der Kaufvertrag der Franziskaner aus dem Jahre 1521 nennt einen Meister Gelisz als den Schöpfer des riesenhaften Werks. Sicherlich haben weitere Künstler daran mitgearbeitet. Der Flügelaltar kann zweimal aufgeklappt werden. Er mißt insgesamt über 6 Meter in der Höhe und 7,50 Meter in der Länge und vereinigt 54 Tafelbilder sowie 30 geschnitzte Szenen mit insgesamt 633 Figuren. Ist der Schrein geschlossen, so sieht man 18 Gemälde zum Thema der hl. Eucharistie. Öffnet man das erste Flügelpaar, so folgen auf 36 Bildtafeln Szenen aus dem Leben der hl. Emerantia (der Legende nach die Urgroßmutter Jesu), der hl. Anna, der Gottesmutter sowie aus der Jugend des Christkindes. Ist auch das zweite Flügelpaar aufgeklappt, so sieht sich der Betrachter von einer verwirrenden Fülle theatralisch arrangierter Holzschnitzfiguren überwältigt: Ein Passionszyklus beginnt auf dem linken Altarflügel mit der Todesangst Christi im Ölgarten von Gethsemane, gipfelt in der Mitte mit seiner Hinrichtung auf Golgotha und schließt auf dem rechten Flügel mit der pfingstlichen Aussendung des Heiligen Geistes. Zwei Felder direkt unter der Kreuzigung handeln über die Gregorsmesse sowie die sieben Schmerzen Mariens. Auf die Predella sind sieben geschnitzte Felder über die legendäre Wiederauffindung des hl. Kreuzes montiert.

1331 wurde in Dortmund ein *Dominikanerkloster* gegründet. Der Chor der dazugehörigen Kirche konnte 1354, das Langhaus 1458 geweiht werden. Man verzichtete entsprechend dem Ordensgebot auf einen eigenen Glockenturm. Der Dachreiter auf dem Schiff wurde nach Kriegszerstörung in moderner Form wieder aufgebaut. Die spätgotische Hallenkirche hat unterschiedlich breite Seitenschiffe; das schmalere, nördliche ist in ungewöhnlicher Weise als tonnengewölbter Gang ausgebildet. Der Chor mißt annähernd die gleiche Länge wie das Langhaus, was auf eine große Zahl von Mönchen schließen läßt, die sich hier zum Chorgebet versammelten. Nach der Auflösung des Klosters wurde die Kirche 1816 der katholischen Pfarrgemeinde Dortmunds überlassen. Sie ist inzwischen in den Rang einer **Propsteikirche** erhoben worden.

Von der alten Ausstattung blieb vor allem der Hauptaltar (Derik Baegert und sein Sohn Jan, um 1490) der Kirche erhalten (Abb. 21). Mit einer Höhe von gut zwei Metern und einer Gesamtlänge von fast acht Metern (bei geöffneten Flügeln) handelt es sich wohl um den größten gemalten Altar der Spätgotik. Wie später die Dortmunder Franziskaner wollten anscheinend auch die Dortmunder Dominikaner durch ein Monumentalkunstwerk auf ihren hohen Rang aufmerksam machen. In geschlossenem Zustand zeigen die Altarflügel von links nach rechts den hl. Petrus Martyr, Christus, Dominicus (Ordensgründer), zu seinen Füßen den Prior Johann von Asseln als kniende Stifterfigur, sodann Johannes Baptista, Johannes Evangelista, Thomas von Aquin, Maria Magdalena und Vinzent Ferrer. Bei geöffneten Altarflügeln sieht man auf der Mitteltafel einen figurenreichen Kalvarienberg. Um die weite Fläche füllen zu können, berücksichtigten die Künstler u. a. auch eine Personengruppe am linken Rand, die das Schweißtuch der hl. Veronika betrachtet. Dort sind Selbstporträts von Jan Baegert und seiner Familie zu vermuten. In die ausladende Hügellandschaft im Hintergrund sind die Szenen der Kreuztragung, der Kreuzabnahme sowie des Begräbnisses Christi eingebettet. Das Panorama von Jerusalem in der Mitte erinnert eher an eine Stadt des Niederrheins, der Herkunftsregion der beiden Maler.

Der rechte Altarflügel zeigt auf prächtig-theatralische Weise die Anbetung der hl. drei Könige. Der linke Flügel vereinigt die hl. Sippe: Christus auf dem Schoße Mariens, umgeben von seinen Vorfahren und Verwandten. Ein kundiger Theologe hat jeder Figur ihren Namen beigegeben, um Laien die Identifikation zu erleichtern. Die Gesichter sind, wohl um die Familienähnlichkeit zu betonen, namentlich bei den Frauen, etwas gleichförmig ausgefallen. »Desto munterer sind die Kinder geraten. Angefangen von dem zappelnden Nacktfrosch Johannes zu dem Säugling Servacius auf der rechten Seite treiben sie auf der linken allerlei kindliche Spiele mit einem zahmen Vögelchen, mit Blumen oder mit den Kirschen, die der kleine Jacobus aus dem Korb nimmt, sich hinter die Ohren hängt und seinem Vetter Joseph auch davon gibt, während der etwas ältere Symon ernsthaft in einem Büchlein liest.«[30] Im Hintergrund des Bildes das älteste überlieferte Stadtpanorama Dortmunds, auf dem namentlich die Kirchtürme leicht identifiziert werden können. Der Turm von St. Petri trägt noch einen Baukran.

Mehr als ein Dutzend der ehemaligen Dorfkirchen auf Dortmunder Stadtgebiet stammt zumindest in Teilen aus dem Mittelalter. Einige der kleinen Sakralbauten markieren einzelne Stufen im Laufe der Entwicklung von der Basilika hin zur westfälischen Hallenkirche. Älteste Dortmunder Dorfkirche ist heute **St. Georg** in *Aplerbeck*. Die kreuzförmige Basilika im gebundenen System stammt aus der Mitte des 12. Jahrhunderts, ihr Chorhaus aus dem 13. und der Turm aus dem 14. Jahrhundert. Mit dem Bau einer aufwendigen neugotischen Kirche in Aplerbeck wurde das alte Gotteshaus aufgegeben und verfiel, woran die ›Ruinenstraße‹ in der Nähe noch erinnert. Bei seiner Wiederherstellung zog man dann im Mittelschiff eine neue Flachdecke ein. Das spätgotische Sakramentshaus wurde restauriert, von dem mittlerweile ins Museum für Kunst und Kulturgeschichte gelangten Triumphkreuz aus dem 13. Jahrhundert eine Kopie geschaffen. Aus dem Museum brachte man den romanischen Taufstein (2. H. 12. Jh.) in die Kirche zurück (Abb. 15). Umlaufende Reliefdarstellungen unter Säulenarkaden zeigen hier in grober, archaisch-plumper Ausführung die Geburt Christi, die Taufe im Jordan, die Kreuzannagelung, den bethlehemitischen Kindermord und die Hl. Drei Könige. – Auf dem Kirchhof ist eine stattliche Anzahl von Grabsteinen aus dem 17. und 18. Jahrhundert nach dem Vorbild der mosaischen Gesetzestafeln gestaltet.

Ähnliche Grabtafeln gibt es auch auf dem Friedhof von **St. Peter** (ev.) in *Syburg*. Die heutige Kirche, unter deren Fußboden karolingische Fundamentmauern eines Vorgänger- baus ausgegraben werden konnten, stammt aus dem 12. Jahrhundert. Der wuchtige, mit einem Rhombendach bekrönte Glockenturm wurde im 13., der polygonale Chor im 15. Jahrhundert angefügt. Im Mittelalter bewahrte die Kirche neben anderen Reliquien das Haupt der hl. Barbara; vielleicht ist hier der Ursprung ihrer Verehrung als Schutzpatronin der Bergleute zu suchen, denn Bergbau ist im Syburger Gebiet immerhin bereits für das 14. Jahrhundert bezeugt.

St. Johann (ev.) in *Brackel*, ursprünglich eine romanische Basilika aus dem Ende des 12. Jahrhunderts, wurde 300 Jahre später zu einer spätgotischen Hallenkirche aufgestockt und neu eingewölbt, wobei man manche Bauteile ein weiteres Mal verwandte: Die Wand- vorlagen vor den Südpfeilern wurden im Mittelschiff aus übereinandergestellten Zwillings- säulchen errichtet. Nach dem Zweiten Weltkrieg wurden mittelalterliche Fresken gesichert und ergänzt.

Ungleich reichere Bemalung konnte allerdings 1960–62 in **St. Johann Baptist** (Abb. 11) in *Brechten* freigelegt werden. Die frühe Hallenkirche entstand wohl im Anschluß an eine Schlacht um die Verteidigung von Machtansprüchen des Kölner Erzstuhls in Westfalen, vielleicht als Sühnestiftung der unterlegenen Partei. Die spätere Überlieferung will wissen, daß 1254 bei Brechten zahlreiche Ritter fielen und hier auch bestattet wurden. Mit ausladen- den Arkaden und hohen Kuppelgewölben steht die Dorfkirche in der Nachfolge des Domes von Münster. Wände und Gewölbe sind mit ornamentalen Fresken reich verziert. Auf der Westwand kopiert eine gemalte Fassadenrose ein steinernes Vorbild aus dem Mindener Dom.

Dortmund-Brackel, St. Johannes

Im Chorgewölbe findet sich die vielleicht älteste westfälische Weltgerichtsdarstellung: Schwerter entfahren dem Munde Christi; Engel tragen seine Mandorla, blasen Posaune, führen die Erlösten zum himmlischen Jerusalem und weisen die Verdammten ab; Maria und Johannes der Täufer erscheinen als Fürbitter. Unter den Seligen wie auch unter den Verdammten gibt es Vertreter hoher geistlicher und weltlicher Macht. Ein Teufel zieht die Gruppe der Verlorenen an einem Seil zur Hölle, die sich als scheußlicher feuerspeiender Tierrachen öffnet; ein weiterer Teufel, der gerade einen Ritter wie eine kleine Puppe auf dem Arm hält, wird sie dort hineinstoßen. Obwohl die Farben im Laufe der Jahrhunderte stark verblaßt sind, wirkt dieses Weltgericht in der Dramatik der dargestellten Szenen außerordentlich eindrucksvoll. Als weiteres Kunstwerk der Kirche muß noch der gotische Taufstein erwähnt werden, der die Verkündigung, die Taufe Christi und die Kreuzigung zeigt. Altar und Kanzel stammen aus der Barockzeit.

Außer dem Brechtener Gotteshaus stammen noch sieben weitere Dortmunder Dorfkirchen aus dem 13. Jahrhundert: Ähnlich wie die evangelische Kirche in Brackel wurde auch die Basilika **St. Margarete** (ev.) in *Eichlinghofen* im Spätmittelalter zur Hallenkirche umgebaut. Bei **St. Dionysius** (ev.) in *Kirchderne* waren die Seitenschiffe bereits von Anfang an bis fast auf die Höhe des nur ein Joch tiefen Mittelschiffes gebracht worden. Innen schließen sie im gebundenen System an. Die Kapitelle der Zwischensäulen sind mit seltenen Blattmotiven geschmückt. Eine ähnliche Raumaufteilung wurde für **St. Remigius** (ev.) in *Mengede* gewählt. Vor dem Querhaus besteht das Mittelschiff hier ebenfalls nur aus einem Gewölbejoch. Das zweijochige Langhaus von **St. Johann Baptist** (ev.) in *Wickede* steht auf fast quadratischem Grundriß. Die Kirche wurde in grünfarbenem ›Soester‹ Sandstein aus dem Haarstrang aufgemauert. Bei **St. Chrysanthus und Daria** (ev.) in *Wellinghofen* erneuerte man Seitenschiffe und Chor in der Spätgotik.

Maßgeblichere Eingriffe erfolgten bei zwei anderen Kirchen des 13. Jahrhunderts aufgrund der großen Bevölkerungsinvasion des industriellen Zeitalters, die große Räume für die Feier der Gottesdienste kurzfristig erforderlich machte: **St. Urbanus** (kath.) in *Huckarde* wurde 1897–99 an der Ostseite um einen neugotischen Anbau, der die mittelalterliche Kirche an Größe übertraf, erweitert und auch mit einem weiteren Turm versehen. Am romanischen Nordportal des alten Teils stellt ein Steinrelief die Verehrung des Gotteslammes durch zwei Engel, die Weihrauchfässer schwingen, dar. Im Innern zeigt die reichgeschnitzte spätgotische Kanzel neben dem lehrenden Christus phantastische Fabelszenerien: Zwei Hasen tragen den Jäger gefesselt hinweg. Ein Fuchs predigt Enten. – Bei **St. Joseph** (kath.) in *Kirchlinde* brach man den Westturm der mittelalterlichen Kirche ab und schloß dort eine mächtige neuromanische Basilika mit neugotischem Chor an. In der Ostapsis der nun doppelchörigen Anlage steht ein kleiner Antwerpener Altar aus dem Dortmunder Franziskanerkloster. Er zeigt im Zentrum die Kreuzigung und die Gregorsmesse, an den Seiten Skulpturen von Franz von Assisi, Bonaventura, Antonius von Padua und Bernhardin von Siena.

St. Marien (14.–17. Jh., ev.) in *Bodelschwingh* besitzt eine üppig geschnitzte Barockkanzel. **St. Johann Baptist** (kath.) in *Kurl*, ein schlichter, einschiffiger Bau aus dem 18. Jahrhundert mit Turm von 1902, birgt einen Taufstein aus dem frühen 12. Jahrhundert, der in ungelenken Reliefs Engel, Tiere, Fabelwesen und stilisierte Pflanzen zeigt. **St. Patroklus** (1789–1807, ev.) in *Kirchhörde* verfügt über einen Westturm, der noch Mauerwerk aus dem 12. Jahrhundert enthält und von einer Kuppelhaube nach dem Vorbild des (kriegszerstörten) Reinolditurms gekrönt wird. In die neugotische Basilika **St. Clara** (Arnold Güldenpfennig, 1862–65, kath.) in *Hörde* überführte man aus der 1864 abgebrochenen Kirche des Zisterzienserinnenklosters Klarenberg die spätgotische Grabplatte des Grafen Dietrich von der Mark, der mit der Stadt Dortmund in erbitterter Fehde um ihren Königshof gelegen hatte.

Viele Dortmunder Kirchen des 19. und frühen 20. Jahrhunderts sind während der Modernisierungswelle nach dem Zweiten Weltkrieg im Innern erheblich verändert worden, so daß ihre künstlerische Qualität heute zumeist nur noch anhand der Fassadengestaltung ermessen werden kann. Bei der neugotischen **Liebfrauenkirche** im Westen des Stadtzentrums (Friedrich von Schmidt, 1880–83, kath.) fallen der aus Ziegeln gemauerte Spitzhelm des Glockenturmes (mit Ornamentmusterung) sowie die reiche Frontverzierung auf. – Wie stimmungsvoll historistische Kirchen sein können, beweist die evangelische Kirche in *Asseln*, die ihre Originalausstattung bewahren konnte. In dem breit ausladenden neugotischen Bau künden manche Details bei der feinen ornamentalen Ausmalung und der Fensterverglasung bereits den Jugendstil an. – Die evangelische Kirche in *Marten* (A. E. Fritsche, 1906–08), ein Zentralbau aus Ruhrsandstein mit hohem Turm, konnte die Originalausstattung bewahren. Altar, Kanzel und Orgel bilden ein monumentales Ensemble. Die originale Jugendstilausmalung wird z. Z. (1986) wiederhergestellt. Die Fenster zeigen Christus als Kinderfreund, als den Guten Hirten sowie Martin Luther. – Die doppeltürmige Werksteinfassade von **St. Anna** (Georg Spelling, 1912/13, kath.; Abb. 31) an der Rheinischen Straße westlich des Stadtzentrums folgt ebenfalls den Idealen des Jugendstils, namentlich bei der abwechslungsreichen Ornamentik des Säulenportals und dem Skulpturenschmuck, der im Giebelfeld mit dem Gekreuzigten seinen eindrucksvollen Abschluß findet. – Die expressionistische **Kreuzkirche** (Hans Hohmann, 1914/16, kath.) am Vinckeplatz gewinnt auf den ersten Blick Unverwechselbarkeit durch einen Doppelspitzhelm auf dem wuchtigen Glockenturm. Die Ziegelsteinfassade wird durch Zickzackbänder großflächig gegliedert. Die Goldmosaiken in den Tympana dürften noch aus der Entstehungszeit des Bauwerks stammen.

Die evangelische **Nikolaikirche** (Karl Pinno und Peter Grund, 1929/30) in der Nähe der Dortmunder Innenstadt war der erste aus schalungsrauhem Sichtbeton hergestellte Sakralbau in Deutschland. Bomben- und Bauschäden zwangen allerdings später zu einer Verkleidung der Betonflächen und einem Verputz des Turmes. Das Gotteshaus steht auf trapezförmigem Grundriß; der Innenraum ist streng auf den Altar hin konzentriert. Die großen Fensterwände lassen weiches, mystisch wirkendes Licht herein. – **St. Bonifatius** (Emil Steffann, 1953/54, kath.) wurde als Geborgenheit vermittelndes, lichtes Zelt zwischen drei Türme einer kriegszerstörten neuromanischen Kirche gespannt. Der Innenraum gewinnt Atmosphäre durch klare Gliederung und die Kontrastwirkung zwischen der weißen Wandfarbe und dem dunklen Holz der Decke. In der Mittelachse korrespondiert der Hochaltar mit dem Taufstein vor der Westwand.

Die **Hohensyburg** liegt an strategisch wichtiger Stelle, steil über der Mündung der Lenne in die Ruhr. Von der dreifachen sächsischen Wallanlage, die Karl der Große 775 zu erstürmen befahl, sind noch Spuren im Gelände sichtbar. Von dem festen Schloß, das angeblich Kaiser Heinrich IV. um 1070 errichten ließ, stehen nach Zerstörung (1287), Demontage und Verfall noch Mauerreste. Ansonsten wird die Berghöhe von mehreren Denkmälern beherrscht.

Als einzige preußische Provinz demonstrierte Westfalen seine Kaisertreue um die letzte Jahrhundertwende gleich durch zwei monumentale Nationaldenkmäler. Aus Verärgerung darüber, daß der Provinziallandtag die Standortfrage für das offizielle Denkmal zugunsten des Wittekindberges an der Porta Westfalica entschieden hatte, ließen märkische Großindustrielle ein weiteres *Provinzialmonument* auf der Hohensyburg errichten (Farbt. 3). Die neue nationale Wallfahrtsstätte sollte ausdrücklich auch domestizierende Wirkung auf die Ruhrarbeiterschaft ausüben, d. h. über das Gefühl der Vaterlandsliebe politisches Wohlverhalten erzeugen und von sozialen Forderungen ablenken. Über einer weiträumigen Terrasse, die Raum für patriotische Feiern bot, erhebt sich ein neugotischer, durch einen Umbau 1934/35 stark reduzierter Architekturprospekt mit Standfiguren Bismarcks und Moltkes und einer Reiterskulptur Wilhelms I. in der Mitte. Der Kaiser streckt seine Hand segnend über das Ruhrtal aus. Weitere Denkmäler sind ein *Turm*, der zu Ehren Ludwig von Vinckes 1857 errichtet wurde, und ein *Kriegerdenkmal* zur Erinnerung an die Toten des Ersten Weltkriegs.

Einweihung des Nationaldenkmals auf der Hohensyburg am 30. Juni 1902

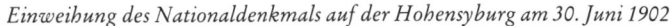

Dortmund besitzt mehrere **Wasserschlösser,** die auf Eichenholzpfählen fundamentiert sind. Die bedeutendste Anlage ist **Haus Bodelschwingh** (Farbt. 5). Das um 1300 errichtete Herrenhaus erhielt im 16. und 17. Jahrhundert seine heutige Gestalt. Ecktürme mit welschen Hauben und geschweifte Fassadengiebel wecken Assoziationen an niederrheinische Vorbilder. Im Innern zeigen Medaillons auf einem Renaissancekamin die Wappen von Wennemar II. von Bodelschwingh († 1583) und seiner Frau Elisabeth von Wachtendonck. Im teilweise erhaltenen Barockpark liegt der herrschaftliche Privatfriedhof mit dem ›Tempel der Ruhe‹, einem klassizistischen Monopteros. Das Schloß ist heute noch in Familienbesitz (Namenswechsel nach weiblicher Erbfolge). Aus der Familie von Bodelschwingh gingen im 19. Jahrhundert preußische Minister und protestantische Pastoren hervor, u. a. Friedrich von Bodelschwingh (1831–1910), der in Bethel bei Bielefeld Missions- und Krankenanstalten gründete.

Haus Dellwig in *Lütgendortmund* wurde urkundlich erstmals 1238 erwähnt. Der heutige Bau stammt im Kern aus dem 13. Jahrhundert, wurde aber während der Renaissance- und Barockzeit verschiedentlich erweitert und umgebaut und erhielt u. a. Treppengiebel sowie Türme mit welschen Hauben. – **Haus Wenge** in *Lanstrop* ist das einzig erhaltene Dortmunder Adelshaus aus dem 16. Jahrhundert. **Haus Westhusen** in *Nette* wurde 1332 erstmals errichtet und nach Zerstörung 1620 wiederaufgebaut. 1750 und 1886–88 erfolgten weitere einschneidende Veränderungen. So stammt z. B. der achteckige Turmvorbau aus der letzten Bauphase. Man legte die Gräften 1928 trocken, so daß heute der Eindruck einer Wasserburg nicht mehr besteht. – Von **Haus Rodenberg** in *Aplerbeck* blieb nur die Vorburg mit quadratischem Treppenturm (1698) erhalten, von **Haus Niederhofen** in *Wellinghofen* ein Torturm mit zwei Flügelanbauten, von **Haus Brüninghausen** im gleichnamigen Dortmunder Vorort nur das halbrunde Torhaus mit geschweiftem Giebel. Hier hat die Stadt eine Galerie für Wechselausstellungen eingerichtet. Haus Brüninghausen war früher Sitz der Familie von Romberg; Gisbert von Romberg (1839–97) wurde aufgrund landesweit kolportierten eulenspiegelhaften Schabernacks zum bald legendären ›Tollen Bomberg‹.

Kommen wir nun zu den repräsentativen Profanbauten des Industriezeitalters: Gegen Ende des 19. Jahrhunderts erforderte der sich aufblähende Verwaltungsapparat der Großkommune die Errichtung eines **neuen Stadthauses.** Der Bau im Stadtzentrum mit Elementen der Neurenaissance (Stadtbaurat Friedrich Kullrich, 1892–99) besitzt eine prächtige Eckfassade mit Wappendarstellungen befreundeter Hansestädte und steinernen Kaiserköpfen. Im Giebelfeld prangt ein Wappenadler des Kaiserreiches von 1871. Der Haupteingang wird durch zwei Sandsteinfiguren betont; die rechte, der eine Hansekogge beigegeben wurde, trägt ein Modell des alten Rathauses.

Das **Alte Hafenamt** (Kullrich, 1899) wurde in freier Anlehnung an die Barockarchitektur niederdeutscher und holländischer Küstenstädte errichtet. Sein beflaggter Mittelturm will herannahenden Schiffen bereits von weitem den Zielpunkt des Dortmund-Ems-Kanals (nordwestlich des Stadtzentrums) ankündigen, dessen Bau zur wirtschaftlichen Erschließung des östlichen Ruhrgebiets nur mühsam gegen den Neid einflußreicher Konkurrenten

Dortmund, das mittelalterliche Rathaus im Bauzustand von 1240. Die Reste wurden 1955 abgetragen.

hatte durchgesetzt werden können. Im ersten Stock des Hafenamts wurde 1982 der getäfelte Raum, wo Wilhelm II. am 11. 8. 1899 die Eröffnungsurkunde unterzeichnen sollte, als sog. Kaiserzimmer restauriert. Das Alte Hafenamt kann als Museum besichtigt werden.

Mit Beginn des 20. Jahrhunderts entstanden in Dortmund verschiedene Gebäude in repräsentativer Monumentalarchitektur. Das **Landesoberbergamt** in der Goebenstraße (Claren/ Behrendt, um 1910) wird in seinem Mittelrisalit durch Kolossalpilaster mit stilisierten ionischen Kapitellen gegliedert, das **Verwaltungsgebäude der Hoesch AG** (1916–21) in der Rheinischen Straße durch ziegelsteinummauerte dorische Halbsäulen mit ägyptisierenden Kapitellen. Dieses Gebäude entstand unter der Ägide von Hugo Stinnes und trägt als Fassadenmotto den anfeuernden Spruch: »Es lobt der Mann die Arbeit und die Tat«. – Die **alte Stadtsparkasse** in der Hansastraße, ein wuchtiger Sandsteinbau (Hugo Steinbach, 1923, nach älterem Entwurf) überzeugt mit einer originellen Gestaltung der Gebäudeecken durch konkave Einbuchtungen. Seit der Umgestaltung zum *Museum für Kunst und Kulturgeschichte* (Werner Lehmann und Partner, 1980–83) ragte in die großzügige Rotunde der ehemaligen Schalterhalle über mehrere Etagen rechtwinklig ein moderner Einbau hinein, wodurch ein eigenwilliger architektonischer Akzent gesetzt wird.

Am 2. 2. 1952 eröffnete Theodor Heuss als deutscher Bundespräsident in Dortmund den damals größten Hallenbau Europas (W. Höltje, 1951/52): Die neue **Westfalenhalle,** in Beton und Glas auf elliptischem Grundriß errichtet, kann 23000 Besucher fassen (Abb. 110). Sie ersetzt einen hölzernen Vorgängerbau von 1925, der mit einer Spannbreite von 75 Metern als Triumph der Technik galt und im Zweiten Weltkrieg verbrannte. – Als Krönungsstück des Wiederaufbaus gilt in Dortmund das ›**Große Haus‹ der Städtischen Bühnen** (Heinrich Rosskothen/Edgar Tritthard, 1958–66; Abb. 103). Bühne und Zuschauerraum (1160 Plätze) werden von einer ausladenden Stahlbetonkuppel überwölbt, die nur an drei Punkten aufliegt und an eine riesige Zeltbahn erinnert. Zur feierlichen Eröffnung wünschte der ehemalige Boxweltmeister Max Schmeling dem Musentempel eine ebenso große Anziehungskraft, wie sie die Westfalenhalle als Sport- und Showpalast traditionell besitzt.

Die historische Bergwerksarchitektur Dortmunds hat in den letzten Jahren zahlreiche schmerzliche Einbußen erleiden müssen. So wurde z.B. vor wenigen Jahren die Zeche **Scharnhorst** im gleichnamigen Vorort abgerissen. Besonders bemerkenswert war hier die breit gelagerte, zweigeschossige *Maschinenhalle*, die in ihrer Mitte zwei symmetrisch einander zugeordnete Fördergerüste vom Typ ›Tomson-Bock‹ umschloß. Die Backsteinarchitektur (1895–1900) mit Arkaden, Lisenen, Friesen und reichem Dachgesims dekorierte ein klassizistisches Grundschema Schinkelscher Prägung mit Stilelementen aus der Neurenaissance. – In großen Teilen abgerissen wurde auch die Zeche **Germania** in *Marten* (Fritz Schupp/Martin Kremmer, Gesamtplanung 1944, Bauvollendung 1956). Man rettete ihr Doppelbockgerüst (Farbt. 37), indem man es als monumentale Bekrönung des Deutschen Bergbaumuseums nach Bochum transferierte (s. S. 151 f.).

Trotz solcher Verluste verfügt Dortmund heute noch über Zechenarchitektur von großer Qualität. Das Bergwerk **Gneisenau** in *Derne* vereinigt ein Ensemble von Fördergerüsten unterschiedlicher Bauart und Erbauungszeit: Hier steht u. a. der letzte erhaltene Tomsonbock des Ruhrgebiets. Ein Doppelbockgerüst von 1933 gewinnt seine markante Struktur durch wenige diagonale Verstrebungen in einem hochrechteckigen Rahmen (Farbt. 19). Schließlich besitzt die Zeche den letzten Förderturm von Fritz Schupp, den er zusammen mit seinem Sohn Dieter entwarf (1961), eine teilverkleidete Konstruktion von ausgewogener Proportionierung. Nach der Förderungseinstellung wird für Gneisenau z.Z. (1986) die Einrichtung eines Besucherbergwerks diskutiert.

Auf der Zeche **Minister Stein** in *Eving* steht der erste für *zwei* gleichberechtigte Hauptförderungen eingerichtete stählerne Schachtturm des Ruhrgebiets (1925/26). Er mißt in der Höhe mehr als 62 Meter und wurde – wie auch ein späteres Pendant – in Hammerkopfform errichtet (Abb. 66). – Auf der Zeche **Fürst Hardenberg** in *Lindenhorst* in der Nähe des Dortmunder Hafens blieb ein Malakoffturm mit Dampffördermaschine erhalten, der mit

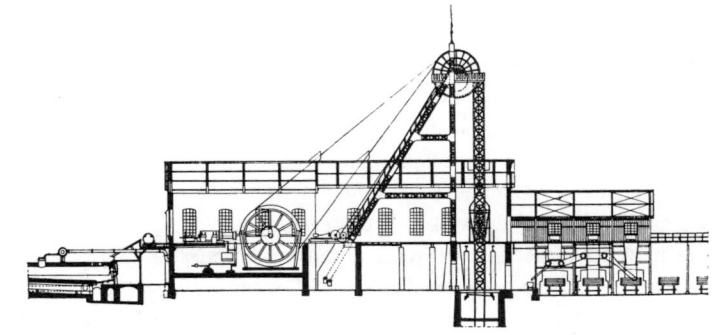

Dortmund-Derne,
Zeche Gneisenau,
Tomson-Bock und
Fördermaschinenhaus

173

Dortmund-Scharnhorst, Zeche Scharnhorst

seinen besonders ausgeprägten Strebepfeilern an die Backsteingotik norddeutscher Sakralarchitektur erinnert (Abb. 53).

Vergleichsweise aufwendiger gestaltet wurde der Malakoffturm der Zeche **Westhausen** in *Bodelschwingh* (1872/73; Abb. 49). In den Rundbogenfenstern der vier Stockwerke befinden sich noch gußeiserne Sprossen. Das Dachgesims ruht auf einem romanisch anmutenden Bogenfries. Der mächtige Baukörper wird von zwei achteckigen Treppentürmen überragt. Sie sind zinnengekrönt und verstärken den Charakter eines Bergfriedes aus dem Bilderbuch einer pseudomittelalterlichen Ritterromantik. – Bei Westhausen wurde der basilikal angelegte Bau von Lohnhalle, Zechenverwaltung und anschließender Waschkaue auf den Malakoffturm hin ausgerichtet, so daß dieser nun quasi als freistehender Campanile einer monumentalen Industriekathedrale erscheint. Ihr überhöhtes ›Mittelschiff‹, die Lohnhalle, wurde besonders repräsentativ gestaltet. Über einer zweibogigen Portalhalle öffnet sich ein riesiges Dreipaßfenster mit wellenförmig verschliffenem Bogenabschluß. Dieses Bogenmotiv wird bei den drei kleineren Seitenfenstern des ›Obergadens‹ wieder aufgenommen und wiederholt sich darüber noch einmal bei der Gestaltung der drei Giebel, die der Dachtraufe vorgelagert sind. Die flachgedeckten, zweigeschossigen ›Seitenschiffe‹ beherbergten die Zechenverwaltung. Die Fenster des Erdgeschosses schließen hier mit Spitzbögen in gotisierendem Expressionismus ab, die Fenster des ersten Stockwerks mit Flachbögen. Die Mauern der Gesamtanlage sind durch Ziegelbänder, eingelegte hellere Putzflächen und einzelne Werksteinakzente abwechslungsreich gestaltet.

Handelte es sich bei Neidhardt von Gneisenau und Gerhard von Scharnhorst um preußische Heerführer aus den Befreiungskriegen gegen Napoleon, beim Freiherrn vom und zum Stein um den bedeutendsten preußischen Reformer aus dem frühen 19. Jahrhundert, so erhielt die Zeche **Adolf von Hansemann** im Stadtteil *Mengede* den Namen des Direktors der Berliner Diskonto-Gesellschaft, des Instituts, das sie 1873 erworben hatte. Als Großbankier unterstützte Hansemann nicht nur die Industrialisierung des Ruhrgebiets, sondern half auch maßgeblich, die Reichseinigungskriege Bismarcks von 1866 und 1870/71 zu finanzieren. Das Verwaltungsgebäude der Zeche überrascht durch die pittoreske Übernahme des Formenreichtums der Backsteingotik norddeutscher Profanbauten mit ihren Bogenfriesen, Konsoltürmchen und Zinnenkränzen (Abb. 60). Die dreifach gestufte Anlage stellt eine breiter ausladende Nachschöpfung des Uenglinger Tores in Stendal in der Altmark dar. Eine

Dortmunder Tradition will in dieser Zechenarchitektur eine sublime Loyalitätsgeste gegenüber Kaiser Wilhelm II. sehen, der die Anlage tatsächlich auch im Jahre ihrer Fertigstellung, am frühen Morgen des 11. 8. 1899 mit dem Zug passierte, als er zur feierlichen Eröffnung des Schiffshebewerks Henrichenburg am Dortmund-Ems-Kanal (s. S. 302) fuhr. Zu einer solchen politischen Deutung passen auch die allerdings nicht mehr ausgefüllten Wappenfelder an der Fassade, die vielleicht Wappen von preußischen Provinzen oder deutschen Ländern aufnehmen sollten, und der runde Turm als Bekrönung des Bauwerks, der eine Fahnenstange trägt.

Dortmund-Mengede, Zeche Adolf von Hansemann, Verwaltungs- und Kauengebäude

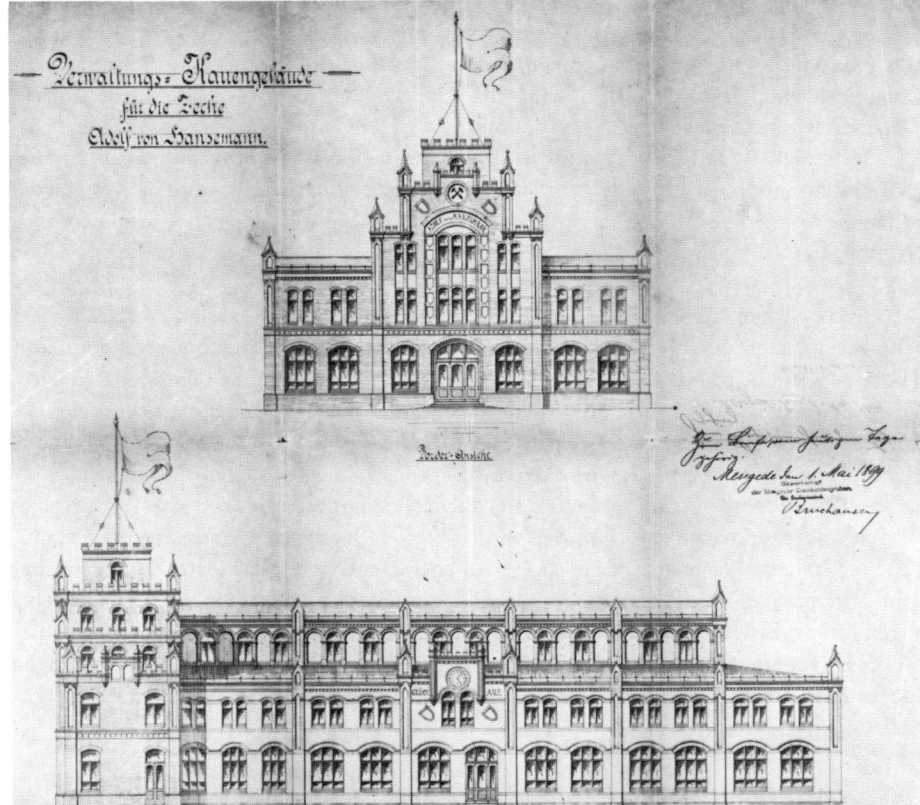

Der Name der Dortmunder Zechen Zollern erinnert an die Dynastie der Hohenzollern, ein ursprünglich am Rande der Schwäbischen Alb beheimatetes Adelsgeschlecht, das seit dem späten Mittelalter die Kurfürsten von Brandenburg stellte. Kurfürst Friedrich III. krönte sich bekanntlich 1701 in Königsberg zum ersten König in Preußen; König Wilhelm I. wurde 1871 in Versailles zum ersten Deutschen Kaiser proklamiert. Die Schachtanlage **Zollern I/III** in *Kirchlinde,* die 1873 mit zwei historistischen Malakofftürmen die Förderung aufgenommen hatte, wurde nach der Stillegung inzwischen weitgehend abgerissen. Die Schachtanlage **Zollern II/IV** in *Bövinghausen* (unmittelbar südlich von Castrop) hingegen wird in ihren wesentlichen Teilen als Industriedenkmal aus der Zeit des Umbruchs zur frühen Moderne erhalten bleiben und in Zukunft die Hauptstelle des Westfälischen Industriemuseums bilden (s. S. 21).

Die Voraussetzung für die Errichtung von Zollern II/IV war ein reiches Vorkommen von ausgezeichneter Fettkohle, das 1898 im Laufe von Abteufungsarbeiten für einen neuen Wetterschacht der Zeche Zollern I/III entdeckt wurde. Mit einer aufwendigen architektonischen Gestaltung und einer Maschinenausstattung auf dem damals progressivsten technischen Entwicklungsstand wollte offenbar der Bauherr der neuen Anlage, der Generaldirektor der Gelsenkirchener Bergwerks AG Emil Kirdorf (1847–1938), sich selber ein spektakuläres Denkmal setzen lassen. Kirdorf hatte sich aus kleinen Verhältnissen zum Industrie-Autokraten emporgearbeitet und war dabei verschlossen und harsch geworden. Zur Zeit der Erbauung von Zollern II/IV lag er in Auseinandersetzung mit mächtigen Konkurrenten, August Thyssen und Hugo Stinnes, was seinen Profilierungsdrang noch gesteigert haben mag.

Das Bauwerk in Bövinghausen wurde zur vielbeachteten Musterzeche: Am Ende einer baumbestandenen Zufahrt öffnet sich zwischen zwei Torhäusern ein repräsentativer ›Cour d'honneur‹, ein begrünter Stadtplatz, der an drei Seiten von Bauwerken umschlossen wird, die noch im historisierenden Stil ostelbischer Ordensritterburgen erbaut wurden. Die Außenmauern tragen durchweg einen individuellen Dekor aus Lisenen, gotisierenden Blendbögen, aufwendigem Gesims, Friesen, z. T. auch Zinnen und Konsoltürmchen.

Das *Werkstattgebäude* an der linken, nördlichen Front des Hofes beherbergte Schreinerei, Schlosserei und Schmiede. Der Bau wird von zwei Querhäusern mit getreppten Schaugiebeln gerahmt. Nach dem gleichen Grundschema entstand nach Osten zu in gleicher Bauflucht ein Stall- und Remisengebäude. Die hier unterschiedlich hohen Querhausgiebel tragen Krüppelwalmdächer; am rechten Giebel lehnt ein runder Treppenturm mit Zwiebelhaube. Im Innern des Gebäudes gab es Boxen für sechzehn Pferde, zwei Hallen für Wagen und Feuerlöschfahrzeuge, eine Kutscherstube, eine Sattlerei sowie eine Anstreicherwerkstatt.

1   Harkortsee bei Wetter ▷

2   Bergmannskotten im Felderbachtal bei Hattingen ▷ ▷

3 Blick von der Hohensyburg auf Hengstey-See und Ruhrtal

4 Baldeney-See bei Essen

5 Haus Bodelschwingh, Dortmund ▷

7 ESSEN Domschatz, Krone der Goldenen Madonna
◁ 6 ESSEN Dom, Goldene Madonna
8 ESSEN Domschatz, Jüngeres Mathildenkreuz, Detail

10 DORTMUND St. Marien, Conrad von Soest: Marientod

◁ 9 ESSEN Domschatz, Buchdeckel des Theophanu-Evangeliars

12 ESSEN-STOPPENBERG   St. Nikolaus
◁ 11 DORTMUND-BÖVINGHAUSEN   Zeche Zollern II/IV, Maschinenhalle

13 DUISBURG-FRIEMERSHEIM Wasserturm

14 DUISBURG-BRUCKHAUSEN
Thyssen-Hauptverwaltungsgebäude

15 DUISBURG-BRUCKHAUSEN Thyssen-Hochöfen

16 DATTELN Siedlung Beisenkamp

17 GELSENKIRCHEN-ÜCKENDORF Straßenzug

18   BOTTROP-EBEL   Zeche Prosper II

19 DORTMUND-DERNE Zeche Gneisenau

20 BOTTROP Herz-Jesu-Kirche 22 GELSENKIRCHEN-ÜCKENDORF Heilig Kreuz ▷

21 DORTMUND-BÖVINGHAUSEN Zeche Zollern II/IV, Verwaltungsgebäude

23   ESSEN-KATERNBERG Zeche Zollverein XII

24   BERGKAMEN   Bergwerk Neu-Monopol

25   GELSENKIRCHEN-FELDMARK   Bergwerk Consolidation, Schachtanlage Oberschuir

26 DUISBURG Industrieanlagen am Rheinufer

27 DUISBURG-RUHRORT Museumsschiff ›Oscar Huber‹

29 HATTINGEN-BLANKENSTEIN
◁ 28 HATTINGEN Altstadt
30 ESSEN-KETTWIG

31 RECKLINGHAUSEN Rathaus

32 ESSEN-BREDENEY Villa Hügel

33 OBERHAUSEN-OSTERFELD Haus Vondern

34 MARL Rathaus

35 OBERHAUSEN Rathaus

36 BOCHUM Ruhr-Universität

Noch prächtiger gestaltet als die Nordfront wurde das langgestreckte Gebäude an der gegenüberliegenden Südseite des baumbestandenen ›Ehrenhofes‹ (Abb. 59). Sein dominierendes Mittelquerhaus nahm die *Lohnhalle* auf, der linke Flügel die *Waschkaue* und der rechte, etwas kürzere das *Magazin*. Das Querhaus ist als Risalit ausgebildet. Über einer vorgelagerten Eingangshalle mit gotischem Hauptportal öffnet sich ein riesiges fünfbahniges Fassadenfenster mit Dreipaß. Die oben angrenzende Fläche ist mit einem diagonal strukturierten Ziegelmosaik ausgefüllt. Den Abschluß bildet ein zinnengekrönter Treppengiebel. Die Querhausfassade wird von zwei massiven Ecktürmen mit kantig konturierten Zwiebelhauben flankiert, wodurch der vorherrschende Eindruck einer pseudo-sakralen Repräsentativität noch eine Steigerung erfährt.

Der Cour d'honneur findet seinen rückwärtigen östlichen Abschluß in einem *Verwaltungsgebäude*, das genau auf der Mittelachse des Geländes liegt (Farbt. 21). Im Innern restaurierte man hier die hohe, bis in den Giebel hineinragende Eingangshalle, die wohl an mittelalterliche Rathäuser oder Gildehallen oder auch an englische Schlösser erinnern soll. Am hölzernen Dachstuhl konnte ornamentale Jugendstil-Malerei freigelegt werden. Die Wände werden durch Musterungen aus Keramiksteinen optisch gegliedert. Das Geländer der raumbeherrschenden Freitreppe ist mit buntlackierten schmiedeeisernen Blumen verziert.

Alle bislang aufgeführten Gebäude wurden von dem Architekten Paul Knobbe (Gelsenkirchen) errichtet, der bis zum Frühjahr 1902 mit der Gesamtplanung von Zollern II/IV betraut war. Von der Hand Knobbes lag auch bereits ein Entwurf für eine Maschinenhalle in Backsteingotik vor, die hinter dem Bürogebäude axial anschließen sollte, als Kirdorf plötzlich eine spontane Entscheidung von großer Tragweite traf. Unter dem Eindruck von zwei Pavillons auf der Düsseldorfer Industrie- und Gewerbeausstellung, die von der Gutehoffnungshütte in einer für Deutschland bislang völlig neuen Bauweise konstruiert waren, verwarf er diesen Entwurf, durchbrach das bisher einheitliche architektonische Gesamtkonzept seiner Musterzeche und ließ für Zollern II/IV die erste moderne Industriehalle des Ruhrgebiets errichten. Mit dem Neuentwurf beauftragte er konsequenterweise das Team der Düsseldorfer Ausstellungspavillons: Reinhold Krohn, der Direktor der Brückenbauanstalt der Gutehoffnungshütte, verantwortete die technische Konstruktion, Bruno Möhring aus Berlin die künstlerische Gestaltung.

In Bövinghausen entstand 1902/03 eine fast hundert Meter lange, durch ein Mittelquerschiff gegliederte *Maschinenhalle* in der Stahlskelettbauweise eines funktionalen Konstruktivismus (Farbt. 11). Das Gebäude zeigt außen wie innen seine tragende Stahlkonstruktion, die aus genormten Elementen eines riesigen Stabilbaukastens zusammengesetzt zu sein scheint. Es wird von einer kühnen, in der Vierung apart zusammengeführten Dachbinderkonstruktion überspannt. Jugendstilelemente bei der Gestaltung vieler Details, mancher Stahlbänder, der großen Fenster sowie vor allem des farbig verglasten Haupteingangs verleihen der Maschinenhalle von Zollern II/IV einen besonderen künstlerischen Charme.

◁ 37   Kleingartenanlage beim Deutschen Bergbaumuseum in Bochum

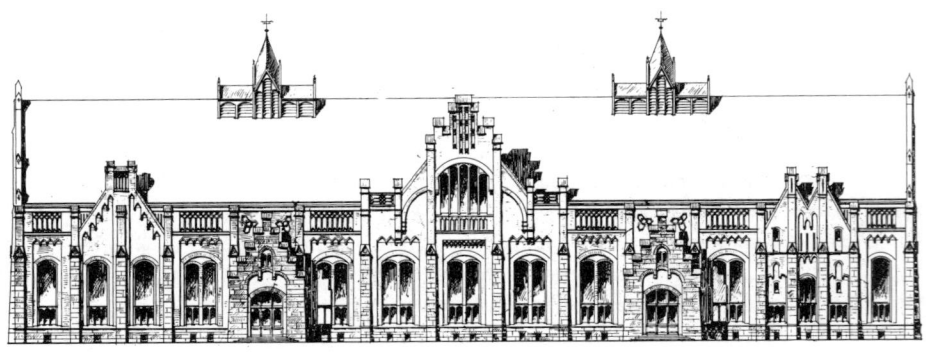

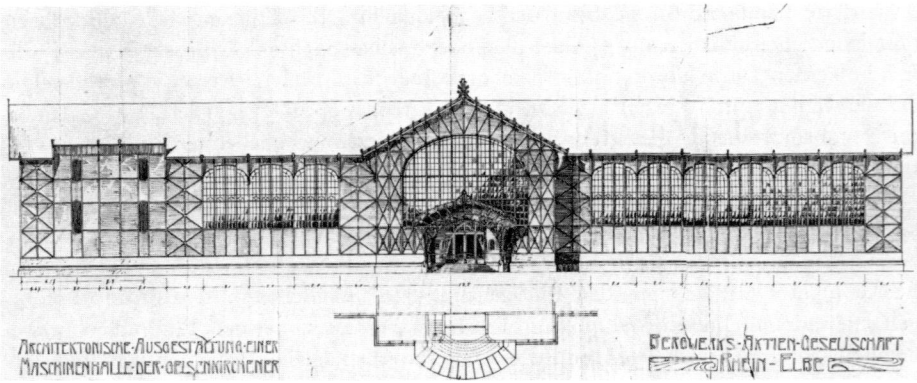

Dortmund-Bövinghausen, Zeche Zollern II/IV, Entwürfe von Paul Knobbe und Bruno Möhring für die Maschinenhalle

Einflüsse des Jugendstils weist im Innern auch die große marmorne Schalttafel auf. Darüber hängt eine Uhr, die aus einer Pariser Metrostation der letzten Jahrhundertwende stammen könnte. Die originale Maschinenausstattung blieb bis auf zwei früher zur Stromerzeugung dienenden Dampfmaschinen erhalten. Hervorzuheben ist hier eine der ersten elektrischen Fördermaschinen der Welt mit einem Ilgner-Aggregat mit Leonard-Schaltung (Siemens & Halske, Berlin).

Bei der Errichtung weiterer Zechengebäude kehrte man übrigens nach Fertigstellung der Maschinenhalle wieder zeitweilig zum historischen Stil zurück. Wesentliche Teile der Anlage wurden nach der Stillegung (1955) abgerissen, darunter auch die beiden Fördergerüste, die früher der Silhouette von Zollern II/IV wichtige Akzente gaben. Im Rahmen der Restaurierungsmaßnahmen des Westfälischen Industriemuseums ist es geplant, diese Fördergerüste wieder zu errichten. Zu diesem Zweck konnten beim Abbruch der Zechen Friedrich der Große in Herne und Wilhelmine Victoria in Gelsenkirchen vergleichbare Gerüste gesichert werden.

Der Bombenkrieg schuf in der Dortmunder Altstadt den Raum für nahezu totale funktio-
nale Akzentverlagerung. Um die wieder aufgebauten mittelalterlichen Kirchen herum gruppiert sich heute ein modernes Zentrum für Verwaltung und Masseneinkauf (einschließlich
der notwendigen Zufahrtswege und Parkplatzflächen), das für **Wohnbauten** kaum noch
Platz läßt. Wohnungen gibt es in größerer Zahl erst wieder im Dortmunder Neustadtgürtel,
der sich – für eine Revierstadt auffallend großzügig – seit dem Ende des vorigen Jahrhunderts
um die alten Wallanlagen herum bzw. nördlich des Hauptbahnhofs entwickelte. Manche
Straßenzüge, etwa in der Gegend um den *Borsigplatz* oder im *Kreuzviertel,* strahlen auch
heute noch Urbanität aus. Am Innenstadtrand schließen sich, vor allem im Süden und
Osten, verschiedentlich gut gestaltete expressionistische Ziegelsteinblocks aus den zwanziger und frühen dreißiger Jahren an, u. a. in der Großen Heimstraße, Wittekindstraße,
Kronprinzenstraße, Klönnestraße (›Lenteninsel‹) und Kaiserstraße (›Präsidentenviertel‹). –
In manchen Vororten, so etwa in *Mengede* und *Brechten,* umsteht noch ein Kranz von
kleinen Fachwerkhäusern den Platz um die mittelalterliche Dorfkirche. An anderer Stelle, so
z. B. in *Dorstfeld* und *Marten,* konnten gründerzeitliche Vorortkerne mit ihrem meist bizarr
arrangierten Ensemble pompöser wilhelminischer Stuckfassaden vor einebnender Stadtsa-
nierung bewahrt werden. In *Derne* liegen Zeche, Vorortkern und Kolonie dicht beieinander
und führen somit dem Besucher jenen Dreiklang vor Augen, der für die Urbanisierung des
Ruhrgebiets maßgeblich und typisch war.

Aus der Fülle der Dortmunder Arbeiterkolonien sollen nur wenige hier eigens aufgeführt
werden: **Tremonia** als die älteste erhaltene dürfte bereits vor 1873 errichtet worden sein
(Tremoniastraße, südwestlich des Stadtzentrums). Sie besteht aus einer Zeile einfacher,
eineinhalbstöckiger Giebelhäuser für jeweils vier Familien. Die Siedlung konnte nach erfolg-
reicher Abwehr von Abbruchplänen inzwischen saniert werden. – Noch gegen Ende des
19. Jahrhunderts legte die Harpener Bergwerks AG für die Zeche Scharnhorst eine Kolonie
an, die dem Vorbild eines bereits seit Jahrzehnten überholten englischen Vorbilds folgte. Es
entstanden zwei Reihenhausblöcke von 175 Meter und 150 Meter Länge, sog. ›D-Züge‹, von
denen einer im Verlauf der Straße ›Am Holzgraben‹ bis heute erhalten blieb (Abb. 81). Eine
optische Gliederung der langgestreckten Fassade erfolgt lediglich durch senkrechte Regen-
rinnen in regelmäßigen Abständen sowie durch eine ständig sich wiederholende Umkehrung
der gleichen Fenster- und Türanordnung in Spiegelbildmanier: Bei einer Wohneinheit folgt
nach zwei Fenstern die Haustür; die nächste schließt mit der Tür an, der dann die beiden
Fenster folgen ...

Dokumentiert eine derartig monotone und folglich preiswerte Siedlungsgestaltung, daß die
Aufgabe einer Errichtung von Werkswohnungen beim Bauherrn nur einen geringen Stellen-
wert beanspruchte, so beweist die Anlage von Gartenstädten für Bergleute in verschiedenen
Dortmunder Vororten nur wenige Jahre später eine entgegengesetzte Grundeinstellung. Die
ausgedehnteste dieser Siedlungen, die **Alte Kolonie Eving** (Abb. 88) gruppiert sich um ein
eigenes ›Wohlfahrtsgebäude‹ (heute Sonderschule).

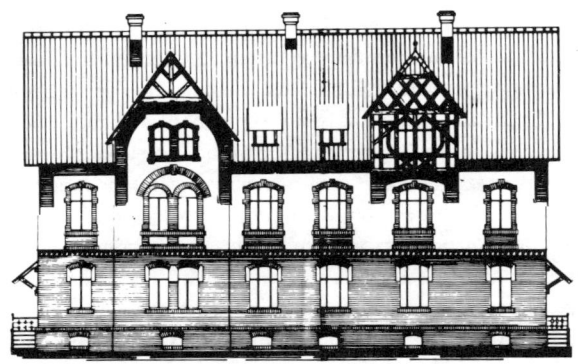

Dortmund-Bövinghausen, Kolonie Landwehr, Vierfamilienhaus für Bergwerksbeamte der Zeche Zollern II/IV

Die qualitätvollste Dortmunder Gartenstadt, die **Kolonie ›Landwehr‹** in *Bövinghausen* (Paul Knobbe u. a., 1898–1904), schließt unmittelbar vor dem Zechentor von Zollern II/IV an und darf als Prestigeobjekt der Gelsenkirchener Bergwerks AG, speziell aber Emil Kirdorfs gewertet werden. Die ursprüngliche Umbenennung der Straßen nach den Hohenzollern, Bismarck, Moltke und Roon (heute Rhader Weg, Jupiterstraße, Venusstraße, Marsstraße) markiert als Bekenntnis zur Deutschen Reichsgründung von 1871 eine pointiert konservative Geisteshaltung.

Die Siedlung umfaßt das villenartige Haus für den Betriebsführer (Rhader Weg 7) sowie sieben Beamtenhäuser mit insgesamt 28 Wohneinheiten (Grubenweg 1, 3; Rhader Weg 1, 3, 4, 6, 8) und 23 Arbeiterhäuser mit 116 Wohneinheiten. Durch Anlage und Architektur dieser Bauten sollen dem Auge möglichst viele verschiedenartige Eindrücke geboten werden. Zu diesem Zwecke verläuft etwa die Jupiterstraße in leicht geschwungenem Bogen; Venus- und Marsstraße verlaufen zwar schnurgerade, aber nicht parallel zueinander. Alle Straßen sind baumbestanden, die Häuser großzügig mit Gartenland umgeben. Verschiedene Haustypen wechseln in freier Reihenfolge einander ab. Bei den Fassaden kontrastieren weiße Putzflächen mit dunkelroten Ziegelumkleidungen von Sockelzone oder Erdgeschoß sowie mit Fensterumrahmungen, Friesen und Gesims aus dem gleichen Ziegelstein. Besonders repräsentativ gestaltete man die Beamtenhäuser. Hier findet sich auch häufig heimattümelndes Fachwerk an Erkern und Giebeln, wie überhaupt die Giebelgestaltung eine abwechslungsreiche Formenvielfalt aufweist. – Als bald nach Fertigstellung der Kolonie Landwehr weitere Arbeiterwohnungen für Zollern II/IV erforderlich wurden, glaubte sich die Konzernleitung allerdings – wie Eberhard G. Neumann ›mit Bedauern‹ konstatiert[31] – genötigt, wieder weniger anspruchsvoll bauen zu müssen. Bereits 1907 entstanden in Bövinghausen westlich der Provinzialstraße mehrgeschossige Mietshäuser ohne besonders originale Anordnung oder Ausgestaltung.

Abschließend noch der Hinweis auf ein Mahnmal im Stadtforst *Bittermark* im Dortmunder Süden. Es erinnert an 226 internierte Zwangsarbeiter und Widerstandskämpfer, die von der

Gestapo kurz vor Ende des Krieges, am Karfreitag (30.3.1945), ermordet wurden (Will Schwarz/Karel Niestrath, 1954–1960; Abb. 132). Die Schergen sind auf den Denkmalreliefs als Roboter dargestellt, ihre Opfer schmerzverzerrt, manche als Gekreuzigte.

Holzwickede

1967 schlossen sich die Dörfer *Hengsen, Holzwickede* und *Opherdicke* zur Gemeinde **Holzwickede** zusammen, die 1982 annähernd 16000 Einwohner zählte. Der Name Holzwickede dürfte in etwa ›feste Niederlassung in einer Wald- und Heidegegend‹ bedeuten. Die erste Erwähnung der drei Dörfer erfolgte zwischen 1100 und 1300. Nachrichten über das Graben nach Kohle liegen bereits aus dem 16. Jahrhundert vor. Als Hauptabnehmer benutzte die Saline Königsborn bei Unna die Kohle aus Holzwickede zum Sieden der Sole. Seit 1750 erscheint in den Kirchenbüchern der Gegend häufig die Berufsbezeichnung ›Bergmann‹. In den 1850er Jahren wurde mit dem Abteufen der ersten Tiefbauschächte in Holzwickede die fabrikmäßige Kohleförderung eingeleitet. Die Zeche Caroline hatte anfangs mit starken geologischen Schwierigkeiten und später verschiedentlich mit Rentabilitätsproblemen zu kämpfen. Sie stellte 1951 die Förderung endgültig ein.

Die katholische **Liebfrauenkirche** in *Holzwickede* (Architekt Wielers, 1903/04) besitzt ein eindrucksvolles Vesperbild aus der Zeit um 1400, die katholische Pfarrkirche **St. Stephanus** in *Opherdicke* (G. A. Fischer, 1893) eine geschnitzte Kanzel (um 1700) und ein Altarbild, das die Anbetung der drei Könige zeigt (A. Höffliger, Ende 17. Jh.). Ältestes Bauwerk in der Großgemeinde ist die evangelische Kirche in Opherdicke, eine kleine romanische Basilika aus dem 13. Jahrhundert mit womöglich wesentlich älterem Westturm. Die Kirche wurde 1868–70 nach Osten hin beträchtlich erweitert. Über dem Südportal findet sich ein Tympanon mit der Anbetung der Drei Weisen, im Innern eine spätgotische Sakramentsnische. Die Kanzel mit Evangelistenfiguren stammt aus dem 17. Jahrhundert, eine Figur des hl. Jacobus maior aus dem 15. Jahrhundert.

Das Wasserschloß **Haus Opherdicke** (Gut Regenbogen), ein dreigeschossiger, verputzter Bruchsteinbau mit zwei Eckpavillons an der Gartenseite, entstand gegen Ende des 17. Jahrhunderts. – Auf dem *Hof Lünschermann* in Holzwickede entspringt die *Emscher* im Keller des alten Wohnhauses und tritt nach etwa zwanzig Metern zutage, um fortan das Ruhrgebiet zu durchqueren.

Unna

Als Keimzelle der Stadt, die 1032 in einer Kölner Urkunde erstmals namentlich genannt wurde, vermutet man einen karolingischen Königshof am Hellweg. Eine populäre, aber wohl unzutreffende Theorie deutet den Namen als Kritik von seiten des zeitweilig rivalisierenden Kamen (s. S. 310ff.) an der geringen Entfernung zwischen den beiden Städten: Unna =

Uns tho nah. Ein Stadtsiegel Unnas an einer Urkunde von 1290 läßt auf Stadtrechte schließen. Im Laufe des 14. Jahrhunderts entstanden eine *Befestigungsmauer* sowie die *Burg* (heute Hellweg-Museum). Unna, dessen Kaufleute bis weit nach Skandinavien hin nachgewiesen werden können, war auch Mitglied der Hanse.

Im alten Stadtkern vermitteln neben stattlichen Fachwerkhäusern (16.–18. Jh.) vor allem noch die evangelische Stadtkirche (14./15. Jh.) einen Eindruck von der wirtschaftlichen Blüte Unnas im vorindustriellen Zeitalter. Das Hallenlanghaus endet hier in einer für Westfalen ungewöhnlichen Chorlösung, bei der die Seitenschiffe als Umgang um den Chor geführt werden. Der Turm erhielt 1863 nach Plänen des Kölner Dombaumeisters Ernst Friedrich Zwirner seinen heutigen Abschluß. Von der einstmals reichen Ausstattung der Kirche blieben im wesentlichen ein steinernes Altarretabel und ein Sakramentshäuschen, beides im spätgotischen Stil, am Ort erhalten. Verschiedene Skulpturen, darunter eine erschütternde Marienklage, gelangten in das Westfälische Landesmuseum für Kunst und Kulturgeschichte nach Münster. Einer mündlichen Überlieferung nach soll auch ein gemalter spätgotischer Flügelaltar im Frankfurter Dom aus der Unnaer Stadtkirche stammen.

Solequellen in der alten Bauerschaft *Brockhausen* im Norden des Unnaer Stadtzentrums wurden bereits 1398 nachweislich zur Gewinnung von Kochsalz genutzt. Im 18. Jahrhundert ließ dann der preußische Staat hier ein eigenes Salzwerk errichten und als ersten Brunnen 1734 den ›Königsborn‹ abteufen, dessen Name bald auf das gesamte Unternehmen und den umliegenden Ortsteil überging. Die Saline, die in den preußischen Provinzen Mark und Kleve eine Monopolstellung erreichte, trieb auch die Schiffbarmachung der Ruhr in der zweiten Jahrhunderthälfte voran. Die Strecke Langschede – Witten diente fast ausschließlich dem Salztransport. Ihre Unterhaltung erwies sich allerdings als derart kostspielig, daß die Schiffahrt bereits 1801 wieder aufgegeben werden mußte.

In der **Saline Königsborn** wurde die Sole zunächst mit Wind- und Pferdekraft hochgepumpt. 1782 regte der preußische König Friedrich II. bei der zuständigen Domänenkammer in Hamm an, zu prüfen »ob die Anlage einer Feuer-Maschine bey dem dasigen wohlfeilen Kohlen-Preise nicht vorzüglicher sey«. Das Projekt fand Förderung durch den Freiherrn vom und zum Stein, dem das Bergbauwesen der Region seit 1784 einige Jahre lang unterstand. 1799 konnte endlich eine aus England bezogene Wattsche Dampfmaschine – die erste in Westfalen – den Betrieb aufnehmen. Sie wurde 1867 grundlegend modernisiert und nach der endgültigen Stillegung (1932) der willkürlichen Ausschlachtung und schließlich dem Verfall preisgegeben. In einer heute kaum noch nachvollziehbaren Ignoranz gegenüber den heimischen Schlüsseldokumenten aus der Pionierzeit der industriellen Revolution trug man die immerhin noch bedeutsamen Reste des Maschinenhauses, das mit einem hölzernen Turmaufbau für das Pumpgestänge und zwei Fassadenkaminen wie eine kleine Kathedrale aussah, erst 1962 ab.

Erfreulicherweise blieb am Zimmerplatz in Königsborn ein frühes Beispiel für den Arbeiterwohnungsbau in Westfalen erhalten: eine Häuserzeile aus Fachwerk (Abb. 75; s. auch S. 26) mit neun Mietwohnungen für Salinenarbeiter (um 1780). Der Grundriß, das äußere

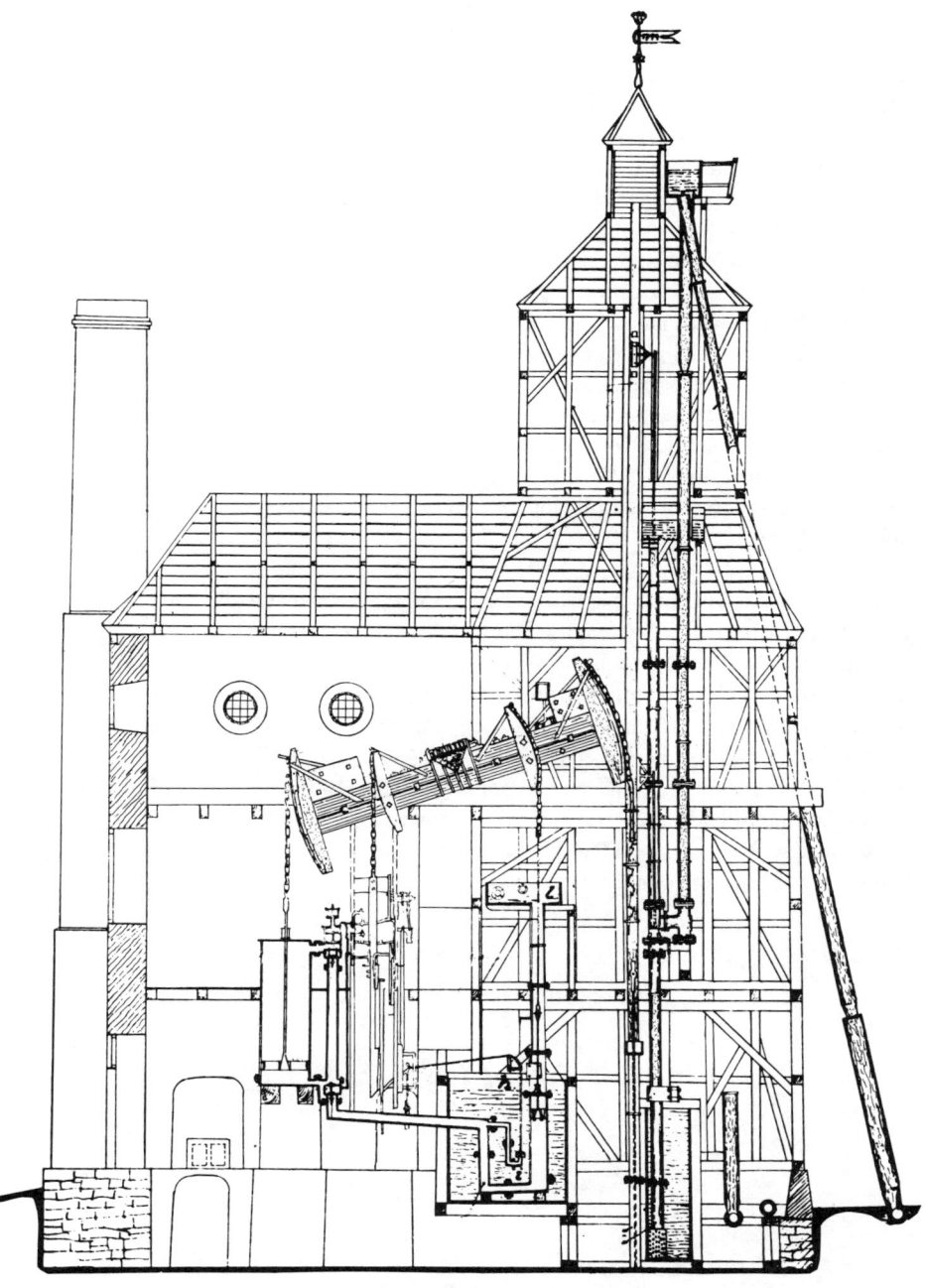

Unna-Königsborn, die erste Dampfmaschine Westfalens auf der Saline Königsborn vor dem Umbau von 1866/67

Erscheinungsbild, namentlich auch die schlichte, sparsame Bauausführung, lassen an Zins- bzw. Mietshäuser des 17./18. Jahrhunderts denken, wie sie z. B. in norddeutschen Ostsee- städten oder auch in Köln errichtet wurden. Die Königsborner Fachwerkzeile erinnert auch an ›Schnitterkasernen‹ für Landarbeiter auf ostelbischen Rittergütern.

Die Sole wurde im 19. Jahrhundert für Heilzwecke eingesetzt, so daß **Bad Königsborn** als Erholungsort mit Kurhaus, Kurtheater und Ferienkolonie zeitweilig eine überregionale Beliebtheit gewinnen konnte. Nach der Schließung des Bads (1941) blieb im wesentlichen der Kurgarten erhalten. Dort steht ein Denkmal Friedrich Grillos, der die Saline 1873 für 1 Million Mark gekauft hatte.

Für das Sieden der Königsborner Sole wurde bereits im 16. Jahrhundert Steinkohle aus der Umgebung Unnas verwandt. 1801 stieß man in einem Bohrloch an der ›Feuermaschine‹ in ungefähr 150 Meter Tiefe auf ein Kohleflöz. Die **Zeche Königsborn** nahm allerdings erst 1881 die Förderung auf. Obwohl auf (heutigem) Unnaer Stadtgebiet auch in den Zechen Massener Tiefbau (1850–1925) und Alter Hellweg (1921–1961) Kohle abgebaut wurde, konnte der Bergbau dem Stadtbild nur an wenigen Stellen die typische ›Ruhrgebiets-Atmo- sphäre‹ aufprägen.

1968 gemeindete Unna verschiedene Dörfer ein und gewann namentlich nach Osten zu ein großes, landwirtschaftlich geprägtes Gebiet. Hier liegt u. a. *Lünern* mit seiner mittelalterli- chen Dorfkirche (ev., 12.–15. Jh., erweitert 1873/74). Der prächtige Antwerpener Schnitz- altar, dessen gemalte Klappflügel verlorengingen, zeigt die Lebensgeschichte Jesu von der Vermählung Mariens bis hin zur Grablegung (um 1520). Die geschnitzte Kanzel (Werkstatt Johann Sasse, um 1680) besitzt einen interessant geschmiedeten Zierbehälter für Sanduhren (bez. 1727). In *Hemmerde* sind die evangelische Kirche (12.–16. Jh.), die katholische Kirche (Phil. Leonhard Pister, 1823–33) mit ihrem wiederhergestellten barocken Hochaltar sowie das ehemalige Wasserschloß Haus Hemmerde bemerkenswert. – Die Kreisstadt Unna zählt heute rund 57 000 Einwohner.

An der Emscher

Oberhausen

> »...Die Eisenbahn aber führt uns weiter nach *Oberhausen*, mitten in eine
> Landschaft, welche eine Staffage von nordamerikanischem Gepräge hat: Wir
> befinden uns in ödester Sandgegend, die kaum dürftigen Fichtenaufschlag
> nährt, in einer wahren Urheide; und mitten in ihr erblicken wir die Schöp-
> fungen des modernsten Kulturlebens, eben aus dem Boden gestiegene Sta-
> tionsgebäude, Häuser, Hotels, Fabriketablissements, und ehe viel Zeit ver-
> fließt, wird mit amerikanischer Schnelligkeit eine Stadt aus diesen Sandhü-
> geln aufwachsen, das verbürgt der Knoten der Bahnlinien, der hier sich
> schürzt.«[32]   *(Levin Schücking, 1856)*

Die Entstehungsgeschichte Oberhausens erinnert in der Tat in manchen Zügen an die
Erschließung Nordamerikas im Pionierzeitalter. Das heutige Stadtgebiet war bis ins
19. Jahrhundert hinein nur schwach besiedelt. Einige Herrensitze und Gutshöfe, das Zisterzienserinnenkloster *Sterkrade* und das Dorf *Osterfeld* bildeten damals die wesentlichen
Siedlungskerne. Im Nordosten verdämmerte *Holten*, das als Stützpunkt der Kölner Erzbischöfe und der Grafen von der Mark im Mittelalter eine Zeitlang gegen das klevische Dinslaken eine gewisse strategische Bedeutung besessen hatte, 1310 befestigt wurde und die Stadtrechte erhielt. Knapp hundert Jahre später fiel Holten jedoch endgültig an Kleve, und mit
dem Wegfall seiner militärischen Aufgabenstellung schwand auch die einzig mögliche Voraussetzung für einen wirtschaftlichen Aufschwung, denn für jede Entwicklung von Handel
und Gewerbe fehlten die entscheidenden Standortvoraussetzungen: Der Ort war an drei
Seiten von Sumpf und Bruch, an der vierten von Heidelandschaft umgeben und verküm-
merte zu einer Ackerbürgerstadt, der 1824 sogar das Stadtrecht wieder genommen wurde.
   In der Oberhausener Region verhüttete man seit der zweiten Hälfte des 18. Jahrhunderts
Eisenstein, der unter dem Rasen der Emscherniederung gefunden wurde, mit Hilfe von
Holzkohle. Als erste Eisenhütte des späteren Ruhrgebiets gründete der Münsteraner Dom-
kapitular Franz Ferdinand Freiherr von der Wenge 1758 die *St. Antoni-Hütte*. 1782 folgte
die Hütte *Gute Hoffnung*, die 1787 die gußeisernen Schienen für die erste Kohlenbahn
in Deutschland (im Süden Bochums) produzierte. Diese Hütte geriet 1800 in den Besitz
von Helene Amalie Krupp aus Essen, der Urgroßmutter des späteren ›Kanonenkönigs‹
Alfred Krupp. Auf Veranlassung der letzten Essener Fürstäbtissin Maria Kunigunde von
Sachsen erfolgte schließlich durch Gottlob Jacobi 1791 die Gründung der Hütte *Neu Essen*.
Die drei genannten Hütten wurden 1808 zusammengeschlossen. Nach seinen damaligen
Besitzern erhielt das neue Werk zunächst den Namen *Hüttengewerkschaft und Handlung
Jacobi, Haniel & Huyssen*. Unter dem Namen *Gutehoffnungshütte* wurde es später einer

der bedeutendsten Stahlkonzerne Europas und sollte auch die Geschichte und Entwicklung Oberhausens nahezu monopolistisch prägen. Das Unternehmen baute u. a. seit 1814 Dampfmaschinen, seit 1826 Kräne und von 1839 bis 1850 Lokomotiven (die erste trug charakteristischerweise den Namen ›Ruhr‹). In der Gutehoffnungshütte wurden die zur Durchstoßung der Mergeldecke über den Kohleflözen notwendigen Dampf- und Pumpmaschinen entwickelt und hergestellt. Zu erwähnen ist auch der Bau von Brücken und Hallen. So konstruierte das Unternehmen u. a. die Hohenzollernbrücke in Köln (1907–11), die Rendsburger Hochbrücke über den Nordostseekanal (1911–13), die Bahnsteighallen des Anhalter Bahnhofs in Berlin (1878/79) und des Frankfurter Hauptbahnhofs (1887).

Keimzelle der Stadt Oberhausen wurde ein 1847 als Siedlungsanreiz für Industrien angelegter Haltepunkt auf der Köln-Mindener Eisenbahnlinie. Dieser *Bahnhof* erhielt den Namen des nahe gelegenen, jedoch erst 1929 dem Stadtgebiet zugeschlagenen Schlosses *Oberhausen*. Ein gleichnamiger Ort entstand 1862 durch preußische Kabinettsorder, als man zwei Bauerschaften und Gelände aus fünf verschiedenen Gemeinden zu einer neuen Verwaltungseinheit zusammenschloß. Oberhausen gewann 1874 die Stadtrechte, wurde 1901 kreisfrei, überschritt 1915 die 100 000-Einwohner-Marke und konnte 1929 *Osterfeld* und *Sterkrade* angliedern, das seinerseits 1917 *Holten* eingemeindet hatte. Die Einwohnerzahl stieg von 194 000 (1929) auf 254 000 (1967), um seitdem aufgrund von Kohle- und Konjunkturkrisen wieder leicht abzusinken (1980: 232 000 Einwohner, darunter 17 300 ausländische Mitbürger).

Die Citygründung erfolgte zunächst auf dem Reißbrett und mißlang zweimal. Ein Plan, beiderseits der Köln-Mindener Eisenbahn in der Nähe des Bahnhofs ein Stadtzentrum anzulegen, scheiterte an Schwierigkeiten mit der Eisenbahnverwaltung, die einen notwendigen Bahnübergang einfach aufhob. Das sodann östlich des Bahnhofs ins Auge gefaßte Gelände (mit Kern um die heutige Ebertstraße) senkte sich während der Planungsphase aufgrund von Bergschäden, und ein plötzlich entstehender Grundwassersee konnte erst 1881/82 trockengelegt werden. Nun wich man auf ein Terrain weiter südlich aus. Das endlich realisierte Straßennetz mit dem Altmarkt als Zentrum erinnert mit seinen meist schnurgeraden Verkehrswegen und rechtwinkligen Kreuzungen durchaus an nordamerikanische Muster, ein Eindruck, der durch die nicht immer lückenlose, uneinheitliche Bebauung mit Häusern von unterschiedlicher Höhe, Breite und Stilprägung verstärkt wird. Nördlich der Danziger Straße befinden sich die größeren öffentlichen Gebäude (u. a. Luise-Albertz-Halle, Rathaus, Theater), umgeben von einer gut gestalteten Abfolge von Plätzen, boulevardartigen Straßen und parkartigen Anlagen. Der große Schlackenberg, der – unmittelbar am Nordrand des Zentrums gelegen – in einem eigenartig-reizvollen Kontrast zu den vorgelagerten Spitztürmen der neugotischen Marienkirche lange Zeit die Stadtsilhouette prägte, ist zwischen 1975 und 1980 abgetragen worden.

Von den **Sakralbauten** Oberhausens besitzt lediglich die evangelische Kirche in *Holten* noch mittelalterliches Mauerwerk. Um 1450 als dreischiffiger Bau mit Fünfachtelapsis und

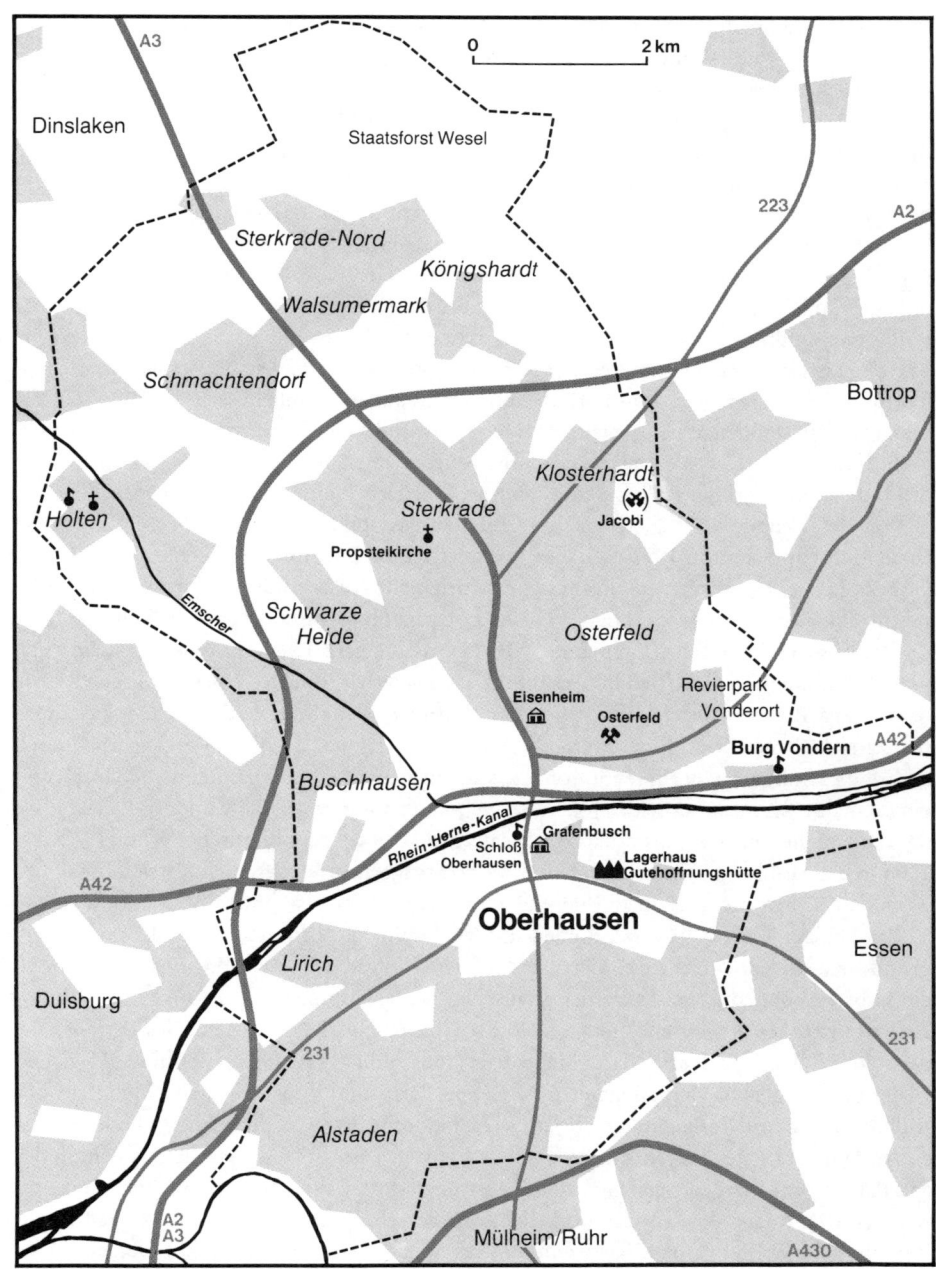

Oberhausen, Stadtgebiet

Westturm errichtet, erhielt sie 1832 klassizistische Dächer und wurde nach Kriegsbeschädigung speziell in der südlichen Hälfte 1953–56 erheblich umgestaltet und erweitert. – Die evangelische **Christuskirche** in der Oberhausener Innenstadt (1863/64) besaß ursprünglich Pfeiler, Arkadenbögen und eine Deckenkonstruktion aus Gußeisen; die Kirchengemeinde, die sich mit der heimischen Industrieproduktion identifizierte, hatte dies gegen ablehnende Voten kirchlicher und staatlicher Behörden durchgesetzt. Die Verwendung von Eisen galt in den Jahrzehnten, als Antiken- und Mittelalterrezeption zu klassizistischen und neugotischen Bauwerken führten, als unsakral, als unerwünschter Einbruch der Realität in die mythische Wunder- und Traumwelt, die man inszenieren wollte. Es gibt in Europa nur wenige ›Gußeisenkirchen‹. In Oberhausen wurde der Innenraum nach der Kriegszerstörung völlig umgestaltet und die Gußeisenkonstruktion durch eine von sechs Stützen getragene kassettierte Holzdecke ersetzt. Außerdem entfernte man die Fialenspitzen an Fassade und Turm und verkürzte den ursprünglich hohen, schlanken Turmhelm erheblich, so daß die neugotischen Anklänge heute weitgehend verschwunden sind und spätklassizistische Formen dominieren. Der Architekt der Christuskirche, Max Nohl (1830–63), war durch ein Studium an der Berliner Bauakademie bei Karl Friedrich Schinkel geprägt worden.

Von den neugotischen Sakralbauten Oberhausens stellt die katholische **Marienkirche** (Friedrich von Schmidt, 1891–94), eine dreischiffige Basilika mit niedrigem Querhaus und eingezogenen Doppeltürmen, im Innern eine originelle Auseinandersetzung mit der Architektur des Florentiner Domes dar. – Die katholische **Herz-Jesu-Kirche** am Altmarkt, eine dreischiffige Hallenkirche (Paßmann, 1909–12), wurde nach schwerer Kriegsbeschädigung von Dominikus und Gottfried Böhm einfühlsam wiederhergestellt. – Die katholische Kirche **St. Pankratius** in *Osterfeld*, eine weite dreischiffige Hallenkirche mit seitlichem Fassadenturm (nach Plänen von Hilger Hertel d. Ä. 1893–95), besitzt aus dem Vorgängerbau noch mehrere Holzfiguren (darunter St. Johannes Baptista, mit Löwenfell unter dem Mantel) und ein Gemälde der Apotheose des Johannes Nepomuk aus dem 18. Jahrhundert. Der Heilige des Beichtgeheimnisses wurde der Legende nach auf Geheiß des böhmischen Königs Wenzel 1393 in die Moldau gestürzt, nachdem er sich geweigert hatte, diesem den Beichtinhalt der Königin preiszugeben. Auf dem Bild tragen Engel die Himmelsschlüssel als Symbole für die Vollmacht des Beichtvaters, zu binden und zu lösen (Matthäus 16,19). Links im Hintergrund sieht man die Leiche des Märtyrers auf dem Fluß schwimmen. Zu erwähnen ist noch ein hübsches neugotisches Sakramentshäuschen. – Die katholische Pfarrkirche **St. Johann Baptist** in *Holten* (Heinrich Wiethase, 1873–75) birgt eine Pieta vom Ende des 16. Jahrhunderts sowie Gemälde der hl. Maria Magdalena (1661) und des hl. Petrus (wohl vom gleichen Maler um die gleiche Zeit entstanden). Bei dem Petrusbild steht ein großer Hahn auf der Rückmauer für die Verleugnung Christi. – Die moderne **Propsteikirche** in *Sterkrade* besitzt einige Meßgeräte des 18. Jahrhunderts sowie das sog. Passauer Gnadenbild aus dem in der Säkularisation untergegangenen Zisterzienserinnenkloster des Ortes. Das Gemälde zeigt, wie der Jesusknabe die Gottesmutter liebkost. Es wurde im 17. Jahrhundert nach einem Passauer Marienbild gemalt, das wiederum bereits ein Gemälde von Lukas Cranach d. Ä. (1626 in der Innsbrucker Hofkirche, später auf dem Altar der dortigen Jakobuskirche) als

Vorbild hatte. Von Wundergeschichten umrankt, war das Passauer Gnadenbild in Sterkrade zeitweilig Ziel von Wallfahrten. – Als moderner Sakralbau ist schließlich noch die katholische Rektoratskirche **Zu unserer Lieben Frau** zu erwähnen (Gottfried Böhm, 1956/57). Von der verkehrsreichen Mülheimer Straße aus wirkt sie als vermeintlich fensterloser Backsteinbau wie eine kleine wehrhafte Gottesburg. Innen jedoch erwecken dünne, achteckige Stahlpfeiler und ein schlichtes Betondach den Eindruck des alttestamentlichen Bundeszelts. In eine seitliche Fensterwand voll stilisierter Passionsblumen sind Mariensymbole aus der Lauretanischen Litanei eingestreut. In einer Nische des Vorplatzes wird eine neugotische Madonnenstatue vom Spitzhelm eines Vordaches gekrönt. Als älteres Kunstwerk besitzt die Kirche eine geschnitzte Beweinungsgruppe aus dem 17. Jahrhundert. Hinter der knienden Muttergottes, die ihren toten, zu Boden sinkenden Sohn umfaßt, stehen ein Mann mit Salbengefäß und eine Frau, wohl Nikodemus und Maria Magdalena. Der Glockenturm des Gotteshauses stammt vom kriegszerstörten Vorgängerbau der 1920er Jahre.

Auf dem Stadtgebiet von Oberhausen existieren heute noch drei ehemalige Herrensitze. Die **Landesburg Holten,** zwischen 1300 und 1307 errichtet, erfuhr später manche Veränderung. Mit Anbruch der Neuzeit erforderte die Entwicklung des Pulvergeschützes eine erhebliche Verstärkung ihres Mauerwerks, die durch eine Ummantelung mit Ziegeln bewerkstelligt wurde. Eine Restaurierung gab um 1765 der Fassade die heutige Gestalt. Vorburg und Wassergraben sind nur noch im Geländeverlauf rekonstruierbar. – Demgegenüber besitzt **Haus Vondern** in *Osterfeld* eine sehr eindrucksvolle *Vorburg,* die vermutlich aus dem 15. Jahrhundert stammt (Farbt. 33). Zwei mächtige Rundtürme mit schiefergedeckten Kegeldächern flankieren den Torbau. Das Ziegelmauerwerk wird durch Hausteingesimse gegliedert und unterhalb der Dachtraufen durch einen Spitzbogenfries verziert. Das barocke *Herrenhaus* hinter dem Wirtschaftshof stammt aus dem 17. Jahrhundert, benutzt als Hinterwand allerdings eine Mauer des spätmittelalterlichen Vorgängerbaus. Links wird der Hof von einem Wirtschaftsgebäude aus dem vorigen Jahrhundert begrenzt. Die Burg liegt im Tal von Emscher und Rhein-Herne-Kanal, eingezwängt zwischen den ausgedehnten Gleisanlagen des Güterbahnhofs Osterfeld-Süd an der Nordseite und einer Hauptstraße sowie dem Emscherschnellweg an der Südseite.

Das **Schloß Oberhausen** wurde erst Anfang des 19. Jahrhunderts für den Reichsgrafen Maximilian Friedrich von Westerholt-Gysenberg in der Nähe von Resten eines mittelalterlichen Herrensitzes gleichen Namens errichtet. Die großzügigen Planungen des Architekten August Reinking überstiegen allerdings bald die finanziellen Möglichkeiten des Bauherrn, und so entstand ein schlichter klassizistischer Bau mit dreigeschossigem Haupttrakt und zurückgesetztem dreigeschossigen Südflügel. Das Herrenhaus wurde nach erheblicher Schädigung der Bausubstanz durch Kriegseinwirkung in den Jahren 1958–60 als Dreiflügelanlage in veränderter Form neu errichtet und erhielt nun flache Pilaster als Fassadengliederung. An der Rückfront schließt ein stimmungsvoller, spätbarock anmutender Ehrenhof an. Er wird von flachen Gebäudetrakten hufeisenförmig umschlossen, die u. a. das Stadtarchiv und eine Gedenkhalle für die Opfer von Krieg, Vertreibung und Unfreiheit enthalten. Der

Mitteltrakt wird von einem kleinen verschieferten Obelisk gekrönt, in dem die Schloßglocke aus dem Jahr 1808 aufgehängt worden ist. Sie trägt die Namen Gysenbergs und seiner Ehefrau Friederike von Bretzenheim, einer illegitimen Tochter des Kurfürsten Karl Theodor von der Pfalz.

Das Oberhausener **Rathaus** (Ludwig Freitag, 1927–30; Farbt. 35) dürfte zu den bedeutendsten expressionistischen Bauwerken in Deutschland zu zählen sein. Der klar gegliederte Bau ist quasi aus wenigen großformatigen Quadern zusammengestellt, die – um die Auswirkung von Bergschäden gering zu halten – statisch unabhängig voneinander konstruiert sind. Vom Grillopark aus erreicht man den Haupteingang über eine ausgedehnte Treppenanlage, wodurch der monumentale Charakter des Gesamtbaus gut zur Wirkung kommt. Die Architektur deutet politische Rangfolgen plastisch an. So wird der Ratssaal als Tagungsstätte des maßgeblichen politischen Gremiums optisch betont. Der entsprechende Baublock springt aus der Fassade vor. Bei seiner Fassadengestaltung wird die Vertikale durch Natursteinmaßwerk hervorgehoben, während sonst meist horizontaler Fassadendekor vorherrscht: gotisierende Traufgesimsornamente, Muschelkalksandsteinbänder sowie sehr schöne Ornamentbänder aus Klinkern. Die Fassade des Ratssaaltraktes wird auch durch Skulpturen, die Handel (Gott Merkur) und Industrie (Schmied mit Hammer) symbolisieren, aufgewertet und durch einen Uhrturm überhöht.

Unter den weiteren Oberhausener Bauten im expressionistischen Stil erinnert das ehemalige Warenhaus **Tietz** (Schneider/Köln, 1928) mit seiner steilen, kantigen ausgefalteten Eckfront an das Chilehaus in Hamburg. Der **Hauptbahnhof** (Hermanns, 1929/30) erzielt eine monumentale Wirkung durch das kontrastreiche Zusammenspiel seiner verschieden hohen, gegeneinander versetzten und unterschiedlich strukturierten Baukörper aus Ziegelsteinmauerwerk. Sein Doppelturm bietet – ähnlich wie beim Düsseldorfer Hauptbahnhof – Raum für Wasserhochbehälter für Dampflokomotiven. Die Schrift ›Gutehoffnungshütte‹, die oben an der Turmfassade auf das Unternehmen hinwies, das mehr als ein Jahrhundert lang ein Symbol, fast ein Synonym für Oberhausen war, ist vor kurzem entfernt worden.

Hinter dem Bahnhof erstrecken sich die ausgedehnten Anlagen der Fabrik Altenberg Zink. Die riesige Walzwerkhalle mißt 137 zu 36 Meter und stammt in heutiger Form von 1904. Maßgeblicher Nutzer des Fabrikgeländes ist das 1984 gegründete Rheinische Industriemuseum, das in der angrenzenden ehemaligen Direktionsvilla von 1911/12 seine Hauptverwaltung untergebracht hat. Hauptattraktion des Museums wird in Zukunft ein dampfmaschinenbetriebenes Walzwerk aus den 1890er Jahren sein, das von den Deutschen Nickelwerken/Schwerte übernommen werden konnte. – Unter der Oberhausener Bergwerksarchitektur, die vor einigen Jahren mit der Zeche Jacobi, dem ›Versailles des Ruhrgebiets‹, ein Bauensemble von hervorragender Qualität durch Abriß verlor, ist der *Förderturm von Schacht IV* der Zeche **Osterfeld** hervorzuheben. 1925 errichtet, stellt er ein frühes Beispiel der geschlossenen Bauweise dar. Das Stahlfachwerk betont durch eng parallel laufende Träger zunächst die Vertikale. Das Maschinengeschoß wird dann durch ein horizontales Gesims deutlich abgesetzt. Ein dreifach abgetrepptes Flachdach gibt dem Turm eine besondere Nuance.

Von der **St. Antoni-Hütte** existiert nur noch ein kleiner Gebäudekomplex aus Fachwerk: das erste Büro und Wohnhaus des Hüttenleiters, ein weiteres Wohnhaus und ein Stalltrakt.

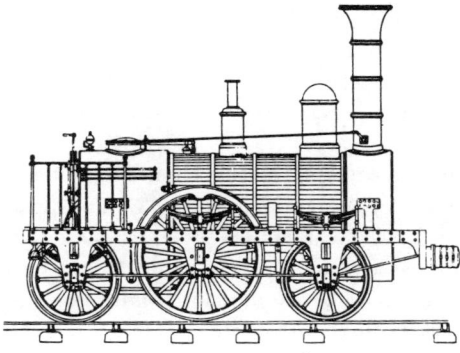

Ruhr – die erste Lokomotive, die in der Gutehoffnungshütte gebaut wurde (1839)

Heute sind in diesen Häusern das Werkarchiv und die Historische Schau der MAN Gutehoffnungshütte GmbH untergebracht. – An der Essener Straße gelegen, dürfte ein Baukomplex der **Gutehoffnungshütte** – bestehend aus *Lagerhaus, Hauptverwaltungsgebäude* und *Torhaus* – auch überregional zu den bedeutendsten Architekturleistungen der frühen Moderne zu zählen sein. Wohl aus ästhetischen Gründen entschied sich die Firmenleitung 1920 für den Planentwurf von Peter Behrens, denn es lagen Konkurrenzentwürfe ähnlich renommierter Architekten (Möhring, Grunitz, Weigle) vor, die z. T. der Funktion der Gebäude in noch höherem Maße gerecht wurden und sich bei der Ausführung als kostengünstiger erwiesen hätten. Vermutlich wurde der Behrens-Plan ausgewählt und realisiert, um die Gutehoffnungshütte durch Bauten von beeindruckender Repräsentativität in der Öffentlichkeit aufzuwerten. Immerhin ist es bezeichnend, daß allein für die Herstellung teurer Spezialziegel als Außenverkleidung ein Mehraufwand von 400 000 Mark ohne Schwierigkeiten bewilligt wurde. Als Zeitgenosse sah Richard Klapheck das Bauwerk auch unter einem nationalistischen Blickwinkel und sprach 1928 von dem Komplex als »erstem monumentalen Kunstwerk deutschen Aufbauwillens im besetzten Gebiet nach dem Versailler Vertrag trotz Ruhrkampfes«[33]. Das Verwaltungsgebäude brannte übrigens 1943 nach einem Luftangriff teilweise aus. Der verbliebene Rest der ebenfalls von Behrens konzipierten Inneneinrichtung wurde beim Wiederaufbau zerstört.

Die expressionistische Architektur der Bauten steht unter dem Einfluß des Bauhauses und der holländischen Gruppe ›Stijl‹. Direkte Anregungen bezog Behrens vom Kaiserlichen Hotel in Tokio (Frank Lloyd-Wright, 1916–19). Wesentliches Gliederungselement sind Kontrastierungen: Die breit ausladende Fassade des *Lagerhauses* (Frontlänge 93,3 m, Breite 27,1 m; Abb. 109) wird zweimal durch steile Aufzugtürme unterbrochen. Dagegen betont die weit vorkragende Rampenüberdachung über der ganzen Länge des Erdgeschosses als frühe Eisenbetonkonstruktion die Horizontale. Darüber folgen drei Stockwerke aus Ziegelmauerwerk. Drei Reihen quadratischer Fenster, deren Scheiben bündig mit der Wand abschließen (so daß außen keine Nischen entstehen), verstärken bei der Fassade den Eindruck von Glätte und Scharfkantigkeit. Demgegenüber sind die beiden nächsten Etagen nicht verklinkert und durch Pilaster zwischen den einzelnen Fenstern gegliedert. Jedes dieser beiden obersten Stockwerke weicht ein Stück zurück, so daß die beiden Aufzugsblöcke und der Treppenhausturm, der die westliche Seitenfront überhöht, um so wuchtiger hervortreten. Das westlich anschließende *Verwaltungsgebäude* der Gutehoffnungshütte ist ähnlich gegliedert wie das Lagerhaus, aber kleiner. Das *Torhaus* erhält durch die weit ausladende Dachplatte aus Eisenbeton seinen architektonischen Hauptakzent.

Zwei *Siedlungen* der Gutehoffnungshütte dokumentieren, nur circa einen Kilometer voneinander entfernt gelegen, die gesamte Spannbreite des Werkswohnungsbaus im Ruhrgebiet: **Am Grafenbusch** als Ensemble elitärer Villen und großzügiger Mehrfamilienhäuser für das leitende Management des Konzerns (Abb. 89), **Eisenheim** als die älteste Arbeiterkolonie im rheinisch-westfälischen Industrierevier (Abb. 77–80). Die erstgenannte Siedlung ist bereits durch ihre noble Lage in der Nähe von Schloß Oberhausen und Kaiserpark ausgezeichnet. Sie grenzt ebenfalls unmittelbar an die Werksanlagen der Gutehoffnungshütte, wird allerdings durch einen Bahndamm optisch von ihnen abgeschirmt. Lediglich ein später errichteter Gasometer bleibt sichtbar, der übrigens zu seiner Erbauungszeit (1928/29) der größte in Europa war, 1945 explodierte und später erneuert wurde.

Die Konzentrierung leitender Angestellter in der Nachbarschaft ihrer Arbeitsstätte geschah im Interesse eines reibungslosen Produktionsablaufs. Bei Betriebsstörungen konnte man das Werksgelände durch einen Tunnel in wenigen Minuten erreichen. Die Siedlung wurde von Bruno Möhring entworfen und zwischen 1910 und 1923 in vier Bauphasen errichtet. Anordnung und Ausstattung der einzelnen Häuser lassen eine Hierarchie erkennen. Während der Architekt die Mehrfamilienhäuser entlang des Bahndamms aufreihte, äußert sich bei den Villen die höhere Wohnqualität u. a. durch eine engere Nachbarschaft zum Schloß oder eine zurückgezogene Lage am Nordrand der Siedlung. Besonders aufgewertet wird das Haus Am Grafenbusch Nr. 12: Die Straße weitet sich platzartig zu einem Rondell aus. Zwischen der (nur hier vorhandenen) Gartenmauer und dem Haupteingang erstreckt sich ein Hof zur standesgemäßen Vorfahrt. Die Tür ist überdacht. Es gibt zusätzlich einen eigenen Dienstboteneingang. Der Garten besitzt eine Hausteinpergola.

Die Siedlung Am Grafenbusch wurde zu einer Zeit entworfen, als sich das rheinische Industriebürgertum vom gesellschaftlichen Vorbild des altpreußischen ostelbischen Hof-

Oberhausen, Am Grafenbusch, Wohnungsbau für das leitende Management der Gutehoffnungshütte

adels zu lösen begann. Technischer Fortschritt und wirtschaftlicher Erfolg führten nun zu einem neuen Selbstwertgefühl, das auf eine Repräsentation in den feudalen Formen neugotischer oder barocker Schloßarchitektur nicht länger angewiesen war und beim Hausbau lieber durch innovatorische Stilelemente seine Unabhängigkeit und Macht dokumentiert sehen wollte. In diesem Geiste schuf Möhring am Grafenbusch eine avantgardistische Architektur, die sich – für viele Zeitgenossen nicht erkennbar – an angelsächsische Traditionen des großbürgerlichen Landhausbaus anlehnt und auch volkstümelnde Details aus der heimischen Region aufnimmt: grüngestrichenen Klappläden und Blumenkästen, Schiefertechniken von bergischen Fachwerkhäusern, Ziegeltechniken von niederrheinischen Bauernhöfen. Die großzügigen Gärten hinter den Häusern sind meist parkartig gestaltet, wurden aber im Gegensatz zu den Nutzgärten der Arbeiterkolonien von ihren Bewohnern nur spärlich zu einem Aufenthalt im Freien benutzt und dienten vornehmlich als Ausblickskulisse für die Wohnräume. Hohe Hecken und Zäune schirmen die Grundstücke voneinander ab und erschweren Nachbarschaftskontakte. Der Lebensstil des leitenden Managements orientierte sich im Ruhrgebiet als einer Arbeitslandschaft mit rauhem sozialen Klima eher am Ideal familiärer Zurückgezogenheit als an der jovialen Aufgeschlossenheit eines rheinischen savoir-vivre. Die jungen Stadtzentren der Emscherregion verfügten nicht über ein traditionsstolzes, seine Kultur selbstgefällig repräsentierendes Besitz- und Bildungsbürgertum, wie es in den ehemaligen Freien Reichs- oder Residenzstädten auch im Zeitalter der Hochindustrialisierung das gesellschaftliche Klima noch prägen konnte.

Absichten der (späteren) Gutehoffnungshütte, Wohnsiedlungen für ihre Arbeiter anzulegen, sind bereits für 1836 aktenkundig. Mit dem Bau einer ersten Kolonie wurde dann aber erst acht Jahre später begonnen. 1847 erfolgte die offizielle, behördlich genehmigte Namensgebung. Die damit verknüpfte Annahme, *Eisenheim* werde sich zu einem eigenständigen Dorf weiterentwickeln, erfüllte sich allerdings nicht. 1844 wurde zunächst eine Kaserne für ledige Arbeiter an der Fuldastraße 5/7 errichtet. Außerdem baute man sieben Meister- oder Beamtenhäuser. Zwei davon sind an der Wesselkampstraße 27/29 und 31/33 noch erhalten. Die Lage unmittelbar an der Straße und die Fassadengestaltung begründen eine Einordnung dieser ersten Gebäude Eisenheims in die Tradition des spätklassizistischen Stadthauses, wie es in den Hellwegstädten in größerer Zahl errichtet worden war. Sieben anderthalbstöckige Meisterhäuser an der Sterkrader Straße, ebenfalls 1844 erbaut und 1964 abgerissen, erinnerten in ihrer Bauweise an die Schnitterkasernen des friederizianischen Preußen.

1865/66 entstanden an der Berliner Straße Nr. 8, 10, 12, 14, 16, 18, 20 sieben anderthalbgeschossige Häuser im Kreuzgrundriß. Jede der vier Arbeiterwohnungen erstreckt sich hier über zwei Etagen, verfügt über vier Räume, ein eigenes Treppenhaus und einen eigenen Eingang und umfaßt 64,5 m². Zwei Haustüren liegen jeweils nebeneinander an der Vorder- und Rückfront. An der klassizistisch anmutenden Fassade mit glatten Flächen und klaren Proportionen fallen als zusätzliches dekoratives Gliederungselement kassettenförmige Nischen über den einzelnen Fenstern auf. Zuganker im Backsteinmauerwerk sichern die Häuser gegen Bergschäden. 1866 wurden in der Wesselkampstraße Nr. 19/21 und 23/25 zwei anderthalbgeschossige Beamtenhäuser für jeweils nur zwei Familien bei einer Wohnungsgröße von 96,5 m² errichtet. 1872 folgte dann an der Wesselkampstraße Nr. 35 das erste Eisenheimer Arbeiterwohnhaus, bei dem jede der vier Eingangstüren in der Mitte einer Hauswand liegt; jede Wohnung hat somit ihren eigenen Eingangsbereich. Hinter der Tür folgt sofort das Treppenhaus. Auf beiden Etagen liegt links und rechts davon jeweils ein Zimmer. Die Kreuzgrundrißlösung macht es möglich, daß vier Familien unter einem Dach wohnen, jede Mietpartei jedoch dabei das Gefühl haben kann, im eigenen Haus zu leben. Nach Überwindung der Gründerkrise erfolgten um die Jahrhundertwende zwei letzte Bauabschnitte in der Siedlung. Es entstehen nun nur noch Arbeiterfamilienhäuser im Kreuzgrundriß: Eisenheimer Straße 1, 3, 5, 7, 9, 11, 2, 4, 6, 8 (1897); Berliner Straße 4, 6; Fuldastraße 11, 13; Wesselkampstraße 39, 41, 43, 42; Werrastraße 1, 3, 5, 7, 9 (zerstört), 2, 4, 6, 8, 10 (1901). Bei dem letzten Bauabschnitt fällt die reiche Verwendung von Ziegelsteinschmuck an den Fassaden auf, namentlich über den Eingangstüren und Fenstern sowie unterhalb der Dachtraufe, wo über einem Kassettenfries mit muschelförmigem Füllmaterial ein mehrstufiges Backsteingesims mit Zahn- und Schrägschnittfriesen ansetzt.

In der Siedlung gibt es zusätzlich noch einen Luftschutzbunker des Zweiten Weltkriegs und drei Waschhäuser. Zwei von ihnen dienen seit 1974 als Volkshaus mit Versammlungsraum und Bibliothek und als Kinderhaus, wo u. a. Schularbeiten unter Aufsicht erledigt werden können. Das dritte Waschhaus ist als *Museum* eingerichtet, und man versucht hier, einen vollständigen Haushalt zu rekonstruieren, wie er für eine ortsansässige Arbeiterfamilie um die Jahrhundertwende und danach typisch war. Den Grundstock der Exponate bilden Küchen- und Schlafzimmermöbel aus einer aufgelösten Eisenheimer Wohnung, ergänzt

Oberhausen-Eisenheim, verschiedene Haustypen der Kolonie im Grundriß

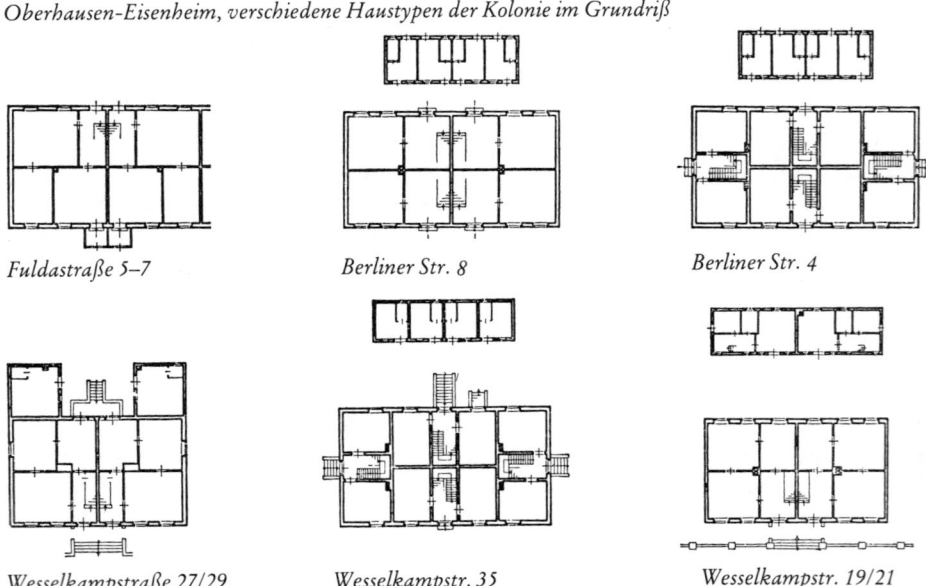

Fuldastraße 5–7 Berliner Str. 8 Berliner Str. 4

Wesselkampstraße 27/29 Wesselkampstr. 35 Wesselkampstr. 19/21

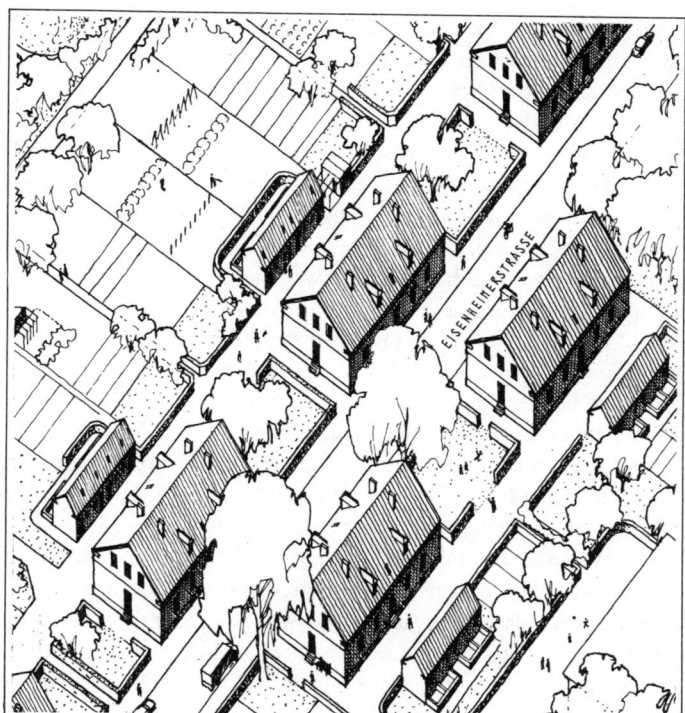

Oberhausen-Eisen-heim, Straßenzug aus der Vogelschau. Zwischen Wohnhaus und Stalltrakt der öffentliche ›Wohn-weg‹, zwischen zwei Häusern und hinter den Stalltrakten groß-zügige Gartenflächen

durch die zeitgenössischen Haushaltsgeräte, Textilien, Kinderspielzeug, Wandschmuck etc. Das Museum zeigt auch eine Dokumentation über die Rettung der Siedlung vor dem Abriß-bagger, von der seinerzeit eine Signalwirkung auf das gesamte Ruhrgebiet ausging.

Seit 1958 gab es Pläne, die historischen Häuser Eisenheims abzureißen und das günstig in Innenstadtnähe gelegene Terrain mit Wohnhochhäusern zu bebauen. Als diese Pläne zehn Jahre später akut wurden, leisteten die Bewohner Widerstand, zunächst durch Unterschrif-tenaktionen und Leserbriefe an die Lokalpresse. 1972 untersuchten Dozenten und Studen-ten der Fachhochschule Bielefeld in einem Modellprojekt die Lebensbedingungen in der Siedlung. Dabei entstanden ein Film, eine Ausstellung und ein Buch, wodurch auch überre-gional auf die hohe Wohnqualität und aktuelle Gefährdung Eisenheims aufmerksam gemacht werden konnte. In der Folgezeit gelang es dem Druck der ersten Arbeiter-Bürger-initiative der Bundesrepublik, alle Abrißpläne zu vereiteln. Das Land Nordrhein-Westfalen stellte die Siedlung schließlich unter Denkmalschutz. 1977 wurde mit der Anlage einer Kanalisation sowie mit Renovierungs- und Restaurierungsarbeiten begonnen. 1983 kamen die Arbeiten zum Abschluß.

Die Arbeitsergebnisse der Projektgruppe sowie ergänzende Untersuchungen von Janne und Roland Günter[34] dokumentieren, wie Anlage und Architektur Eisenheims die Grund-

219

lage für ein eindrucksvoll-intensives soziales Leben in der Siedlung bilden. So haben etwa speziell die Häuser im Kreuzgrundriß eine Wohnungs- und Raumaufteilung, die zwischenmenschliche Konflikte vermeiden hilft. Schlaf- und Wohnräume liegen auf verschiedenen Etagen, so daß angesichts der guten Schallisolierung der Familienvater nach der Nachtschicht tagsüber im Obergeschoß schlafen kann, während die Kinder unten spielen. Da Flure und Treppen jeweils nur von einer Familie benutzt werden, kommt es nicht zu Nachbarnstreit um Verschmutzung oder nicht eingehaltene Putzordnung. Die Häuser sind allgemein so niedrig, daß spielende Kleinkinder durchs Fenster von der Mutter unschwer beaufsichtigt werden können. Die Wohnungen liegen nah an der Straße und ermöglichen auch spontane Gespräche über die Fensterbank hinweg. Schließlich bietet der öffentliche ›Wohnweg‹ zwischen Haus und Hofgebäude Raum für vielfältige Aktivitäten. Hier herrscht vor allem an Sommerabenden ein geradezu mediterranes Leben: Man sitzt auf der Gartenbank und hält ein Schwätzchen mit Vorbeikommenden, man repariert oder bastelt, Kinder spielen ... Im Gegensatz zur Sterilität von Hochhaussiedlungen herrscht hinter den Eisenheimer Häusern eine Atmosphäre wohnlicher Unordnung, hervorgerufen durch die vielen Utensilien (Stühle, Spielgeräte, Besen etc.), die man für die Stunden im Freien braucht. In den flachen Hofgebäuden, wo früher Toiletten, Waschküchen oder auch Ställe untergebracht waren, haben manche Siedlungsbewohner nun Werkstätten eingerichtet. Die engen nachbarschaftlichen Beziehungen zwischen vielen Familien – hervorgerufen durch gemeinsamen Arbeitsplatz, Verwandtschaft oder langjähriges Wohnen im gleichen Ort – werden durch gegenseitige Hilfeleistung entsprechend der individuellen Fähigkeiten des einzelnen weiter vertieft. Ein wichtiges Betätigungsfeld für vielfältige Bastelarbeiten ist der Garten, wo man z. B. gemeinsam Lauben baut oder Zierfischteiche anlegt. Zu jeder Wohnung gehören ein Stück Ziergarten zwischen den Häusern oder Hofgebäuden und eine Nutzgartenfläche auf dem Feld, das von den Straßenzügen umschlossen wird. Die einzelnen Gartenstücke sind nicht durch Mauern oder hohe Zäune voneinander getrennt. Die großzügige Grundstücksgestaltung bietet genug Raum für Kleintier- und gelegentlich auch Nutztierhaltung. – Ein Eisenheimer Unikum bilden die skurrilen Skulpturen aus Schlacke und Zement, die der Rentner Karl Falk für viele Ziergärten baute: meist Burgen, Türme oder Zwerge, die allerdings in ihren keineswegs niedlichen Physiognomien an harte, von der Arbeit vor Ort geprägte Bergmannsgesichter erinnern.

Bottrop

Das Lied von Bottrop

Man singt dir keine Lieder wie einer Stadt am Rhein;
Du hast ja keine Berge, bekränzt mit edlem Wein.
Hier sieht man keine Burgen im Sagenkranz erblühn,
Wenn über dunkle Wälder die Abendwolken ziehn.
Hier dröhnt das Lied der Arbeit bei Tag und bei der Nacht
In wuchtigen Akkorden aus rußgeschwärzter Nacht.

Und wen es hält umschlungen, den läßt es nicht mehr los
Es trägt das Glück der Heimat aus tiefem Erdenschoß.
Es singt von namenlosem und stillem Heldentum,
Von Kämpfern ohne Schwerter und ohne Sieg und Ruhm.
Es wird in tausend Fäusten zum brausenden Choral
Und brandet zu den Sternen wie leuchtendes Signal.

Es flutet durch die Lande und kommt auch nicht zur Ruh',
Schließt einst der letzte Kumpel die müden Augen zu.
In dir, du Stadt der Kohle, ist meiner Heimat Hort.
Es zieht mich nie im Leben zu einem andern Ort.
Wirst du auch nicht besungen wie eine Stadt am Rhein,
Im Schoße deiner Erde will ich begraben sein.[35]

(Karl August Ohly, um 1935)

In Bottrop gab und gibt es zwar keine Höhenburgen, aber Wasserschlösser. Wenn auch die Häuser Beck und Brabeck erst bei der letzten Eingemeindung, d. h. lange nach der Abfassung der zitierten Verse dem Stadtgebiet zugeführt wurden, so standen in Bottrop bis zum Bombenkrieg doch noch die Schlösser Welheim – einst eine Kommende des Deutschen Ritterordens – und Knippenburg, wo die Dichterin Luise Hensel einer seit langem kolportierten, aber wohl unzutreffenden Überlieferung nach ihr bekanntes Kindergebet »Müde bin ich, geh' zur Ruh' ...« schrieb. 1829 bedachte sie die gastliche Wasserburg mit Versen, in denen Motivanleihen bei keinem Geringeren als Johann Wolfgang von Goethe genommen werden:

Grau ragt und ernst ein Schloß empor
Aus Fluren und uralten Bäumen,
Es öffnet sich freundlich das gastliche Tor
Zu des Hauses stattlichen Räumen.
Und die Myrte grünt und der Lorbeer rauscht
Und Orangen wehen im Winde,
Und manches freundliche Wort wird getauscht
An der grünen, duftigen Linde ...[36]

Zu Beginn des 10. Jahrhunderts erwähnt ein Güterverzeichnis der Abtei Werden den Namen eines Hofes auf dem Gebiet des späteren Dorfes. Der Name *Bothorpe* taucht erstmals in einem Werdener Heberegister von ca. 1150 auf. Für 1160 ist eine Kapelle bezeugt, für 1253 die bereits erwähnte Welheimer Ordensritterkommende, die 1809 der Säkularisation zum Opfer fiel.

Zu Beginn des 19. Jahrhunderts boten eine Baumwollspinnerei und eine Tabakpfeifenfabrik den Dorfbewohnern einige Arbeitsmöglichkeit. Als in den 1850er Jahren der Bergbau seinen Einzug hielt, lebten in Bottrop ungefähr 4000 Menschen. Die Einwohnerzahl stieg bis zur Jahrhundertwende auf ca. 25000 an. Sie verdreifachte sich dann noch einmal bis 1915 und machte Bottrop für einige Jahre zum größten Dorf in Deutschland. Dem seit 1905 dringend geäußerten Wunsch nach Stadtrechten wurde erst nach dem Ende des Kaisertums, während der Revolutionswirren des Jahres 1919 stattgegeben. 1985 lebten in Bottrop, das 1976 im Norden weite, vorwiegend ländlich geprägte Gebiete eingemeinden konnte, fast 112000 Einwohner.

Die Propsteikirche **St. Cyriakus** im Stadtzentrum, Mutterkirche der sechzehn übrigen katholischen Gotteshäuser auf Bottroper Stadtgebiet, entstand als dritter Bau an gleicher Stelle zu einer Zeit, als die beginnende Bevölkerungsinvasion großzügigeren Raum für die Feier der Messe erforderlich machte. Die neugotische Hallenkirche (Emil von Manger, 1861/62) birgt ein 1863 erwobenes geschnitztes Altarretabel mit sieben Passionsszenen (Anfang 16. Jh.), ein spätgotisches Vesperbild sowie barocke Skulpturen der Muttergottes und des Kirchenpatrons.

1883 erhielt die evangelische Gemeinde am Bottroper Pferdemarkt ihr erstes Gotteshaus, eine kleine, neugotische Backsteinkirche, die in Orientierung an den Vornamen Luthers **Martinskirche** genannt wurde (Architekt: H. Bramesfeld). – Die neugotische Kapelle des **Alten Marienhospitals**, ein sorgfältig gestalteter Bau von ausgewogener Proportion, dient heute als Pfarrkirche der altkatholischen Gemeinde (Wilhelm Rinklake, 1896–98).

Als zweite katholische Stadtkirche wurde im sog. *Unterdorf* 1901 die **Herz-Jesu-Kirche** errichtet, eine stattliche neugotische Basilika mit Querhaus, hohem Westturm und Dachreiter. Aufgrund eintretender Bergschäden war der Bau bereits nach wenigen Jahren einsturzgefährdet und mußte schließlich aufgegeben werden. Nur der Turm, der um 1,18 m aus der Lotrechten gekommen war, konnte wieder gerichtet und stabilisiert werden. Der Architekt Josef Franke gab ihm eine zeitgemäße Ummantelung und bezog ihn in seinen Neubau ein (1928/29), der von dem für die Bergschäden verantwortlichen Konzern finanziert wurde. Im expressionistischen Stil entstand ein streng gegliederter, monumentaler Sakralbau, bei dem besonders die repräsentative Eingangssituation beeindruckt. Der Innenraum dieser größten Bottroper Kirche erscheint als weite, hohe Halle. Die Seitenschiffe sind zu schmalen Umgängen reduziert. Die ausgedehnten Wandflächen erfahren außen einige Belebung durch das punktuelle Heraustreten einzelner Ziegelsteine. Hier gibt es auch einige bemerkenswerte Skulpturen: An der Schmalseite des Querhauses sind vier Apostelfiguren des Bildhauers G. Brüx aus Kleve angebracht, an den Wänden der Kriegergedächtniskapelle vor dem Turm die Reliefplatten seines eindrucksvollen Ehrenmals für die Gefallenen des Ersten Weltkriegs über Eck eingemauert: Im Gegenüber zu einem toten Soldaten beugt sich eine Madonna mit herben Gesichtszügen voller Schmerz über den Leichnam Christi (Farbt. 20). Daneben sind vaterländische Sprüche von einem heute nicht mehr nachvollziehbaren Pathos in Ziegeln auf die Wand gemauert.

Josef Franke entwarf noch weitere Kirchen für Bottrop. Bereits vor dem Ersten Weltkrieg entstand **St. Michael** in noch weitgehend neuromanischen Formen (1912–15). Bei **St. Josef** in *Batenbrock* (1915–19) und **St. Ludgerus** in *Fuhlenbrock* (1927/1928) wurden dann neue Wege gesucht, z. B. durch eine aparte Faltung des Gewölbes. Der Turm der Josefskirche trägt eine originell gestaltete, mehrfach gestufte Zwiebelhaube. Bei St. Ludgerus schließt der Turm an der Rückseite des Langhauses an, und hochliegende Fenster tauchen den Altarraum indirekt in helles Licht.

1955–1957 entstand in der Nähe der Bottroper Innenstadt mit der katholischen Pfarrkirche **Heilig Kreuz** einer der eindrucksvollsten Sakralbauten der deutschen Nachkriegszeit. Rudolf Schwarz verwirklichte hier seine Architekturkonzeption des ›Heiligen Wurfs‹[37]: Mauergrundriß ist quasi ein Seil, das – an beiden Enden gehalten – zu einer Parabel ausgeworfen wurde. Alle Blicke konzentrieren sich unwillkürlich auf den Altar in der Parabelspitze. Dort bricht auch die Holzdecke nach oben, um hoch in der Konche einem Fenster mit dem eingelassenen Auge Gottes Raum zu geben. Gegenüber füllte Georg Meistermann die Westfront mit einem riesigen, querrechteckigen Fenster: »Ein Betongerüst gliedert es in kühler Gesetzmäßigkeit. Kühl ist auch die graugrüne Färbung des Grundes. Aber nun beginnen auf ihr schwarze Kreise zu schwingen – unregelmäßig und darum lebendig, an Breite an- und abschwellend und darum drängend, manchmal in dichter Folge, wie von innerer Leidenschaft angetrieben. Ihr Rot, Blau und Gold ist voll Kraft, Klarheit, Kostbarkeit, als sei es erfüllt mit den Gnaden, die vom Altare ausgehen.«[38] (Heinrich Lützeler)

Sakralarchitektur aus vorindustrieller Zeit brachte erst die kommunale Gebietsreform von 1975 in das Bottroper Stadtgebiet ein. Die katholische Pfarrkirche **St. Mariae Himmelfahrt** in *Feldhausen* im Norden des Bottroper Stadtgebietes besitzt noch einen Chor von ca. 1470 mit den Fragmenten spätgotischer Glasgemälde in zwei Fenstern. In dieser Kirche wird auch die Skulptur einer Thronenden Muttergottes (Anfang 15. Jahrhundert) verehrt. – Eine kleine Kapelle im Süden von Feldhausen gilt als Werk Johann Conrad Schlauns.

Gesichert ist, daß Schlaun die Pläne für **Haus Beck** in *Feldhausen* entwarf. Zentrum der 1766–1771 erbauten Anlage ist das symmetrisch gegliederte Herrenhaus, ein ›maison de plaisance‹ mit Mansarddach und dreieckigem Mittelrisalit an Front- und Hofseite. Die Dekoration der einzelnen Räume kündigt in ihrer dezenten Ausführung bereits den Klassizismus an. – **Haus Brabeck** bei *Kirchhellen* war ursprünglich ein Lehnshof der Abtei Werden. Erhalten sind ein Wohnturm (um 1600), eine Scheune mit Rautenmusterung (bezeichnet 1617) sowie das barocke Herrenhaus (um 1700, mit älterer Bausubstanz).

Bereits im Vorfeld der Stadtrechtsverleihung begann in Bottrop der Versuch, die unübersichtlich-zersiedelte Ortsstruktur wenigstens an einer Stelle zu einer ›city‹ zu konzentrieren.

Zu diesem Zweck errichtete man ein Ensemble repräsentativer öffentlicher Bauten, von denen besonders das noch als ›Amtshaus‹ des Großdorfs konzipierte mehrflügelige **Rathaus** durch Qualität beeindruckt. Die zweiflügelige Anlage aus mattroten Klinkern umschließt rechtwinklig einen urbanen Vorplatz. Die Baukörper sind noch einer schlichten Neurenaissance verpflichtet, dabei übersichtlich einander zugeordnet, klar gegliedert und mit Muschelkalkdekor zurückhaltend geschmückt. Arkadenbögen öffnen die Eingangsfront zum Vorplatz hin. Sechs Steinfiguren stellen verschiedene Tätigkeiten (Berufe) dar. Neben dem Rathaus steht die alte Brandglocke aus dem Turm der Cyriakuskirche. Sie ist 1425 in Bottrop von dem Glockengießermeister Halle gegossen worden, der zu diesem Zweck eigens aus der münsterländischen Glockengießerstadt Gescher angereist war.

Vor der 1929 eröffneten **Berufsschule** verkörpern Standbilder die vier Elemente: Erde, Feuer, Luft, Wasser. Über den beiden Eingängen symbolisieren zwei Frauengestalten in Höhe des zweiten Stockwerks die alte und die neue Zeit. In der Hand halten sie ein Lötlämpchen bzw. eine Rahmenantenne. – Gut gegliedert ist das 1932 bezogene, im expressionistischen Stil gebaute **Neue Marienhospital.** Die einzelnen langgestreckten Flügel sind auf den polygonalen Eingangsturm hin orientiert, der auch vom nahe gelegenen Stadtpark her einen wichtigen städtebaulichen Akzent darstellt.

Die **Schachtanlagen** des Bergbaus tragen in Bottrop häufig den Namen ›Prosper‹, das lateinische Wort für ›günstig‹, ›erfolgreich‹. ›Prosper‹ war auch ein beliebter Vorname in der Dynastie der Herzöge von Arenberg, die 1802–1811 mit dem Vest Recklinghausen auch das Dorf Bottrop regierten und auch später hier noch das Bergregal besaßen. 1856 begann die Arenberg AG für Bergbau und Hüttenbetrieb in Bottrop mit der Abteufung des ersten Schachts. Die heutigen Tagesanlagen der Prosper-Zechen stammen in beträchtlicher Anzahl aus den Jahren um die Jahrhundertwende: riesige, breitgelagerte Ziegelhallen in historisierender Architektur mit Fassadendekor in neugotischen, Neurenaissance- oder Jugendstilformen. Eine sorgfältige, individuelle Gestaltung erfuhren dabei vornehmlich die mächtigen Schaugiebel, die – kurvig konturiert – zumeist in einer kantig ausgeformten Bekrönung gipfeln.

Mit geschweiften Jugendstilgiebeln und trutzigen, in abgestumpften oktogonalen Hauben auslaufenden Fassadentürmen wirkte das 1984 abgerissene Verwaltungs- und Waschkauengebäude von **Prosper I** in *Ebel* »wie eine überdimensionierte Villa«[39]. – Bei **Prosper II** findet sich ein für das Ruhrgebiet einmaliges Ensemble von drei Fördereinrichtungen aus unterschiedlichen Epochen. Aus einem Malakoffturm von 1872, der mit Blendfenstern und Friesen, Treppentürmchen und Zinnen reich verziert ist, wächst heute ein 1933 eingebautes, hohes Stahlfördergerüst heraus (Farbt. 18). Es wurde zum Zwecke einer effektiveren Förderung aus immer tiefer gelegenen Sohlen errichtet, wobei man den alten Turm der Einfachheit halber stehen ließ. Nur wenig entfernt baute man dann 1967 für eine Turmfördermaschine einen weiteren, abermals beträchtlich höheren Förderturm (86 m hoch), der nun dem

Bottrop, Zeche Prosper II, Malakoffturm, um 1955 ▷

Zeitgeschmack entsprechend als glatter Kubus gestaltet wurde. – Bei **Prosper III** in *Batenbrock* beeindruckt vor allem die Gestaltung der Eingangssituation zum Zechengelände. Die beiden Torhäuser korrespondieren stilistisch mit zwei Beamtenhäusern an der gegenüberliegenden Seite des Vorplatzes.

Die namentlich im Bottroper Norden großzügig angelegten **Bergarbeiterkolonien** umfassen durchaus gelegentlich noch Straßenzüge von einheitlich-harmonischer Gestaltung, so z. B. die Otto-Krawehl-Straße im Norden der City, die Straßen Am Hasebrink, Im Gumfeld (*Welheim*) und Plankenschemm (*Ebel*).

Schließlich sollen noch zwei Beispiele Bottroper Wohnbebauung von diametral entgegengesetzter Lebensqualität erwähnt werden. 1901 ließ der Sandgrubenbesitzer Dickmann an der Bogenstraße Nr. 40 eine Villa für seine Familie errichten, ein phantasievoll gestaltetes Domizil mit heimattümelnden Fachwerkgiebeln, gotisierendem Stuckdekor und Buntglasfenstern im Jugendstil. – In der Rippelbeckstraße in *Eigen* stehen flache, bretterverkleidete Baracken, in denen ausländische ›Fremdarbeiter‹, die während des Zweiten Weltkriegs nach Bottrop zum Frondienst im deutschen Bergbau verschleppt worden waren, ihr Leben fristen mußten.

Gladbeck

Tausend Jahre traumumsponnen
schliefst du, Gladbeck, weltentronnen;
Deutschlands stolzer Siegeslauf
dröhnt dich donnernd wach, Glückauf!

Diese Verse von früheren Fensterscheiben aus dem Rathaussaal beziehen sich auf das Jahr 1871 als einer entscheidenden Markierung in der Geschichte Deutschlands wie Gladbecks. Im Jahr der deutschen Reichsgründung stieß man in der Gemeinde Gladbeck bei Probebohrungen zum ersten Mal auf Steinkohlenflöze. Damals hatte das Dorf bereits eine wohl tausendjährige Geschichte hinter sich. Als Keimzelle wird ein karolingischer Königshof vermutet. Urkundliche Nachrichten über verschiedene Höfe aus dem Besitz der Essener Äbtissin sind ins 9. Jahrhundert zu datieren. Zu Beginn des 10. Jahrhunderts wird eine Kirche erstmals erwähnt. In einer Handschrift von 1155/65 taucht dann der Name des Orts auf: *Gladbeck* wurde von Heimatforschern u. a. als ›Siedlung am glänzenden, klaren Bach‹ etymologisch gedeutet.

Erst die Aufnahme der Kohleförderung brachte dem Dorf eine sprunghafte Aufwärtsentwicklung. Für 1569 läßt sich aus einem kirchlichen Visitationsbericht eine Einwohnerzahl von 1200 bis 1300 erschließen. 1871 lebten in Gladbeck erst 2760 Menschen, 1905 dann bereits 20762 und 1982 ungefähr 79000. 1919 erhielt der Ort die Stadtrechte.

Die katholische Hauptkirche **St. Lamberti** entstand 1897–99 als letztes Glied in einer Kette mehrerer Vorgängerbauten, von denen nur eine kleine Barockkirche bildlich überlie-

Gladbeck-Zweckel, Herz-Jesu-Kirche

fert ist. Die neugotische Hallenkirche mit hohem Glockenturm, Querhaus, ⅝-Chorschluß und polygonalen Nebenchören (Bernhard Hertel) erlitt im Zweiten Weltkrieg schwere Bombenschäden. 1972 wurde der Altarraum wesentlich umgestaltet. Die moderne wuchtige Wand aus seriellen plastischen Elementen, die seitdem den Chorraum vom Langhaus abtrennt (Karl Ehlers), wirkt allerdings wie ein provozierender Fremdkörper. Die Kirche besitzt an älterem Meßgerät einen gotischen Kelch mit einer kleinen Kreuzigungsgruppe, ein barockes Ziborium sowie acht silberne barocke Altarleuchter.

Die Christuskirche entstand 1911 als evangelische Stadtpfarrkiche in romanisierenden Formen. Die wenig später erbaute katholische **Herz-Jesu-Kirche** im Stadtteil *Zweckel* steht dann an der Schwelle zur Moderne, weiß sich im Grundtenor allerdings noch dem Neubarock verpflichtet (Ludwig Becker / Sunder-Plaßmann, 1912–14). Der als Halbrund angelegte Kirchplatz konzentriert den Blick auf die kompakte Doppelturmfassade, die mit den spitz zulaufenden Glockendächern der Türme für das umliegende gartenstädtische Siedlungsgebiet einen markanten Akzent bildet. Der breit ausladende Innenraum wurde vergleichsweise behutsam modernisiert. Teile der ursprünglichen Ausmalung – namentlich Evangelistenmedaillons in der Vierung – blieben erhalten, ebenfalls der neubarocke Hochaltar. Neue Kreuzwegstationen wurden mit Einfühlungsvermögen ausgewählt.

Zur gleichen Zeit entstand im Stadtteil *Butendorf* mit der katholischen Pfarrkirche **Heilig Kreuz** ein ungleich origineller konzipierter Sakralbau, eine interessante Variante der uralten Architekturaufgabe, Zentralbau und Langhaus zu integrieren (Otto Müller-Jena, 1912–1914; Abb. 28). Der Zentralbau ist als Dekagon ausgebildet, d. h. als gestreckte Zehneckskuppel nach dem Vorbild von St. Gereon in Köln. An drei Seiten schließen kurze, einschiffige Arme als Querschiff bzw. Chorhaus an. An der vierten Seite ist ein längeres, basilikales Langhaus angefügt. Ein Kranz kleiner Rundbogenfenster ist hoch in das Kuppelgewölbe eingeschnitten, was an die Hagia Sophia in Konstantinopel denken läßt. Der hohe,

Gladbeck, das alte Dorf mit Fachwerkhäusern und der 1897 abgerissenen Barockkirche

seitlich angefügte Glockenturm erinnert in seiner Formgebung an den Campanile des Markusdomes in Venedig. Eisenbeton als Hauptbaumaterial ermöglichte trotz weitgespannter Gewölbe eine statische Konstruktion ohne stützende Strebepfeiler o. ä. Die glatten Wandflächen wurden außen weitgehend mit Ziegeln verblendet, die Eingangsfassade auch durch Tuffsteinelemente dekoriert. Von der Originalausstattung der Kirche blieben die Kreuzigungsgruppe des Hochaltars (G. Brüx) sowie Beichtstühle mit schönen Schnitzreliefs erhalten (Werkstatt H. Ophey), wo u. a. die hl. Magdalena als Büßerin und der Gute Hirte bei der Auffindung des verlorenen Schafs dargestellt sind.

Das Wasserschloß **Wittringen** – ein gleichnamiges Geschlecht wird bereits 1263 erstmals erwähnt – wurde im Laufe einer jahrhundertelangen Geschichte mehrfach zerstört und war in starkem Maße verwahrlost, als die Stadt Gladbeck die Anlage 1922 kaufte. Der Nordflügel, namentlich das Torhaus (17./18. Jh.), wurden nun restauriert, der Hauptflügel in den Formen einer niederrheinischen Renaissance neu errichtet, als klar gegliederter Backsteinbau mit Staffelgiebeln, einem Eckturm und einer Galerie im Sockelgeschoß. Die Wasserburg beherbergt heute u. a. das Städtische Museum (Abb. 144).

Das Gladbecker **Rathaus** entstand 1910 (d. h. lange vor der Stadterhebung) als Amtshaus. Der Architekt Müller-Jena schuf einen repräsentativen, aber etwas uneinheitlich gegliederten Neorenaissancebau mit geschweiften Giebeln und einem monumentalen Turm. Dort ist an einer Ecke zwischen den Zifferblättern der Rathausuhren auch die Steinskulptur eines Wächters angebracht, der in sein Stierhorn bläst.

Nach Einstellung der Kohleförderung erinnern in Gladbeck heute vornehmlich noch die Tagesbauten der 1908 abgeteuften ehem. Doppelschachtanlage **Zweckel** an die Bergbautradition der Stadt: breitgelagerte, gut gegliederte Backsteinhallen und zwei Deutsche Strebengerüste. Unter den Gladbecker Bergarbeitersiedlungen gibt es drei Straßenzüge, deren Häuser von Fritz Schupp 1929 in verhalten expressionistischer Formgebung gestaltet wurden (Glückaufstraße, Diepenbrockstraße, Zum Stadtwald).

Gelsenkirchen

»Wo heute sich glühende Eisenblöcke aus dem Schlund der Öfen wälzen, wo Schornsteingiganten in drängender Menge sich zum Himmel recken, wo täglich etwa 20 000 Bergleute aus dem Schoße der Erde die so stark begehrten schwarzen Diamanten ans Tageslicht fördern, da fristeten noch vor etwa 70 Jahren kaum 3000 Ackerbürger, Handwerker und Tagelöhner ein bescheidenes Dasein.«[40]

(*A. Zuhorst, 1922*)

»Das Bild, das die Außenbezirke bieten, ist ... durchaus nicht einheitlich: man kann zwischen frischgrünen Roggenfeldern spazierengehen und darüber hinweg die Schlote und Eisengerüste, die Drahtseilbahn und die donnernden Feuer einer Hochofenanlage sehen; man kann mitten zwischen Bergen rostigen Eisenschrotts stehen, umtost vom Lärm der Lokomotiven und Hämmer, und über einen häßlichen, schwarzgeteerten Bretterzaun hinweg in einen altmodischen Bauerngarten sehen mit fröhlichen Kindern unter der Obhut des Großvaters, der neben der hinteren Haustür im Schatten blühender Fliederbäume sitzt. Daneben fehlen die grauen Straßen mit den ungepflegten Mietskasernen nicht, über denen – braun, grau und weiß und in noch anderen Farben vor dem grauvioletten Himmel schimmernd – die Qualmmassen in phantastischer Geschäftigkeit hinquirlen.«[41]

(*Wilhelm Brepohl, 1922*)

Um die Mitte des 9. Jahrhunderts schenkte der Kölner Erzbischof Gunthar die Zehnteinkünfte einer Anzahl von Höfen im Emscherbruch dem Stift Essen. Eine dem hl. Georg geweihte Kapelle erhielt zu Beginn des 12. Jahrhunderts Pfarrrechte. Hiermit war anscheinend eine Neubenennung der inzwischen entstandenen Siedlung verbunden: Ein um 1150 geschriebenes Heberegister der Abtei Werden erwähnt u. a. Einkünfte aus *Geilistirikirkin*. Um 1450 wurde die baufällige Kapelle durch eine steinerne Pfarrkirche ersetzt. Um den Kirchplatz herum stand ein Kranz von Häusern, in denen vornehmlich Handwerker wohnten. Nach Einzug der Reformation diente die Georgskirche, die 1881 abgerissen wurde, jahrhundertelang beiden Konfessionen gemeinsam zum Gottesdienst. 1798 zählte man in Gelsenkirchen 351 Einwohner, 1822 waren es 543, 1840 – als man im Süden des Dorfes bei einer Probebohrung erstmals auf ein Kohleflöz stieß – ungefähr 600.

Wesentliche Voraussetzung für den wirtschaftlichen Aufschwung des Emschertals war der Bau der Köln-Mindener-Eisenbahn, deren Züge seit 1847 auch in Gelsenkirchen hielten. 1857 begann Thomas Mulvany aus Dublin hier mit irischen Fachkräften die ersten Tiefbauschächte abzuteufen; die Zeche wurde 1859 nach seinem Heimatland ›Hibernia‹ getauft. In den folgenden Jahrzehnten entwickelte sich Gelsenkirchen, wo noch 1925 fast 45 % der Beschäftigten im Bergbau arbeiteten, neben Bochum zur größten Kohlestadt auf dem europäischen Kontinent. Auf Gelsenkirchener Stadtgebiet waren zeitweilig mehr als sechzig Schächte in Funktion. Prominenteste Unternehmerpersönlichkeiten waren Friedrich Grillo (1825–1888) und Emil Kirdorf (1847–1938). Grillo gründete im Gelsenkirchener Raum

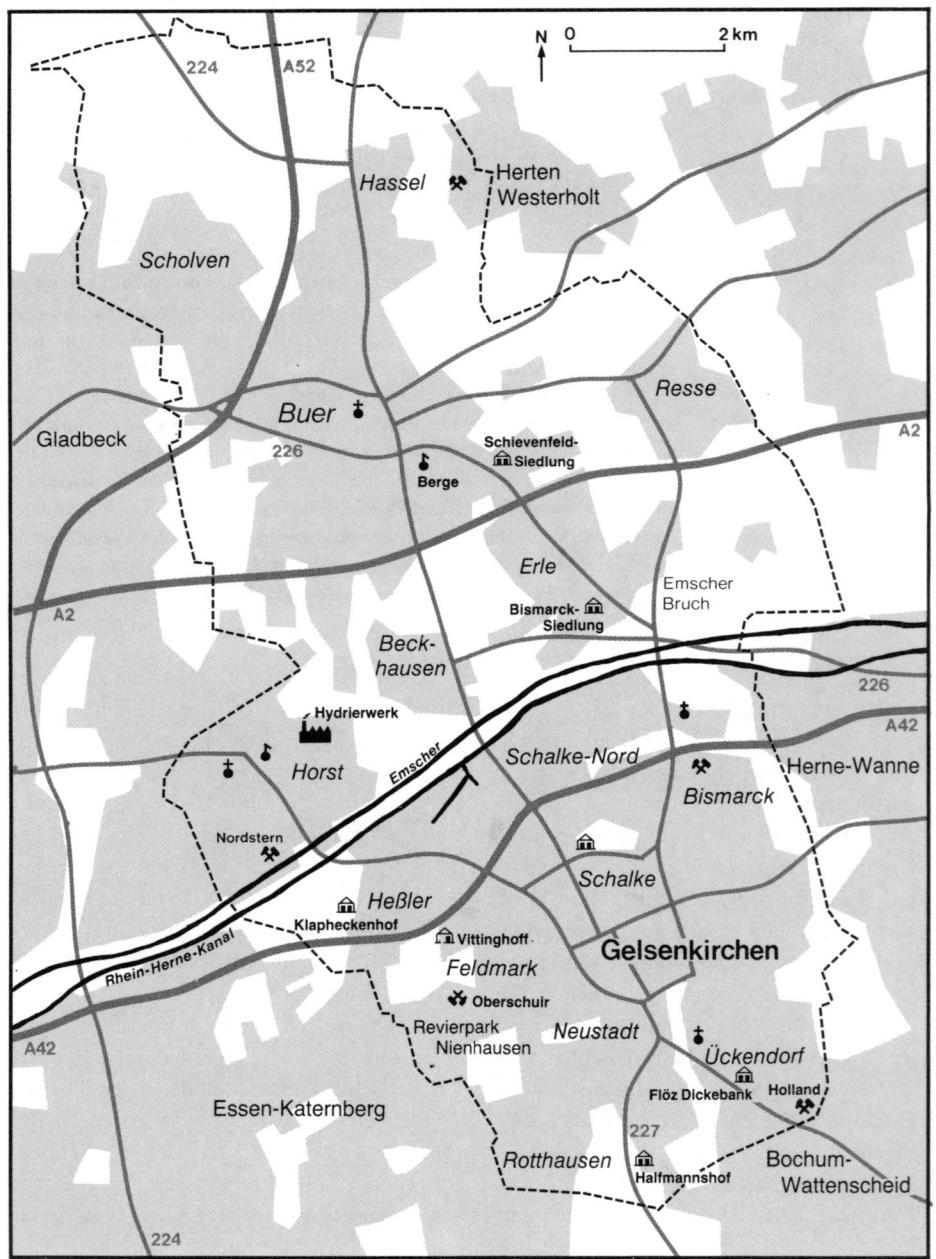

Gelsenkirchen, Stadtgebiet

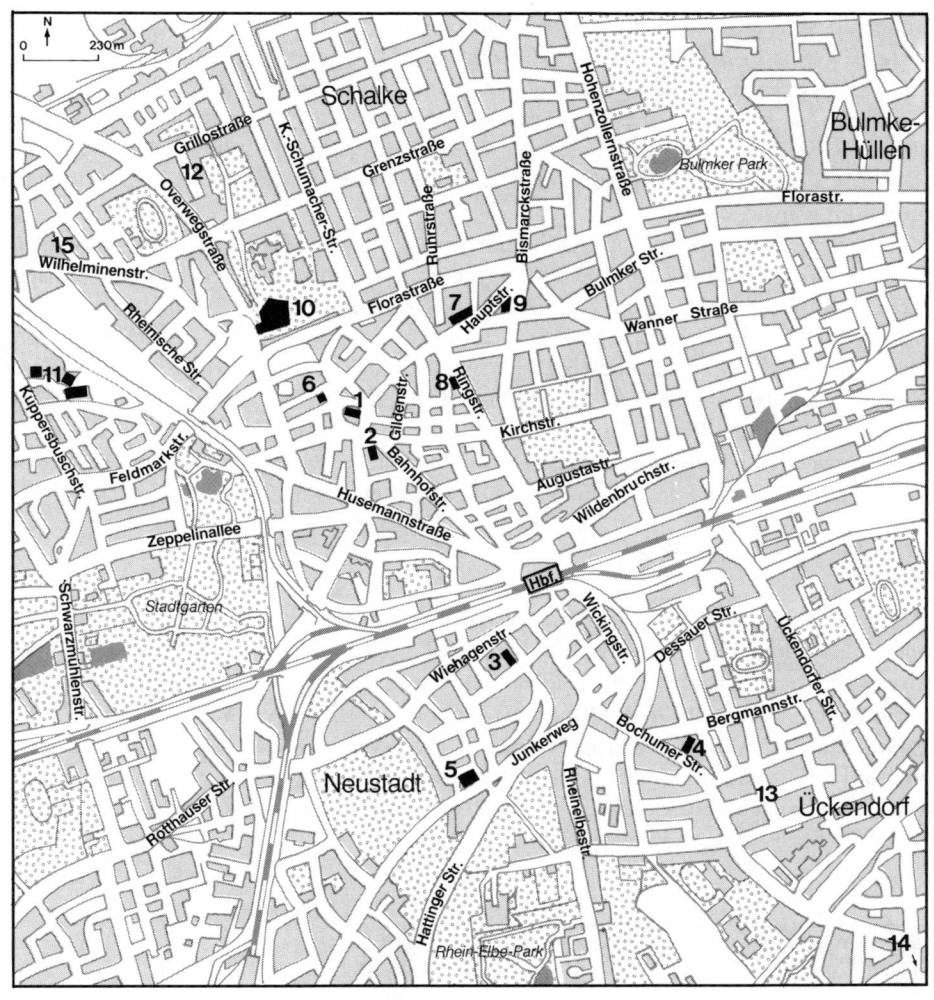

Gelsenkirchen, Stadtzentrum, Neustadt und angrenzende Vororte   1 Altstadtkirche   2 Propsteikirche St. Augustinus   3 Auferstehungskirche   4 Heilig Kreuz   5 Haus Leithe   6 Hans-Sachs-Haus (Rathaus)   7 Verwaltung und Betriebshof der Bochum-Gelsenkirchener Straßenbahn   8 Haus Ecke Ringstraße/Weberstraße   9 Haus Ecke Bismarckstraße/Hauptstraße   10 Stadttheater   11 Zeche Consolidation, Schachtanlage Oberschuir   12 Funkenburg   13 Flöz Dickebank   14 Zeche Holland   15 Vittinghoff-Siedlung

innerhalb weniger Jahre ein Hüttenwerk, eine chemische Fabrik, eine Glasfabrik, ein Drahtwalzwerk, eine Kesselfabrik und zwei Kohlezechen. Er kümmerte sich auch um die Infrastruktur des neuen Industriegebiets, um Gas- und Wasserversorgung, Straßen- und Siedlungsbau. Als Krönung seines Lebenswerks darf man die Schaffung der Gelsenkirchener Bergwerks AG bezeichnen, die unter dem Generaldirektor Emil Kirdorf in den Jahren vor dem Ersten Weltkrieg zum größten Bergbauunternehmen auf dem europäischen Festland ausgebaut wurde.

Zahlreiche Kokereien und gigantische Stahlwerke ließen den Beinamen ›Stadt der tausend Feuer‹ aufkommen. Im Zuge der rasanten industriellen Entwicklung der Region vervielfachte sich binnen kurzem die Einwohnerzahl Gelsenkirchens. 1858 wohnten hier 1597 Menschen, 1871 bereits 7825. Nachdem die 10000-Einwohnermarke überschritten war, bekam das Dorf 1875 die Stadtrechte verliehen. Die Eingemeindung von *Schalke, Heßler, Bismarck, Bulmke, Hüllen* und *Ückendorf* ließ dann 1903 die Einwohnerzahl von 37040 auf 138048 anschwellen. 1924 konnte die Landgemeinde *Rotthausen* im Südwesten dem Stadtgebiet einverleibt werden. Durch Zusammenschluß mit der *Stadt Buer* und dem *Amt Horst* nördlich der Emscher wurde Gelsenkirchen 1928 mit nun 345000 Einwohnern nach Dortmund zur zweitgrößten Stadt Westfalens. Bis 1985 sank die Bevölkerungszahl dann auf 288000 Einwohner ab (vgl. auch S. 8).

Auf dem Stadtgebiet konnte kein mittelalterlicher Sakralbau in das für die Denkmalpflege aufgeschlossenere 20. Jahrhundert hinübergerettet werden. An der Stelle der alten Georgskirche steht heute – nachdem ein neugotischer Vorgängerbau den Bomben zum Opfer fiel – die moderne evangelische **Altstadtkirche** (Denis Boniver, 1955/56; Abb. 4). Die katholische Hauptkirche der Altstadt, die Propsteikirche **St. Augustinus,** wurde nach Kriegsschäden im alten Stil wieder aufgebaut (Abb. 4). Der sich achteckig verjüngende Glockenturm der neugotischen Basilika aus Ziegelmauerwerk ist mit Fialen und einer Fensterrosette über dem Hauptportal vergleichsweise aufwendig gestaltet (August Lange, 1874–1884).

Gelsenkirchen, ›Rundhöfchen‹ an der alten Georgskirche (Phantasiebild von A. Wiesenmüller)

70 DATTELN   Freiheit Horneburg
◁ 69 MÜLHEIM/RUHR   Schloß Broich
71 WALTROP   Der ›Tempel‹, ältestes erhaltenes Fachwerkhaus des Ruhrgebiets

72 MÜLHEIM/RUHR Altstadt mit Tersteegenhaus (links)

73 MÜLHEIM/RUHR Frühe Arbeiterhäuser in der Kettwiger Straße

74 UNNA-KÖNIGSBORN Halböffentlicher Weg in der Zechenkolonie

76 DUISBURG-FAHRN Zechensiedlung Thyssen 2/5 ▷

75 UNNA-KÖNIGSBORN Arbeiterwohnhaus der Saline

77, 78   OBERHAUSEN-OSTERFELD   Leben in Eisenheim

79, 80   OBERHAUSEN-OSTERFELD   Leben in Eisenheim

81 DORTMUND-SCHARNHORST ›D-Zug‹

82 DORTMUND Mietshäuser in der Paulinenstraße

83 GELSENKIRCHEN-ÜCKENDORF   Kolonie Flöz Dickebank

84 GELSENKIRCHEN-SCHALKE   Kolonie Funkenburg

85   WITTEN   Siedlung Crengeldanz

86   ESSEN   Gartenstadt Margarethenhöhe

87 BOCHUM-HORDEL   Dahlhauser Heide mit   88   DORTMUND-EVING   Alte Kolonie
Malakoffturm der Zeche Hannover
89 OBERHAUSEN   Siedlung Grafenbusch

90 KAMP-LINTFORT Altsiedlung

91 DUISBURG-HOMBERG Johannenhof

92 DUISBURG-WANHEIMERORT Dickelsbach-Siedlung, Gartenszene

93 NEUKIRCHEN-VLUYN Neue Kolonie
Etzoldstraße

94 GELSENKIRCHEN-SCHALKE Vittinghoff-Siedlung

95   LÜNEN   Museum der Stadt Lünen, Arbeiterwohnküche, um 1900

96   HERNE-WANNE   Heimat- und Naturkundemuseum, Jugendstil-Drogerie

97 ESSEN-BREDENEY Villa Hügel, obere Halle, um 1925

98 GELSENKIRCHEN Vorstadtstraße mit Kiosk

99 GELSENKIRCHEN-BISMARCK Garten in
der Kolonie Haverkamp

100 GELSENKIRCHEN-ÜCKENDORF
Bochumer Straße

In die katholische Propsteikirche **St. Urbanus** in *Buer,* eine neugotische Hallenkirche mit Sandsteinverblendung (Bernhard Hertel, 1890–93), übertrug man neuerdings Skulpturen und Fragmente – darunter einen romanischen Sandsteinlöwen – aus mittelalterlichem Vorgängerbau. Der Turm, früher mit seinem bis in eine Höhe von 96 Meter ragenden Spitzhelm ein Wahrzeichen von Buer, trägt nach Kriegsbeschädigungen heute noch ein flaches Notdach. – Die katholische Pfarrkirche **St. Hippolytus** in *Horst,* eine neugotische Hallenkirche aus Ziegelstein (ebenfalls B. Hertel, 1896–99), besitzt neben einer Madonna aus der Zeit um 1500 noch ein Bild des Schutzpatrons, das bereits im Vorgängerbau des 18. Jahrhunderts hing.

Die älteste erhaltene Kirche auf Gelsenkirchener Stadtgebiet, die evangelische **Bleckkirche** in *Bismarck,* liegt heute in unmittelbarer Nähe des Eingangs zum Ruhr-Zoo. Der kleine Saalbau von 1745 (nach einer einfachen Zeichnung von Schlaun) wurde 1879–89 durch Querschiff, Apsis und Glockenturm im neuromanischen Stil erweitert. Hölzerne Säulen mit schön verzierten Kapitellen tragen die Emporen des Querhauses. Der qualitätvolle Steinaltar von 1574 stammt aus der Kapelle des Schlosses Grimberg, das in den 1950er Jahren abgebrochen wurde. Die Abendmahlsszene zeigt Apostelfiguren mit eindeutig westfälisch geprägten, derben Gesichtszügen sowie ein reichhaltiges Speisenangebot, u. a. ein Spanferkel, auf der Tafel. Dem Judas, der die 40 Silberlinge in einer großen Geldkatze aufbewahrt, sitzt der Teufel in Gestalt eines kleinen Drachen im Genick.

Sakralbauten von beachtlicher künstlerischer Qualität entstanden in Gelsenkirchen erst in den ersten Jahrzehnten des 20. Jahrhunderts. Die evangelische **Auferstehungskirche** in der *Neustadt* (Arno Eugen Fritsche, 1910), ein massiger, mit schweren Rustikaquadern verkleideter Bau, wird von einem hohen Glockenturm mit spitz zulaufendem, elegant geschweiftem Helm überragt. Erhebliche Teile der partiell dem Jugendstil verpflichteten Innenausstattung blieben erhalten. – Jugendstilelemente finden sich – neben Dekor des Neubarock – auch an der reich gestalteten Fassade der katholischen Kirche **St. Ludgerus** in *Buer* (Hans Spelling, 1914/15). Über dem Portal thront ein segnender Christus, in den Schaugiebel ist ein Triumphkreuz eingefügt.

Den eindrucksvollen Höhepunkt findet die Gelsenkirchener Kirchenbaukunst dann in der katholischen Pfarrkirche **Heilig Kreuz** in *Ückendorf,* die im Kontrast zu ihrer unmittelbaren Umgebung fast exotisch wirkt (Josef Franke, 1927–29). Die Straßenfront mit ihrer bizarren Bebauung historistischer, zumeist grell gestrichener und z. T. aufgrund von Bergschäden schiefgeneigter Vorstadthäuser springt plötzlich zurück. Von nüchtern-sachlichen Gemeindebauten gerahmt, öffnet sich der rechteckige Kirchplatz. Seine hintere Front nimmt die Turmfassade von Heilig Kreuz (Farbt. 22) ein, ein imposanter, hochrechteckiger Block, der sich in einer Stufe nach oben zu verjüngt. Aufgesetzt sind zwei schmale Glockentürme, die an der Spitze durch den Querbalken eines riesigen in der Mitte aufgemauerten Kruzifixes miteinander verbunden werden; die ziegelgemauerte(!), expressionistische Christusfigur zeigt den Gekreuzigten als Triumphator im Geiste der in den zwanziger Jahren aufkommenden Christkönigstheologie. Gliederungselement der Backsteinfassade sind ansonsten kleine rechteckige Nischen, eine Uhr und ein hohes Parabelfenster über dem

Gelsenkirchen, Schloß Horst (1842)

Hauptportal. Aus zwölf parallel angeordneten, gleichartig behauenen Sandsteinblöcken sollten noch Apostelfiguren herausgearbeitet werden, was dann aber unterblieb. Architektonisches Programm des hohen, zeltartigen Innenraumes (Abb. 34) ist der Kontrast zwischen dominierenden Parabelbögen und Rechteckformen. Die ursprüngliche Ausmalung, die in ihrer expressiven Dramatik an zeitgenössische Theaterkulissen erinnerte, ist vor einigen Jahren durch eine moderne Farbgestaltung, vorwiegend in harmlosen Hellblautönen, ersetzt worden. Eine theatralische Wirkung geht vom Altarraum aus, der – von einem Chorturm überhöht – durch indirekten Lichteinfall erhellt wird.

Obwohl nur zu einem Bruchteil erhalten, stellt **Schloß Horst** die bedeutendste Schloßanlage Gelsenkirchens dar. Eine Burg an der Emscher wird hier erstmals 1282 in einer Urkunde Rudolf von Habsburgs erwähnt. 1558–78 ließ Rüttger von der Horst († 1581) dann unter Benutzung alter Fundamente ein neues Schloß errichten, das im damaligen Westfalen ohne Beispiel gewesen sein dürfte: »eine regelmäßige, groß angelegte quadratische Schloßanlage, mit vier imponierenden mächtigen Ecktürmen, die Wände verschwenderisch geschmückt. Ein Bau von beispiellosem Reichtum, an den alles, was das Jahrhundert an dekorativen Schätzen zu vergeben hatte, mit vollen Händen ausgeteilt wurde«[42] (Richard Klapheck). Der Bauherr war Marschall des Kölner Erzbischofs und einflußreicher kurkölnischer Statthalter im Vest Recklinghausen. Vielfältige diplomatische Fäden bis nach Frankreich, Italien und die Niederlande hin, die an seinem Hof zusammenliefen, werden die wesentlichen künstlerischen Impulse für den Schloßbau in Horst ermöglicht haben. Als Architekten arbeiteten der Arnheimer Stadtbaumeister Arndt Johannsen to Boekop und später der Franzose Joist de la Court an der Anlage, als Bildhauer zusätzlich u. a. Heinrich Vernukken und sein Sohn Wilhelm sowie Laurenz von Bracchum aus Wesel.

Schloß Horst wechselte zu Anfang des 18. Jahrhunderts den Besitzer, wurde in der Folgezeit nur selten bewohnt, verwahrloste und verfiel schließlich. Um 1850 waren nur noch zwei Flügel vorhanden. Auf behördliche Anordnung wurden weitere Teile wegen angeblicher Baufälligkeit abgetragen. Ein Versuch des preußischen Königs Friedrich Wilhelm IV., einzelne Dekorstücke aus der Fassade käuflich erwerben zu lassen, scheiterte am Widerstand der Besitzerin. Heute vermittelt lediglich noch der an der Südseite verkürzte Eingangsflügel mit einem prachtvollen Erkerbau einen Eindruck von der ehemaligen Großartigkeit der Anlage, die im Stil der ›Lipperenaissance‹ errichtet wurde. Reich ornamentierte Schmuckelemente aus hellem Baumberger Sandstein beleben die rote Ziegelfassade. Von ursprünglich sieben größeren Kaminen hat sich auf Schloß Horst unverändert nur der sog. Küchenkamin (H. Vernukken, 1560–62) erhalten. Er zeigt über dem Sturz in einem Relief die Auferstehung der Toten am Jüngsten Tag nach der Vision des Propheten Ezechiel: »... es gab ein Rauschen; die Gebeine rückten aneinander, Knochen zu Knochen... Sehnen bildeten sich an ihnen, Fleisch wuchs empor, und Haut spannte sich oben darüber ... Da strömte der Geist in sie hinein; sie wurden lebendig und stellten sich aufrecht, eine überaus große Heerschar« (Abb. 25). Bruchstücke weiterer Kamine und Reste der reichen Bauplastik sind provisorisch im Innern des Schlosses aufgestellt. Prachtvolle Horster Kamine stehen heute auch im Wasserschloß Hugenpoet bei Essen-Kettwig (s. S. 130).

Beim Wasserschloß **Berge** in *Buer* dürfte der Mitteltrakt im Kern noch aus der ersten Hälfte des 16. Jahrhunderts stammen. Sein heutiges, spätbarockes Erscheinungsbild gewann Haus Berge 1785–88, als auch die beiden Seitenflügel im rechten Winkel angeschlossen wurden, so daß eine hufeisenförmige Anlage entstand (Baumeister Engelbert Kleinhansz). – Haus **Lüttinghoff** in *Hassel* wurde 1308 erstmals erwähnt, im 15. Jahrhundert dann neu errichtet und in der zweiten Hälfte des 17. Jahrhunderts erheblich umgebaut. Im Garten gibt es noch verwitterte Barockskulpturen, die antike Götter darstellen. – In der *Neustadt* konnte Haus **Leithe** kürzlich vor drohendem Verfall gerettet werden, ein zweigeschossiger Rechteckbau mit Treppengiebel, der im wesentlichen noch in die 2. Hälfte des 16. Jahrhunderts datiert, im 17. und 19. Jahrhundert allerdings umgebaut wurde.

In der Gelsenkirchener Altstadt wurde das neugotische Rathaus (Heinrich Wiethase, 1894) 1970 zugunsten eines modernen Geschäftsbaus abgerissen. Als Rathaus der Stadt dient heute an erster Stelle das **Hans-Sachs-Haus,** ein ausgewogener expressionistischer Klinkerbau mit abgerundeten Ecken und ausgeprägten Gesimsbändern (Alfred Fischer, 1922–27; Abb. 108). Im Zentrum richtete man anstelle eines Binnenhofes einen großen Konzertsaal mit über 1500 Plätzen ein. Ursprünglich war geplant, die Hälfte des vorhandenen Büroraums an die Privatwirtschaft unterzuvermieten. Ein Teil des Gebäudes diente zeitweilig als Hotel.

Inzwischen reicht das gesamte Hans-Sachs-Haus bei weitem nicht aus, um die Stadtverwaltung Gelsenkirchens unterzubringen. So befinden sich z. B. die technischen Stadtämter im ehemaligen **Rathaus** von *Buer*. Hier wurde in Verbindung mit der späten Stadterhebung (1911) ein weitläufiger, kühl wirkender Monumentalbau mit hohem Uhrturm (Reg.-Baumeister Heil, 1910–12) errichtet. Der geplante Ausbau der Umgebung zu einem angemessenen Stadtforum beschränkte sich allerdings auf wenige repräsentative Gebäude und wurde durch die Eingemeindung von Buer nach Gelsenkirchen gestoppt.

Zu den gelungenen Anlagen aus den ersten Jahren unseres Jahrhunderts zählt in *Heßler* der **städtische Schlachthof** (Stadtbaurat Arend, 1908–13). Die Schlachthalle und die mehrschiffigen Stallgebäude gehören zu den frühesten Beispielen des konsequenten Stahlbetonbaus im Ruhrgebiet. Auffällig ist der Wasserturm, der einer kleinen Sternwarte ähnelt. Am Haupteingang deutet die Steinskulptur eines bekränzten Stieres, auf dessen Nacken ein kleiner Junge mit einem Beil hockt, allegorisch an, was in den weiten Hallen automatisiert vollzogen wird (Abb. 121). – An qualitätvollen öffentlichen Gebäuden der zwanziger Jahre müssen Verwaltung und Betriebshof der Bochum-Gelsenkirchener Straßenbahn (Franke), das Volkshaus in *Rotthausen* (Fischer) sowie zwei Wohn- und Geschäftshäuser in der Altstadt erwähnt werden, bei denen jeweils ein spitzwinkliger Grundstückszuschnitt die Möglichkeit einer dramatischen Eckgestaltung im expressionistischen Stil bot: Haus Ecke Ringstraße/Weberstraße (Franke) und Haus Ecke Bismarckstraße/Hauptstraße (Theodor Waßer).

Als gelungenes Beispiel formschöner Architektur der letzten Jahrzehnte kann man das Gelsenkirchener **Stadttheater**, das ›Musiktheater im Revier‹, einen kubischen Baukörper mit zurückhaltender Vorhangfassade, würdigen (Architekten Max von Hausen, Ortwin Rave und Werner Ruhnau, 1956/60; Plastiken und Wandbilder von Yves Klein, Norbert Kricke, Jean Tinguely). Der Zuschauerraum (1200 Plätze) ist quasi in das weitläufige, über mehrere Etagen angelegte Foyer hineingestellt. Große Glasflächen lassen den Besucherblick während der Vorstellungspausen in die Wirklichkeit der umgebenden Stadt- und Industrielandschaft schweifen, bis hin zum Fördergerüst der ehemaligen Schachtanlage Oberschuir.

Diese im Stadtteil *Feldmark* gelegene Zeche, eine Nebenanlage des Bergwerks **Consolidation,** wurde 1908 als homogenes Bauensemble von beachtlicher künstlerischer Qualität errichtet. Neben einem Deutschen Strebengerüst – ehemals typisch für das Ruhrgebiet, heute bereits rar – und der Waschkaue verdient vor allem die Maschinenhalle Beachtung (Farbt. 25). Sie steht an der Schwelle zur frühen Moderne. Elemente des Jugendstils und sparsame Architekturzitate aus dem Neubarock verbinden sich zu einem harmonischen Nebeneinander. Rote Ziegel- und gelbe Putzflächen kontrastieren in einem lebhaften Wechselspiel. Ein repräsentativer Querhausgiebel wird durch einen Dachreiter überhöht, der seinen Abschluß in einer geschweiften Haube findet; Uhr und Glocke wurden inzwischen entfernt. Die Maschinenhalle besitzt noch ihre Originalausstattung, u. a. eine elektrische Trommelfördermaschine.

Im Gegensatz zu Oberschuir besteht die Zeche **Holland** in *Überkendorf* aus Bauten verschiedener Epochen. Hier blieb – einzig für das Ruhrgebiet – eine Doppelschachtanlage mit

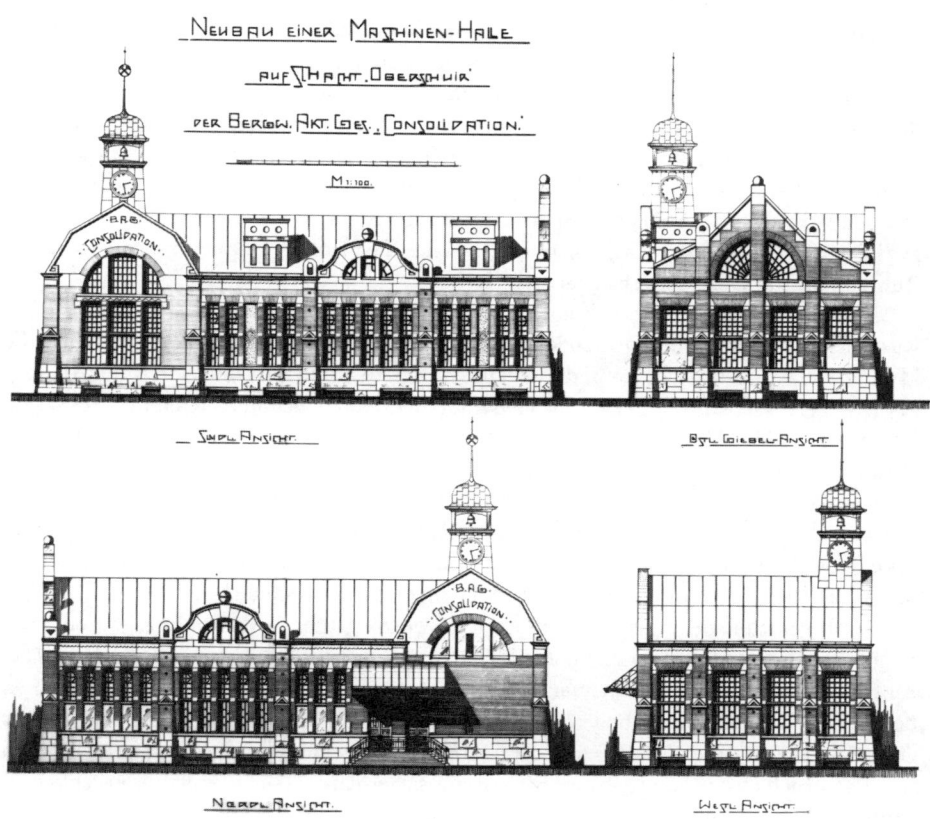

Gelsenkirchen-Feldmark, Schachtanlage Oberschuir des Bergwerks Consolidation, Maschinenhalle

zwei aufeinander ausgerichteten Malakofftürmen erhalten, in der zweiten Hälfte des 19. Jahrhunderts ein relativ häufiger Bautyp. Im Laufe früherer Modernisierungsmaßnahmen im Dienste der effektiven Kohleförderung wurde die Anlage allerdings erheblich verändert. Die beiden Türme sind heute unterschiedlich hoch. Mit regelmäßig angeordneten Rundbogenfenstern, Ziegelfriesen und oktogonalen Ecktürmen erinnern sie von fern an englische Tudorarchitektur (Abb. 47). Den Zwischenraum nimmt inzwischen anstelle des historistischen Maschinenhauses ein schlichter Waschkauentrakt aus den 1920er Jahren ein. Außerdem steht noch ein Werkstatt- und Maschinengebäude (nach 1885) mit zwei reichgegliederten Rundbogenfenstern an der vorderen Giebelseite. Ein expressionistisch gestaltetes Ventilatorengebäude (1925) erinnert an Fritz Schupp und Martin Kremmer, die mit verschiedenen Bauten auf den Gelsenkirchener Zechen Holland und Alma ihren Stil der Öffentlichkeit vorstellten, der dann die Industriearchitektur des Ruhrgebiets in den nächsten Jahrzehnten prägen sollte.

Bald nach dem Zweiten Weltkrieg gab Schupp in Gelsenkirchen-*Horst* der Zeche **Nordstern** ihre heutige Gestalt (Abb. 35). Unter Berücksichtigung älterer Werksteile formierte er das Bauwerk zu einem gut gegliederten Ensemble, dessen Baukörper auch optisch aufeinander bezogen sind. Ein traditionelles Stahlfördergerüst und ein rundum geschlossener moderner Förderturm aus Stahlfachwerk prägen die Silhouette in augenfälligem Kontrast. Der Name Nordstern will andeuten, daß diese Zeche bei Beginn der Abteufungsarbeiten (1857) ein weit vorgelagerter Außenposten der Kohleförderung war. – Auf der Schachtanlage III/IV/IX von Consolidation in Bismarck steht eines der letzten Doppelstrebengerüste des Ruhrbergbaus in Gitterträgerbauweise.

Die Herstellung von Treibstoff aus Kohle wurde seit 1935 im Dienst von Autarkie- und Rüstungsbestrebungen des Dritten Reichs forciert betrieben. Dementsprechend standen die Hydrierwerke in Deutschland in diesen Jahren unter besonderer Obhut der NSDAP. Das *Hydrierwerk Gelsenberg Benzin* in Gelsenkirchen-*Horst* (Schnupp/Kremmer, 1937–42; heute *Werk Horst* der RUHR OEL GmbH) erweist sich auch in seiner Architektur als Prestigeprojekt des NS-Regimes. Das Kesselhaus (Abb. 107) zeigt zwar durchaus Übernahmen expressionistischer Fassadengestaltung (Lisenen, vertikale parallele Fensterbänder, horizontal geschichtete Musterungen aus Ziegelvor- und -rücksprüngen an den Gebäudeecken), der herrschende Zeitgeist wird aber in der Dimension der Anlage und der kompakten Addition der Baukörper bis zur Überhöhung durch die Kamine hin sichtbar. Er äußert sich stärker noch in der Anlage des nur noch in Teilen erhaltenen Verwaltungsgebäudes mit reichlicher Verwendung von Natursteinblöcken und einer Eingangssituation, die damals bei zahlreichen Staats- und Parteibauten ihre Parallele fand: Der Besucher muß zunächst einen bedrückend wirkenden Torbogen mit Natursteinfassung durchschreiten und erreicht das gegenüberliegende Portal erst nach der Durchquerung eines Innenhofs. »Dieses Prinzip schuf natürlich Distanz und gab dem ganzen eine sicherlich nicht ungewollte Feierlichkeit«[43] (Wilhelm Busch). Die Treibstoffproduktion wurde 1944 durch Bombentreffer lahmgelegt. Seit 1950 wird in der Anlage Erdöl weiterverarbeitet.

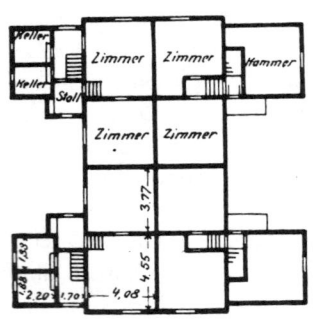
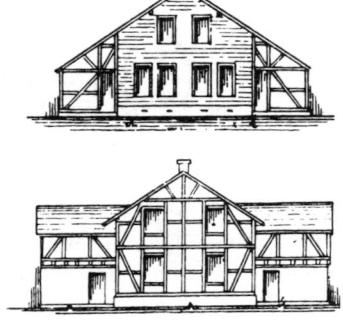

Grundriß und Aufriß (in beiden Varianten) des Gelsenkirchener Koloniehaustyps. Beispiele aus der inzwischen abgetragenen Siedlung Sophienau

Auf Gelsenkirchener Stadtgebiet blieb vereinzelt **Wohnbebauung** aus vorindustrieller Zeit erhalten, z. B. ein klassizistisches Bürgerhaus von 1811 in der Hauptstraße im Stadtzentrum, ein verschiefertes Fachwerkhaus mit Krüppelwalmdach im bergischen Stil. – Anschließend an die Altstadt gibt es, vor allem im Nordosten (Hohenzollernstraße, Augustastraße) und im Süden *(Neustadt)*, qualitätvolle Stadthäuser in Neorenaissance oder Jugendstil. – Manche Vororte, namentlich *Bismarck, Erle, Rotthausen* und *Ückendorf,* spiegeln an ihren Hauptdurchgangsstraßen mit einem kunterbunten Gemisch überladener Stuckfassaden noch etwas von dem Rausch der Gründerzeit wider, als der erste Höhepunkt des Kohleabbaus der Region Investitionen unerwarteter Dimension bescherte. Nur wenig entfernt vom Ortskern öffnete sich dann die Lebenswelt der Bergarbeiter; noch heute bilden ca. hundert Kolonien ungefähr 10 % des Gelsenkirchener Wohnungsbestands.

Der **Arbeiterwohnungsbau** entwickelte in dieser Stadt einen eigenen Typ des Koloniehauses, der während der siebziger und achtziger Jahre des vorigen Jahrhunderts auf (heutigem) Stadtgebiet 21 Siedlungen prägte. Das Gelsenkirchener Arbeiterwohnhaus für vier Familien besitzt als Eigenart die Angliederung von jeweils zwei kleineren Quergebäuden an den beiden Seitenfronten. Diese Querflügel, die eine Hofnische umschließen, tragen ein eigenes Satteldach, oder das Dach des Hauptbauses wird als Schleppdach weiter heruntergezogen, so daß die Giebelfassade ein breit-behäbiges Aussehen gewinnt. Jede Wohneinheit verfügt über vier Räume auf zwei Etagen. In den Seitenflügeln sind zusätzlich Treppe, Toilette und zwei Wirtschaftsräume untergebracht, die als Küche, Waschküche oder Vorratsraum genutzt werden können. Bei manchen Siedlungen ist einer dieser Räume nur vom Hof her zugänglich; er war demnach als Schuppen oder Stall vorgesehen. In den Querbauten ist oben auch noch Platz für eine weitere Schlafkammer, die zusätzlich an Schlafgänger vermietet werden konnte. Die Häuser stehen zumeist linear aneinandergereiht mit dem Giebel zur Straße hin. Sie sind durchweg aus Ziegelstein gebaut, wurden z. T. später verputzt und gelegentlich auch verschiefert. Gute Beispiele für die architektonische Harmonie dieses Gelsenkirchener Haustyps sind heute u. a. die Siedlungen *Klapheckenhof/Gravenhof* in *Heßler* und *Haverkamp* in *Bismarck.* Von der Kolonie *Funkenburg* (1885) in *Schalke* stehen noch drei Häuser aus Holzfachwerk, das mit Ziegeln ausgemauert wurde (Abb. 84).

Die berühmteste Arbeiterkolonie der Stadt weist keine Häuser des Gelsenkirchener Typs auf, stammt in ihren wesentlichen Teilen aber ebenfalls aus der Frühzeit des Arbeiterwohnungsbaus im Ruhrgebiet. **Flöz Dickebank** (früher *Ottilienau*) in *Ückendorf* konnte 1973–76 dank des erfolgreichen Engagements der Bewohner vor dem drohenden Abriß gerettet werden und wurde zum ermutigenden Symbol eines erfolgreichen Bürgerwiderstands gegen die Macht hausbesitzender Konzerne und lokaler Behördenapparate. Die Zeche Rheinelbe ließ 1872–75 in Ückendorf 68 einfache Koloniehäuser errichten, wobei angeblich auch französische Kriegsgefangene aus dem Krieg von 1870/71 eingesetzt wurden. Der ursprüngliche Plan, in der Mitte ein Waschbadehaus, eine Kinderverwahranstalt, eine Bäckerei und eine Vergnügungshalle zu errichten, mußte offenbar aus Kostengründen bald fallengelassen werden. 1904–06 entstanden vierzehn weitere Häuser, die sich trotz einer aufwendigeren Gestaltungsweise gut in die Siedlung einpassen. Vier höhere Eckhäuser wer-

Gelsenkirchen-Erle, Schievenfeld-Siedlung, Häuserzeile mit Torhausanlage

teten nun die Kreuzung Ottilienaustraße/Flöz Dickebank als Zentrum der Kolonie zu einem kleinen Marktplatz auf. Die Straßen sind baumbestanden und heute noch z. T. kopfsteingepflastert (Abb. 83). Gußeiserne Laternen und verzierte Kanaldeckel vervollständigen das idyllische Bild einer humanen Wohnumwelt, die dem Bergmann an Feierabend und Sonntag für die harte und gesundheitsschädigende Untertagearbeit einigen Ausgleich bieten konnte.

Durch Bürgerprotest konnten in den letzten Jahren auch die beiden nüchtern-strengen Häuserzeilen entlang der **Auguststraße** in *Erle* vor dem bevorstehenden Abbruch gerettet werden. Die 1886 errichteten Vierfamilienhäuser weichen vom damals üblichen Kreuzgrundriß ab und weisen auf den beiden Etagen jeweils zwei Dreiraumwohnungen auf. Der Straßenzug gewinnt als gutes Beispiel für den frühen Koloniebau unter städtischen Bedingungen vornehmlich seinen Reiz im Kontrast zur direkt anschließenden **Bismarcksiedlung** aus den Jahren unmittelbar vor dem Ersten Weltkrieg, einer Gartenstadt mit abwechslungsreich gestaltetem Straßenbild und altfränkisch dekorierten Fassaden, die den Eindruck einer süddeutschen Kleinstadt suggerieren. Den Abschluß zur Cranger Straße hin bildet ein Ensemble von dreieinhalbstöckigen Stadthäusern, das – mit Erkern und Fachwerkgiebeln ausgestattet – Alt-Nürnberg zu imitieren scheint. – Von gleichen Idealen ließ sich die Zechengesellschaft offenbar auch bei der **Schievenfeld-Siedlung** im Norden von *Erle* inspirieren, wo besonders eine ausladende Torhausanlage beeindruckt und mit Allee, Straße, Anger und Marktplatz alle Straßenraum-Typen durchgespielt werden (1912–14).

Demgegenüber dokumentierte die Weimarer Zeit ihre Suche nach neuen Wegen im Wohnungsbau für Gelsenkirchen mit der expressionistischen **Vittinghoff-Siedlung** in *Schalke,* die bezeichnenderweise auch nicht von einer Zechengesellschaft, sondern von einer gemeinnützigen Baugenossenschaft errichtet wurde (Alfons Fels, 1926/27; Abb. 94). Die Wohnungen in den vier langgestreckten, flachgedeckten, weißverputzten Baublöcken orientieren sich auf einen Innenhof mit Grünanlage und Kinderspielplatz hin, der sich als Aktions- und Kommunikationsfeld für die Freizeit regelrecht anbietet. Die Fassaden der Bauten werden in der Horizontalen durch umlaufende Galerien gegliedert, in der Vertikalen durch Treppenhaustürme. Arkadengänge betonen die Kopfbauten am Hofeingang.

Als Sonderfall einer Gelsenkirchener Siedlung soll abschließend noch die 1931 ins Leben gerufene Künstlerkolonie Halfmannshof in Rotthausen erwähnt werden, ein Domizil freischaffender Künstler und Kunsthandwerker der Avantgarde.

Herne

»Herne ist ein weitläufig aus 116 Häusern bestehendes und einem Flecken
ähnelndes Kirchdorf in der Herrschaft Strünkede, an der Landstraße, die von
Dortmund über den Krang nach Holland führet, anderthalb Stunden von
Bockum und eben so weit von Castrop, gelegen. Die Gegend umher ist sehr
fruchtbar und angenehm.«[44]   *(Johann Diederich von Steinen, 1757)*

»Dringen wir weiter in das Dunkel der Vergangenheit. Burgen und Schlösser
erstehen vor unsern erstaunten Augen. Es herrscht menschenleere Stille und
Öde. In den dunklen Wäldern, die uns're Heimat bedeckten, jagten die
Burgherren Wildschweine, Rehe und Hirsche. Der Schall der Jagdhörner
und das Gebell der Meute durchdrangen die Fluren, auf denen in der Gegenwart der Pfiff der Lokomotive und die Klingel der Elektrischen ertönt. Wo
einst in dem angrenzenden sumpfigen Emscherbruch die wilden Emscher-
pferde sich tummelten, sieht man jetzt fruchtbare, wohlgebaute Wiesen und
Felder, und dem Emscherfluß sind heilsame Fesseln angelegt...«[45]

(Gustav Hegler, 1903)

1911 stieß man bei Kanalbauten in der Nähe von Herne auf Zeugnisse menschlichen Lebens
aus der Zeit des Neandertalers: Das heute im Emschertal-Museum auf Schloß Strünkede (s.
S. 260) verwahrte ›Herner Faustkeil-Inventar‹ ist mindestens 80 000 Jahre alt und umfaßt
u. a. »sieben Faustkeile, ... Werkzeug vorgeschichtlicher Jäger, die zur Eiszeit das
Emscherbruch durchpirschten, um Mammut, Riesenhirsche oder Höhlenbären zu jagen«[46].

In geschichtlicher Zeit taucht der Ortsname ›Herne‹ erstmals 890 im ältesten Urbar des
Klosters Werden auf. Unter den Abgabe- und Dienstpflichtigen im Brukterergau findet sich
auch ein Mann namens Berathwini aus *haranni.* Wohl bis ins 10. Jahrhundert zurück reicht
die Tradition einer dem hl. Dionysius geweihten Pfarrkirche. 1142 wird erstmals der Name
der Ritter von Strünkede in der schriftlichen Überlieferung genannt. Von seiner nördlich des
Dorfes gelegenen Burg aus konnte dieses Geschlecht einigen Einfluß auf die Geschicke
Hernes gewinnen, so etwa die Gerichtsherrschaft und patronatähnliche Rechte über die
Pfarrkirche. Als die Familie allerdings 1686 zur reformierten Kirche übertrat, blieb die
Gemeinde dem lutherischen Bekenntnis treu. Die Schloßherren standen jahrhundertelang
im klevisch-märkischen und später im brandenburgisch-preußischen Dienst. Um den ›dul-
len‹ Jobst von Strünkede (1500–1529) rankt ein Kranz von Sagen und Schauermärchen: Als
verwegener Raubritter habe er alle Standesgenossen an Fehde- und Rauflust übertroffen.

Bis an die Schwelle der industriellen Revolution blieb Herne ein Bauerndorf. 1809 wurden
114 Häuser mit 575 Bewohnern gezählt. Ein 1847 im Zuge der Köln-Mindener Eisenbahn
eröffneter Bahnhof brachte von Bochum und Recklinghausen aus einen starken Zubringer-
verkehr nach Herne. Die Bevölkerungszahl betrug damals 999. Sie sollte sich noch einmal
verdoppeln, bevor die erste Zeche in Förderung ging. Die Bahnhofstraße zwischen Dorf und
Station wurde als Hauptgeschäftsstraße später zur Zentralachse der städtischen Bebauung.
Sie weist heute noch zahlreiche stattliche Gründerzeitfassaden und vereinzelt auch Fachwerkhäuser aus ihrer Frühzeit auf.

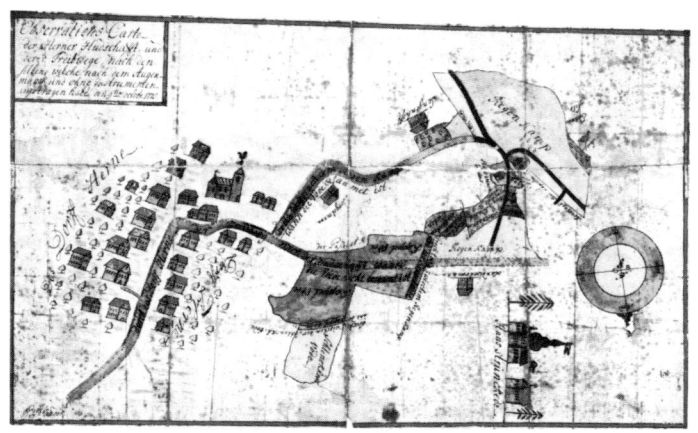

Herne, Viehtreibekarte von 1775. Links erkennt man das Dorf, rechts unten Schloß Strünkede

Als der Ire Thomas Mulvany 1856 mit der Abteufung einer Schachtanlage bei Herne begann, gab es zunächst einmal einen kleinen Bauernaufstand. Trotzdem konnte die Zeche Shamrock (= Kleeblatt, das Wahrzeichen Irlands) 1860 die Förderung aufnehmen. Während der nächsten Jahrzehnte entstanden in Herne neben weiteren Bergwerken in rascher Folge Maschinenfabriken, namentlich auch für die Belange des Bergbaus.

1897, im Jahr der Stadterhebung, zählte Herne fast 22 000 Einwohner. 1908 wurden *Baukau* und *Horsthausen* eingemeindet, 1928 *Sodingen, Holthausen* und *Börnig*. Im Westen von Herne schlossen sich im gleichen Jahr *Wanne* und *Eickel* zu einer kreisfreien Stadt zusammen. Wanne-Eickel wurde 1975 mit inzwischen 93 000 Einwohnern nach Herne eingemeindet, wo im gleichen Jahr nur 11 000 Menschen mehr lebten. Die Bevölkerungszahl von Groß-Herne sank dann bis 1985 (um ca. 17 400 Personen) auf rund 179 600.

Einziger erhaltener Sakralbau aus vorindustrieller Zeit und überhaupt das älteste noch bestehende Gebäude der Stadt ist die ehemalige **Schloßkapelle** im Park von Strünkede. Werksteinfassungen an ihrer Südwand stammen vielleicht noch vom Gründungsbau von 1272. Alles übrige wird wohl im 14./15. Jahrhundert errichtet worden sein. Der jetzige Dachreiter wurde erst in der Nachkriegszeit aufgesetzt. Der Altaraufsatz im polygonalen Chor des kleinen, einschiffigen Backsteinbaus stammt aus der 1876 niedergelegten Dionysiuskirche. Er war damals der evangelischen Kirchengemeinde in Recklinghausen geschenkt worden und konnte nach dem Zweiten Weltkrieg von der Stadt Herne zurückerworben werden. Das Mittelbild mit dem kreuztragenden Christus ist allerdings nicht original. Die Kapelle birgt mehrere Alt-Herner Grabplatten, darunter auch die Totentafel der Margarethe von Asbeck, der Gemahlin des tollen Jobst.

Beim Abriß der alten evangelischen Dorfkirche in Eickel gelangte 1890 aus der nördlich angefügten ›Dornburger Grabkapelle‹ das prächtige Barock-Grabmal Conrad von Strünkedes nach Witten ins Märkische Museum (Werkstatt Gröninger, Münster, um 1710). Es umfaßt

u. a. dreizehn überlebensgroße Sandsteinfiguren: Der Freiherr von Strünkede hält in der rechten Hand das Schwert, die Freifrau in der Überzeugung christlicher Heilsgewißheit eine halb aufgeschlagene Rolle mit dem Hiob-Spruch »Ich weiß, daß mein Erlöser lebt«.

Die anstelle der mittelalterlichen Dorfkirche im Herner Stadtzentrum 1873–75 errichtete neugotische **Kreuzkirche** (Flügge/Zindel) bildet mit ihrem grün oxydierten Spitzhelm den Blickpunkt am Südende der Bahnhofstraße.

Unter den übrigen zahlreichen Pfarrkirchen im historistischen Stil fällt die katholische Pfarrkirche **St. Joseph** in *Eickel* durch individuelle Gestaltung auf. Der neuromanische Bau mit Ruhrsandsteinverblendung (Karl Pinnekamp, 1909/11) besitzt eine oktogonale Vierungskuppel sowie ein Doppelportal, bei dessen Gestaltung sich der Architekt offenbar durch die Klosterkirche St. Zeno in Verona (12. Jh.) inspirieren ließ. Sechs wuchtige Säulen, die den Vorbau tragen, lasten auf dem Rücken von drei Steinlöwen, weswegen im Volksmund der Name ›Löwenkirche‹ aufkam (Abb. 119). Auf den Ausbau des Glockenturms zur vorgesehenen Höhe und Form sowie auf zwei Chortürmchen mußte aus Geldmangel verzichtet werden.

Im neugotischen Turm der katholischen Hauptkirche **St. Bonifatius** (1872–74) an der Bahnhofstraße im Herner Stadtzentrum ist z. Z. verblüffenderweise der Verkaufsraum eines Schuhgeschäfts untergebracht. Das Kirchenschiff wurde 1976 abgetragen und in einiger Entfernung hinter dem Turm eine moderne Kirche aus Beton errichtet. Sie besitzt von der neugotischen Ausstattung des Vorgängerbaus noch die geschnitzte Rückwand des Hochaltars und vierzehn Kreuzwegtafeln. In dem quadratischen Zentralraum verläuft oben an zwei Wänden ein horizontales Mosaikband, das hinter dem modernen Altar in Kreuzesform durch ein weiteres, vertikales Band durchstoßen wird. Der Fries erzählt in Bildern aus dem Alten und Neuen Testament die christliche Heilsgeschichte, rechts beginnend mit der Erschaffung des Paradieses; über dem Altar dann der erhöhte Erlöser nach der Auferstehung von den Toten; links schließen Episoden aus dem Leben des hl. Bonifatius an (Erentrud Trost OSB).

Herne, der ›dulle‹ Jobst auf Notgeldscheinen von 1921. Links versetzt er als spukender Geist die Bevölkerung in Schrecken, rechts weist er zu seinen Lebzeiten vor der Stadtmauer von Recklinghausen einen Bürger in die Schranken.

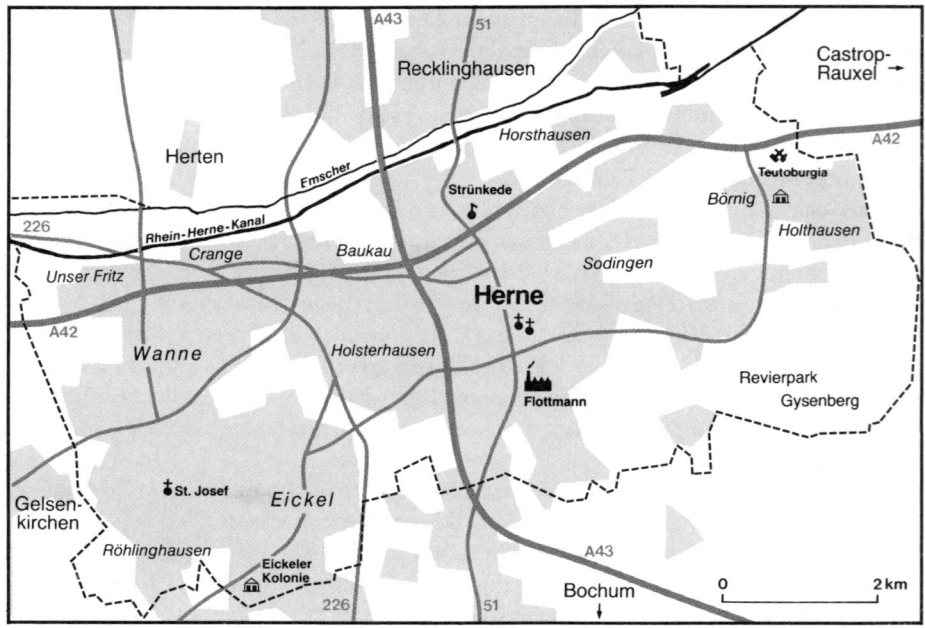

Herne, Stadtgebiet

Das **Wasserschloß Strünkede** wird 1263 erstmals in den Quellen genannt. Während der nächsten Jahrhunderte wurde die Burg des offenbar jähzornigen und streitsüchtigen Ritter-geschlechts oft belagert, berannt, erobert und zerstört. Der heutige Baubestand umfaßt einen quadratischen Eckturm und zwei im Winkel angefügte Flügel des Herrenhauses sowie die bereits erwähnte Schloßkapelle. Über der Durchfahrt zum Hof markiert ein Wappen-schild ›Anno 1664‹ als Datum der Bauvollendung. Der Turm ist im Kern vermutlich erheb-lich älter. Die Innenausstattung ging fast vollständig verloren. Zu erwähnen sind eine Gräf-tentoilette, Konsolen eines Renaissancekamins und ein anmutiger Vitrinenschrank des Rokoko. Außerdem gelangte das Familiengrabmal des ›gelehrten‹ Jobst von Strünkede († 1602) aus der alten Dionysiuskirche in die Wasserburg, die heute das Städtische Emschertalmuseum beherbergt.

Mit starken, durch Bergsenkungen hervorgerufenen Mauerrissen bietet die ehemalige Wasserburg **Haus Crange** im gleichnamigen Herner Vorort (Straße Altcrange) z. Z. ein verwahrlostes Bild. Ihre bereits im vorigen Jahrhundert verfallene Schloßkapelle war dem hl. Laurentius geweiht. Die am St. Laurentiustag (10. 8.) alljährlich gefeierte ›Cranger Kirmeß‹, die größte des Ruhrgebiets, geht auf einen Pferdemarkt zurück. Dort wurde bis an die Schwelle zum Industriezeitalter mit Wildpferden aus dem nahegelegenen Emscherbruch gehandelt.

Kurz nach der Stadterhebung errichtete man in Herne die maßgeblichen öffentlichen Gebäude neu und gruppierte sie dabei zu einem großzügigen, repräsentativen **Stadtforum.** Im Zentrum der Anlage steht das *Rathaus* (Wilhelm Kreis, 1911/1912). Sein markanter Mittelrisalit öffnet sich im Erdgeschoß zu einem Laubengang. Darüber folgen Pilaster mit ionischem Kapitell sowie ein Frontispiz, Dachterrasse und ein Uhrturm. Ebenfalls noch in Neorenaissance-Formen gestaltet, begrenzt das Gebäude des *Amtsgerichts* den Rathausvorplatz links (1920), während rechts expressionistische Bebauung anschließt (1927–29). Der älteste Großbau des Behördenforums, das etwas abseits liegende *Postamt*, besitzt geschweifte Ziergiebel und einen Eckturm mit barockisierender Zwiebelhaube (1910).

In ähnlichem Stil war 1903/04 bereits in *Wanne* das Amtshaus und spätere Rathaus errichtet worden. Neben dem Bahnhof von Wanne-Eickel fällt ein originell gestalteter **Weltkriegsbunker** auf (Abb. 134). Der wuchtige, quadratische Turm ist zunächst mit mehreren Reihen sorgfältig angeordneter Lichtschlitze ausgestattet. Darüber folgen eine Reihe kleiner Rundbogenfenster, ein Konsolfries mit kräftig akzentuierten Rundbögen und eine weitere Reihe, nun etwas größerer Rundbogenfenster. Der Bau schließt mit einem sehr flachen Pyramidendach. Er erinnert in manchen Details an einen Festungsturm aus der Stauferzeit.

Eindrucksvollstes Monument des **Bergbaus** auf Herner Stadtgebiet ist gegenwärtig die Zeche *Pluto (Wanne),* für die Fritz Schupp 1953 ein Doppelbockfördergerüst mit Schachthalle, 1957 eine Waschkaue und 1965 ein Bürogebäude entwarf. Auf der Zeche *Hannibal* in *Eickel* (Betriebseinstellung 1973) wurde noch 1976 ein vorzüglich gestalteter Malakoffturm niedergerissen. Erhalten blieb hingegen ein Malakoffturm von 1873 bei der Schachtanlage II/III der Zeche *Unser Fritz* in *Wanne,* die 1872 noch im Siegesrausch des deutsch-französischen Krieges nach dem Kronprinzen und späteren deutschen Kaiser Friedrich III. so getauft worden war (Abb. 57). Ein Deutsches Strebengerüst des Bergwerks *Friedrich der Große* in *Horsthausen* (Betriebseinstellung 1978) gelangte in zerlegtem Zustand zur Zeche Zollern II/IV nach Dortmund-Bövinghausen. Im Rahmen der dortigen Museumsplanungen harrt es der Remontage als Ersatz für ein nahezu identisches Gerüst, das 1972 verschrottet worden war, als noch nicht die Idee eines Westfälischen Industriemuseums im Raum stand.

1902 siedelte die Firma **Flottmann** von Bochum nach Herne über. Das renommierte Unternehmen für Bergbaumaschinen konnte hier u. a. einen Gesteinsbohrer mit Kugel-

Herne, Fassadentrakt der Firma Flottmann. In der Mitte die Ausstellungshalle, links die Versandhalle, rechts Schmiede und Schlosserei

Herne, 1902 (E. Frank). Im Vordergrund die Köln-Mindener Eisenbahnlinie. Links verläuft die Bahnhofstraße ins Stadtzentrum, dort erkennt man die Glockentürme der beiden Stadtkirchen.

steuerung entwickeln, der bald weltweite Verbreitung fand. Nach Entwürfen der Architekten Schmidtmann und Klemp wurde 1908 mit dem Bau einer neuen, bemerkenswerten Fabrikanlage begonnen, von der nach einer Betriebsumsiedlung der Trakt parallel zur Flottmannstraße vor dem Abrißbagger gerettet und zu einem Kulturzentrum ausgebaut werden konnte. Der symmetrisch gegliederte, fünfschiffige Baukörper von außerordentlich hoher Qualität verbindet die Formensprache des ausklingenden Jugendstils Darmstädter Richtung mit sachlicher

Strenge und Monumentalität. Das früher vielbestaunte, schmiedeeiserne Haupttor der Fabrikumfriedung (Füssmann, 1898), das 1900 auf der Pariser Weltausstellung gezeigt worden war, gelangte um 1970 in den Park von Schloß Strünkede (Abb. 123).

Abschließend noch drei Beispiele aus der großen Zahl der Herner **Bergarbeitersiedlungen.** Direkt zu Füßen einer Abraumhalde der Zeche Königsgrube liegt in *Röhlinghausen*

(Gudrunstraße, Siegfriedstraße) eine kleine Kolonie, die dem Planungsschema des frühen Wohnungsbaus im Ruhrgebiet folgt: Entlang kurzer Stichstraßen wurden linear Vierfamilienhäuser aus schlicht strukturiertem Ziegelmauerwerk – alle vom gleichen Typ – aneinandergereiht. Die großen Gärten werden zumeist sorgfältig gepflegt. – An der Stadtgrenze entstand in mehreren Bauperioden zwischen 1864 und 1909 die *Eickeler Kolonie* für Bergleute der Zeche Hannover II/IV im benachbarten [Bochum-]Hordel, seit 1900 nach Entwürfen von Robert Schmohl. Hier findet sich eine Reihe verschiedener Haustypen, vom einfachen Zweifamilienhaus über das großzügige Vierfamilienhaus der Jahrhundertwende im englisch inspirierten Landhausstil bis hin zu stadthausähnlichen Bauten. – In *Börnig* liegt mit der Siedlung *Teutoburgia* eine Gartenstadt von hohem architektonischem Rang (1902–14). Als Hauptorientierungslinie wurde die gradlinig geführte, alleeartig gestaltete Baarestraße optisch auf ein Fördergerüst der Zeche Teutoburgia hin orientiert. Mehrere baumbestandene Seitenstraßen schwingen in weiten Bögen aus. Eine Vielzahl unterschiedlicher Haustypen vermittelt abwechslungsreiche Straßenbilder. Ins Auge fallen etwa phantasievolle Dachlösungen, originell gestaltete Giebel, eingestreute Fachwerkflächen etc. Ein kleines Waldstück beim alten Zechengelände und ein angrenzender Sportplatz steigern die Freizeitqualität der Kolonie.

Castrop-Rauxel

Die älteste Namensnennung erfolgte in einer Urkunde vom 23. November 834, die allerdings nur in späteren Abschriften überliefert ist: Ein gewisser Frithuard gewinnt vom Bischof Gerfried von Münster, einem Neffen und Nachfolger des hl. Liudger, in einem Tauschverfahren verschiedene Ländereien, u. a. im Brukterergau ... »in pago Bortergo, in villa quae dicitur *Castorp*«. In den Werdener Heberollen von 882 und ca. 1150 tauchen daneben weitere Siedlungs- und Flurnamen aus der Region auf. Ein erst für das 15. Jahrhundert zweifelsfrei gesicherter Reichshof gilt als Gründung Kaiser Karls des Großen und als Keimzelle des Dorfes Castrop, das seit dem 13. Jahrhundert Sitz eines ›Gerichts‹ (d. h. eines kleineren Verwaltungsbezirks) war und 1484 zur ›Freiheit‹ (d. h. hier: Stadt minderen Rechts) erhoben wurde.

Um 1830 grub Friedrich Harkort bei Castrop einige Jahre lang erfolgreich nach Raseneisenstein. Seit 1866 ließ der Ire Thomas Mulvany in unmittelbarer Nähe der noch kleinen Stadt die ersten Schächte für den Kohleabbau niederbringen. Die Zeche wurde nach seinem Heimatland Erin genannt. Mulvany verbrachte seit 1872 alljährlich die Sommermonate in Haus Goldschmieding im Südosten Castrops. Nach dem Vorbild seiner irischen Heimat organisierte er hier Pferderennen, deren Tradition bis heute weiterlebt. Wahrzeichen der Castroper Altstadt ist ein Reiterbrunnen auf dem Marktplatz, das bislang einzige Denkmal in Deutschland, das dem Rennsport gewidmet wurde (Georg Grassegger, 1912).

Auf der Zeche **Erin** wurde im Dezember 1983 die Kohleförderung endgültig eingestellt. Eine Erhaltung der wesentlichen Tagesanlagen als technische Denkmale dürfte plausibel erscheinen – handelt es sich hier doch um die einzige Zeche, die direkt im Zentrum einer

Castrop-Rauxel,
Zeche Erin I/II, 1934

größeren Ruhrgebietsstadt bis zur Gegenwart erhalten blieb. So bietet sich vom höher gelegenen Stadtteil Schwerin aus (Dortmunder Straße) ein eindrucksvoller Blick auf die Silhouette von Alt-Castrop, in der das Hauptfördergerüst von Erin und die Glockentürme der Hauptkirchen beider Konfessionen markante Akzente setzen (Abb. 149). Schacht III in der Bodelschwinghstraße besitzt einen markanten Hammerkopf-Förderturm in Stahlfachwerk.

Nachdem bereits 1902 erste Eingemeindungen vorgenommen worden waren, wurde Castrop 1926 mit den Ämtern *Rauxel* und *Bladenhorst* sowie den Gemeinden *Ickern, Deininghausen* und *Dingen* zur Stadt *Castrop-Rauxel* zusammengelegt. Im äußersten Norden kam zum 1. 1. 1975 dann noch die Gemeinde *Henrichenburg* hinzu. 1982 lebten in Castrop-Rauxel ungefähr 78000 Menschen.

In dieser Stadt mit ihrem weit ausufernden, streckenweise zersiedelten Areal wurde vor einigen Jahren der Versuch unternommen, durch ein großzügiges modernes **Forum** einen neuen Mittelpunkt zu schaffen, sicherlich auch, um die urbane Integrationskraft der Kommune zu stärken. Zwischen Castrop und Rauxel, in der Nachbarschaft von Sportstadion und Hallenbad formiert ein homogenes Ensemble verschiedener Bauten – u. a. *Rathaus, Europahalle, Sporthalle, Volkshochschule* – die beiden Längsseiten einer ausgedehnten, gestreckten Platzanlage, während die Schmalseiten sich zur Umgebung hin öffnen (Arne

Jacobsen, Otto Weitling, 1966 ff.; Abb. 102). Prägendes Element der beiden gegenüberliegenden Gebäudetrakte sind große Glasfronten und zum Platz hin ausschwingende Dächer. Die durchaus eindrucksvolle Anlage ›auf der grünen Wiese‹ zog bislang kaum weitere Mosaiksteine einer Citybildung nach, sondern wirkt von der verkehrsreichen Habighorster Straße aus gesehen etwas verloren.

Als infolge der durch den Bergbau herbeigeführten Bevölkerungsexplosion eine neue katholische Pfarrkirche für Castrop notwendig wurde, fand der Architekt Arnold Güldenpfennig eine vergleichsweise glückliche Lösung: Die um 1250 errichtete Hallenkirche **St. Lambertus** wurde in weiten Teilen in den Neubau (1889/90) integriert. Turm und südliches Seitenschiff fielen zwar der Spitzhacke zum Opfer, Mittel- und Nordschiff hingegen blieben als Teil des nördlichen Seitenschiffs der neuen Kirche erhalten, die in ihrer Architektur eines romanischgotischen Übergangsstils auch Anregungen aus dem mittelalterlichen Bauwerk übernahm. Dort sind vor allem kunstvolle Blattkapitelle sowie ein achtrippiges Kuppelgewölbe im Chorjoch bemerkenswert, wo die einzelnen Rippen in einem hängenden Schlußstein schließlich gebündelt werden. Die Apsis ist außen polygonal, innen aber halbrund gestaltet. Von der alten Ausstattung blieb ein hohes, frei stehendes Sakramentshaus mit reichem gotischen Fialenschmuck erhalten (Bernd Bunickmann zugeschrieben, bezeichnet 1516).
 Ein weiterer mittelalterlicher Sakralbau, ursprünglich die Eigenkirche einer Burg, liegt im Stadtteil *Henrichenburg*. Es handelt sich um eine kleine, frühgotische Saalkirche, die 1630 umgebaut wurde. Der Chor trägt die Jahreszahl 1463. Zu dieser Zeit dürfte auch der Glokkenturm entstanden sein. Die Kirche dient heute als Jugendheim. – In die gegenüberliegende große neugotische Pfarrkirche St. Lambertus transferierte man den spätgotischen Taufstein, der wie ein achtseitiger Pokal gestaltet ist. Der Turm dieses Gotteshauses büßte im letzten

Castrop, Ortsmitte gegen Ende des 19. Jahrhunderts. Links St. Lambertus, rechts die Lutherkirche, am rechten Bildrand die inzwischen abgetragene ›Burg‹, in der man zeitweilig den Reichshof Karls des Großen sehen wollte.

Weltkrieg seinen hohen Spitzhelm ein und erinnert seitdem unbeabsichtigt an englische Kirchtürme.

In die neugotische **Lutherkirche** im Castroper Stadtzentrum (G. A. Fischer, 1880/81) gelangte 1963 ein Renaissance-Epitaph aus Schloß Bladenhorst (um 1632). Es zeigt Philipp von Viermundt den Jüngeren († 1581), prächtig gekleidet, wenn auch in kniender Haltung. Philipp hatte an der Einführung der Reformation in der Castroper Region maßgeblichen Anteil.

Die expressionistische Kirche **St. Antonius** in *Ickern* (1922–1925, kath.) ist der bislang einzig bekannte Sakralbau des Essener Architekten Alfred Fischer, der ansonsten durch qualitätvolle Bergwerksarchitektur der frühen Moderne einen guten Namen besitzt. Das äußere Erscheinungsbild der aus wenigen Baukörpern zusammengefügten Backsteinkirche beeindruckt durch eine klare Gliederung. Der wuchtige Turm setzt in die umliegende, gartenstädtisch zerfließende Siedlungsbebauung einen markanten städtebaulichen Akzent. Parallel gereihte, schlichte Strebbögen überspannen elegant die Stufung zwischen den niedrigen Seitenschiffen und den Hochwänden des Hauptschiffs. Das Kircheninnere verblüfft dann durch die Ergebnisse der Renovierung von 1970/71. Kein Stück der Originalausstattung blieb erhalten. Die monumentale Raumwirkung des hohen, in Parabelform gestalteten Tonnengewölbes wurde dadurch beeinträchtigt, daß man eine mehrfach durchbrochene Deckenkonstruktion aus rustikalen Holzbalken in das Mittelschiff einhängte.

Das **Wasserschloß Bladenhorst** in der Emscherniederung trägt den Namen eines 1266 erstmals bezeugten Rittergeschlechts. Die heutige Anlage entstand allerdings erst im Laufe des 16. Jahrhunderts, als Bladenhorst im Besitz der Familie von Viermundt war. Den ältesten Teil bildet das als Wehrbau angelegte, auf halbkreisförmigen Grundriß errichtete Torhaus (Abb. 26). Die glatte Hoffassade findet ihren Abschluß in einem fünfstufigen Treppengiebel mit Halbradaufsätzen. Ein runder, frei stehender Wehrturm wurde im 19. Jahrhundert umgebaut. Das Hauptschloß verlor damals seinen Nordflügel und präsentiert sich heute als Dreiflügelanlage in Hufeisenform. Zwei von drei erhaltenen polygonalen Ecktürmen tragen welsche Hauben. Einmalig für Westfalen ist ein grüner Kachelfries in gotischen Vierpaßformen, der an Herrenhaus und Torhaus als Mauerzierat angebracht wurde. Auch die Bärmauern, die wie kleine Brücken die Binnengräfte überspannen, kommen in Westfalen sonst nirgendwo vor.

Haus **Goldschmieding**, früher ebenfalls eine Wasserburg, war vormals der Sitz einer gleichnamigen, bereits 1275 erstmals erwähnten Adelsfamilie. Heute steht nur noch – auf die Hälfte seines ursprünglichen Umfangs reduziert – das 1583–97 erbaute Herrenhaus. Der Stumpf eines Wehrturmes an der Ostseite dürfte hier um einiges älter sein, das Mansarddach des Schlosses aus der Mitte des 17. Jahrhunderts stammen. Glanzstück der Ausstattung ist der Renaissance-Kamin im Festsaal (bez. 1597), der den berühmten Kaminen von Schloß Horst (heute zumeist in Schloß Hugenpoet, Essen-Kettwig) ähnelt.

Der Kamin in Haus Goldschmieding präsentiert eine Fülle kunstvoller Reliefarbeiten. Auf dem Sturz reihen sich einzelne Menschengruppen – ein Wagen bildet stets das Zentrum

– zu einem Triumphzug aneinander. Diese Gruppen symbolisieren folgende Themen (von links): TERRA (eine Weltkugel wird mitgeführt), OPULENTIA (= Verschwendung), SUPERBIA (= Hochmut; Abb. 24), INVIDIA (= Neid), BELLUM (= Krieg), INOPIA (= Mangel), HUMILITAS (= Demut), PAX (= Friede). Zwischen den einzelnen Relieffeldern stehen antike Götter und Heroen. Das christliche Element umrahmt quasi die Zone aus der Welt des Heidentums. Es gibt Statuen der Apostelfürsten Petrus und Paulus hinter den Säulen, die den Sturz tragen, sowie Engel an den Stützwangen und in der obersten Spitze des Giebels. An dem Prachtkamin sind auch einige Adelswappen angebracht.

Herten

Merowingische Gräber, die 1903 auf Hertener Stadtgebiet entdeckt wurden, deuten auf eine Besiedlung in frühmittelalterlicher Zeit hin. Die urkundliche Namensnennung des Ortes erfolgte seit dem 10. Jahrhundert in Werdener Heberegistern. Das Dorf entwickelte sich in Anlehnung an das Schloß Herten, das – im Besitz der Herren (seit 1702: Grafen) von Nesselrode – vom 16. Jahrhundert an bis zur Säkularisation fast ununterbrochen Sitz des Statthalters für das Vest Recklinghausen war. Als 1872 der erste Schacht abgeteuft wurde, lebten in Herten 935 Menschen. Die Zahl überschritt dann noch vor der Jahrhundertwende die 12 000er Marke. Mit der Eingemeindung mehrerer Bauerschaften schnellte sie 1926 auf 35 000 Einwohner hoch. Sie verdoppelte sich noch einmal bis 1982, was auch auf die 1975 erfolgte Eingemeindung von *Westerholt* und *Bertlich* zurückzuführen ist. Die Stadtrechte hatte man Herten bereits 1936 verliehen.

Im Stadtzentrum, das heute vorwiegend von nüchtern-modernen Zweckbauten geprägt wird, dominiert die katholische Pfarrkirche **St. Antonius,** eine neugotische Backsteinbasilika mit hohem Glockenturm (August Hanemann, 1882–84). An älterer Ausstattung besitzt sie u. a. ein spätgotisches Chorgestühl mit reichen, z. T. bandartigen Füllungen, einen achteckigen Taufstein mit geschnitztem Eichendeckelaufsatz und Emblemen der Handwerke (17. Jh.) sowie die Skulptur einer Muttergottes mit dem Jesuskind vom Anfang des 17. Jahrhunderts.

Der weitläufige Park des **Wasserschlosses Herten** wurde durch Maximilian Weyhe zu Anfang des 19. Jahrhunderts aus einer barocken Anlage in einen ›englischen‹ Landschaftsgarten umgestaltet. Das Schloß selbst geht auf die Zeit um 1520 zurück, wurde dann aber ab 1530 unter Bertram von Nesselrode so großzügig ausgebaut und befestigt, daß während des Truchsessischen Kriegs 1583 ein Angriff erfolgreich abgewehrt werden konnte. Weitere Baumaßnahmen erfolgten um 1650, nach einem 1687 ausgebrochenen Brand sowie (zur Sicherung der verwahrlosten Anlage) während der letzten Jahre. Trotz all dieser Bauphasen wirkt das Erscheinungsbild heute recht einheitlich.

Die Anlage markiert den Übergang von der Spätgotik zur Renaissance. Das Schloß gleicht einem Kastell, das an drei Ecken durch stämmige Rundtürme mit steilen Kegelhauben befestigt ist (Umschlagklappe vorn). Drei zweigeschossige Trakte mit fialengeschmückten

Staffelgiebeln umgreifen rechtwinklig einen Binnenhof, der an der vierten Seite durch einen heute eingeschossigen, leicht schräg gestellten Flügel abgeschlossen wird. Dieser Flügel öffnet sich in einem offenen Laubengang zum Hof hin. Im Innern des Schlosses sind Dekkenmalereien im Großen Saal (Ende 17. Jh.) sowie die Stuckdecke und der Kamin in der Saalkammer (Anfang 18. Jh.) bemerkenswert.

Die Kapelle auf der Vorburg gehörte früher zum Schloß Grimberg in Gelsenkirchen. Sie wurde 1908 dort abgebrochen und in Herten wieder aufgebaut. Ihr Portalvorbau war von Schlaun entworfen worden. Im Schloßpark gibt es noch eine ruinöse Orangerie zur Aufbewahrung kälteempfindlicher Pflanzen (z. B. Orangenbäume) während des Winters (erbaut 1735) sowie ein Tabakhaus, einen hübschen kleinen Pavillon mit Mansardwalmdach.

Das Wasserschloß **Westerholt** – eine gleichnamige Familie ist bereits für 1193 bezeugt – wurde 1830–33 im klassizistischen Stil neu errichtet, der Mittelgiebel in barockisierenden Formen später hinzugefügt. Das ebenfalls klassizistische sog. Vogelhaus am Rande des englischen Landschaftsgartens dient heute als Wohnsitz der gräflichen Familie (im Inneren 1952 umgebaut).

Ehemals im Schutz der Burg errichtet, schließt nördlich die ›*Freiheit*‹ Westerholt an, mehrere Gassen mit ca. fünfzig kleinen, malerischen Fachwerkhäusern, das ›Westfälische Rothenburg‹. Hier liegt auch die katholische Martinus-Kirche, die ehemalige Schloßkapelle, die in ihren ältesten Teilen noch aus dem 14. Jahrhundert stammt, mit der Gruft der Grafen von Westerholt. Die Freiheit Westerholt war noch im vorigen Jahrhundert von Wassergräben umschlossen.

An den Größenordnungen des Ruhrgebiets gemessen, ist Herten eine verhältnismäßig kleine Stadt. Sie besitzt aber heute nicht weniger als drei fördernde **Zechen,** wenn auch das Bergwerk *Westerholt* mit seinen langgestreckten, von einem sehr späten Historismus geprägten Industriehallen z. T. auf Gelsenkirchener Gebiet liegt. Auf der Zeche *Ewald* im Süden Hertens stehen u. a. ein Deutsches Fördergerüst, ein schlichtgeformter Doppelbock und ein wuchtiger Malakofturm mit zwei oktogonalen Ecktürmen und strebepfeilerartigen Stützmauern (ca. 1872–76; Abb. 64). Die Wandflächen kommen ohne nennenswerten Zierat aus. Rundbogenfenster sind z. T. paarweise angeordnet. Im Zuge der weiteren Abteufung bis auf eine Schachttiefe von 742 Meter wurde der Turm 1896 um ein Geschoß aufgestockt. Seine heutige Bekrönung erklärt sich mit der Montage moderner Lüfter, da der Schacht nur noch zur Bewetterung dient.

Im historistischen Maschinenhaus von Schacht V/VI der Zeche *Schlägel und Eisen* steht eine um 1900 gebaute Dampffördermaschine. Diese Zeche ließ um die Jahrhundertwende vor allem im Stadtteil Scherlebeck ausgedehnte **Arbeitersiedlungen** errichten. Die Straßen werden hier häufig von Bäumen gesäumt. Die Häuser weisen eine beachtliche Typenvielfalt auf. Zu erwähnen sind etwa unscheinbare, flachgedeckte Bauten mit freistehendem Stalltrakt oder auch behäbige Häuser des ›Gelsenkirchener Typs‹. Die Zeche Schlägel und Eisen konnte bereits 1901 ca. 65% ihrer Belegschaft in eigenen Werkswohnungen unterbringen.

Recklinghausen

Jedem sein Recht,
dem Herrn wie dem Knecht.

Ein wahres Wort,
ein guter Rat
werd' stets in diesem Haus
zur Tat.

(Sprüche im Rathaus der Stadt Recklinghausen)

Ein Königshof, der den Hellweg nach Norden zu abschirmte – wahrscheinlich eine Gründung Karls des Großen –, markiert der Überlieferung nach den Ursprung der Stadt. 1017 wird erstmals in einer Kaiserurkunde der Name überliefert: *Ricoldinchuson.* Der Verfall der karolingischen Königsmacht ließ um 900 relativ selbständige Grafschaften entstehen. Seit der zweiten Hälfte des 12. Jahrhunderts gehörte die Region dann für mehr als sechs Jahrhunderte als ›Vest‹ Recklinghausen (in der Ursprungsbedeutung ›Gerichtsbezirk‹) zum Herrschaftsbereich der Kölner Erzbischöfe. Philipp von Heinsberg ließ 1179 den Königshof (neu?) befestigen. 1236 ist für Recklinghausen volles Stadtrecht nachgewiesen.

Vielfältige kriegerische Verwicklungen führten während der nächsten Jahrhunderte zum Bau bzw. Neubau einer Stadtbefestigung. 1316 wurde die Stadt zu einem bald angesehenen Mitglied der Hanse. Handelsgüter waren vorwiegend heimische Textilien und Schmiedewaren. Nach mehreren großen Bränden erfolgte seit dem 16. Jahrhundert der wirtschaftliche Niedergang Recklinghausens. Hier lebten um 1870, als in der Nachbarschaft die ersten Schächte niedergebracht wurden, nur ca. 4000 Bürger. Mit dem Kohleabbau kamen bald auch Nachfolgeindustrien, namentlich in der Metallbranche. 1926 erhielt die Stadt durch großzügige Eingemeindungen ihre gegenwärtige Gebietsgröße. Die Bevölkerungszahl steigerte sich seitdem von 86 000 auf 120 000 Einwohner im Jahr 1982.

Von überregionaler kultureller Ausstrahlungskraft sind heute vor allem die *Ruhrfestspiele,* die der Deutsche Gewerkschaftsbund zusammen mit der Stadt jährlich veranstaltet. Sie entstanden in den Notjahren nach dem Zweiten Weltkrieg – in Anknüpfung an ein Dankgastspiel des Hamburger Theaters für illegale Kohlenlieferungen der Recklinghauser Zeche König Ludwig im Winter 1946/47 – und umfassen zumeist unkonventionelle Theateraufführungen, Konzerte und Kunstausstellungen.

Die Hauptkirche Recklinghausens, die katholische Propsteikirche **St. Peter** im Zentrum, übernahm das Patrozinium von der Kathedralkirche des Kölner Erzbischofs. Unter Verwendung von Mauern des romanischen Vorgängerbaus entstand nach dem großen Stadtbrand von 1247 ein Neubau im Übergangsstil an der Schwelle zur Frühgotik: eine Hallenkirche mit Querschiff, breit ausladendem zweijochigen Langhaus und blockhaftem wuchtigem Westturm. Anstelle des ursprünglichen Ostabschlusses fügte der Baumeister Henryk de Suyr 1515–23 im spätgotischen Stil ein weiteres, sterngewölbtes Querhaus, eine fünfseitige

REKELINCHVSEN

Die Belagerung von Recklinghausen durch den truchsessischen Oberst Engelbert Nie, 1583. Auf dem Phantasiebild kann nur die Propsteikirche als authentisch wiedergegeben gelten.

Apsis und eine zweijochige Sakristei an. 1547 errichtete man an der Südseite des Turmes über einem Beinhaus die Michaeliskapelle. Der Turm selbst wurde 1670 erneuert und mit einer barocken Haube gekrönt. Nach Einsturz eines Pfeilers im Kirchenschiff zog man 1716 neue, stämmige Rundstützen ein und versah das Langhaus mit einem kuppeligen Rippengewölbe.

Hauptschmuckstück ist am Außenbau das spätromanische Stufenportal an der Südseite, verziert u. a. mit Blendbögen, reichen Kapitellen und prächtig ornamentierten Wulsten. Im Innern schaut hoch vom Gurtbogen der Stirnwand des älteren Querschiffs ein eingemauerter, ausdrucksvoller Steinkopf, der sog. ›Baumeisterkopf‹ herab. In den barocken Hochaltar sind Gemälde der Kreuzabnahme und der Schlüsselübergabe an Petrus eingefügt, Kopien nach Rubens, die aus Antwerpen importiert wurden. Ein Gemälde mit der Darstellung der Investitur eines unbekannten Bischofs (bez. 1618) wird dem Rubensschüler Jakob Jordaens zugeschrieben. Aus dem 15. und 16. Jahrhundert besitzt die Kirche einen sechsseitigen, wappengeschmückten Taufstein (heute Weihwasserbecken), ein spätgotisches Sakramentshäuschen, ein lebensgroßes Triumphkreuz, die Figurengruppe einer Anna Selbdritt (mit erstaunlich kleiner Marienfigur) sowie Skulpturen der Muttergottes und der hl. Luzia.

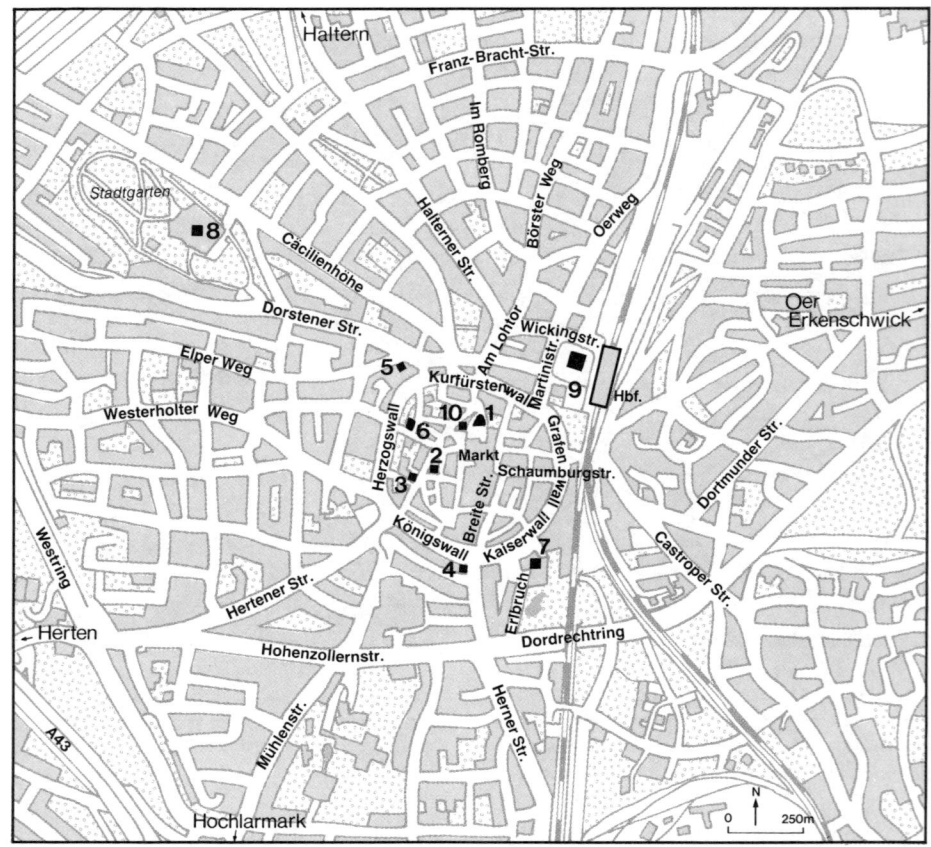

Recklinghausen, Stadtzentrum 1 Propsteikirche St. Peter 2 Gastkirche 3 Gymnasialkirche 4 Gustav-Adolphs-Kirche 5 Christuskirche 6 Engelsburg 7 Rathaus 8 Festspielhaus für die Ruhrfestspiele 9 Kunsthalle 10 Ikonenmuseum

Kurz nach 1400 ist für Recklinghausen ein ›Gasthaus‹, als ›Gottesarmenhaus‹ Mittelpunkt der lokalen Armenfürsorge, nachgewiesen. Im Anschluß hieran dürfte auch die erste **Gastkirche** erbaut worden sein. Der heutige, schlichte Bau stammt aus der 1. Hälfte des 18. Jahrhunderts, besitzt aber noch ein 300 Jahre älteres figurenreiches Sandsteinrelief mit der Kreuzigungsszene auf Golgatha, »ein höchst seltsames Werk, das wie ein in Relief übersetztes Gemälde aus dem Umkreis Konrads von Soest aussieht«[47] (Paul Pieper). Der Hauptaltar thematisiert das Martyrium des hl. Sebastian (2. H. 17. Jh.).

Die barocke **Gymnasialkirche** Zur unbefleckten Jungfrau Maria, früher eine Klosterkirche des Franziskanerordens, wurde 1666 begonnen, 1838 klassizistisch verändert und 1927

272

erneut barock umgestaltet. Sie besitzt eine einheitliche Barockausstattung des 18. Jahrhunderts.

Als erstes protestantisches Gotteshaus Recklinghausens konnte 1847 die kleine spätklassizistische **Gustav-Adolphs-Kirche** an der Herner Straße geweiht werden. – Monumental und repräsentativ geriet dann zwei Generationen später die evangelische **Christuskirche** an der Limperstraße, die Amtskirche des Superintendenten (Arno E. Fritsche, 1911). Das Innere ist als Predigt-Zentralraum gestaltet. Der Außenbau mit rustikaler Werksteinverkleidung trägt an einigen Stellen Jugendstildekor und über den Schallöffnungen des Glockenturms den Luthervers ›Ein feste Burg ist unser Gott‹.

Von der **Stadtmauer** des 14. Jahrhunderts kam am Herzogswall lediglich ein ca. 200 m langes Stück mit zwei Befestigungstürmen bis in die Gegenwart. An den Stephansturm wurde zu Anfang des 18. Jahrhunderts die **Engelsburg,** der Patriziersitz des kurfürstlichen Richters Münch, angelehnt. Innerhalb der hufeisenförmigen Anlage ist ein Saal mit einer barocken Stuckdecke sowie einem wappen- und pilastergeschmückten Steinkamin ausgestattet.

Im Norden der Stadt liegt in der Nähe der B 51 **Haus Niering,** eine ehemalige Wasserburg. Das Hauptgebäude stammt in Teilen noch aus dem 17. Jahrhundert, das Torhaus vom Beginn des 18. Jahrhunderts.

Seitdem der Kölner Erzbischof Konrad von Hochstaden den Bürgern von Recklinghausen 1256 ein geeignetes Grundstück zum Bau eines **Rathauses** überließ, wurden in der Stadt nacheinander insgesamt vier Rathäuser errichtet. Im 13., 16. und 19. Jahrhundert erbaute man das Rathaus jeweils am Markt in der Stadtmitte. Der heutige Bau von Otto Müller-Jena entstand 1905–08 am Erlbruchpark im Stil einer phantasievollen ›deutschen‹ Neo-Renaissance, weist aber auch neugotische und Jugendstilelemente auf (Farbt. 31). Der Ratssaal besitzt eine reich ornamentierte Holzdecke und einen prächtigen achteckigen Kronleuchter aus Goldbronze. Das äußere Bild des Rathauses wird durch mehrere Türme, Treppentürme, Erker, Giebel in unterschiedlicher Gestaltungsweise sowie im Binnenhof auch Fachwerk aufgelockert. Die Dachlandschaft wirkt in ihrer Vielfältigkeit fast skurril. Die Türme, auch der zentrale Uhrturm, tragen geschweifte Hauben als Bekrönung. An exponierten Stellen der Fassade gibt es Relieffiguren: Am Portal wacht der Ritter Roland, flankiert von einem Löwen (Abb. 122). Strebepfeilerskulpturen an der Ostfassade zeigen Hermann den Cherusker, Bonifatius bei der Taufe Widukinds sowie Kaiser Karl den Großen. Neben einem Torbogen an der Westseite erinnert ein grimmiger Wächter, der gerade einen Hühnerdieb gepackt hat, daran, daß sich hier früher der Eingang zum Polizeigefängnis im Rathauskeller befand.

Nordwestlich der Innenstadt liegt im Stadtgarten der kubisch gestaltete Bau des modernen **Festspielhauses** für die Ruhrfestspiele (Ganteführer, Hannes, 1965). Vor dem Festspielhaus ›Große liegende Figur Nr. V‹ von Henry Moore. – Gegenüber dem Hauptbahnhof wurde bereits bald nach dem Krieg ein 1941/42 errichteter Luftschutzbunker zur **Kunsthalle**

Recklinghausen, 1838 (Bernhard Herwig / Friedrich Busch)

umgebaut (Entwurf: Stadtplanungsamt). Dazu mußte u. a. eine Öffnung von 8 Meter Breite und 7,5 Meter Höhe in die 1,10 Meter starke Hauptfront gesprengt werden. 1977 wurde die Kunsthalle dann beträchtlich erweitert.

Dem Recklinghäuser Stadtzentrum verleiht ein Gassengewirr mit beachtlichen Resten an Bebauung aus dem 19. und vereinzelt 18. Jahrhundert – namentlich auch Fachwerkhäusern – den Charme einer für Ruhrgebietsstädte vergleichsweise ausgeprägten Urbanität. Die vom Bergbau bestimmten Viertel liegen östlich und vor allem südlich der Innenstadt – mit der Herner Straße / Bochumer Straße als pittoresker Tangente. Im Süden fällt an der Hochlarmarkstraße ein Bauensemble der (inzwischen stillgelegten) **Zeche Recklinghausen I** auf, das wohl wertvollste Dokument historistischer Industriearchitektur des Stadtgebiets. Das Verwaltungsgebäude wird durch einen kleinen Turm in der Architektur der zeitgenössischen Kirchtürme markiert. Die anschließende Kaue, eine vierschiffige Sheddachhalle, beeindruckt durch das Ebenmaß ihrer Gliederung. Grundprinzip der Fassadengestaltung ist bei den Bauten des Wechselspiel zwischen Rahmungen aus dunkelrotem Ziegelstein und eingestreuten weißen Putzflächen. Die Giebelwand der Maschinenhalle wird architektonisch durch Pfeilervorlagen gegliedert, die in kleinen Fialen enden. Die Shedgiebel finden ihren Abschluß in kleinen Staffelbekrönungen. An der parallel zur Straße hin gelegenen Längsfront sind die gekuppelten Fenster mit Blendbögen überwölbt, die an den Ecken und im Mittelfeld als ausladende Rundungen erscheinen, in den übrigen sechs Feldern als maurisch anmutende Dreipässe den Geist des Jugendstils anklingen lassen. Die horizontale Gliederung des Bauensembles erfolgt im wesentlichen durch ein reiches Sortiment von Klinkerfriesen, u. a. durch Zickzack- und Rautenbänder, Zahn- und Sägeschnittfriese. Die Anlage wird heute durch eine Textilfirma sinnvoll genutzt und gepflegt.

Die Recklinghäuser **Bergwerkssiedlungen** stammen zumeist aus dem 20. Jahrhundert und bestehen mehrfach aus Sechsfamilienhäusern ohne Vorgarten, die ›städtisch‹ und in ihrer Fassadengestaltung fast repräsentativ wirken (z. B. Wilhelminenstraße und Margaretenstraße in *Suderwich*, Greitenfeld, Kleymannstraße, Funkestraße, Grillostraße in *König Ludwig*). Als Beispiel für eine qualitätvolle Gartenstadt kann die Reitwinkelkolonie in *Grullbad* erwähnt werden (1920), als frühes Beispiel für den Koloniebau in der Region die auch optisch auf die Zeche Recklinghausen II hin orientierte Dreieckssiedlung in *Hochlarmark* (1882–86, 1901–03), die wie der ganze Vorort (Abb. 150) in den letzten Jahren Zentrum eines bemerkenswerten Stadtteilprojekts der Bewohner zur lokalen Geschichtsforschung und -schreibung war.[48]

Oer-Erkenschwick

1926 wurden *Oer* und *Erkenschwick* sowie einige umliegende Bauerschaften zu einer Großgemeinde zusammengelegt, die 1953 die Stadtrechte erhielt. Oer verdankt seine Entstehung einem wahrscheinlich von Karl dem Großen gegründeten, 1166 erstmals urkundlich bezeugten Reichshof. Bereits 1278 wird eine Pfarrkirche erwähnt. Die Herren von Oer waren jahrhundertelang in Besitzstreitigkeiten mit Erzbischof und Domkapitel von Köln verwickelt. Dorf und Kirche brannten 1676 vollständig nieder.

Zwei Höfe in *Erkeneswik* werden erstmals um 1150 in einem Einkünfteverzeichnis der Abtei Werden genannt. In der Ortschaft gab es 1821 erst 207 Einwohner, dazu 29 Pferde, 54 Kühe, 20 Schweine und 250 Schafe. Im Kirchspiel Oer lebten hingegen im Jahr zuvor bereits 795 Menschen. 1899 begann man bei Erkenschwick mit der Abteufung der ersten Schächte für die Zeche Ewald-Fortsetzung, die 1902 die Förderung aufnehmen konnte (heute: Bergwerk Haard). Nun wuchs die Einwohnerzahl rapide an. Binnen kurzem entstanden ausgedehnte Arbeitersiedlungen. In Oer-Erkenschwick lebten 1926 bereits mehr als 15 000 Menschen, 1982 dann mehr als 27 000 Einwohner.

Der Turm der katholischen Pfarrkirche in Oer stammt im Kern noch aus dem Mittelalter. Das Gotteshaus besitzt eine spätgotische Marienstatue niederrheinischer Herkunft. – Die 1929 eingeweihte **Christus-König-Kirche** in *Klein-Erkenschwick* schuf Josef Franke. Die verputzten Außenmauern des klar gegliederten Baus erfahren einige Belebung durch Akzentuierungen aus grünlichem Sandstein. Der markante Glockenturm ist auf halbkreisförmig abschließendem Grundriß seitlich an einen Querhausarm angesetzt. Über dem Doppelportal der Eingangsfassade beeindrucken die expressionistischen Steinskulpturen der vier Evangelisten. Auch im Kircheninnern blieben bemerkenswerte Skulpturen der Frühmoderne erhalten, darunter eine Pieta aus Holz (Franz Guntermann) und eine Madonna mit Kind aus glasierter Keramik, ein Werk von strenger Schönheit (Hans Dinnendahl).

An der Lippe

Dorsten

Wesentlicher Faktor für den wirtschaftlichen Aufschwung der Stadt war zu verschiedenen Zeiten ihre verkehrsgünstige Lage am Ufer der Lippe. Bereits die Römer hatten wenige Jahre lang auf dem Gebiet des heutigen Stadtteils *Holsterhausen* ein Lager von ca. 50 ha Größe unterhalten, bevor die Niederlage im Teutoburger Wald ihr kurzes, rechtsrheinisches Intermezzo beendete. Keimzelle Dorstens war im Mittelalter die um 890 bezeugte Einzelhofsiedlung *Durstina*, die 1251 auf Veranlassung des Kölner Erzbischofs Konrad von Hochstaden die Stadtrechte erhielt. Später war die Stadt ein wichtiger Handelsplatz und Mitglied der Hanse. Wichtigstes Gewerbe blieb bis weit ins 19. Jahrhundert hinein der Bau von Kähnen für die Lippe- und auch die Rheinschiffahrt. Im Industriezeitalter wurde Dorsten zum Knotenpunkt verschiedener Eisenbahnlinien und Hauptstraßen, zu einem Einfallstor ins Ruhrgebiet für das westliche Münsterland. In der Stadt mit ihrem weit nach Norden ausufernden Territorium lebten 1982 ca. 72 000 Einwohner.

Der Bergbau, der kurz nach 1900 am Nordufer der Lippe zwei Zechen errichtete – die Schachtanlage Wulfen folgte vor wenigen Jahren –, hat das Erscheinungsbild von Dorsten nicht nachhaltig prägen können. Lediglich der Stadtteil *Hervest* mit seiner ausgedehnten,

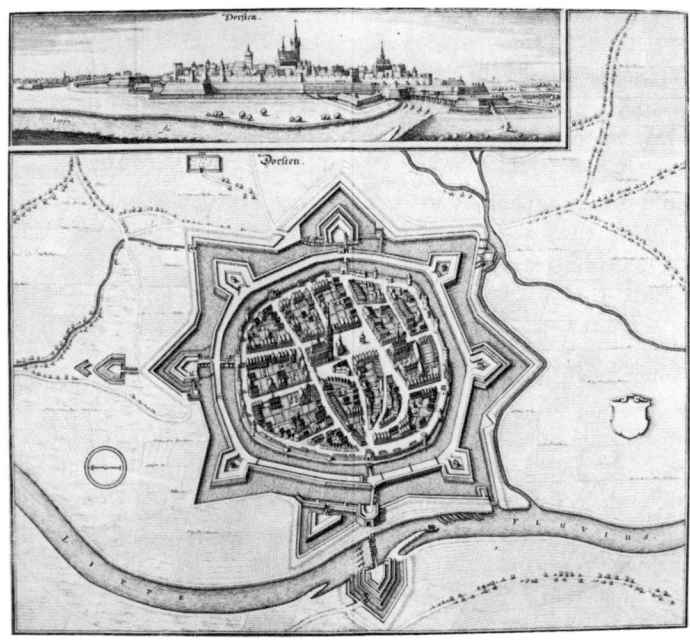

Dorsten, Kupferstich von Matthäus Merian, 1647

gartenstädtisch angelegten Kolonie **Fürst Leopold** läßt ›Ruhrgebiets-Atmosphäre‹ erkennen. In dieser Kolonie gibt es auch einen wohlproportionierten Marktplatz mit Ladengeschäften hinter Laubengängen und einem Torhaus als wichtigstem markanten Akzent. Die früher recht beschauliche Dorstener Altstadt fiel 1945 zu 80 % alliiertem Bombardement zum Opfer. Nach dem Krieg wurde die völlig zerstörte katholische Hauptkirche **St. Agatha** in ähnlicher, wenngleich schlichterer Form wieder errichtet. Von der alten Ausstattung besitzt sie neben zwei wiederhergestellten Epitaphen noch den romanischen Taufstein, der mit Tierfratzen und reichem Rankenwerk verziert ist (Abb. 16). Vor dem Westturm blieb das alte **Rathaus** von 1757 erhalten, ein klassizistisches Bauwerk mit Laubenhalle, in dem als Kernbau noch die ehemalige Stadtwaage von 1567 steckt. Es beherbergt heute das *Heimatmuseum*.

Ansonsten gibt es in den nördlichen Vororten des weit ins Münsterland hineinragenden Stadtgebiets noch verschiedene bemerkenswerte Baudenkmale, die hier nur kurz erwähnt werden können: die Kirchen von *Hervest, Wulfen, Deuten* und *Lembeck* sowie das dortige Wasserschloß, das als eine der großen münsterländischen Wasserburgen in einer anderen Publikation dieser Reihe ausführlich behandelt wird.[49]

Marl

»Die Poststraße von Recklinghausen nach Dorsten führt durch das Dorf Maerl, wo auch eine Postexpedition ist. Der Wegebau ist nach Vorschrift und in gutem Stande. Bei gäntzlichem Mangel an Urkunden läßt sich über das jetzige Amt Maerl, der Entstehung dieser Bauerschaften respective Nachweise aus früherer Zeit, nicht viel Umfassendes sagen, indem diese Landbürgermeisterei nach der heutigen Verwaltungsreform aus vielen kleinen zerstreuten Bauerschaften besteht, worunter nicht einmal ein Hauptdorf vorherrscht, überhaupt deren Kombination dann ein ganzes bildet, wie das Bürgermeister-Amt endlich im Dorfe Marl domiciliert ist, unter dem Titel Amt Marl, welches in 4 Kirchspiele oder Gemeinden zerfällt.

Die Bemühungen des jetzigen Bürgermeisters, zur Geschichte der Vorzeit irgend einen chronologischen Verband aufzustellen, können nur fruchtlos bleiben. Es erschwert die Arbeit insbesondere sehr, daß die Pfarrer und Geistlichen unserer Kirchen und Schulen so wenig bezügliche vermerkenswerthe Aufzeichnungen der Vorzeit geführt haben. Bei einem Publikum von Acker-Bauern finden sich keine Individuen derartiger wissenschaftlicher Bildung, das gute Werk fördern zu helfen.«[50]   *(Chronik des Amts Marl, 1841)*

Es kann hier nicht der Ort sein, die verworrene Verwaltungsgeschichte des Amts Marl während des 19. Jahrhunderts nachzuzeichnen. Der Kohleabbau begann in dieser Gegend erst um 1900, nachdem noch lange Heimweberei von einiger Bedeutung gewesen war. Die erste Zeche, die 1905 die Förderung aufnehmen konnte, heißt nach der Gemahlin Kaiser Wilhelms II. **Auguste Victoria.** Die zugehörige Zechenkolonie (Karl-Duisburg-Straße, Triftstraße, Römerstraße etc., erbaut 1909–12) wurde kürzlich durch die Betriebsgesellschaft behutsam renoviert; das Ergebnis überzeugt besonders in der subtilen Farbabstimmung des neuen Fassadenanstrichs.

Demgegenüber wird die Kolonie **Brassert,** eine ausgedehnte Gartenstadt mit mehr als vierzig einander abwechselnden Haustypen, z. Z. durch individualistische Modernisierungen in ihrem Erscheinungsbild mehr und mehr verunklärt (Brassertstraße, Rudolf-Virchow-Straße, Im Beisen etc., erbaut 1908–28).

Der Sprung zur Großkommune gelang Marl erst 1926 mit der Eingemeindung von *Hüls, Löntrop, Lenkerbeck* und *Sinsen,* wodurch die Bevölkerung von 16 000 auf 28 000 Menschen anstieg. 1936 erfolgte die Stadterhebung. Die 1938 gegründeten Chemischen Werke Hüls übertrafen an wirtschaftlicher Bedeutung bald die Kohlenzechen der Stadt. Nach einer weiteren Vergrößerung seines Areals (1975) zählte Marl 1982 fast 89 000 Einwohner.

Der Ortsname war bereits um 890 im ältesten Heberegister der Abtei Werden genannt worden: In *meronhlare* spendete ein gewisser Dagubraht für sein und seiner Angehörigen Seelenheil. Manche Forscher deuteten die Namensbezeichnung im Sinne von ›Ort am Wasser‹; wirklich gab es in der Region bis ins 20. Jahrhundert hinein nicht nur Heideland, sondern auch vermoorte Brüche, Moraste und kleine Binnenseen.

Die katholische Pfarrkirche **St. Georg** in Alt-Marl besitzt noch ihren romanischen Glokkenturm aus dem 12. Jahrhundert. Er wurde allerdings 1863/64 aufgestockt, um gegenüber dem neuen, neugotischen Langhaus (1856–59) nicht allzu unscheinbar zu wirken. Die (etwas vereinfacht ausgeführten) Pläne zu diesem Neubau stammten von Vincenz Statz, der in Köln an der Dombauhütte beschäftigt gewesen war und sich für Marl offenbar die Minoritenkirche der Rheinmetropole zum Vorbild nahm. In der Georgskirche steht ein romanischer Taufstein des frühen 13. Jahrhunderts, der mit Blendarkaden und einem Palmettfries verziert ist. Außerdem blieb die Grabplatte der Eheleute Walther und Mechtildt vom Loe zum Loe dort erhalten (bez. 1619).

Von der mittelalterlichen Dorfkirche in *Polsum* steht noch der im Kern romanische Glockenturm. Der heutige, moderne Kirchenraum birgt einen pokalförmigen Renaissance-Taufstein (bez. 1627). Für den Stadtteil *Brassert* schuf Otto Bartning in der Nachkriegszeit aus Beton, Glas und Ziegel die in ihrer Schlichtheit überzeugende evangelische Erlöserkirche. In der katholischen Pfarrkirche St. Maria in *Marl-Lenkerbeck* erinnert ein Denkmal an die Opfer eines Grubenunglücks (1927) auf der Zeche Auguste Victoria. Zentrale Gestalt ist der hl. Josef, der Patron der Arbeiter, als Fürbitter für die toten Bergleute. Links beten eine Mutter und ihr Kind, rechts arbeitet ein Hauer vor Ort.

Erwähnt werden soll schließlich noch die Kapelle der **Paracelsusklinik** zwischen Hüls und Drewer, die mit einer eindrucksvoll gestalteten farbigen Fensterwand abschließt (Georg Meistermann). Die Klinik war das erste völlig neu konzipierte Krankenhaus im Nachkriegsdeutschland (Werner Hebebrand / W. Schlempp, 1953–57) und für verschiedene Nachfolgebauten richtungsweisend. In Eingangsnähe sind die Fassadenskulpturen des Heilenden, des Geheilten und des Kranken (Karl Hartung, 1955/56) angebracht, im Innern gibt es u. a. eine Paracelsus-Büste (Bernhard Hoetger, 1936). Marl besitzt den ersten Nachkriegs-Theaterneubau der Bundesrepublik.

In dieser Stadt, die seine große Bevölkerungsinvasion Jahrzehnte später erlebte als die meisten anderen Revier-Kommunen, stellte sich nach dem Zweiten Weltkrieg besonders dringlich die Aufgabe, das weitläufige Stadtgebiet mit seinem wirren Gemisch aus alten Dorfkernen, Kolonien, Industriezonen, landwirtschaftlich genutzten Flächen etc. zu einem überschaubaren Ganzen planerisch zu integrieren. Dies geschieht z. Zt. mit Hilfe eines vielbeachteten Landschaftsplans, der in der Technischen Universität Berlin ausgearbeitet wurde. Überzeugend gelang bereits die Gestaltung einer **City** als Stadtmittelpunkt. Angebunden an den neuen Hauptbahnhof – Marl wird von einer der wenigen Neubaustrecken der Deutschen Bundesbahn erschlossen – entstand ein modernes Verwaltungs-, Einkaufs-, Wohn- und Kulturzentrum. Ausgedehnte Fußgängerzonen, Grünanlagen und ein Stadtsee fördern den Eindruck von großzügiger Urbanität. Beim neuen *Rathaus* (Johan Hendrik van den Broek / J. Berend Bakema, 1960–67) kontrastieren zwei Bürotürme mit Flachbauten für die Sitzungssäle und Ämter mit viel Publikumsverkehr (Farbt. 34). Zum See hin vorgelagert präsentiert sich der kubische Bau des Marler *Skulpturenmuseums.* Die Flanierpassage des doppeletagigen Einkaufszentrums *Marler Stern* wird durch ein Luftkissendach gegen Witterungseinflüsse geschützt. Auf über fünf Meter hohen Betonsäulen ruhen dicht aneinandergefügt drei riesige Luftkissen aus lichtdurchlässigem Polyestergewebe.

Wenige hundert Meter entfernt vom Marler Stern überraschen vier breitgiebelige ›Hügelhäuser‹, bei denen auf nach oben zu immer flächenkleineren Etagen die einzelnen Wohnungen L-förmig große Wohnterrassen umschließen.

Haltern

Auf Halterner Stadtgebiet werden erst seit jüngster Zeit Schächte abgeteuft. Der Ort und sein wiesen- und waldreiches Umland konnten ihren beschaulich-münsterländischen Charakter bislang voll bewahren. Kurz vor ihrer Mündung in die Lippe wird die Stever hier zum *Halterner See* aufgestaut.

Westlich von Haltern konnten in der Gegend des *Annabergs* seit 1899 umfangreiche Reste *römischer Militäranlagen,* darunter ein befestigtes Lager mit Kasernenbauten und Werkstätten für Handwerker, ergraben werden. Relikte einer römischen Wasserleitung und qualitätvolle Keramik legen den Schluß nahe, daß hier ein Zentrum römischer Zivilisation, auch für die zu erschließende germanische Umgebung entstehen sollte. Ein Bleibarren mit der Markierung L.XIX bezeugt, daß die 19. Legion, die 9 n. Chr. im Teutoburger Wald unterging, zumindest in Teilen zeitweise in Haltern stationiert war. Nach der schweren Niederlage gegen die Germanen unter dem Cheruskerfürsten Arminius mußte auch dieser Stützpunkt an der Lippe aufgegeben werden.

Haltern, Kupferstich von Matthäus Merian, 1647

Im Mittelalter erwuchs Haltern aus einem Amtshof des Bischofs von Münster und erhielt als wichtiger Lippeübergang 1289 die Stadtrechte sowie das Recht, eine Befestigungsmauer zu bauen. In neuerer Zeit ließen umfangreiche Eingemeindungen die Stadt bis 1982 auf eine Bevölkerungszahl von 31 000 anwachsen.

In der katholischen Kirche **St. Sixtus** im Stadtzentrum gibt es ein ausdrucksstarkes spätgotisches Gabelkruzifix, einen Antwerpener Schnitzaltar und ein Epitaph aus hellem Baumberger Sandstein (1710) sowie Beichtstühle, Kanzel und Orgelempore als qualitätvolle neugotische Holzschnitzarbeiten.

Die barocke Wallfahrtskapelle *St. Anna* auf dem Annaberg (1674/1791) birgt ein Gnadenbild der Anna Selbdritt (Ende 15. Jh.). Bei den Dorfkirchen von *Flaesheim* und *Hamm-Bossendorf* stammt der Glockenturm jeweils noch aus dem 12. Jahrhundert. Die katholische Pfarrkirche St. Andreas in *Hullern* (Wilhelm Rinklake, 1895–97) bewahrt zwei Bildtafeln vom Anfang des 16. Jahrhunderts, die Jan Baegert zugeschrieben werden. In der katholischen Kirche St. Joseph in *Sythen* (1910–11/1959) stehen zwei Apostelfiguren aus dem 16. Jahrhundert und eine Mondsichelmadonna aus dem späten 15. Jahrhundert.

Das Halterner *Rathaus* mit drei Schaugiebeln und Laubengang (1575–77) wurde nach Kriegsschäden in manchen Details vereinfacht wieder aufgebaut. Als letzter Rest der mittelalterlichen Stadtbefestigung steht noch der *Siebenteufelsturm* (1502). – Haus Sythen im gleichnamigen Stadtteil und Haus Ostendorf in Lippramsdorf sind den münsterländischen Wasserburgen zuzuordnen.

Datteln

Der Ort fand in drei päpstlichen Bullen von 1147, 1161 und 1207 erstmals Erwähnung, wo jeweils die Kirche in *Datilo* bzw. *Datlen* als Besitz der [Köln-]Deutzer Benediktinerabtei bestätigt wurde. Seit dem 13. Jahrhundert tauchen sechs landtagsfähige Rittergüter der

102 CASTROP-RAUXEL Rathausforum
◁ 101 ESSEN Stadtzentrum mit Rathaus und Alter Synagoge
103 DORTMUND Städtische Bühnen – Großes Haus

104 BOCHUM Schauspielhaus

105 DUISBURG Stadttheater

106 DUISBURG Mühlenwerke Küppers & Werner KG am Innenhafen

107 GELSENKIRCHEN-HORST Werk Horst der RUHR OEL GmbH, Kesselhaus

108 GELSENKIRCHEN Hans-Sachs-Haus

109 OBERHAUSEN Lagerhaus der Gutehoffnungshütte

111 WALTROP Historisches Schiffshebewerk Henrichenburg ▷

110 DORTMUND Westfalenhalle

112 DUISBURG-RUHRORT   Hafen und Friedrich-Ebert-Brücke

113 WALTROP   Neues Schiffshebewerk
    Henrichenburg

114 WALTROP   Schachtschleuse Henrichenburg

116 KAMEN Brücke der Köln-Mindener Eisenbahn über die Seseke

117 ESSEN-MARGARETHENHÖHE
Halbachhammer

◁ 115 HAMM-WERRIES Kohlenwäsche der Zeche Maximilian, aus Anlaß der Landesgartenschau 1984 zum
›Glaselefanten‹ ausgebaut

118 BOCHUM-DAHLHAUSEN Eisenbahnmuseum

119 HERNE-EICKEL   St. Josef, Portallöwen

120 DUISBURG   Fassadenskulptur am Rathaus

121 GELSENKIRCHEN-HESSLER
Bekränzter Stier am Städtischen Schlachthof

122 RECKLINGHAUSEN   Roland am Rathaus

123 HERNE Jugendstiltor der Flottmann-Werke, heute im Park von Schloß Strünkede

124 ESSEN-ALTENDORF Denkmal der Arbeit und Krupp-Hauptverwaltungsgebäude (abgerissen) ▷

125 ESSEN-RÜTTENSCHEID Denkmal   126 BOCHUM Kuhhirten-Denkmal
›Feierabend‹ in der Siedlung Altenhof II
127 ESSEN Detail vom Bismarck-Denkmal: Alfred Krupp übergibt Bismarck eine Krupp-Kanone

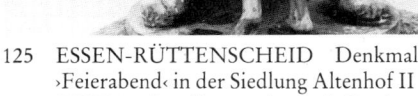

129, 130   HAMM-BOCKUM-HÖVEL   Erinnerung an das Bergwerksunglück auf Zeche Radbod
◁ 128   DORTMUND   Osten-Friedhof, Denkmal für den Berghauptmann Taeglichsbeck
131   ESSEN-BREDENEY   Grab Friedrich Alfred Krupps

132 DORTMUND-STADTFORST Bittermark-Denkmal
133 BERGKAMEN-WEDDINGHOFEN
Friedhof für russische Fremdarbeiter des Zweiten Weltkriegs

134 HERNE-WANNE Weltkriegsbunker

Region in den Quellen auf. Vom 16. bis ins 18. Jahrhundert – namentlich während des Dreißigjährigen Krieges – hatte Datteln verschiedentlich unter Einquartierung von Soldaten, Plünderungen oder Brandschatzungen schwer zu leiden. In dem Dorf lebten 1900 nur 1521 Menschen, in den umliegenden Gemeinden, die heute zum Stadtgebiet gehören, weitere 2385. Der wirtschaftliche Aufschwung kam mit Beginn der Kohleförderung in der Krupp-Zeche Emscher-Lippe (1906) und der Anlage des größten europäischen Kanalknotenpunkts bei Datteln, wo Dortmund-Ems-Kanal, Rhein-Herne-Kanal, Wesel-Datteln-Kanal und Datteln-Hamm-Kanal zusammentreffen. Der 1936 zur Stadt erhobene Ort hatte 1982 37000 Einwohner.

Die 1911–13 im neugotischen Stil beträchtlich erweiterte mittelalterliche Hauptkirche Dattelns, die katholische Pfarrkirche **St. Amandus,** erlitt im Zweiten Weltkrieg schwerste Zerstörung. Der 1947–50 errichtete Neubau umfaßt von einem romanischen Vorgängerbau noch den Glockenturm (wohl 12. Jh.), vom spätgotischen Vorgängerbau Hendric de Suers die Umfassungsmauer der Apsis. Unter den älteren Kunstwerken des Gotteshauses verdient vor allem das ›Amanduskreuz‹ Beachtung (wohl 12. Jh., Fassung neu). Die Eichenholzplastik in halber Lebensgröße zeigt Christus nicht als Gemarterten, sondern als Triumphator über den Tod. Er ist mit Tunika und Schnallenschuhen bekleidet. Beide Arme sind weit ausgestreckt. Die Dornenkrone fehlt. Die Kirche besitzt außerdem noch ein spätgotisches Sakramentshaus, eine Skulptur des hl. Petrus aus dem 14. Jahrhundert, weitere Apostelfiguren aus dem 16. Jahrhundert und ein Standbild des Pfarrpatrons aus dem 18. Jahrhundert. Reliefs mit der Flucht nach Ägypten, der Kreuzigung und der Beweinung Christi sind Relikte untergegangener spätgotischer Schnitzaltäre.

Auf Dattelner Stadtgebiet liegen zwei kleine Barockkirchen. In *Ahsen* errichtete Johann Conrad Schlaun 1723–26 eine Saalkirche mit Dachreiter, wohl unter Benutzung von Mauerresten des brandzerstörten Vorgängerbaus. Querschiff und Chor wurden 1929 angefügt. Neben Resten der Originalausstattung besitzt die Kirche ein spätgotisches Kruzifix. – In *Horneburg* gingen anscheinend Mauerreste einer Schloßkapelle in den Bau der katholischen Kirche St. Maria Magdalena ein, in deren Grundstruktur noch der Geist der Gotik nachklingt (Ende 16. Jh., Erweiterung 1654). Die Barockausstattung blieb hier weitgehend erhalten. Der Kirchenraum wurde für Gottesdienste einer russischen Gemeinde mit einer Ikonostase ausgestattet.

Die Protestanten – bis in die ersten Jahrzehnte des 20. Jahrhunderts in Datteln in einer Diasporasituation – demonstrierten 1928 ihr Selbstbewußtsein mit dem Bau der **Lutherkirche** im expressionistischen Stil (Abb. 29). Die streng kubische Formgebung und die Gestaltung der Außenmauern in rustikalem Werkstein lassen an eine Trutzburg denken. An der Eingangsfront steht neben einer quadratischen Fensterrose Martin Luther als steinernes Standbild in der Pose des Bekenners (Abb. 32).

Als Stützpunkt landesherrlicher Macht im Vest Recklinghausen, aber auch als verpfändbares Gut hatte **Schloß Horneburg** im gleichnamigen, südwestlich gelegenen Ortsteil bereits eine

*Schloß Horneburg bei
Datteln, 1803*

wechselvolle Geschichte hinter sich, als der französische Marschall Turenne während des
Dreißigjährigen Kriegs 1646 die Anlage niederbrennen ließ. Danach entstand lediglich die
Vorburg wieder, allerdings in großzügiger Dimension und repräsentativer Ausführung. Sie
wurde 1830 zu erheblichen Teilen niedergelegt und in reduzierter Form umgebaut. Dementsprechend besteht Schloß Horneburg heute nur noch aus einem langgestreckten Flügel, der
von zwei Rundtürmen flankiert wird. – Auch von Haus *Vogelsang* bei Ahsen existiert
lediglich noch die Vorburg, ein Barockbau mit einem Eckturm, der mit einer geschweiften
Haube bekrönt ist (18. Jh.).

In der ›Freiheit‹ im Schutze des Horneburger Schlosses wie auch im alten Dorfkern von
Ahsen stehen eine Anzahl idyllischer Fachwerkhäuser aus dem 18. und 19. Jahrhundert
(Abb. 70).

Unter den drei Krupp-Siedlungen für die Arbeiter des Bergwerks Emscher-Lippe verdient
besonders die Kolonie **Beisenkamp** Beachtung (Robert Schmohl, 1907–12; Farbt. 16). Sie
stellt eine Weiterentwicklung des Siedlungstyps dar, der zuvor mit dem Bau der Kolonie
Dahlhauser Heide in Bochum-Hordel entwickelt worden war. Zur verkehrsreichen Castroper Straße hin schirmt ein Riegel höherer Beamtenhäuser die idyllische Welt eines imitierten
münsterländischen Dorfes ab. Hier verläuft ein Teil der baumbestandenen Straßen in weit
ausschwingenden Bögen. Am Anfang gerader Straßen stehen die Eckhäuser dicht am Geh-
steig, die anschließenden Häuser weichen in einer neuen Fluchtlinie zurück, so daß der
Eindruck weiträumiger Platzanlagen entsteht. Blickfang am Straßenende bildet häufig eine

etwas aufwendiger gestaltete Hausfassade. Kurze Stichstraßen führen zu kleinen rechtecki-gen Plätzen, die jeweils von sieben Häusern gerahmt sind. An einer Stelle stehen eng anein-andergereiht sechs Giebelhäuser. Ansonsten herrscht das Einzelhaus für jeweils zwei Fami-lien vor. Tief heruntergezogene Satteldächer, Schaugiebel mit gelegentlich Bretterverscha-lung oder Fachwerkdekor, Holztüren und Fensterläden und große Gärten zitieren die ›malerische‹ Lebenswelt vorindustrieller Epochen. Nach vollzogener Privatisierung der Kolonie werden die einzelnen Häuser z. Z. nach und nach individualistisch renoviert, wodurch der bislang geschlossen-harmonische Gesamteindruck der Musteranlage mehr und mehr zerstört wird.

Waltrop

Wie häufig bei Ruhrgebietsstädten erfolgte die früheste Namensnennung in der Urkunde eines Kölner Erzbischofs. 1032 schenkte Pilgrim der Benediktinerabtei in [Köln-]Deutz seine Eigenkirche in *Walthorpe*, die wie der Kölner Dom den Apostelfürsten Petrus zum Schutzpatron hat. Rund um die Kirche entwickelte sich im Laufe der nächsten Jahrhunderte das Dorf als Krämer- und Handwerkersiedlung. 1234 ist ein Freistuhl erwähnt. Vom 15. bis zum 18. Jahrhundert hatte Waltrop – 1428 wird der Ort als ›Freiheit‹ bezeichnet – mehrfach unter Kriegswirren und Pest zu leiden. Der wirtschaftliche Aufschwung erfolgte vornehm-lich um die Zeit der letzten Jahrhundertwende mit dem Bau des Dortmund-Ems-Kanals und der Abteufung einer Zeche. 1938 wurde Waltrop zur Stadt erhoben und zählte 1982 27000 Einwohner.

Die katholische Hauptkirche **St. Petrus** erfuhr im 19. und 20. Jahrhundert einschneidende Veränderungen. An das spätgotische Hallenlanghaus fügte Hilger Hertel d. J. 1892 im Osten einen qualitätvollen neugotischen Zentralbau mit Querschiff und angedeuteter Vierungs-kuppel an. Der romanische, nach einem Brand (1783) in reduzierter Form wiedererstandene Glockenturm konnte erst 1929 aufgestockt und mit einem Spitzhelm angemessen bekrönt werden. Der Taufstein (12. Jh.) zeigt unter flachbogigen Arkaden einen Zyklus schwer zu entschlüsselnder Reliefdarstellungen, anscheinend über die legendäre Wiederauffindung des Kreuzes Christi. Zu sehen sind eine weibliche Heiligengestalt (Helena), das Gotteslamm mit Kreuz, ein diagonal gestelltes Kreuz, eine männliche Gestalt mit Judenhut (Judas Cyriakus), wieder ein diagonal gestelltes Kreuz, ein Mann auf einer Bahre (der Tote, der durch Berüh-rung mit dem wiedergefundenen Kreuz zum Leben erweckt wurde, wodurch sich die Authentizität der Reliquie offenbarte). Außerdem besitzt die Kirche einen romanischen Türklopfer aus Bronze in Löwenkopfform (13. Jh.), Skulpturen aus dem 16. und 18. Jahr-hundert und eine Zylindermonstranz in Form eines spätgotischen Sakramentshäuschens aus vergoldetem Silber. – Ein Fachwerkhaus am Kirchplatz, der sog. ›Tempel‹, mit auskragen-dem Obergeschoß und Brüstungsgefachen in Form des Andreaskreuzes dürfte das älteste erhaltene im gesamten Ruhrgebiet sein (15. Jh.; Abb. 71).

Mit der kleinen, einschiffigen Bauerschaftskapelle *Levringhausen* (14. Jh.) besitzt Waltrop einen weiteren Sakralbau aus dem Mittelalter, mit der Pfarrkirche **St. Marien** (Josef Franke, 1932/33) ein Gotteshaus im Stil der frühen Moderne, das in wesentlichen Stücken seine Originalausstattung über die Veränderungswelle der sechziger Jahre bis in die Gegenwart retten konnte. Der Backsteinbau wirkt in seiner kubischen Formgebung außen nüchtern und karg (Abb. 30). Innen beeindruckt die harmonisch abgestimmte Farbgestaltung. Die Buntglasfenster mit Symbolen der Lauretanischen Litanei lassen lediglich gedämpftes Licht herein (Glocke, Gelsenkirchen). Über dem Altar hängt ein expressives monumentales Kruzifix aus Lindenholz (Hans Dinnendahl, Telgte). Außen am Turm ist eine blaugewandete Majolikamadonna (Abb. 33) angebracht (ebenfalls Dinnendahl), die den kalauernden Volksmund motivierte, der Kirche den Beinamen ›Gasthaus zum blauen Engel‹ beizulegen.

Bei der Zeche **Waltrop** repräsentieren die Übertagebauten auf markante Weise zwei Zeitstufen in der Bergwerksarchitektur. Der Bauabschnitt von 1903/04 zeigt die Gestaltungsweise der letzten Phase des Historismus. Die weitausladenden Hallen mit ihren flachgeneigten Satteldächern und langen Reihen von Flach- oder Rundbogenfenstern erinnern noch an Sakralarchitektur. Die Außenwände zeigen ein lebhaftes Widerspiel von dunkelroten Ziegelpartien und weißen Putzflächen. Bei den Giebelfassaden findet man leichte Anklänge an die Formgebung des Jugendstils. Ein späterer Bauabschnitt erfolgte dann im genormten, nüchternen Stahlfachwerk Schuppscher Prägung. Die Zeche besitzt noch zwei riesige Dampffördermaschinen von 1906–1908 (Abb. 38). Die angrenzende Kolonie entstand seit 1908 als großzügig angelegte Gartenstadt.

Bedeutendstes Denkmal auf Waltroper Stadtgebiet ist das historische Schiffshebewerk **Henrichenburg** (Abb. 114). Es stellt eine technisch originelle Lösung des Problems dar,

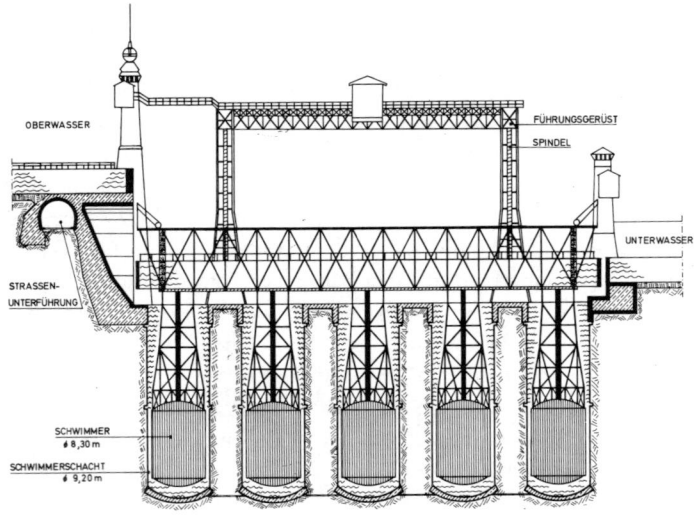

Waltrop, Historisches Schiffshebewerk Henrichenburg, Funktionsschema (vgl. S. 302)

Schiffshebewerk Henrichenburg, um 1900 (Theodor Rogge)

eine Geländestufe von vierzehn Metern im Verlauf des Dortmund-Ems-Kanals zu überwinden. Zur Zeit des Kanalbaus, in den neunziger Jahren des vorigen Jahrhunderts, scheuten die Ingenieure vor der naheliegenden Alternative, dem Bau einer Schleusentreppe, zurück, da die Pumpentechnik damals kaum imstande gewesen wäre, den bei zahlreichen Schleusungen zwangsläufigen Wasserverlust in das obere Kanalbett, das über keine nennenswerten

Zuflüsse verfügt, zurückzuleiten. Ein Hebewerk hingegen vermeidet von vornherein ein solches Abfließen von Wasser. Vom Prinzip her handelt es sich hierbei quasi um einen gigantischen Fahrstuhl zur Beförderung von Schiffen. Zur Hochführung des wassergefüllten Schiffstrogs nutzt man die Kräfte des natürlichen Auftriebs aus: Unter dem Trog sind mittig fünf Hohlzylinder angebracht, die in tiefen, ausgemauerten Brunnenschächten schwimmen. Sobald der Trog um eine auch nur geringfügige Wassermenge erleichtert wird, läßt das Gesetz des Auftriebs die fünf Schwimmer und mit ihnen die gesamte Konstruktion langsam nach oben steigen. Ein Wiederauffüllen erzeugt die entgegengesetzte Bewegung. Ein Elektromotor von nur 150 PS reicht aus, um die Trägheitsmomente und Reibungskräfte zu überwinden und den Hebe- bzw. Senkvorgang auszulösen. Der Trog wird mit Hilfe von Schraubspindeln in 29 Meter hohen Stahlfachwerkgerüsten an den vier Ecken geführt. Vorn und hinten wird er durch Hubtore verriegelt. Zwei weitere Elektromotoren auf Brücken zwischen steinernen Turmpaaren ziehen diese Tore zur Öffnung bei Bedarf nach oben.

Kaiser Wilhelm II. weihte 1899 das Schiffshebewerk Henrichenburg persönlich ein. Er wollte auf diese Weise seine Aufgeschlossenheit für die Errungenschaften der modernen Technik und sein Engagement für den Bau des westdeutschen Kanalnetzes demonstrieren. – Die Stillegung der Anlage, die für viele Kanalschiffe inzwischen nicht mehr groß genug war, erfolgte 1962. Ihre Restaurierung zu einer Außenstelle des Westfälischen Industriemuseums begann 1982.

Bereits wenige Jahre nach der feierlichen Eröffnung des alten Schiffshebewerks konnten die technischen Schwierigkeiten bei der Konstruktion von Schleusen mit einer ähnlich hohen Hebeleistung überwunden werden. 1908–17 errichtete man als Ergänzung des Hebewerks eine sog. **Schachtschleuse,** die an beiden Seiten über eine Folge von fünf abgestuften Sparbecken einen wesentlichen Teil des freiwerdenden Wassers sammelt, so daß die Rückpumpleistung erheblich reduziert werden kann. Das Bauwerk aus schweren Sandsteinquadern ist mit zwei Ecktürmen, einem preußischen Wappenadler und einer großen Inschrifttafel geschmückt (Abb. 111).

1962 wurde schließlich ein weiteres **Hebewerk** in Betrieb genommen, das nach dem gleichen Prinzip wie das historische arbeitet, allerdings wesentlich größere Schiffe aufnehmen kann (Abb. 113). Z. Z. im Bau ist ein drittes, noch leistungsfähigeres Schiffshebewerk geplant, so daß auf Waltroper Stadtgebiet schließlich vier Abstiegsbauwerke in unmittelbarer Nachbarschaft technischen Fortschritt und Wandel im Industriedesign augenfällig demonstrieren werden.

Selm

Die Berücksichtigung dieser Stadt (1982: 25 000 Einwohner) im Rahmen einer Publikation über das Ruhrgebiet mag auf den ersten Blick überraschen. Selm ist ländlich geprägt: bewaldete Hügel, Weideland, dörfliche Architektur. Im Ortszentrum wurde die 1907 profanierte mittelalterliche Kirche *St. Fabian und Sebastian* 1967 als ›Friedenskirche‹ neu hergerichtet. Sie besitzt einige teils skurrile Wandmalereien des 16. Jahrhunderts.

In *Cappenberg*, das als Ortsteil von *Bork* 1975 nach Selm eingemeindet wurde, liegt ein berühmtes ehemaliges **Prämonstratenserkloster**, dessen Kirche Kunstwerke von unschätzbarem Wert birgt, u. a. ein Kopfreliquiar mit den Gesichtszügen des Kaisers Friedrich Barbarossa (um 1160, hier als Kopie), einen überlebensgroßen spätromanischen Kruzifixus (um 1225), das reichste Chorgestühl Westfalens (bez. 1509 und 1520), einen gemalten Flügelaltar mit Bildern aus der Passion Christi und dem Marienleben (Jan Baegert, der ›Meister von Cappenberg‹, um 1530). – Schloß Cappenberg, die ehemalige Propstei des Klosters, war der Alterssitz des Freiherrn vom Stein.[51]

Vom Cappenberger Höhenzug aus sieht man die Fördergerüste der ersten Zechen am fernen Horizont. Der Bergbau greift allerdings z. Z. bereits nach dem Cappenberger Land, in dessen Schoß mehr als hundert Millionen Tonnen bester Steinkohle lagern. In Sichtweite des Schlosses ist bereits ein Wetterschacht abgeteuft. Wenn man auch möglichst behutsam vorgeht, so steigt doch die Sorge der Landschafts- und Umweltschützer um dieses idyllische Erholungsgebiet.

In der Nähe des Ortszentrums von Selm wurde in unserem Jahrhundert bereits einmal Kohle abgebaut. Die Zeche **Hermann** nahm 1909 die Förderung auf. Die Abbaubedingungen waren hier allerdings – in ca. 1000 Meter Tiefe bei feuchter Hitze – extrem ungünstig; die Belegschaft fluktuierte stark. Hohe Betriebskosten und Absatzschwierigkeiten führten bereits 1926 zur Stillegung der Zeche, deren Tagesanlagen teilweise abgetragen worden sind. – Die Kolonie Hermann büßte nach Privatisierung durch individuelle Modernisierungsversuche ihr ehedem harmonisches Erscheinungsbild nahezu vollständig ein.

Lünen

»Obgleich die wehrte Stadt, wie Heyden sie genennet,
von Luna Lünen heißt, weil man dem Mond gedient,
ist sie doch längst bekehrt, so daß man Christen kennet,
und hier der Gottesdienst in schönstem Wachstumb grünt.«[52]

(Johannes Kayser, 1698)

»Wo neben Sand, bei Tabak, Weiden grünen,
Der Rinder Schar ein froher Aufenthalt,
Liegt an der Zesike und Lippe Lünen,
Nicht weit davon ein Bad am Eichenwald.«[53]

(Carl Hengstenberg, 1819)

In seiner 1536 erschienenen Stadtchronik fabuliert der Lüner Pfarrer Georg Spormecker, ein noch heidnisch orientierter Statthalter Karls des Großen habe am Ort die Mondgöttin Luna verehrt, woraus die Namensgebung zu erklären sei. Aus der Perspektive seriöser

303

Forschung muß eine solche Herleitung des Ortsnamens allerdings in das Reich purer Phantasie verwiesen werden. Lünen, als *Nordliunon* und *Sudliunon* in einem Güterverzeichnis der Werdener Abtei gegen Ende des 9. Jahrhunderts erstmals bezeugt, dürfte vielmehr mit einer altniederdeutschen Bezeichnung für ›Anhöhe‹ oder ›Schutz‹ in Verbindung zu bringen sein. Immerhin entwickelte sich der Ort an einer Stelle, wo die Lippe (nahe der Einmündung der Seseke) dicht an einer Anhöhe vorbeifließt. Hier kreuzt von altersher die Fernhandelsstraße von Dortmund über Münster nach Bremen und Hamburg das Flußtal und förderte bereits im Mittelalter die Ansiedlung von Handwerkern und Kaufleuten, die u. a. Handelsbeziehungen bis zu den Hafenstädten an Nord- und Ostsee unterhielten. Lünen gehörte zeitweilig auch der Hanse an.

Die strategisch exponierte Lage führte zu Streitigkeiten rivalisierender Fürsten. 1336 verlegte Graf Adolf IV. von der Mark, der Lünen als Pfand des Bischofs von Münster auf Abruf verwaltete, den Ort vom Nord- auf das Südufer der Lippe, d. h. in seinen direkten Herrschaftsbereich, und siedelte die Bewohner kurzerhand um. Selbst die Befestigungswerke wurden transloziert. Nach Abschluß der Bauarbeiten verlieh der Graf 1341 der neuen Siedlung die Stadtrechte. In den folgenden Jahrhunderten kam es mehrfach zu Überschwemmungskatastrophen, wüteten verschiedentlich auch große Stadtbrände in Lünen, wo noch in der zweiten Hälfte des 18. Jahrhunderts weniger als tausend Menschen lebten. Vor Anbruch des Industriezeitalters war der Ort immerhin einige Jahre lang Haltepunkt der regelmäßig verkehrenden Postkutschen auf der Linie Berlin – Wesel und auch Zusteigehalt für das nahe gelegene Dortmund, das zeitweilig postalisch ›bei Lünen‹ lag.

Mit dem Ausbau der Lippe für den Schiffsverkehr setzte in den 1820er Jahren ein bescheidener wirtschaftlicher Aufschwung ein. Raseneisenerz aus der Gegend um Lippstadt bildete zu dieser Zeit die erste Rohstoffbasis für die Lünener Hüttenindustrie. 1873 wurde südlich der Stadt der erste Schacht abgeteuft. Die Kohleförderung konnte in der Region aufgrund gravierender Wasserhaltungsprobleme erst um die Jahrhundertwende in großem Stil aufgenommen werden. Lünen, das 1914 im Westen *Lippolthausen*, 1914 im Süden und Osten *Gahmen, Horstmar* und *Beckinghausen* und 1928 im Südwesten *Brambauer* eingemeinden konnte, zählte 1982 rund 85 000 Einwohner.

Bei der Verlegung Lünens im Mittelalter blieb nördlich der Lippe die alte Marienkirche zunächst erhalten. Im Süden errichtete man in der neuen Stadt um 1360–65 allerdings eine weitere, dem hl. Georg und der hl. Katharina geweihte **Pfarrkirche**. Sie mußte nach einem Brand 1512–21 wiederaufgebaut werden. Die dreischiffige, dreijochige Halle steht auf annähernd quadratischem Grundriß. Chor und Glockenturm sind angefügt. Am rückwärtigen Giebel bemerkt man Fachwerk. Einzelne Schlußsteine zeigen im Chorgewölbe das Antlitz Christi, in Mittelschiff und nördlichem Seitenschiff Reliefs der beiden Kirchenpatrone. An einer Konsole im südlichen Seitenschiff ist ein Männerkopf aus Stein, anscheinend ein Selbstporträt des anonymen Baumeisters, angebracht. Aus der Zeit nach der Brandkatastrophe blieben Freskofragmente erhalten: ein Weltgericht im östlichen, der Sündenfall Adams und Evas im mittleren Hauptschiffgewölbe, Apostel- und Martyrerfiguren an den Wänden.

Lünen, Eisenhütte Westfalia an der Lippe, die älteste Eisenhütte der Stadt

Der eindrucksvolle Flügelaltar im Chor wird dem Kreis um den Meister von Liesborn zugeordnet und dürfte um 1470 entstanden sein. Bei zugeklappten Flügeln sieht man Maria mit dem Jesuskind und dem hl. Johannes Baptista sowie den Drachenkampf des Hl. Georg. Auf den Innenseiten tragen die Flügel jeweils vier Szenen aus dem Leben Christi: Verkündigung, Weihnacht, Anbetung der Drei Könige, Darstellung im Tempel (links); Auferstehung, Himmelfahrt, Pfingsten, Jüngstes Gericht (rechts). Die Mitte bilden zwei großformatige Tafeln mit der Kreuzigung (und eingefügter Kreuztragung) und der Kreuzabnahme (mit Grablegung Christi und Erlösung der Büßenden aus der Vorhölle – eine Anzahl skurriler Teufel muß sich geschlagen geben; Abb. 20).

Im Triumphbogen hängt ein Kruzifix von ca. 1470, das an den Enden der Kreuzesbalken farbig gefaßte Evangelistensymbole zeigt. Um 1500 entstanden zwei Leuchterengel, das spätgotische Sakramentshaus und der Taufstein mit Christus und Maria, St. Antonius und St. Georg sowie den Aposteln in Zweiergruppen unter umlaufenden Arkaden. Die Orgelempore trägt an ihrer Brüstung Schnitzereien von 1607 und 1661.

Die mittelalterliche Altstadtkirche **St. Marien** (kath.) wurde 1894/95 durch eine großzügige neugotische Backsteinbasilika mit Querhaus ersetzt (Wilhelm Rinklake). Dabei übertrug man verschiedene Stücke der alten Ausstattung in den Neubau: Die Lünener Madonna, eine Holzplastik mit Höhlungen zur Aufbewahrung von Reliquien (Ende 13. Jh.), wird von altersher als Gnadenbild verehrt und war jahrhundertelang das Ziel von Pilgern und Prozessionen. Der Taufstein (um 1270) ist mit Blatt- und Fruchtmotiven reich verziert. Unter Kleeblattarkaden sieht man neben der Taufe Christi im Jordan fünf Reliefdarstellungen über die Entstehungsgeschichte der Menschheit nach dem Alten Testament: die Vermählung der

Stammeltern Adam und Eva durch Gottvater, ihre Verführung durch die Schlange, Vertreibung aus dem Paradies, Kain und Abel bringen Opfer dar, Kain erschlägt Abel. Erwähnt werden sollen schließlich noch zwei Steinfiguren der Muttergottes (13. Jh.) sowie das Triumphkreuz (14. Jh.). Zwei Tafelbilder des ehemaligen Hochaltars mit Darstellung von Kreuzigung und Kreuzabnahme (Anfang 16. Jh.) gelangten 1894 in den Besitz des Westfälischen Kunstvereins und befinden sich heute im Museum für Kunst und Kulturgeschichte in Münster.

Schloß Schwansbell im Vorort *Horstmar* entstand 1872–75 in englischer Gotik anstelle einer älteren Wasserburg. Das ehemalige Wirtschaftsgebäude beherbergt heute das Museum der Stadt Lünen. – Ausgedehnte *Bergarbeitersiedlungen* finden sich vor allem in *Lünen-Süd,* darunter eine Kolonie der Zeche Preußen mit schlichten Backsteinhäusern, wo bis in manche Details der Hof- und Gartengestaltung hinein der Zustand und somit manches von der Atmosphäre der Jahrhundertwende bilderbuchhaft erhalten blieb (Ziethenstraße u. a.).

Werne

»Die Stadt werne liegt im Amt und Kirchspiel gleiches Nahmens sieben stunde von Münster und ein Halb Viertelstunde von den Lippfluß in einer ebene, und um der Stadt ist ein feld und längst den lipflus eine schöne breite wieße, der Mersch genannt...
Die Stadt hat 312 Häuser im brand Cathaster, die pfarr Kirche welche an der einen Seite der Stadt liegt ist schön, der thurm daran aber nicht hoch, besonders das tach altmodisch und gleicht einen eckigten Trichter, desto schöner ist das geleut der vier glocken, und ist dieser thurm im jahr 1554 erbaut und Kostet Ein und neunzig Mark und vier Schill...
Die Straßen sind gepflastert, aber es werden solche nur selten gereinigt.«

(aus einer Handschrift des Pfarrers Niesert aus Vehlen,
um 1800, Stadtarchiv Werne)

Die Abteufungsarbeiten für die Zeche **Werne,** eine der frühesten Schachtanlagen nördlich der Lippe, begannen 1899. 1975 wurde die Kohleförderung eingestellt. Sämtliche Fördergerüste sind inzwischen niedergelegt worden. Ein Teil der Tagesanlagen, darunter klar gegliederte Ziegelbauten an der Kamener Straße, blieben vorerst erhalten.

In dem Dreivierteljahrhundert zwischen 1899 und 1975 hat der Bergbau das Stadtbild von Werne nicht grundsätzlich umgeprägt. Die Innenstadt mit ihrem Ensemble von benachbartem Markt- und Kirchplatz bewahrt bis heute eindrucksvolle Sakralbauten, Stein- und Fachwerkhäuser aus vorindustrieller Zeit und Reste einer mittelalterlichen Umwallung. Die Stadtkernsanierung geschah behutsam und mit vergleichsweise erfreulichem Ergebnis.

An einem Lippeübergang als Kreuzungspunkt verschiedener Handelswege verkehrsgünstig gelegen, wurde Werne, ›villa quae dicitur *verina‹,* bereits 834 erstmals urkundlich erwähnt, 1195 dann als Zollstätte des Bischofs von Münster genannt. 1253 schlossen die

Zeche Werne, Belegschaftsfoto zur Zeit der Abteufungsarbeiten für Schacht II

Städte Soest, Dortmund, Münster und Lippstadt auf der Lippebrücke bei Werne im Dienste der Friedenssicherung den ›Werner Bund‹. Schwierig zu erschließen ist, wann und in welcher Qualität der Ort, der auch Mitglied der Hanse war, die Stadtrechte verliehen bekam. Bis ins 14. Jahrhundert zurück reicht die Tradition des alljährlich am 28. Oktober abgehaltenen Simon-Juda-Markts. Die Schwelle zum Industriezeitalter erlebte Werne als heruntergekommenes Landstädtchen. 1982 lebten hier dann fast 27 000 Einwohner.

Die katholische Stadtkirche **St. Christophorus** gilt als Gründung des hl. Liudger, des ersten Bischofs von Münster. Die kleine Holzkirche vom Beginn des 9. Jahrhunderts wurde um die Mitte des 12. Jahrhunderts durch einen romanischen Steinbau ersetzt. Seine quadratischen Pfeiler konnten im Westteil der heutigen, spätgotischen Hallenkirche (Meister Roseer, um 1450) wieder benutzt werden. In diesem Bau finden sich Sterngewölbe, im östlich anschließenden Teil (um 1500) einfache Kreuzgewölbe. Der um die Mitte des 16. Jahrhunderts errichtete Glockenturm erhielt erst im 19. Jahrhundert seinen Spitzhelm. Im südlichen Seitenschiff will man zwei Konsolköpfe als Selbstporträts von Baumeister und Altgeselle deuten. Der reich gearbeitete, achteckige Taufstein (16. Jh.) zeigt in Reliefbildern den Sündenfall Adams und Evas, ihre Vertreibung aus dem Paradies, Moses am Roten Meer, die Arche Noah mit der Taube, die Taufe Jesu, den geheilten Blindgeborenen im Verhör, seine Versto-ßung, den Erlöser mit den Leidenswerkzeugen. Schließlich verdienen noch eine Strahlen-doppelmadonna (Anfang 15. Jh.) und eine überlebensgroße Holzskulptur des hl. Christo-phorus (Anfang 17. Jh.) Beachtung.

1659 gründeten Kapuzinermönche aus Münster in Werne eine Ordensniederlassung. Das schlichte Klostergebäude entstand 1671–73, die Kirche **St. Petrus und Paulus** nach Plänen des Ordensbruders Ambrosius von Oelde 1677–80. Ihre einheitliche Barockausstattung wurde von Paul Gladbach aus Rüthen geschaffen. Die Altarbilder malte der Ordensbruder Damian von Ratingen, für den Hochaltar die Kreuzigung Christi, für den linken Seitenaltar die Himmelfahrt Mariens und für den rechten Altar das sog. Eselswunder des hl. Antonius von Padua: Der Lastesel eines ungläubigen Kaufmanns verweigert den Dienst und fällt auf die Knie nieder, als der Heilige mit der Monstranz gerade vorübergeht.

Das historische *Rathaus* erhielt sein heutiges Aussehen durch tiefgreifende Umbaumaß-nahmen in den Jahren 1512–14 und 1561. Vorbild für die Gestaltung des Stufengiebels, der Kreuzpfostenfenster und der spitzbogigen Laubenhalle dürften Häuser vom Prinzipalmarkt in Münster gewesen sein. Der Giebel des *Alten Brauhauses Moormann* (um 1400, erneuert um 1560) ist mit drei Halbradaufsätzen geschmückt. Die *Wärmehäuschen* am Kirchplatz (Nr. 2–4), Fachwerkhäuser aus dem 15./16. Jahrhundert mit unregelmäßig vorkragenden Geschossen, finden für ihre ungewöhnliche Namensgebung wohl die Erklärung, daß ihre früheren Besitzer, Bauern aus der weiteren Umgebung, hier arme Leute mietfrei wohnen

Werne, die Wärmehäuschen am Kirchplatz

ließen, die ihnen dann bei zufälligem Stadtaufenthalt jederzeit eine gut geheizte Stube zur Verfügung stellen mußten. Am Fachwerkhaus *Roth* (Kirchplatz Nr. 15) starren von den Konsolbalken unter dem vorkragenden Obergeschoß derb geschnitzte, grell bemalte Dämonenköpfe den Passanten an.

Bergkamen

Noch im 19. Jahrhundert lag das Dorf, in dem nur wenige hundert Menschen lebten, inmitten einer öden Heidegegend: »Hier wohnten still und friedlich, mit Fleiß den zähen Boden bearbeitend, fast abgeschieden von der Welt, die genügsamen Ansiedler. Dem von Camen kommenden Wanderer war es zu Mute, als käme er in eine fremde Welt.«[54] Erst mit dem Abteufen des ersten Schachts begann 1890 der wirtschaftliche Aufschwung. Die Einwohnerzahl vervielfachte sich von 698 (1890) auf 2285 (1900), 5210 (1910), 14 480 (1965). Nach dem Anschluß mehrerer Dörfer erfolgte 1976 die Stadtrechtsverleihung. 1982 lebten in Bergkamen mehr als 48 000 Einwohner. Auch aufgrund größerer Bombenschäden ist das Stadtbild heute vorwiegend von Neubauten geprägt. Der Versuch, die Zeche Neu-Monopol durch eine neues Stadtviertel mit modernem Rathaus und Citycenter stärker an den alten Ortskern anzubinden, verdient durchaus Anerkennung.

Als **Neu-Monopol** (Abb. 36) im August 1981 die Förderung aufnahm, wurde dies als wichtiges Ereignis gefeiert: Immerhin war im Ruhrbergbau seit fast zwei Jahrzehnten keine neue Zeche mehr in Betrieb gegangen. Der Grund für die Errichtung des Bergwerks (das allerdings die Tradition der Zeche Grimberg I/II fortsetzt) war die Versorgung eines benachbarten neuen Kraftwerks, zu dem die gewonnene Gaskohle über ein 2130 Meter langes Förderbandsystem gelangt. Das Betonfördergerüst von Neu-Monopol ist asymmetrisch gestaltet und mit einer Höhe von 71 Metern angeblich das höchste des gesamten Ruhrgebiets. Imponierend wirkt auch die Halle für die Kohleaufbereitung (Abb. 37). Sie ist als riesenhaftes Zelt von 220 Meter Länge, 63 Meter Breite und 34 Meter Höhe gestaltet. Fördergerüst (Farbt. 24) und Halle sind in hellen Farben – gelb, ocker, grün – ansprechend gestrichen.

Mit dem Bergwerk **Haus Aden** in *Oberaden* ist auf Bergkamener Stadtgebiet noch eine weitere Zeche in Betrieb. Ihre Tagesanlagen entstanden 1954 nach Plänen von Fritz Schupp, wurden später allerdings von anderen Architekten ergänzt. Haus Aden besitzt heute zwei riesige Doppelbockfördergerüste, deren Silhouetten weithin die Landschaft prägen.

In *Oberaden* wurde 1906 eines der größten römischen Militärlager auf deutschem Boden entdeckt. Die Ergebnisse wiederholter archäologischer Grabungstätigkeit lassen darauf schließen, daß es 11 v. Chr. durch Drusus, einen Stiefsohn des Kaisers Augustus, als Vorposten gegen die Sugambrer errichtet und nach der Zwangsumsiedlung dieses Germanenstamms auf das linke Rheinufer ca. 8 v. Chr. wieder aufgegeben worden war. Die Funde, Waffen, Arbeitsgerät, Münzen, Keramik..., gelangten nach Münster in das Westfälische Landesmuseum für Archäologie und nach Dortmund ins Museum für Kunst und Kulturgeschichte.

Im Ortsteil *Weddinghofen* liegt am Pantenweg der sog. Russenfriedhof mit den Gräbern russischer Zwangsarbeiter, die während des Zweiten Weltkriegs in Bergkamen zu Tode kamen (Abb. 133).

Kamen

> Gleich Unna baut sein Feld das nahe Camen
> Und hat wie Pisa seinen schiefen Thurm;
> Der Bürger streu't auf Hoffnung reichen Saamen,
> Die Zesicke bleibt ruhig selbst bei Sturm.[55]

Die kleine Stadt an dem Flüßchen Seseke ist heute aufgrund des benachbarten Autobahnkreuzes überregional bekannt. Kurios mutet daher an, daß der Name ›Kamen‹ womöglich vom keltisch-lateinischen Wort ›camina‹ (= Straße, Weg; vergl. französ. ›chemin‹) herzuleiten ist. Ein sicherer Übergang über die sumpfige, noch bis in die 1920er Jahre hinein oft überflutete Flußniederung war sicherlich der maßgebliche Siedlungsanreiz. Urkundlich erwähnt wurde der Ort erstmals in einem Heberegister der Abtei Werden von ca. 1050. Stadtrechtsverleihung und Stadtbefestigung sind für die Mitte des 13. Jahrhunderts zu erschließen. Kamen war auch Mitglied des Hansebundes.

Ein Motor für den wirtschaftlichen Aufschwung der Region wurde die Köln-Mindener Eisenbahn, die bei Kamen über eine 1846 gebaute, bis in die Gegenwart erhaltene Steinbogenbrücke die Seseke überquert (Abb. 116). Das Empfangsgebäude für den Personenbahnhof entstand wenige Jahre später in spätklassizistischen Formen.

Der Bergbau erreichte Kamen in den 1870er Jahren. Zwei Fördergerüste der Zeche Monopol bildeten bislang in Korrespondenz zu den Türmen der beiden Stadtkirchen wichtige Akzente im Stadtpanorama. Nach Stillegung der Zeche wurde 1984 eines dieser Gerüste entfernt.

Kamen, Karikatur auf die häufigen Überschwemmungen der Seseke, im Hintergrund der schiefe Turmhelm von St. Paulus

Kamen-Methler, St. Margaretha,
Freskendetails. Zeichnungen von
Wilhelm Lübke, 1855

Der Eisenbahnbau hatte die Bevölkerung der Stadt im 19. Jahrhundert merklich ansteigen lassen (1820: 2000 Einwohner / 1870: 3700 Einwohner). Der Bergbau forcierte diese Entwicklung (1880: 4450 Einwohner / 1890: 7050 Einwohner / 1897: 9200 Einwohner). 1982 lebten in Kamen, dessen Stadtgebiet durch Eingemeindung inzwischen angewachsen war, ungefähr 44000 Menschen.

Der Turm der evangelischen Pauluskirche (früher St. Severin) wurde im 11. Jahrhundert unter dem Einfluß des Paderborner Domturms für einen romanischen Vorgängerbau errichtet. Der (absichtlich oder unfreiwillig?) schief konstruierte Turmhelm, das Wahrzeichen Kamens, trägt außen eine kleine Glocke, die 1343 auf einem Kriegszug erbeutet sein soll und aufgrund ihrer exponierten Anbringung den Metallkonfiskationen der beiden Weltkriege nicht zum Opfer fiel. Das heutige Kirchenschiff mit eingezogenem ⅝-Chor entstand 1844–49 nach Plänen von Fr. W. Bucholtz als schlichter Saalbau Schinkelscher Prägung. Innen sind hufeisenförmig Emporen eingezogen. Die Flachdecke wurde 1897 erneuert, ihr Holzbalkenmosaik bei der letzten Renovierung der Kirche wieder freigelegt.

Mit der evangelischen Margaretenkirche im alten Dorf Methler besitzt Kamen ein Bauwerk von hohem künstlerischem Rang. Die spätromanische Hallenkirche aus grünem Sandstein stammt aus der Mitte des 13. Jahrhunderts, ihr Westturm noch von einem Vorgängerbau des 12. Jahrhunderts. Der Raum ist breiter als lang angelegt. Die Kapitelle der vielgliedrigen Pfeiler sind mit Blattmotiven und Fabeltieren ungewöhnlich reich geschmückt (Abb. 14). Die bereits 1851 entdeckten Wand- und Gewölbemalereien aus der Erbauungszeit der Kirche erlitten durch unsachgemäße Restaurierung im 19. Jahrhundert starke Einbußen an Originalsubstanz. Gleich zweimal vertreten ist hier Christus in der Mandorla. Im Chorgewölbe umgeben ihn Engel und Heilige, in der südlichen Nebenapsis die vier Evangelistensymbole. Auf die Chorwände sind Standfiguren unter Baldachinen in zwei Reihen überein-

Kamen-Methler, St. Margaretha, 1855

andergemalt. Über den zwölf Aposteln – Paulus ersetzt Judas – sieht man Heilige sowie eine Verkündigungsszene. In den Gewölben des Langhauses blieb eine ornamentale Ausmalung erhalten, die sich in ihrer Motivik an der Architektur orientiert.

Die Kirche besitzt eine spätgotische Sakramentsnische (1. Hälfte 15. Jh.) und eine prachtvolle geschnitzte Kanzel (Werkstatt Johann Sasse, 1701) sowie Skulpturen des Apostels Johannes (um 1250), der hl. Margaretha (Anfang 14. Jh.) und der Muttergottes (Anfang 15. Jh.).

Bönen

Die ländlich geprägte Gemeinde mit 1982 ca. 18 000 Einwohnern wurde 1968 aus verschiedenen Dörfern zusammengeschlossen, nachdem *Bönen* und *Altenbögge* bereits 1951 vereinigt worden waren. Kurz vor der Jahrhundertwende hatte der Bergbau hier seinen Einzug gehalten, als die Zeche **Königsborn** in der Nähe der Bahnlinie Unna-Hamm mit den Abteufungsarbeiten für ihre Schachtanlage III/IV begann. Im Umkreis des Bergwerks entstanden Koloniehäuser, z. T. als schlichte, gleichförmige Ziegelbauten, z. T. auch in aufwendigerer Formgebung mit Schaugiebeln und Wechselspiel zwischen Backstein- und Putzflächen. In den zwanziger Jahren entwarf Alfred Fischer für Königsborn III/IV einige gut proportionierte, nüchtern-monumentale Tagesbauten, darunter die Maschinenzentrale und einen kubischen Förderturm über Schacht IV, der für den Ruhrbergbau fortan stilprägend wirken sollte. Die Schachtanlage wird z. Z. (1983) abgebrochen.

Bönen wurde bereits 834 erstmals urkundlich erwähnt. Die evangelische Pfarrkirche im Ortszentrum (nach Plan von Friedrich Wilhelm Bucholtz, 1846) besitzt vom romanischen Vorvorgängerbau noch einen vergleichsweise aufwendig gegliederten Glockenturm. Ein

Vorbau im Westen erinnert an seine Verwendung als Wehrturm durch die Ritter von Boi-
nen. – Im Ortsteil *Flierich* liegt eine kleine romanische Saalkirche (ev., 12. Jh.), die zu Beginn
des 16. Jahrhunderts spätgotisch eingewölbt wurde. Am Kirchplatz blieb hier eine Gruppe
schöner Fachwerkhäuser erhalten.

Eine Windmühle an der Bahnhofstraße wurde 1969 zum Kulturzentrum Bönens ausgebaut und beherbergt seither das Büro der kommunalen Volkshochschule, eine Bibliothek
sowie einen Raum für Kammerkonzerte, Ausstellungen etc.

Hamm

>»Die nächste Station, welche wir erreichen, ist Hamm. Diese kleine Stadt an
>der Lippe, welche sich hier durch große und fruchtbare Weideländereien
>schlängelt, bildet den Knotenpunkt für die zwei großen westfälischen Eisen-
>bahnlinien, die Köln-Mindener und die Westfälische Eisenbahn, welche
>letztere aus Thüringen und Hessen gen Norden zum Seehafen Emden führt.
>Hamm hat dadurch einen sehr großen Aufschwung genommen und steigt
>zusehends an Häuser- und Menschenzahl und an Wohlstand.«[56]
>
>*(Levin Schücking, 1856)*

Die Stadt verdankt ihre Entstehung den Folgen eines politischen Attentats. Graf Friedrich
von Isenberg-Altena, der Mörder des Erzbischofs von Köln, verfiel 1225 der Reichsacht. Im
Zuge einer Racheaktion wurde daraufhin seine Stadt Nienbrügge am Nordufer der Lippe
zerstört. Graf Adolf von der Mark machte sich den Sturz des Isenbergers zunutze und
versuchte, sich dessen Territorium möglichst weitgehend anzueignen. Von der nahe gelegenen Burg Mark aus – dem Verwaltungsmittelpunkt, der seiner Grafschaft auch den Namen
gab – gründete er 1226 im Mündungswinkel zwischen Lippe und Ahse, an strategisch
günstiger Stelle, eine neue Stadt und siedelte dort die obdachlosen Einwohner von Nienbrügge an. Der Name *Ham[m]* (= Landzunge) taucht erstmals auf einer spätestens in das
Jahr 1235 zu datierenden Münze Adolfs von der Mark auf.

Der Stadtgrundriß wurde planmäßig angelegt, das Bauland gleichmäßig parzelliert. Am
Kreuzungspunkt zwischen den beiden Hauptstraßen sparte man Raum für Markt und Kirche aus. Ein Stadtsiegel läßt sich für 1263 nachweisen, eine Stadtbefestigung für 1290, der
Anschluß Hamms an das Fernhandelsnetz dann für 1297. Der Wohlstand der Stadt basierte
später neben dem Handel auch auf Tuchweberei, Brauerei und Branntweinbrennerei. 1417
trat Hamm der Hanse bei. Seit 1657 bestand ein Gymnasium.

Stärker noch als der Bergbau hat der Massenverkehr die neuere Geschichte der Stadt
geprägt. Im frühen 19. Jahrhundert war Hamm bereits ein wichtiger Umschlagplatz der
Lippeschiffahrt. Heute besteht über den Datteln-Hamm-Kanal ein Anschluß an das westdeutsche Kanalnetz. Entscheidend aber wurde, daß Hamm sich zum bedeutendsten Eisen-

Hamm, 1647. Kupferstich von Matthäus Merian

bahnknotenpunkt des östlichen Ruhrgebiets entwickeln konnte. Von der Magistrale Köln –
Dortmund – Hannover – Berlin zweigen hier Hauptstrecken in Richtung Münster – Emden,
Hagen – Wuppertal und Soest – Kassel ab. Auf dem letzten Höhepunkt des europäischen
Eisenbahnzeitalters, in den dreißiger Jahren unseres Jahrhunderts, bewältigte der Hammer
Rangierbahnhof als weitaus leistungsfähigster des Ruhrgebiets bis zu 9500 Waggons täglich
und formierte bis zu 410 Güterzüge. Der Personenbahnhof galt als wichtiger Umsteigekno-
tenpunkt, auch für internationale Züge. In der Anlage der für Hamm so günstigen Linien-
führung wollten die maßgeblichen Berliner Stellen um die Mitte des vorigen Jahrhunderts
anscheinend auch würdigen, daß die Stadt (im Gegensatz etwa zu Münster) seit mehr als
zwei Jahrhunderten zum preußischen Staat gehörte.

Die günstigen Verkehrsverbindungen, speziell auch nach Ostwestfalen hin, gaben den
Ausschlag, daß Hamm (und nicht die Provinzialhauptstadt Münster) 1879 zum Sitz des
Oberlandesgerichts für ganz Westfalen und den Landgerichtsbezirk Essen gewählt wurde.
Die explosionsartige Bevölkerungsentwicklung im Ruhrgebiet ließ das Hammer Oberlan-
desgericht zeitweise zum größten in ganz Preußen werden.

Fünf Brandkatastrophen in vorindustrieller Zeit und verheerende Bombenangriffe im letzten Weltkrieg verleihen dem Stadtzentrum heute ein uneinheitliches Erscheinungsbild. Wieder aufgebaut wurden zwei mittelalterliche Kirchen. Vereinzelt gibt es noch Häuser aus dem

18. Jahrhundert und halbe Straßenzüge (auch mit Fachwerkhäusern) aus der ersten Hälfte des 19. Jahrhunderts. In Bahnhofsnähe blieben repräsentative Bauten der Gründerzeit erhalten. Im Bereich der seit langem geschleiften Stadtbefestigung stehen zwei wuchtige Bunker, die 1200 Personen Schutz vor Fliegerangriffen boten. Die *Ahse*, die früher die Stadt Hamm umflossen und verschiedentlich durch Hochwasser überflutet hatte, wurde Anfang unseres Jahrhunderts in ein weiter östlich verlaufendes neues Bett verlegt.

Das 1974 großzügig der Stadt zugeschlagene Umland wirkt nach wie vor – trotz der eingestreuten Zechen, Zechensiedlungen und Kraftwerke – auf weite Strecken bäuerlich-idyllisch. Da gibt es Wasserschlösser und stattliche Bauernhöfe sowie – namentlich in Mark, Pelkum und Rhynern – einen Ring von kleinen Dorfhäusern um die mittelalterliche Kirche.

Die älteste Nachricht über ein Gotteshaus für Hamm stammt von 1254. Die Gemeinde blieb noch bis 1337 kirchenrechtlich von der Pfarrkirche in Mark abhängig. Heute wird das Hammer Stadtzentrum von der evangelischen **Pauluskirche** (bis 1912: St. Laurentius und Georg) beherrscht, einer dreischiffigen gotischen Hallenkirche mit weit ausladendem Querhaus und zur Hälfte eingebautem Westturm. Baudaten sind nicht überliefert. Die $^{7}/_{12}$-Apsis, die vermutlich bald nach dem Stadtbrand von 1275 entstand, ähnelt dem Chor der Marburger Elisabethkirche. Das Querhaus von St. Paulus stammt in Teilen vielleicht von einem spätromanischen Vorgängerbau. Die Mittelschiffgewölbe wurden bei einer Erneuerung im 18. Jahrhundert um ca. einen Meter heruntergezogen. Beherrschendes Element im Innern sind die massigen Rundpfeiler (Abb. 8). Da die mittelalterliche Ausstattung in der Reformationszeit Bilderstürmen zum Opfer fiel, wirkt der Raum heute nüchtern und schlicht. An Kunstwerken birgt die Kirche lediglich drei Epitaphien aus dem 17. und 18. Jahrhundert. Wie die meisten älteren Kirchen der Region wurde St. Paulus aus dem grünen Mergelstein des Haarstrangs gemauert.

Hamm, um 1865 (Wilhelm Riefstahl). Im Vordergrund die Bahnlinien nach Dortmund, Soest und Unna

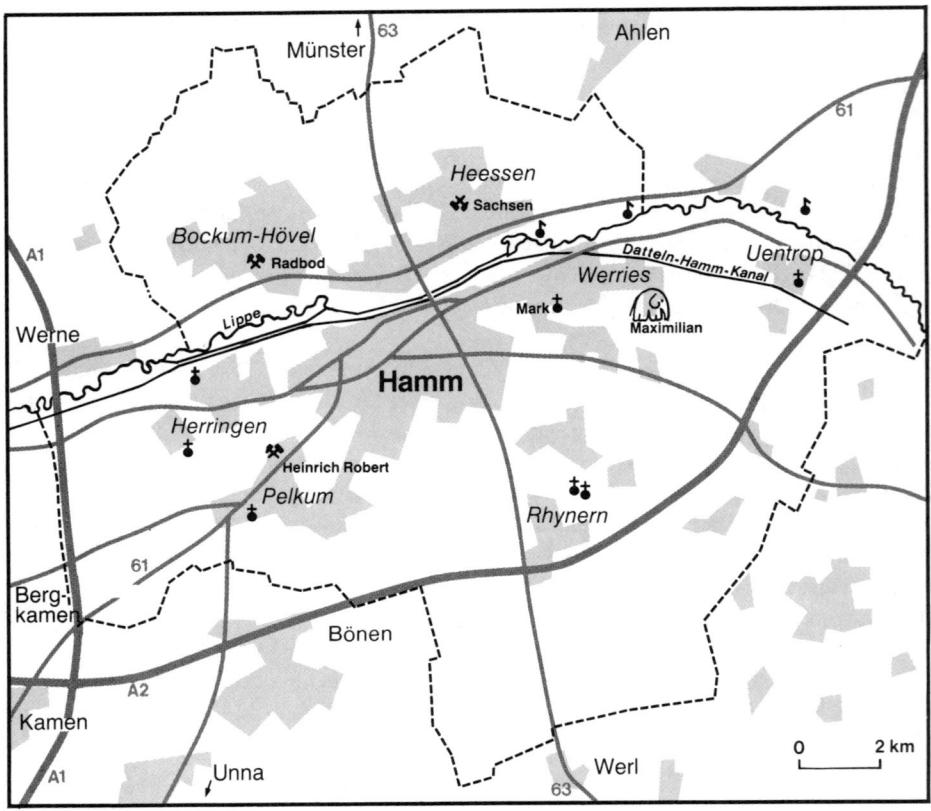

Hamm, Stadtgebiet

Die zweite mittelalterliche Kirche im Stadtzentrum Hamms, die katholische Pfarrkirche **St. Agnes,** war bis 1824 Klosterkirche des Franziskanerordens, den Graf Gerhard von der Mark 1455 in der Stadt angesiedelt hatte. Der 1515 geweihte spätgotische Bau besaß ursprünglich nur zwei Schiffe und wurde erst nachträglich zur dreischiffigen Hallenkirche ausgebaut. Die Vorschriften des Bettelordens gestatteten keinen Glockenturm, sondern lediglich einen Dachreiter. 1944 brannte die Kirche bis auf die Umfassungsmauern ab und wurde 1947–53 im großen und ganzen in der alten Form wiedererrichtet. Im südlichen Seitenschiff sind drei Grabplatten aus Baumberger Sandstein aufgestellt (17./18. Jh.). Der Kirchenschatz umfaßt u. a. einen kleinen messingvergoldeten Reliquienschrein mit eingravierten Evangelisten und Bibelszenen (um 1600) und eine silberne, teilvergoldete Sonnenmonstranz (Franz Thaddäus Lang, 2. Viertel 18. Jh.).

Von den erhaltenen Dorfkirchen auf heutigem Hammer Stadtgebiet stammt **St. Regina** (kath.) in *Rhynern* in ihren wesentlichen Teilen noch aus der hochromanischen Bauepoche:

316

eine dreischiffige Basilika im gebundenen System mit ausladendem Querhaus und geradem Chorschluß. Der Westturm wird von zwei Galerien mit jeweils drei Schallfenstern durchbrochen. Die östlichen Vierungspfeiler sind mit plastisch gestalteten Kämpferfriesen verziert: links ein Rollenfries, rechts Palmettenranken und eine liegende Menschengestalt. Drei Schlußsteine im Mittelschiffgewölbe tragen ineinander verschlungene Drachen.

Die Kirche verfügt über eine wertvolle Ausstattung. Der zylindrische Taufstein endet in einem gleichmäßigen großgliedrigen Blattfries (1. H. 13. Jh.). Das prachtvolle Sakramentshäuschen wird von einer Kreuzigungsgruppe bekrönt (Ende 15. Jh.). Ein flandrischer Schnitzaltar zeigt in seinen Hauptfeldern Szenen aus der Passion Christi (1520). Ein vergoldeter Reliquienschrein der Kirchenpatronin, deren Gebeine früher in Osnabrück verehrt wurden, trägt an den Längsseiten Apostelskulpturen, auf den Dächern Reliefmedaillons mit Szenen aus dem Leben Jesu und an den Giebelfronten die Figuren Gottvaters und der hl. Regina (1457). Die Orgel mit barockem Prospekt wurde ursprünglich für die Dominikanerkirche in Soest geschaffen (1722).

Unweit der längst abgetragenen Burg *Mark* – eine ›Motte‹ (Burghügel mit umlaufendem Graben) markiert ihren Platz – liegt im gleichnamigen Hammer Vorort eine dem hl. Pankratius geweihte evangelische Dorfkirche, die aufgrund ihrer Ausmalung zu den kostbarsten Sakralbauten Westfalens zu zählen ist. Das Untergeschoß des Westturms und die Mauern des Schiffs stammen noch vom Beginn des 12. Jahrhunderts, Querhaus, Chorjoch und Apsis aus der ersten Hälfte des 14. Jahrhunderts. Das Schiff trägt bis zur Vierung eine ›sargdeckelförmige‹ Holzdecke von 1868, der östlich anschließende gotische Bau tief herabgezogene Kreuzrippengewölbe. Die Schlußsteine sind mit hölzernen Scheiben unterlegt, die im Chor Reliefdarstellungen von Gotteslamm und Menschensohn aufweisen.

Die Fresken an Wänden und Gewölbe des Chorraumes wurden wohl um die Mitte des 14. Jahrhunderts gemalt, 1908/09 wiederentdeckt und später verschiedentlich restauriert, auch ergänzt und schließlich weitgehend rerestauriert, d. h. auf den (erschlossenen) Originalzustand zurückgeführt. Im Zentrum des Apsisgewölbes erscheint Christus mit Palmzweig und Schwert als Weltenrichter, flankiert von Maria und einem Engel mit Kreuz und einem Kranz (wohl Dornenkrone). Zwei Engel blasen die Posaunen des Weltgerichts. Die Toten in ihren Gräbern recken bittend die Hände. Auf der linken Gewölbekappe geleitet ein

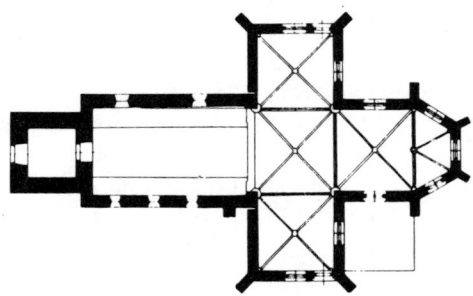

Hamm-Mark, St. Pankratius, Grundriß

317

Engel die Seligen ins Himmelshaus. Rechts gegenüber treibt ein anderer Engel die Verdammten in den Höllenschlund, wo sie ein schwarzer Teufel mit bleckenden Zähnen in Empfang nimmt.

Im Gewölbe des vorgelagerten Chorjochs erscheint Christus ein weiteres Mal in der Mandorla, nun allerdings als Weltenherrscher. Ein aufgeschlagenes Buch in seiner Rechten zeigt Alpha und Omega, den ersten und letzten Buchstaben des griechischen Alphabets. In den Gewölbefeldern sieht man auch Maria und Johannes den Täufer sowie den hl. Martin. Auf sternübersätem Himmel erscheinen Sonne und Mond. Auf die Wände des Chorraumes sind unter phantastischen Turmbaldachinen zahlreiche Heiligengestalten gemalt. Unter dem mittleren Chorfenster wird gezeigt, wie ein Jüngling, von einem Engel bedrängt, einem Bettler ein Almosen zustecken will, während der Teufel ihn daran zu hindern sucht. Als Besonderheit sind noch mittelalterliche Kritzeleien auf der Chorwand hinter dem Altar zu vermerken: Meditationen über Sanctus und Agnus Dei der hl. Messe, eine Totenklage auf den 1227 feige erschlagenen Edelherrn Bernhard von Horstmar und ein abstruses Rezept gegen Haarausfall.

Vom Triumphbogen aus beherrscht ein Kruzifix mit lebensgroßem Korpus den Kirchenraum. Der Schnitzaltar mit Passionsszenen, dessen Flügel verlorengingen (um 1500), stammt aus dem ehemaligen Kloster Kentrup in Hamm. Ältestes Kunstwerk der Kirche ist der romanische Taufstein aus Baumberger Sandstein mit umlaufenden Blendarkaden und einem Weinrankenfries (Mitte 13. Jh.).

Die evangelische Pfarrkirche in *Uentrop* besitzt ebenfalls noch erhebliche Reste älterer Wandmalerei, wenn auch nicht in gleicher Qualität und Fülle wie St. Pankratius in Mark. Eine alte Überlieferung würdigt das Gotteshaus zu *Unkinthorpa* neben acht weiteren als Stiftung zweier Edeldamen, Reimod und deren Tochter Vrederuna, und nennt den Bischof Sigifried von Münster (1022–52) als Consecrator. Nach kunstgeschichtlichen Maßstäben läßt sich der Turm ins 11./12. Jahrhundert datieren. Das flachgedeckte Schiff und der gewölbte Chor mit geradem Abschluß sind ca. 400 Jahre jünger. Der Taufstein (13. Jh.) zeigt einen reich profilierten Blattfries sowie die Gestalt eines Ritters unter einer kleeblattförmigen Arkade. Das Grabmonument für Dietrich von der Recke (1679) an der Nordwand ist mit einer großdimensionierten Krone geschmückt.

Gegenüber dem Eingang der Kirche, an der Nordwand, stellt ein Fresko die Hochzeit zu Kana dar. Links, an der Westwand, wird die eherne Schlange des Alten Testaments mit der Kreuzigung Christi konfrontiert. Im Schiff zeigen weitere Wandmalereien die Apostel sowie in einer Nische eine schwer deutbare Landschaftsdarstellung mit einer Burg. Im Chor konnten zwei Freskoschichten übereinander nachgewiesen werden. Im spätgotischen Chorgewölbe wurde von der unteren, spätgotischen Schicht lediglich der Kopf eines der hl. drei Könige freigelegt und ansonsten die nachmittelalterliche Ausmalung mit Szenen aus der Schöpfungsgeschichte belassen: Sturz der gefallenen Engel, Erschaffung der Tiere, Erschaffung der Eva aus der Rippe Adams, der erste Sündenfall im Paradies.

Bei der evangelischen Dorfkirche St. Viktor und Heribert in *Herringen* stammt der Glockenturm noch aus dem 12. Jahrhundert, das anschließende Hallenlanghaus, dessen

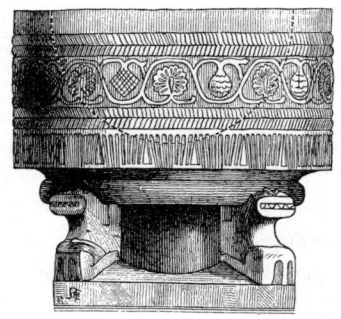

Hamm-Nordherringen, romanischer Taufstein in der Kapelle
St. Peter und Paul

Dachfirst das Mauerwerk des Turmes überragt, aus dem 14. Jahrhundert. Im Innern gibt es Epitaphe aus dem frühen 17. Jahrhundert. – Auch die evangelische Dorfkirche in *Pelkum* besitzt noch einen romanischen Westturm sowie einen spätgotischen Chor mit schönem Maßwerkfenster im Chorhaupt und zwei aufwendig gestalteten Schlußsteinen im Gewölbe: Neben dem Haupt Christi findet sich dort eine Szene, in der manche Adam, der sich nach geschehenem Sündenfall vor Gott zu verstecken sucht, sehen wollen. – In *Berge* steht eine kleine gotische Saalkirche (ev.) mit spitzem Turm und glattem Chorschluß.

Die barocke *Lutherkirche* in der Hammer Innenstadt (Johann Michael Möser, 1734–39) erinnert in einigen Stilelementen noch an die Formensprache spätmittelalterlicher Gotik. Den Predigtraum, dessen Emporen 1912 erneuert wurden, beherrscht ein mächtiger Kanzelaltar aus der Erbauungszeit (Christoph Dörendahl). – Ebenfalls aus der Barockzeit stammen die evangelische Pfarrkirche in *Rhynern*, ein sechseckiger Zentralbau mit Laterne und hölzerner Mittelstütze (1665–67), sowie die katholische Kapelle St. Peter und Paul in *Nordherringen* (1771). Sie besitzt eine gute Barockausstattung und einen romanischen Taufstein, der – mit Weinranken prächtig geschmückt – auf vier steinernen Löwen ruht. – In *Heessen* liegt die barocke Kapelle St. Anna, ein achteckiger Ziegelbau mit geschweifter Haube und Dachreiter (1728).

Von den **Wasserschlössern** auf Hammer Territorium besitzt Haus *Heessen* die wohl älteste Tradition; ein (lokalisierbarer) Oberhof wird bereits in einer Urkunde Kaiser Ottos II. aus dem Jahr 975 erwähnt. An strategisch günstiger Stelle, durch die Lippe geschützt, erbauten die Herren von Volmarstein in der Nähe um 1360 eine Wasserburg. Im 16. Jahrhundert wurde das Herrenhaus neu errichtet, zu Anfang des 20. Jahrhunderts dann tiefgreifend in neugotischen Formen umgebaut und fällt seitdem vor allem durch prächtige, fialengeschmückte Schaugiebel auf (Abb. 145). Die Vorburg stammt noch vom Ende des 16. Jahrhunderts. – Als ältester Teil von Schloß *Oberwerries* zeigt das Torhaus die Jahreszahl 1667 in Mauerankern. Das Herrenhaus (Ambrosius von Oelde, um 1700) besteht aus einem mächtigen Hauptflügel mit Walmdach, einem niedrigen Südflügel und einem Pavillonturm mit Glockendach. Der langgestreckte Marstall mit kleinem Hundestall am Ostende ist ein Werk Johann Conrad Schlauns (1730–35). – Als einziges Hammer Wasserschloß wird Haus *Uen-*

trop (Lubbert Hagen, 1713–20) heute noch von einer Adelsfamilie (von der Recke) bewohnt. – Von Haus *Ermelinghof* in *Bockum-Hövel* entstand nach einem Brand (1875) das Herrenhaus neu. Erhalten blieben damals ein ehemaliges Brauhaus mit stattlichen Giebeln (1627), ein Wirtschaftsgebäude aus Fachwerk (um 1800), ein klassizistisch umgebautes Torhaus sowie die barocke Schloßkapelle St. Bartholomäus.

Das historische Hammer Rathaus gegenüber der Pauluskirche wurde in den Bombennächten des Zweiten Weltkriegs zerstört. Seit 1959 dient das alte Oberlandesgerichtsgebäude als *Rathaus*, ein repräsentativer Bau in behäbiger Neorenaissance, der mit Treppengiebeln und Zwiebeltürmen geschmückt ist. – Im gleichen Stil wurde in Hamm, wo eine Solquelle entspringt, ein *Kurhaus* errichtet. Der Giebel des Mittelrisalits trägt Jagdmotive als Dekoration. – An die frühe Lippeschiffahrt erinnern bei *Heessen* und *Uentrop* noch Schleusen aus dem frühen 19. Jahrhundert. – Die Bedeutung Hamms als Eisenbahnknotenpunkt markiert am augenfälligsten das 1919/20 errichtete, repräsentative Empfangsgebäude des *Personenbahnhofs*.

An bemerkenswerter **Bergwerksarchitektur** besitzt die Stadt u. a. auf der Zeche **Heinrich Robert** in *Herringen* einen imposanten Förderturm in Hammerkopfform, der durch die regelmäßige Gliederung seines Stahlfachwerks ein besonders harmonisches Erscheinungsbild gewinnt. Die Zeche **Sachsen** in *Heessen* – ehemals ein überzeugend gegliedertes Ensemble expressionistisch gestalteter Bauten (Alfred Fischer, 1913–25) – wurde nach der Stillegung weitgehend abgebrochen. Zur Zeit (1984) existiert nur noch die Maschinenhalle als riesige, bereits ausgeschlachtete Ruine. Der Portalvorbau mit repräsentativer Treppenanlage läßt als Vorbild griechische Tempelarchitektur anklingen. Im Innern verleiht der offene, spitzgieblig zulaufende Dachstuhl der Halle den Charakter einer säkularisierten Sakralität – die Kraftzentrale wurde als Herzstück des Betriebes besonders aufwendig gestaltet, als Grundlage der effektiven Kohleförderung.

In der Umgebung des Bergwerks gibt es in Heessen noch weitläufige Arbeitersiedlungen, die zumeist gartenstädtisch konzipiert und in ihrer Architektur schlicht gestaltet wurden (ebenfalls Fischer, 1912 ff.).

Die Zeche **Maximilian** in *Werries*, deren Schächte seit 1903 abgeteuft wurden, förderte aufgrund einer Verkettung unglücklicher Umstände – namentlich starker Grubenwasserzuflüsse – nur 1912–14 und wurde 1921 aufgegeben. Ihre wesentlichen Gebäude konnten vor kurzem mit Hilfe eines originellen Umnutzungskonzepts für die Nachwelt gerettet und restauriert werden: Aus Anlaß einer nordrhein-westfälischen Landesgartenschau auf dem Zechengelände wurde der Verwaltungs- und Waschkauenkomplex als Veranstaltungszentrum ausgebaut. Die Elektrozentrale, eine breite, historistische Ziegelhalle mit rund schließendem Knickgiebel, großen Rundbogenfenstern, Lisenen und reichem Gesims, diente als Ausstellungsraum für Blumen. Die Kohlenwäsche (1914), ein früher Betonzweckbau mit nüchterner Fassadengliederung, wurde durch gläserne An- und Aufbauten zum spektakulären Markenzeichen der Gartenschau verfremdet: zum größten Elefanten der Welt (Abb. 115) – »ein Antimonument... symbolische und kommunikative Architektur« (Horst Rellecke). Die Begrünung dieser begehbaren Plastik erfolgte 1984 nach einem Konzept des Wiener Stadtarchitekten Friedensreich Hundertwasser.

In der Zeche **Radbod** in *Bockum-Hövel* ereignete sich in der Nacht vom 11. zum 12. 11. 1908 die bis zu diesem Zeitpunkt größte Schlagwetterkatastrophe des deutschen Bergbaus. 350 Männer kamen zu Tode. Betroffenheit und Mitleid führten in weiten Teilen des Landes zu großherzigen Spendeaktionen. Aus sozialdemokratischen und Gewerkschaftskreisen hörte man erbitterte Worte der Kritik an den mangelhaften Sicherheitsvorschriften und -vorkehrungen im deutschen Bergbau. Prinz Eitel Friedrich, ein Sohn Kaiser Wilhelms II., reiste eigens nach Hamm, besuchte demonstrativ die Hospitäler und kondolierte bei den Hinterbliebenen, um die erregte öffentliche Stimmung zu beruhigen. In *Hövel* erinnert in der Nähe der katholischen Kirche ein Denkmal an das Unglück (Müller/Braunschweig): Skulpturen eines knienden Bergmanns (Abb. 130) und einer Witwe mit weinendem Kind (Abb. 129) sowie Gedenktafeln mit den Namen der umgekommenen Bergleute, von denen 20 % nicht aus dem deutschen Sprachgebiet stammten.

Ahlen

Die betriebsame Stadt an der Bahnlinie Hamm – Bielefeld beheimatet mit der Zeche **Westfalen** den nordöstlichen Außenposten des münsterländischen Ruhrbergbaus. Nachdem um die Jahrhundertwende die ersten Tiefbohrungen vorgenommen worden waren, begannen 1910 die eigentlichen Abteufungsarbeiten. Im Jahr darauf entstanden die Tagesanlagen für Schacht I/II, ein Ensemble mächtiger Ziegelhallen in der schlichten Formensprache der frühen Moderne sowie zwei Deutsche Strebengerüste. 1913 konnte mit dem Kohleabbau begonnen werden. Weitere Schachtanlagen folgten zwischen 1936 und 1956, darunter Schacht V mit einem markanten Doppelbock-Fördergerüst. 1910–24 wurden insgesamt 1090 Bergarbeiterwohnungen und 118 Beamtenwohnungen gebaut, zumeist in ansprechenden Gartenstädten. Die Häuser in der sog. ›Neustadt‹ werden z. Z. (1983) auf vorbildliche Weise renoviert.

Allerdings ist die Stadt, die durch das Ahlener Programm der Christlich-Demokratischen Union von 1947 auch überregional einige Bekanntheit erlangt haben dürfte, nicht durch den Bergbau geprägt. An älteren Sehenswürdigkeiten sind kurz zu erwähnen: die katholische Pfarrkirche *St. Bartholomäus* (um 1500, Turm von 1815–19, reich gegliedertes spätgotisches Sakramentshäuschen von Bernd Bunickmann), die katholische Pfarrkirche *St. Marien* (J. Becker, 1902–04, mit wiederverwandtem frühgotischem Südportal, Vortragekreuz vom Ende des 14. Jh., Taufstein und Doppelmadonna vom Beginn des 16. Jh.), die Wasserburg *Haus Küchen* (16./18. Jh.). – Ahlen hatte 1982 54000 Einwohner.

Am Niederrhein

Dinslaken

In Dinslaken, dem nördlichen Ausfalltor des Ruhrgebiets auf dem rechten Rheinufer, begann der Bergbau 1906/07 mit den Abteufarbeiten für die Schachtanlage **Lohberg I/II**. Bei einem Umbau des Bergwerks entstand 1953 ein hohes Doppelfördergerüst nach Entwurf von Fritz Schupp, das als Alternative zum inzwischen stilprägenden ›Zollverein-Doppelbock‹ (Essen-Katernberg) ästhetisch eher mißlang und im Ruhrgebiet Unikat blieb. Die Streben laufen hier geradlinig bis zur abschließenden Kranbahn, so daß in etwa ein großes ›A‹ zustandekommt (Abb. 61).

In Dinslaken lebten 1983 ungefähr 60000 Menschen. Der Ort wurde 1163 als Sitz eines Antonius von Dynslacken zum ersten Mal urkundlich erwähnt. Von der Burg (12. Jh. u. später) blieben nur Reste erhalten. Die spätgotische Kirche *St. Vinzenz* (kath.) mußte nach schwerer Kriegszerstörung in weiten Teilen durch einen Neubau ersetzt werden. An alter Ausstattung birgt sie u. a. einen großen geschnitzten Passionsaltar mit beiderseitig gemalten Flügeln (Brüssel, um 1480–90) und einen überlebensgroßen Kruzifixus aus Holz (Köln, um 1400). Die evangelische Kirche im Stadtzentrum schuf der italienische Architekt Bartolomeo Salla (1722). – An der Straße nach Walsum stehen die Drei Kreuze, ein eindrucksvoller spätgotischer Kalvarienberg aus Baumberger Sandstein.

Moers

Die Stadt, in der 1983 knapp 100000 Menschen lebten, wurde im 9. Jahrhundert zum ersten Mal urkundlich erwähnt. Keimzelle war die Stammburg der Grafen von Moers, von der heute lediglich noch der mächtige Torturm des *Hochschlosses* (14. Jh., Obergeschoß und Walmdach wesentlich jünger) sowie ein daran anschließender zweigeschossiger Trakt (15. Jh.) existieren. Vor dem Schloß, das gegenwärtig das Grafschafter Heimatmuseum beherbergt, steht ein Denkmal der Kurfürstin Luise Henriette von Brandenburg, einer geborenen Prinzessin von Oranien. Ihre Heirat mit dem Großen Kurfürsten begründete später preußische Erbansprüche auf die Grafschaft Mark, die zu Beginn des 18. Jahrhunderts von ihrem Sohn, König Friedrich I., erfolgreich durchgesetzt werden konnten.

Als Siedlung im Schatten der Burg erhielt Moers 1300 die Stadtrechte verliehen. Befestigungsanlagen des 17. Jahrhunderts wurden nach dem Siebenjährigen Krieg (1756–63) geschleift. Die evangelische Kirche, im Kern eine ehemalige Klosterkirche der Karmeliter (1448), wurde 1656 kreuzförmig erweitert. In der neugotischen katholischen Kirche St. Josef steht eine qualitätvolle Heimsuchungsgruppe in den Formen des flämischen Barock.

Die Bergbautätigkeit begann in Moers zu Beginn des 20. Jahrhunderts mit der Abteufung von Schacht V der Zeche **Rheinpreußen**. Über diesem Schacht wurde 1905 ein zweigeschossiges Doppelstrebengerüst in Filigran-Gitterwerk errichtet, ein früher häufiger Gerüsttyp, der heute im Ruhrgebiet sehr selten geworden ist (Abb. 62). Über Schacht IX, der in den fünfziger Jahren abgeteuft wurde, erhebt sich ein wuchtiger, weiß verkleideter Hammerkopfförderturm. – Die Zeche Rheinpreußen (heute: Verbundbergwerk Rheinland) errichtete östlich der Eisenbahnlinie zahlreiche Koloniehäuser, darunter die Bergmannssiedlung *Linker Niederrhein* in expressionistischen Stilformen (Paul Schmitthenner, 1922/23, 1927–30, Peter-Zimmer-Straße u. a.). – Die Schachtanlage *Pattberg* im Norden von Moers (ebenfalls Verbundbergwerk Rheinland) wird von zwei modernen Fördergerüsten aus vollwandigen Stahlblechträgern überragt.

Neukirchen-Vluyn

Der Zusammenschluß der Gemeinden *Neukirchen* und *Vluyn* erfolgte 1928; in der Stadt lebten 1983 ungefähr 26000 Menschen. An Sehenswürdigkeiten sind in erster Linie die evangelische Kirche in Vluyn (1715, Turm 15. Jh., Ausstattung um 1850) und Schloß Bloemersheim (15.–19. Jh.) zu nennen.

Das Bergwerk **Niederberg** konnte 1917 die Kohleförderung aufnehmen, nachdem 1912 mit den Abteufarbeiten begonnen worden war. Die hier geförderte Kohle eignet sich besonders für den Hausbrand und wird in der angeschlossenen Brikettfabrik, der einzigen im Ruhrgebiet, zu raucharmen Briketts verarbeitet. Südlich der Zeche beeindruckt die **Neue Kolonie** durch eine klare Gestaltung und zurückhaltenden Fassadenschmuck in expressionistischem Stil. Besonders gelungen wirkt die gestaffelte Anordnung von sechs Häusern mit geschweiften Schaugiebeln am Eingang der Etzoldstraße (Abb. 93).

Kamp-Lintfort

1934 schlossen sich sechs Einzelgemeinden zur Großgemeinde Kamp-Lintfort zusammen, nachdem der Bergbau hier innerhalb einer Generation eine Verzehnfachung der Einwohnerschaft nach sich gezogen hatte. Die neue Großgemeinde erhielt 1950 die Stadtrechte verliehen. 1983 lebten hier fast 38000 Menschen.

Das Bergwerk **Friedrich Heinrich** heißt nach dem Freiherrn von Diergardt, einem Krefelder Industriellen, der seinem Grubenfeldbesitz 1872 seine beiden Vornamen gab. Unter den Tagesanlagen beeindruckt, an der Friedrich-Heinrich-Allee aufgereiht, eine Abfolge langgestreckter breitgelagerter Industriehallen mit Jugendstilakzentuierungen. Ein Deutsches Strebengerüst wird von einem modernen Förderturm überragt; in der obersten Etage ist eine Turmfördermaschine installiert. – Gigantischer noch wirkt der 75 Meter hohe Förderturm der Schachtanlage *Rossenray* (Verbundbergwerk Rheinland) im Norden Kamp-Lintforts. In der unteren Zone kragen hier Bauflügel markant aus.

Zwischen der Zeche Friedrich Heinrich und dem Stadtzentrum erstreckt sich die ausgedehnte **Altsiedlung** (1910 bis in die dreißiger Jahre), die z. Z. behutsam renoviert wird: eine Gartenstadt mit baumbestandenen Straßen und sorgfältig gestalteten Fassaden (Abb. 90). Rote Dächer, Giebelverschalungen, Fachwerk sowie durchgängig dunkelgrüne Fensterläden verleihen der Kolonie ein freundliches Aussehen. Demgegenüber wirkt die Beamtensiedlung in der Nähe des Pappelsees (Maria-Theresien-Straße u. a.) mit ihren Klinkerfassaden, streng gegliederten Doppelgiebeln und sparsamen expressionistischen Akzenten zurückhaltend.

1122 hatte der Kölner Erzbischof Friedrich I. auf dem Kamper Berg das erste deutsche **Zisterzienserkloster** gegründet. Die heutige Kirche stammt von 1683–1700, der einfache Rechteckchor noch vom Vorgängerbau des frühen 15. Jahrhunderts. Die beiden Osttürme mit hübschen barocken Schweifhauben sowie ein Dachreiter prägen die Silhouette der Niederrhein-Landschaft. Im Kircheninnern blieb die qualitätvolle Barockausstattung weitgehend erhalten.

Anmerkungen

1 Gustav Hegler (Hrsg.): Eickel-Wanne einst und jetzt, Siegen 1903, S. 242

2 Vgl. Paul Wiel: Wirtschaftsgeschichte des Ruhrgebietes, Essen 1970, S. 12–15

3 Lutz Niethammer: Umständliche Erläuterungen der seelischen Störung eines Communalbaumeisters in Preußens größtem Industriedorf oder: Die Unfähigkeit zur Stadtentwicklung, Frankfurt/M. 1979

4 H. Suhrbier: Abseits von Villa Hügel, in: Kritische Berichte, 4, 1976, S. 5

5 Stahl und Eisen, Nr. 8, 1982, S. 349

6 Zitiert nach: Wolfhard Weber, Industrialisierung. Das Ruhrgebiet, Braunschweig 1982, S. 98

7 Willehad Paul Eckert: Der Niederrhein. Das Land und seine Städte, Burgen und Kirchen, Köln 1978
Bernd Fischer: Münster und das Münsterland. Geschichte und Kultur – Ein Reisebegleiter in das Herz Westfalens, Köln ²1982

8 Levin Schücking, in: Das malerische und romantische Westfalen, Barmen und Leipzig 1841, S. 224

9 Anton Ludwig Sombart, um 1820, zitiert nach: Ludger Haverkamp, Ein Blick in die Vergangenheit Sprockhövels, in: Adolf Kampmann (Hrsg.), Sprockhövel, Meinerzhagen 1979, S. 18

10 Friedrich Harkort: Geschichte des Dorfes, der Burg und der Freiheit Wetter, als Beitrag zur Geschichte der Grafschaft Mark, Hagen 1956

11 R. Fr. Eylert (Hrsg.): Charakter-Züge und historische Fragmente aus dem Leben des Königs von Preußen Friedrich Wilhelm III., II. 2, Magdeburg 1845, S. 275

12 Alt Duisburg in Wort und Bild, Duisburg 1911, zitiert nach: Hartmut Pietsch, Industrialisierung und soziale Frage in Duisburg, Duisburg 1982, S. 22

13 Franziska Bollerey / Kristiana Hartmann: Siedlungen aus dem Regierungsbezirk Düsseldorf, Essen 1983

14 Zitiert nach: Richard Klapheck, Siedlungswerk Krupp, Berlin 1930, S. 149

15 Levin Schücking, in: Das malerische und romantische Westphalen, Paderborn ²1872, S. 334 f.

16 Rainer Hausherr, in: Rhein und Maas, Ausstellungskatalog, Köln 1972, S. 193

17 Max Creutz: Die Architektur des XX. Jahrhunderts, Berlin 1910, 7. Sonderheft, S. 10

18 Richard Klapheck: Neue Baukunst in den Rheinlanden, Düsseldorf 1928, S. 167

19 Ebenda, S. 92

20 Ebenda, S. 146

21 Die Steinkohlenbergwerke der Vereinigte Stahlwerke AG, Zollverein, Essen 1935, Bd. 1, S. 54

22 Gert von Klass: Die drei Ringe, Tübingen 1953, S. 91 f.

23 Ebenda, S. 93

24 Zitiert nach: Hans G. Kösters, Dichtung in Stein und Grün, Essen 1981, S. 15

25 Ebenda, S. 20

26 Benjamin Henrichs, in: ›Die Zeit‹, 4. 1. 1983

27 Levin Schücking: Von Minden nach Köln, Leipzig 1856, S. 118

28 Rolf Fritz: Meisterwerke alter Kunst aus Dortmund, Dortmund (1967)

29 Horst Appuhn, in: Konrad Lorenz (Hrsg.): Die ev. St. Marienkirche zu Dortmund, Dortmund 1981, S. 26

30 Rolf Fritz: Meisterwerke alter Kunst aus Dortmund, Dortmund (1967)

31 Eberhard G. Neumann, in: ders., B. u. H. Becher, H. G. Conrad: Zeche Zollern 2, München 1977, S. 284

32 Levin Schücking: Von Minden nach Köln, Leipzig 1856, S. 149 f.

33 Richard Klapheck: Neue Baukunst in den Rheinlanden, Düsseldorf (1928), S. 114

34 u.a.: Rettet Eisenheim, hrsg. Projektgruppe Eisenheim mit Jörg Boström und Roland Günter, Bielefeld [1]1972, Berlin [4]1977
Janne Günter: Leben in Eisenheim, Weinheim und Basel 1980

35 Zitiert nach: Willy Jaeger, Bottrop, Gummersbach 1979, S. 109

36 Zitiert nach: ebenda, S. 53

37 Vgl. Rudolf Schwarz: Vom Bau der Kirche, Würzburg 1938, Heidelberg 1947

38 Vgl. Heinrich Lützeler: Christliche Baukunst der Gegenwart, Freiburg [2]1963, S. 24

39 Axel Föhl, in: Sterbende Zechen, Berlin 1983, S. 94

40 A. Zuhorst: Von der Bauerschaft zur Großstadt, in: Gelsenkirchen, hrsg. von (Max) Arendt, Berlin 1922 (Deutschlands Städtebau), S. 23

41 Wilhelm Brepohl: Gelsenkirchen, die Stadt und ihre Lebensgesetze, ebenda, S. 14

42 Richard Klapheck: Die Meister von Schloß Horst im Broiche, Berlin 1925, S. 15.

43 Wilhelm Busch: F. Schupp / M. Kremmer, Bergbauarchitektur 1919–1974, Landeskonservator Rheinland, Arbeitsheft 13, Pulheim 1980, S. 128

44 Johann Diederich von Steinen: Westphälische Gesichte, Dritter Theil, Lemgo 1757

45 Gustav Hegler (Hrsg.): Eickel-Wanne einst und jetzt, Siegen 1903, S. 2

46 Adolf Schmidt: Herne, Beiträge zur Stadtgeschichte, Herne 1965

47 Paul Pieper, in: Christliche Kunst im Vest Recklinghausen, Recklinghausen o. J., S. 19f.

48 Hochlarmarker Lesebuch, Kohle war nicht alles, 100 Jahre Ruhrgebietsgeschichte, verfaßt von Bergarbeitern und ihren Frauen in Zusammenarbeit mit dem kommunalen Kulturreferat, Recklinghausen 1981

49 Vgl. Bernd Fischer: Münster und das Münsterland, Köln [2]1982, S. 243

50 Aus der ersten Chronik des Amts Marl 1841, zitiert nach: Paul Krajewski, Marl in alten Ansichten, Zaltbommel 1981

51 Ausführlicher zu Cappenberg: Bernd Fischer, Münster und das Münsterland, Köln [2]1982, S. 137ff.

52 Zitiert nach: Wingolf Lehnemann, Lünen, Dortmund [2]o. J., S. 6

53 Zitiert nach: ebenda, S. 12

54 Fr. Pröbsting: Geschichte der Stadt Camen und der Kirchspielgemeinden von Camen, Hamm 1901, S. 119

55 Ebenda, S. 89

56 Levin Schücking: Von Minden nach Köln, Leipzig 1856, S. 83

Sachwortverzeichnis

Abbauen Losbrechen von Kohle aus dem Flöz

Abteufen Niederbringen eines Schachts

Bergmannskuh Ziege

Bergschäden Schäden, zumeist bei Mauerwerk, die entstehen, wenn aufgegebene Stollen einbrechen und die darüberliegenden Schichten bis hin zur Erdoberfläche nachsacken. Auch in Regionen, in denen schon längst keine Kohle mehr abgebaut wird, können Mauerrisse und schiefe Wände von früherer Bergbautätigkeit künden.

Bewetterung Versorgung der Schächte und Stollen untertage mit Frischluft. Abzug der verbrauchten Luft.

Erbstollen Leicht geneigte Stollen zur Bewetterung und Entwässerung mehrerer Grubenfelder

Flöz Kohleführende Erdschicht

Fördergerüst/Förderturm Beim Fördergerüst handelt es sich um eine offene Stützkonstruktion für die Seilscheibe(n), beim Förderturm um ein geschlossenes Bauwerk, in dessen oberster Etage auch die *Turm*fördermaschine untergebracht sein kann.

Fördern Transportieren der gewonnenen Kohle an die Erdoberfläche

Hängebank Entladungsstation des Förderkorbs übertage. Um die natürliche Fallkraft beim Sortieren und weiteren Verladen der Kohle auszunützen, liegt die Hängebank häufig mehrere Meter über dem Straßenniveau.

Hunde Kohlenloren. Hunde sind neben Seilscheiben von Fördergerüsten heute als Reliquien stillgelegter Zechen im Ruhrgebiet sehr gefragt und stehen verschiedentlich als blumenbepflanzte ›Denkmäler‹ in den Fußgängerzonen von Revierstädten.

Kaue Räumlichkeit, wo Bergleute sich umziehen und waschen können. Eine Bergpolizeiverordnung aus dem Jahr 1900 schrieb den Zechengesellschaften vor, Brausebäder für die Bergleute einzurichten. Die Zivilkleidung wird in Spinden eingeschlossen, die Berufskleidung in Kleiderhallen an Haken bis unter die Decke gezogen und ein unbefugtes Niederlassen durch Fixieren der Kette mit Hilfe eines Schlosses verhindert.

Kolonie Werkseigene Siedlung mit Mietwohnungen für Berg- und Hüttenarbeiter. Im engeren Sinne meint ›Kolonie‹ den bis zur Jahrhundertwende vorherrschenden Siedlungstyp mit schnurgeraden Straßen und schlichten, genormten Häusern; im weiteren Sinne beinhaltet der Begriff auch die Gartenstädte des frühen 20. Jahrhunderts. Grundsätzlich sind die Wohnungen auf die Belange des Schichtarbeiters zugeschnitten. Jeder Wohnung sind Stallraum und Gartenland zugeordnet. Eine Kolonie umfaßt mehrere Straßenzüge mit Arbeiterhäusern sowie ein paar Steigerhäuser, gelegentlich auch Sozialeinrichtungen wie z. B. eine Konsumanstalt.

Konsumanstalt Fabrikeigenes Ladengeschäft

Kotten Kleines, ländliches Bergarbeiterwohnhaus, das auch Platz zur Aufbewahrung der frühen, primitiven Abbauwerkzeuge sowie Stallraum bot. Der Kötter betrieb nebenbei eine kleine Landwirtschaft. Der Kotten ist aus Fachwerk oder Bruchstein errichtet und liegt in der Regel am Hang. Eine Köttersiedlung verteilt sich häufig über ein relativ weites Gebiet.

Malakoffturm Massiver Förderturm aus Mauerwerk. Trutzig-festungshaftes Erscheinungsbild. Der Name erinnert an ein Fort der Festung Sewastopol auf der Halbinsel Krim, dessen spektakuläre Erstürmung für den Verlauf des Krimkriegs 1855 von großer Bedeutung gewesen war.

Maloche Umgangssprachlich für: schwere, anstrengende Arbeit

Menage Betriebseigenes Wohnheim für ledige Arbeiter, im Volksmund auch ›Bullenkloster‹ genannt.

Mundloch Eingang eines Stollens

Pinge Trichterförmige Vertiefung, Zeugnis eines ehemaligen Schachts oder Spur frühen Kohlengrabens

Schlafgänger Lediger Bergmann, der in einer Wohnung – häufig eines Kollegen – ein Zimmer oder eine Schlafstelle mietet. Angesichts von Wohnungsknappheit war das Schlafgängerwesen im Ruhrrevier früher zeitweilig sehr verbreitet.

Steinkohlenbergwerk/Zeche Anlage zum Abbau, zur Förderung und erster Weiterverarbeitung von Kohle. Ein Bergwerk umfaßt in der Regel mehrere Schachtanlagen, die durchaus einige Kilometer entfernt voneinander liegen können und gelegentlich auch eigene Namen haben. Die einzelnen Schächte eines Bergwerks sind in der chronologischen Reihenfolge ihrer Abteufungsdaten durchnumeriert.

Tagesanlagen Im Gegensatz zu den Anlagen *untertage* der oberirdisch gelegene Teil eines Bergwerks, u. a. Fördergerüste, Schachthallen, Verwaltung, Waschkauen, Werkstätten, Verladung, Kokerei

Wasserhaltung Maßnahmen und Einrichtungen zum Sammeln und Hochpumpen von einsickerndem Grubenwasser. In der ersten Hälfte des vorigen Jahrhunderts war die Entwicklung leistungsfähiger Dampfmaschinen für die Wasserhaltung wesentliche Voraussetzung, Kohle auch in größerer Tiefe abzubauen.

135 Waldweg im Dortmunder Süden

136 Frühling im Ardeygebirge ▷

137, 138   ESSEN-RÜTTENSCHEID   Grugapark

139   ESSEN-BREDENEY   Krupp-Wald bei Villa Hügel ▷

140 OBERHAUSEN-OSTERFELD   Revierpark Vonderort

141 GELSENKIRCHEN-FELDMARK   Revierpark Nienhausen

142, 143   HERNE   Revierpark Gysenberg

144   Schloß Wittringen bei Gladbeck

145   Haus Heessen bei Hamm ▷

147 ESSEN-WERDEN

◁ 146 Überführung des Dortmund-Ems-Kanals (Alte Fahrt) über die Lippe im Norden von Datteln

148 HAMM

149 CASTROP-RAUXEL

150 RECKLINGHAUSEN-HOCHLARMARK

151 Landschaft bei Marl-Sinsen ▷

152   Eisenbahnviadukt bei Herdecke

Die Entstehung der Kohle

Klaus-Peter Lanser

Wie die Braunkohle und der Torf besteht auch unsere schwarze, im Licht glänzende Steinkohle aus den Resten von Pflanzen. Im Torf erkennt man noch ohne Schwierigkeiten Blattreste, Stengel und Ästchen. In Braunkohlengruben, z. B. westlich von Köln, findet man nicht selten ganze Lagen zusammengeschwemmter Baumstämme. Bei der Steinkohle hingegen reicht häufig nicht einmal das Mikroskop mehr aus, um die zusammengedrückten Pflanzenzellen zu identifizieren. Somit wird auch verständlich, daß die Steinkohle bis ins vorige Jahrhundert hinein für ein Gestein gehalten wurde, das in gleicher Weise wie z. B. Granit, Sandstein oder Schiefer entstanden sei. Steinkohle wurde übrigens bereits vor Tausenden von Jahren von den Chinesen und um 200 n. Chr. von den Römern nachweislich als Brennmaterial benutzt. So fanden sich u. a. in den Legionslagern von Bonn und Neuss Reste von Öfen, in denen zur Römerzeit Steinkohle verbrannt worden war.

Wir wissen heute, daß die Steinkohle im Erdaltertum entstanden ist, und zwar in der Zeit des Karbon, vor 350–285 Millionen Jahren. Der Name dieses Erdzeitalters wurde von *carbo* hergeleitet, der lateinischen Bezeichnung für Kohle. Aus dem Karbon datieren weltweit, d. h. nicht nur im Ruhrgebiet, die mächtigsten Kohlelagerstätten in der gesamten Erdgeschichte. Die Voraussetzungen für ihr Entstehen wurden im vorangegangenen Devon, vor 400–350 Millionen Jahren geschaffen. In diesem Erdzeitalter eroberten erstmals Pflanzen die Küstensäume des Festlands. Zuvor waren Pflanzen wie auch Tiere auf das Meer als Lebensraum beschränkt gewesen. Eine wichtige Fundstelle für die ersten, noch urtümlichen Landpflanzen aus dem Devon ist in der weiteren Umgebung des Ruhrgebiets das Wahnbachtal bei Siegburg.

Die Kontinente des Erdballs trieben erst in einer Driftbewegung allmählich in ihre gegenwärtige Position. Zur Zeit des Karbons lag Europa noch südlich des Äquators. Dementsprechend war das Klima hier warm und feucht, ähnlich wie in den heutigen Subtropen. Dies begünstigte das Wachstum der Pflanzen.

Europa und Nordamerika bildeten damals noch eine riesige zusammenhängende Landmasse, die erst vor ca. 150 Millionen Jahren durch den Atlantischen Ozean zerteilt wurde. Das heutige Ruhrgebiet war ursprünglich Teil eines Tieflands, das sich von Polen aus bis hin zum Bergzug der Appalachen erstreckte. In diesem Tiefland entstanden die Kohlelagerstätten Oberschlesiens, des Ruhrgebiets, Belgiens, Nordfrankreichs und der Vereinigten Staaten etwa zur gleichen Zeit.

Anfangs war das Gebiet vollständig von Meerwasser überflutet gewesen. Flüsse lagerten hier nach und nach den Abtragungsschutt des angrenzenden Festlands ab. Zu Beginn des Oberen Karbons hatten die Gesteins- und Schlammablagerungen das Meer bereits so weit aufgefüllt, daß weite, strandnahe Bereiche annähernd trocken lagen. Hier konnten nun ausgedehnte Waldsümpfe entstehen mit Pflanzen, denen ein feuchter, grundwassernaher

Sumpfwald aus dem Karbon (Diorama im Ruhrland-Museum, Essen)

Standort zusagte. Man muß sich die Sumpfwälder des Karbon allerdings grundverschieden von unseren heutigen Wäldern vorstellen. Sie bestanden aus Siegel- und Schuppenbäumen, Baumfarnen und Schachtelhalmen. Auch die Tierwelt des Karbon würde auf uns heute fremdartig wirken: Unter den Rieseninsekten erreichte die Libelle Meganeura eine Flügelspannweite von bis zu 80 cm. Durch das Unterholz wanden sich über einen Meter lange Tausendfüßler. An den Wasserrändern lauerten riesige krokodilähnliche Lurche, Verwandte unserer heutigen Frösche und Salamander, auf Beute. Erste Reptilien, die Vorfahren der Saurier des Erdmittelalters (200–70 Mill.), kamen auf. Vögel und Säugetiere fehlten noch.

Die Karbonwälder lagen knapp über dem Grundwasserspiegel und waren von zahlreichen Wasserläufen, Seen und Tümpelchen durchsetzt. Der Untergrund sackte immer wieder ab und wurde zwischenzeitlich überflutet. Dies war von größter Bedeutung für die Entstehung der späteren Steinkohle. Abgestorbene Pflanzenteile, abgerissene Blätter, aber auch umgestürzte Bäume wurden zumeist schnell von Wasser bedeckt und dadurch förmlich konserviert. Der Abschluß vom Luftsauerstoff verhinderte jegliche Zersetzung. Anderenfalls wären die abgestorbenen Pflanzen als organische Substanzen in dem feuchtwarmen Klima durch Bakterien und Pilze schnell zerstört worden, wie es gegenwärtig in den tropischen Regenwäldern Südamerikas geschieht, wo sich auch keine Kohle bildet.

Im Karbon wurden im heutigen Ruhrgebiet bei zwischenzeitlich stärkerer Absenkung des Untergrunds immer wieder weite Gebiete durch Flüsse und Bäche aus dem nahe liegenden Hochland überschwemmt und mit Schlamm und Geröll überdeckt. Verlangsamte sich die Absenkung, so wurde der Boden wieder landfest, und die Wälder konnten sich in der Tiefebene erneut ausbreiten. Nach einer gewissen Zeit, in der sich weitere pflanzliche Reste in Form von Torfschichten ansammelten, sank der Untergrund wiederum ab, und die Wälder wurden erneut von Wasser, Schlamm und Geröllmassen überdeckt. Dieses Wechselspiel, die Bildung von Waldsumpfmooren und ihre Überlagerung mit der Abtragsmasse des Hinterlandes, hat sich im Ruhrgebiet mindestens 350mal wiederholt.

Anfangs noch häufiger, später immer seltener brach auch das Meer in breiter Front in den Bereich der Waldsümpfe ein und überdeckte sie mit seinen Ablagerungen. Diese Ablagerungsschichten, ›Meereshorizonte‹, besaßen eine große Ausdehnung und sind daher heute für den Geologen wichtige ›Leithorizonte‹ bei der Identifizierung und Bestimmung der Schichtenfolge.

Bei weiterer Überlagerung durch neue Schlamm- und Geröllschichten und immer weiter fortschreitender Absenkung des Landes verdichteten sich in größerer Tiefe Schlamm und Geröll zu Tonstein und Sandstein. Die Torfschichten hingegen verwandelten sich zunächst in Braunkohle und später – bei erhöhtem Überlagerungsdruck und Wärme in größerer Erdtiefe – in Steinkohle.

Gegen Ende des Oberen Karbons, im Stefan, wurden die flözführenden Schichten in einer Gebirgsbildungsphase aufgefaltet. Dies geschah vor allem im Süden des Ruhrgebiets, wo sie tektonisch stärker verstellt und angehoben wurden. Nach der Auffaltung des neuen Gebirges setzte an seiner Oberfläche sogleich ein Verwitterungs- und Erosionsprozeß ein. Im Süden führte die Schrägstellung des tektonischen Gefüges zur völligen Abtragung u. a. der jüngeren kohleführenden Schichten. Hier traten schließlich die ältesten Schichten, die Magerkohle- oder Sprockhöveler Schichten, zutage, bei denen der Prozeß der Kohlebildung am längsten angedauert hatte. Von Süden nach Norden überlagern immer jüngere Schichten die Sprockhöveler Schichten, und zwar die Wittener Schichten (Eßkohlenschichten), Bochumer Schichten (Fettkohlenschichten), Essener Schichten (Gaskohlenschichten), Horster Schichten (Gasflammkohlenschichten), Dorstener Schichten (Flammenkohlenschichten). Nach Norden zu verlaufen die flözführenden Schichten immer regelmäßiger, entschwinden aber auch in immer größere Erdtiefen. An der deutschen Nordseeküste liegen sie bereits ca. 6000 m tief.

Fußball im Ruhrgebiet

Jutta Dick

Schalke 04, Hamborn 07, Meidericher SV, Sterkrade, SV Sodingen – die Namen der Vereine sind zum Markenzeichen der Städte geworden. Wer Schalke sagt, meint Gelsenkirchen ... Legendär sind manche Fußballspieler. Aus den dreißiger Jahren erinnert man sich etwa noch an den ›Schalker Kreisel‹ mit Ernst Kuzorra und Fritz Szepan. Für die Nachkriegszeit stehen Namen wie Bernhardt (›Berni‹) Klodt, Alfred (›Aki‹) Schmidt und Horst (›Hoppi‹) Kurrat. Helmut Rahn ist heute noch, 1984, dreißig Jahre nach seinem entscheidenden Tor bei der Fußballweltmeisterschaft 1954, eine Symbolfigur und wird gerne zu Geschäftseröffnungen und Wohltätigkeitsveranstaltungen geladen. Jünger, aber kaum minder berühmt sind Hans Tilkowski, Reinhard (›Stan‹) Libuda und ›Ente‹ Lippens, der pfiffige Spieler von Rot-Weiß-Essen mit dem namensgebenden Entengang. Fußballspieler wie sie erfüllen die Sehnsüchte der Ruhrgebietler nach Anerkennung und Erfolg. Sie symbolisieren *den* Ruhrgebietsmenschen.

Die Ursprünge des Ruhrgebietsfußballs sind wohl in den Lebensumständen der ersten Arbeitsimmigranten im letzten Viertel des 19. Jahrhunderts zu suchen. Diese hatten eine bäuerlich strukturierte Gesellschaft verlassen, die für die meisten von ihnen zwar Armut bedeutet hatte, aber auch Einbindung in eine dörfliche Gemeinschaft und die damit verbundene Sicherheit. Die Erhaltung der Landsmannschaften, die in Konfliktsituationen (Streik!) natürlich leicht gegeneinander auszuspielen waren, die Abgrenzung gegen andere Gruppen ließen den Fußball als ideales Mittel der Auseinandersetzung erscheinen. Diese Interpretation erhärtet der Vergleich mit dem Fußball in England, wo noch weit bis ins 20. Jahrhundert hinein wilde ›Fußballkämpfe‹ zwischen einzelnen Dörfern stattfanden, bei denen die gesamte Dorfgemeinschaft einbezogen war. Derart harte, regellose Kämpfe sind für das Ruhrgebiet nicht überliefert, aber es sind doch gewisse Parallelen zu England zu erkennen.

Für die erste Phase des Fußballs im Ruhrgebiet läßt sich festhalten: Geschlossene Gruppen betrieben gegeneinander einen Kampfsport, der die gesamte Gruppe einbezog und keinen explizit festgelegten Regeln folgte.

Die Verbreitung des Fußballs in seiner Frühphase erklärt sich auch daraus, daß dieses Spiel im Prinzip keine besondere Sportkleidung oder teure Geräte erforderte. Wichtig war nur der Ball, und hier begnügte man sich meist mit einem einfachen Lumpenball. Das noch ländlich wirkende Ruhrgebiet bot als Spielfläche Wiesen und zunehmend auch Straßen. Nach einem tristen Arbeitsalltag wurde das Spiel als spannende Abwechslung begrüßt. Dem Arbeitsimmigranten half der Fußball bei der Eingewöhnung in einem für ihn fremden Land.

Für die späteren Generationen, die bereits im Ruhrgebiet geboren waren, verlor die ehemalige Dorfgemeinschaft oder das gemeinsame Herkunftsland zunehmend an Bedeutung. Wichtig wurden nun die neuen Beziehungen, die durch Nachbarschaft, Schule oder Arbeit entstanden. Aus der nachbarschaftlichen Gemeinschaft, aus dem Kicken der Jungen entsprangen die Straßenmannschaften, die durchaus keine losen Gruppierungen waren, sondern sich Namen gaben, Vereinsfarben wählten und einen starken Mannschaftsgeist entwickelten. Dieses Selbstverständnis konnte zu ernsthaften Konflikten mit anderen ›Straßen‹, aber auch mit eigenen illoyalen Spielern führen. Die Mannschaften hießen früher zumeist Rot-Weiß, Blau-Weiß o. ä., und der jeweilige Straßenname wurde zur genaueren Kennzeichnung hinzugesetzt. Originelle oder gar leicht läppische Namen, wie sie heute bei ›Thekenmannschaften‹ vorkommen, wären damals undenkbar gewesen. Schließlich ging es um die Ehre der Mannschaft und der Straße.

Das Fußballspielen war nicht nur in Arbeitervierteln beliebt, sondern auch in ›besseren‹ Stadtteilen. Entsprach das ›Kicken aufe Straße‹ in den Kaiserzeit auch kaum den Vorstellungen einer bürgerlich-gediegenen Erziehung, so erfuhr der Sport als ›Körpertüchtigung‹ im Vorfeld der Militärpflicht in gehobenen Kreisen durchaus einige Wertschätzung. Im bürgerlichen Milieu setzte sich relativ früh das Vereinswesen durch, später dann auch beim Arbeiterfußball. Dies führte schließlich zur Existenz von ›feinen‹ Vereinen neben ›proli‹-Vereinen: Noch heute gilt in Essen Schwarz-Weiß als der intellektuelle Verein, in dem schöner Fußball gespielt wird, während Rot-Weiß für kraftvollen Fußball steht. In der Vergangenheit boten Begegnungen mit ›feinen‹ Vereinen den Jungen aus den Arbeitervierteln die Gelegenheit, es denen mit den ›Aalscheppen‹ (= Schülermützen der Gymnasiasten) mal zu zeigen. Und so endeten sportliche Begegnungen nicht selten mit einer Prügelei.

Trotz der offensichtlichen Beliebtheit und Verbreitung wurde das Fußballspiel – sowohl als Kicken auf der Straße als auch zunehmend in Vereinen – gesellschaftlich lange nicht akzeptiert. In vielen Schulen sah man es nicht gern, daß die Schüler Fußball spielten, und versuchte dagegen, den Mannschaftssport Handball zu fördern und ebenso die Leichtathletik. Das regellose Kicken auf der Straße wurde als schwer kontrollierbar beargwöhnt, das Fußballspiel überhaupt als grob und rauh mißbilligt. Auch die katholische Kirche geriet in Konflikt mit dem Fußball. Die Wettkämpfe hinderten sonntags nachmittags die Spieler und deren Fans regelmäßig am Besuch der gleichzeitig abgehaltenen Christenlehre. Es muß festgehalten werden, daß der Fußball in diesem Konflikt nicht selten siegte, auch auf die Gefahr hin, daß die Entscheidung der Jungen montags in der Schule eine Tracht Prügel nach sich zog – wenn das Fehlen in der Kirche aufgefallen war.

Wie groß die Begeisterung der Jugendlichen für den Fußball war, läßt sich nicht nur an den skizzierten Konflikten mit Schule und Kirche messen, sondern zeigt sich auch daran, daß man sich durch widrige äußere Bedingungen von dem beliebten Sport nicht abhalten ließ. Ein wesentliches Problem bestand nicht etwa darin, ob ein Rasenplatz benutzt werden konnte, sondern in der Frage, ob der verfügbare primitive ›Platz‹ überhaupt bespielbar war ...ob man ein Schlammbad riskieren mußte oder etwa Stürze, wenn der Boden wegen Trockenheit gerissen war. Die Spuren des Spiels konnten hinterher auch nicht sofort abgeduscht werden, gingen die Jungen doch meistens so schmutzig, wie sie waren, nach Hause.

TUS 04 Dortmund-Bövinghausen – eine typische Vorortmannschaft (1921)

Fritz Szepan und Ernst Kuzorra

Die Arbeit, die damals Fußballmütter mit ihren Söhnen hatten, können Fußballmütter vermutlich auch im gegenwärtigen Waschmaschinen-Zeitalter noch nachvollziehen.

In der Weimarer Republik, einer Zeit schwerster wirtschaftlicher Depression, erfuhr der Straßenfußball einen bemerkenswerten Aufschwung. Um dem Leerlauf zu entrinnen, trainierten zahlreiche Arbeitslose intensiv und verbesserten dadurch das Spielniveau der gesamten Mannschaft. Es gab Straßenmannschaften, die nur aus Arbeitslosen bestanden, einige stiegen in der Liga der Straßenmannschaften steil auf. Sie erregten dann durch die hohe Qualität ihres Spiels ein großes Interesse bei Vereinen, die von örtlichen Wirtschaftsunternehmen unterstützt wurden. Man könnte hier den Beginn der Ära des Profifußballs ansetzen, denn nun wurden erstmals (arbeitslose!) Spitzenspieler ›eingekauft‹. Der Fußball bot ihnen somit eine Chance, aus der Misere herauszukommen, denn das ›Einkaufen‹ bedeutete, daß dem Spieler eine Arbeitsstelle verschafft wurde, zumeist auf einer Zeche. Offiziell hält sich noch heute die Mär, man habe damals tagsüber ›noch richtig gearbeitet‹ und erst nach Feierabend intensiv trainiert. Alte Fußballer wissen allerdings Gegenteiliges zu erzählen: Auch in den zwanziger Jahren wurde der erfolgreiche Fußballspieler im Interesse eines effektiven Trainings häufig von der Arbeit freigestellt, oder er bekam eine körperlich leichte Tätigkeit zugewiesen. Es ist im Rückblick nicht zu entscheiden, welche Seite recht hat, da über diese Angelegenheit kaum Unterlagen existieren dürften. Immerhin erbrachte der Schalker Skandal von 1930, der aufdeckte, daß die Spieler verbotenerweise Geldzahlungen angenommen hatten, einen gewissen Hinweis auf Defizite in der Fußballmoral.

Manche ›Zechenmannschaften‹, wie z. B. TUS Helene in Essen-Altenessen, erlebten in den zwanziger Jahren einen steilen Aufstieg und wurden berühmt. Fans strömten oft aus größerer Entfernung herbei. Der Besuch eines Spiels hatte die Qualität eines Sonntagsausflugs. Das Geld für die Straßenbahn sparte man – das wurde besser angelegt in einer Wurst oder einem Bier –, und so mußte der Besuch des Fußballplatzes gleich mit einem Marsch verbunden werden. Man ging in Gruppen, schon auf dem Hinweg kam Stimmung auf, auf dem Heimweg wurde das Spiel ausführlich besprochen – u. U. auch handgreiflich.

Es bestanden nach wie vor sehr enge Beziehungen zwischen Spielern und Zuschauern. Die Spieler waren auch als ›Profis‹ noch immer ›zum Anfassen‹, sie waren keine Fremden. Trotz gewisser Privilegien lebten sie ähnlich wie ihre Fans.

In der Zeit des Nationalsozialismus wurde in Deutschland weiter Fußball gespielt, allerdings unter anderen Bedingungen als zuvor: Den neuen Machthabern waren die gewachsenen nachbarschaftlichen Strukturen, wie sie namentlich in den Kolonien der Bergarbeiter die Regel waren, suspekt. Sie empfanden auch Straßenmannschaften, die sich außerhalb jeder offiziellen Kontrolle trafen und durchaus auch Außenseiter integrierten, als Bedrohung. Dementsprechend wurde ›Ordnung‹ hergestellt, und dies bedeutete weitgehend das Ende des Straßenfußballs, aber auch einen weiteren Aufschwung des Vereinsfußballs. Vereine hatten Statuten, waren leicht gleichzuschalten und waren vor allen Dingen kontrollierbar. So wurde die Genehmigung, bei Liga-Wettkämpfen zu spielen, schließlich an die Mitgliedschaft in der HJ oder einer anderen nationalsozialistischen Vereinigung gebunden. Es gelang allerdings auch im ›Dritten Reich‹ nie, das unkontrollierte und unkontrollierbare Kicken der Straßenjugend, das einfach Spaß machte, vollständig zu unterbinden.

Die Fußballbegeisterung der Massen und die Qualität des Spiels boten dem Regime eine hervorragende Möglichkeit, propagandistische Spektakel zu inszenieren. So rückten die aktuellen politischen Ereignisse für zahllose Fans in den Hintergrund, als Schalke 04 1933/34 und 1938/39 Deutscher Meister wurde. Der Jubel für den Meister ging nahtlos in den Jubel für die Nazis über, die den Sieg als Erfolg ihrer Ertüchtigungsideologie feierten. Der Spieler trat zwangsläufig als Repräsentant der herrschenden Macht auf, er war nicht mehr Vertreter seiner Klasse.

Nach dem Zweiten Weltkrieg, als alle Träume von ›Weltherrschaft‹ ausgeträumt waren und das Ideal des kraftvollen nordischen Menschen keines mehr war, fand zunächst auch der Rückzug des Fußballs in engere, private Kreise statt. Plötzlich waren nicht mehr die renommierten Fußballvereine in aller Munde. Man nannte statt dessen die Namen von kleinen, bislang beinahe unbekannten Vereinen. Den SV Sodingen, eine Bezirksklassenmannschaft, kannte z. B. vor 1948 kaum jemand. 1954 war er absoluter Zuschauerliebling. Wie kam es zu diesem Aufstieg?

Der SV Sodingen entwickelte sich in einer abgeschlossenen Vorortatmosphäre aus einer recht homogenen Gruppe; die Spieler waren größtenteils Bergarbeiter. Zu einer Zeit, in der das Alltagsleben noch nicht von Auto und Fernsehen geprägt wurde, bildete dieser Verein den Dreh- und Angelpunkt des geselligen Lebens in Sodingen. Der ehemalige Spieler des SV Sodingen, Artin, erzählt: »Heute geht doch keiner mehr auf den Platz, wenn es regnet. Er sagt doch dann, ich guck lieber abends die Sportschau. Oder fährt am Wochenende im Auto weg. Und was dann auch anders ist, ist, daß die Menschen nicht mehr so eng zusammenleben. Früher gab's doch nur eins, Fußballplatz. Da traf man sich, da redete man miteinander. Ja, in unserer erfolgreichsten Zeit 48/49 hatten wir nicht nur beim Spiel 8 000 Zuschauer aufem Platz, da waren sogar 1 000 bis 1 500 Zuschauer beim Training da. Es wurde gesagt, die trainieren heute, gehen wir mal hin. Und die kamen dann mit Kind und Kegel, da war alles da...«

Dieser familiäre Charakter des SV Sodingen brachte ihm viele Sympathien. Zu einer Zeit, als berufliche Konkurrenz und private Isolation auch im Ruhrgebiet immer größere Verbreitung fanden, nährte er die Illusion, daß der neue Wohlstand nicht zwangsläufig die sozialen Beziehungen zerstöre.

1954, mit dem Sieg der deutschen Nationalmannschaft bei der Fußball-Weltmeisterschaft, wuchs das Selbstvertrauen der Deutschen, und die Ära des professionellen Fußballs brach an. ›Kommerzialisierung‹ und ›Oligopolisierung‹ des Fußballsports – diese Schlagworte umreißen die Situation des westdeutschen Fußballs in den späten fünfziger Jahren. Die großen, finanzkräftigen Vereine zogen immer weniger ihren Nachwuchs selbst heran, sondern gingen zunehmend dazu über, Spitzentalente ›einzukaufen‹. Viele der kleinen Vorstadtvereine blieben zur Zeit der ersten großen Kohlenkrise auf der Strecke. Aufgrund ihres schmalen Finanzpolsters – entsprechend dem Einkommen ihrer Mitglieder – waren sie nicht in der Lage, ihren Tribut an die Forderungen des modernen Fußballs zu leisten. Sie konnten sich z. B. keine komfortablen Plätze mit Flutlichtanlage zulegen.

Immerhin gibt es auch gegenwärtig noch zahlreiche kleine Vereine, die die vielen fußballbegeisterten Jungen in den Vororten der Ruhrstädte sammeln und sie somit – was heutzutage auch wesentlich ist – von der Straße holen. Aber diese Vereine haben nicht mehr die Chance, einen solchen Aufstieg in der Liga zu schaffen, wie noch in den fünfziger Jahren Sodingen, denn die begabtesten Spieler werden früh in die Spitzenvereine abgezogen und dort gezielt gefördert. Eine gewisse Verdrossenheit und Vereinsmüdigkeit führte in den letzten Jahren zunehmend zur Bildung von sog. ›Thekenmannschaften‹, die man mit den frühen Straßenmannschaften vergleichen kann. Sie sind nicht in einem Verband organisiert, haben meistens kein geregeltes Vereinsleben und keinen eigenen Platz. Aufgrund der gesteigerten Mobilität sind sie allerdings nicht mehr an nachbarschaftliche Gruppen gebunden, sondern es finden sich Leute zusammen, ›die gut miteinander können‹. Hier geht es vornehmlich um die Freude am Spiel, bewußt im Gegensatz zum ehrgeizigen Kampf beim Vereinsfußball. Die Vereine reagieren auf diese Entwicklung erneut mit einer intensiven Jugendarbeit, bei der auch Geselligkeit wieder eine große Rolle spielt.

Man sieht: Die Fußballwelt ist recht kompliziert geworden. Auf der einen Seite der Spitzenfußball, dem eine strenge Abgrenzung zwischen Spieler und Zuschauer entspricht, auf die Spitze getrieben durch die Übertragung der Fußballspiele im Fernsehen. Auf der anderen Seite unzählige Fußballaktive in kleinen Vereinen und Thekenmannschaften. Man kann mit gutem Recht behaupten: Der Fußball im Ruhrgebiet lebt! Übrigens: Inzwischen ist er keine Domäne der Männer mehr. Die Frauen und Mädchen kicken auch.

Praktische Reisehinweise

Reisen im Ruhrgebiet

Als Ballungsgebiet von Montanindustrie besaß die Stadtlandschaft zwischen Lippe und Ruhr zeitweilig das engmaschigste Eisenbahnnetz Europas. Die Streckenführung orientierte sich allerdings vorrangig an den Bedürfnissen der Bergwerke und Fabriken und berücksichtigte erst in zweiter Linie den Personennahverkehr. Daraus erklärt sich noch heute, daß gelegentlich direkte Verbindungen zwischen einzelnen Stadtzentren, namentlich in Nord-Süd-Richtung, fehlen. Allerdings spielte auch der sog. »Berufsverkehr« im Ruhrgebiet lange nur eine untergeordnete Rolle, da der Bergmann in der Regel in Zechennähe wohnte.

Die Eisenbahngeschichte begann in den 1840er Jahren mit dem Bau einer Linie von Köln über Dortmund nach Minden (und weiter nach Berlin). Aus Kostengründen trassierte man diese ›Köln-Mindener Eisenbahn‹ nicht durch das Hügelland an der Ruhr, sondern weiter nördlich. Dementsprechend konnte sie in der Emscherregion ein wesentlicher Motor für die Errichtung von Tiefbauzechen und Stahlwerken werden. Die Bahnlinie Duisburg – Mülheim – Essen – Bochum – Dortmund wurde erst 1862 dem Verkehr übergeben, der Norden des Ruhrgebietes spät und über Nebenstrecken an das Eisenbahnnetz angeschlossen. In Bottrop, Gladbeck und [Gelsenkirchen-]Buer liegen kleine Bahnhöfe in einiger Entfernung vom Stadtzentrum. Marl erhielt erst über eine der wenigen Neubaustrecken der Deutschen Bundesbahn in den 1970er Jahren einen Bahnanschluß. Herten, Datteln und Waltrop werden neuerdings von Personenzügen nicht mehr angefahren.

Dortmund ist Knotenpunkt von Intercitylinien nach Hamburg, Hannover, Wuppertal (→ Köln → Süddeutschland) und Düsseldorf (über Bochum – Essen – Duisburg und weiter über Köln nach Süddeutschland). Im Ruhrgebiet entsteht z. Z. ein S-Bahn-Netz. Für kürzere Strecken gibt es zahlreiche kommunale Omnibus- und Straßenbahnlinien. Die Anlage des Straßenbahnnetzes spiegelt die ›planlose‹ Entwicklung der Region zur Stadtlandschaft treffend wider. Zwischen Mülheim und Witten verkehren die Trams auf Schmalspurgleisen, in Duisburg und Dortmund hingegen auf Normalspurgleisen. Die geplante Umstellung auf ein einheitliches, kreuzungsfreies Stadtbahnnetz ist bislang noch nicht sehr weit gediehen. Manche Städte (Oberhausen, Recklinghausen, Castrop-Rauxel) haben den öffentlichen Nahverkehr auf der Schiene einstweilen abgeschafft.

Ansonsten können Straßenbahnfahrten im Revier durchaus von einigem touristischen Reiz sein. Mit mäßiger Geschwindigkeit passiert man manche Sehenswürdigkeit in den Stadtzentren, durchfährt die kilometerlangen Vorstadtstraßen mit ihrer bizarr-unorganischen Bebauung, sieht beim Vorbeifahren Bergwerke, Kolonien, Halden und Schrebergärten. Für einen solchen Straßenbahn-Tourismus empfehlen sich u. a. die *Linien 901* (Duisburg-Obermarxloh – Mülheim), *127* (Essen-Bredeney – Gelsenkirchen), *302* (Gelsenkirchen-Buer – Bochum-Laer), *405* (Dortmund-Mengede – Dortmund-Hacheney).

Bundesbahn, Bundespost und kommunale Verkehrsbetriebe sind übrigens im Ruhrgebiet zu einem Verkehrsverbund zusammengeschlossen, so daß man beim Umsteigen nicht jeweils einen neuen Fahrschein lösen muß.

Auch für den Individualverkehr ist das Ruhrgebiet in Ost-West-Richtung besser erschlossen als in Nord-Süd-Richtung. In Ost-West-Richtung stehen drei Autobahnen in einem Abstand von wenigen Kilometern zur Verfügung; die südlichste (›Ruhrschnellweg‹) ist allerdings häufig überlastet. Die Verbindungsstraßen zwischen den einzelnen Revierstädten führen immer wieder durch Vorstadtkerne und sind oft kurvenreich und schmal.

In vielen Städten werden regelmäßige Besichtigungsfahrten angeboten. Der Kommunalverband Ruhrgebiet veranstaltet regionale ›Ruhr-Touren‹ unter unterschiedlichen Gesichtspunkten (☎ 02 01/2 06 93 65). Auf der Ruhr verkehren in verschiedenen Abschnitten – vor allem auf den Stauseen – Ausflugsschiffe. Bei Essen-Kupferdreh sowie zwischen Hattingen und Oberwengern gibt es im Sommer Museumseisenbahnbetrieb. Aus dem Sauerland, vom Münsterland und vom Niederrhein her führen markierte Wanderwege des Sauerländischen Gebirgsvereins und des Vereins Linker Niederrhein bis ins Ruhrgebiet.

Überhaupt sollte der Tourist dazu ermuntert werden, sich das Revier möglichst intensiv zu erwandern, um Stadt und Vorort, Zeche und Kolonie, Landschaftsidylle und Industriebrache in Ruhe auf sich wirken lassen. Erste, negative Eindrücke lassen sich dann leicht korrigieren. Das ›Typische‹ der Region, die ihr eigene Atmosphäre, ja Schönheit besitzt, erschließt sich dem Auswärtigen intensiver, wenn er sich ausreichend Zeit nimmt. Entdeckungsreisen lohnen sich immer. Viele ›Sehenswürdigkeiten‹ liegen in einiger Entfernung von den Stadtzentren, auch abseits der Hauptstraßen. Das Bild des Ruhrgebiets setzt sich aus vielen unterschiedlichen Facetten zusammen, die es aufzuspüren gilt.

Revierparks

Die Industrieregion zwischen Ruhr und Lippe gilt allgemein nicht eben als Erholungslandschaft. In der Abwehr der gängigen Vorurteile, das Revier sei überall rußig und laut, zersiedelt und unwirtlich, betonen die Ruhrkommunen zu Recht ihre großzügigen Grünzonen. Neben dem traditionellen Stadtpark und der Schrebergartenkolonie gibt es hier noch eine Besonderheit, den ›Revierpark‹.

Fünf solcher Parks wurden zwischen 1970 und 1979 zumeist in unmittelbarer Nähe von großen Wohngebieten der Öffentlichkeit übergeben. Sie werden vom Kommunalverband Ruhrgebiet und den jeweils angrenzenden Städten als gemeinnützige GmbHs geführt. Revierpark – das bedeutet Erholung und Geselligkeit, Kultur und Gastronomie, Sport und Spiel. In allen Parks gibt es große

Grünflächen mit Spazierwegen, phantasievoll angelegte Spielplätze – vor allem Wasserspielplätze –, ein Wellenbad, ein Activarium mit Sauna und Solarium, ein Freizeithaus ... Daneben verfügt jeder Revierpark über besondere Attraktionen. *Gysenberg* z. B. besitzt ein gemütliches Kinderspielhaus, einen Tierpark, eine Eissporthalle ... Während der Sommermonate läuft überall ein umfangreiches Veranstaltungsprogramm.

Revierpark Gysenberg
Am Revierpark 9 (südlich von Herne-Sodingen, Stadtgrenze Bochum; Abb. 142, 143)
4690 Herne 1
☏ (0 23 23) 6 00 86

Revierpark Mattlerbusch
Wehofer Straße 42
4100 Duisburg 11 (nördlich von Duisburg-Röttgersbach, Stadtgrenze Oberhausen)
☏ (02 03) 59 00 01/02 03

Revierpark Nienhausen
Feldmarkstraße 201 (östlich von Gelsenkirchen-Feldmark, Stadtgrenze Essen; Abb. 141)
4650 Gelsenkirchen
☏ (02 09) 4 10 06

Revierpark Vonderort
Bottroper Straße 322 (östlich von Oberhausen-Osterfeld; Abb. 140)
4200 Oberhausen 12
☏(02 08) 89 00 71/72

Revierpark Wischlingen
Höfkerstraße 12
4600 Dortmund 1 (zwischen Dortmund-Dorstfeld und Dortmund-Huckarde)
☏(02 31) 179 15

Museen

Hier lohnt sich eine Entdeckungsreise. Die Museumsszene im Revier ist reich und äußerst vielfältig. Da gibt es zunächst Kunstsammlungen von überregionalem, ja europäischem Rang: das Museum Folkwang in Essen, das Lehmbruck-Museum in Duisburg, das Museum für Kunst und Kulturgeschichte in Dortmund, aber auch das Skulpturenmuseum in Marl, das Ikonenmuseum in Recklinghausen, die Kunstmuseen in Bochum, Mülheim und Gelsenkirchen. Daneben unterhält fast jede Stadt ein ›Heimatmuseum‹, das zumeist reiche Bestände birgt, beginnend mit der heimischen Geologie und endend mit der lokalen Industriegeschichte. Manche Museen beeindrucken durch die Qualität ihrer sozialgeschichtlichen Exponate (z. B. Lünen, Herne-Wanne) oder durch eine engagierte Ausstellungstätigkeit (Recklinghausen, Oberhausen, Alte Synagoge Essen, Stadtarchiv Bochum). Bei der Neukonzeption des Essener Ruhrlandmuseums wurde der Sozialgeschichte des Reviers ein hervorragender Rang eingeräumt. Am authentischen Ort, d. h. in verschiedenen historischen Fabrikgebäuden werden die Industriemuseen der Landschaftsverbände Westfalen-Lippe und Rheinland Themen aus der industriellen Vergangenheit der Region darstellen. Das Westfälische Industriemuseum restauriert zu diesem Zweck z. Z. stillgelegte Bergwerke in Witten-Bommern, Bochum-Hordel und Dortmund-Bövinghausen sowie das alte Schiffshebewerk Henrichenburg. Das Rheinische Industriemuseum hat in der Fabrik Altenberg Zink in Oberhausen seinen Sitz. Weit über das Ruhrgebiet hinaus, mit internationalem Anspruch, dokumentiert das Deutsche Bergbau-Museum in Bochum die Geschichte des Bergbaus.

Ahlen

Heimatmuseum
Wilhelmstraße 12, ☎ (0 23 82) 5 94 10
Öffnungszeiten werden nach Wiedereröffnung neu festgelegt.
Sammlungsschwerpunkte: Ackerbürgerliches Wohnen, Stadtgeschichte, Geologie.

Bergkamen

Stadtmuseum Bergkamen
Stadtteil Oberaden, Jahnstraße 31,
☎ (0 23 06) 8 29 01
Öffnungszeiten: Di und do 16–19 Uhr, sa und so 11–13 Uhr.
Sammlungsschwerpunkte: Funde aus der Römerzeit, daneben Geologie, Mineralogie, Stadt- und Industriegeschichte.

Sohle 1
In der City 201, ☎ (0 23 07) 14 43 69
Öffnungszeiten: Mo–fr 14–18.30 Uhr, sa 9–14 Uhr, 1. Samstag im Monat 9–18 Uhr, sonst 10–13 Uhr.
Städtische Kunstgalerie.

Bochum

Deutsches Bergbau-Museum
Am Bergbau-Museum 28 (Nähe Kreuzung Herner Straße/Nordring), ☎ (02 34) 5 18 81/2
Öffnungszeiten: Di–fr 8.30–17.30 Uhr, sa, so und an Feiertagen 9–13 Uhr.
Sammlungsschwerpunkte: Geologie, Mineralogie, Geschichte, Technikgeschichte, Kunstgeschichte des Bergbaus, weit über den Ruhrbergbau hinaus. Schaubergwerk mit einer Streckenlänge von 2,5 km. Fördergerüst von 71,5 m Höhe mit Aussichtsplattform (Farbt. 37, Abb. 63).

Eisenbahnmuseum
Stadtteil Dahlhausen, Dr.-C.-Otto-Straße 191,
☎ (02 34) 49 25 16

Öffnungszeiten: Mi und fr 10–17 Uhr, so 10–12.45 Uhr.
Sammlungsschwerpunkte: ›Rollendes Material‹ – vor allem historische Dampflokomotiven –, Stellwerks- und Signalanlagen (Abb. 118). Von April bis Oktober jeden 1. Sonntag im Monat Museumszugverkehr zwischen Hagen und Oberwengern.

Kunstsammlungen der Ruhr-Universität
Stadtteil Querenburg, Universitätsstraße 150, Forum der Universität,
☎ (02 34) 7 00 47 38, 7 00 46 79, 7 00 26 44
Öffnungszeiten: Di–fr 12–15 Uhr, sa und so 10–18 Uhr.
Sammlungsschwerpunkte: Griechische und römische Antiken, namentlich bemalte Keramik, Skulpturen, Münzen. Kunst der Gegenwart.

Museum Bochum – Kunstsammlung
Kortumstraße 147, ☎ (02 34) 6 21 22 37
Öffnungszeiten: Di–fr 12–20 Uhr, sa und so 10–18 Uhr.
Sammlungsschwerpunkt: Moderne Kunst seit 1945.
In den Ausstellungsräumen werden Wechselausstellungen und die eigene Sammlung gezeigt.

Museum Bochum – Heimatmuseum Helfs Hof
Stadtteil Sevinghausen, In den Höfen 37,
☎ (0 23 27) 3 31 50
Öffnungszeiten: Mi 10–13 Uhr und 15–19 Uhr, sa und so 11–19 Uhr.
Sammlungsschwerpunkte: Bäuerliche Möbel, Handwerk, Stadtgeschichte Wattenscheids.

Museum Bochum –
Stadthistorische Sammlung mit der Instrumentensammlung Hans Grumbt und Bauernhausmuseum

Wasserburg Haus Kemnade

Hattingen (an der Grenze zum Bochumer Stadtteil Stiepel), An der Kemnade 10, ☎ (0 23 24) 3 02 68
Öffnungszeiten: Di 9–15 Uhr, mi–fr 13–19 Uhr, sa und so 11–18 Uhr. Das Bauernhausmuseum ist während der Wintermonate geschlossen.
Sammlungsschwerpunkte: Alte Ansichten Bochums, Mobiliar, Schriften des Bochumer Stadtarztes K. A. Kortum (1745–1824). Musikinstrumente aus aller Welt, Handschriften und Erstdrucke von Noten und musiktheoretischen Werken.

Westfälisches Industriemuseum – Zeche Hannover

Stadtteil Hordel, Hannoverstraße, ☎ (02 31) 60 40 11
Die historische Zeche Hannover wird z. Z. restauriert und zu einem sozialgeschichtlichen Museum ausgebaut.

Zu ergänzen ist noch, daß das *Bochumer Stadtarchiv* (Kronenstraße) Ausstellungen zur Bochumer Stadtgeschichte veranstaltet.

Bottrop
Quadrat

Im Stadtgarten 20, ☎ (0 20 41) 2 97 16
Öffnungszeiten: Di–so 10–18 Uhr.
Zum ›Quadrat‹ gehören zwei Museen:
Museum für Ur- und Ortsgeschichte
Sammlungsschwerpunkte: Pflanzen und Tierwelt der Eiszeit (Skelette von Mammut, Wollnashorn, Höhlenbär etc.), Mineralogie, Naturkunde, Stadtgeschichte.
Josef-Albers-Museum
Sammlungsschwerpunkt: Bilder und Graphiken von Josef Albers (*1888 in Bottrop, †1976 in Orange/Connecticut).

Castrop-Rauxel
Museum für Stadtgeschichte

Altes Rathaus, Ringstraße 29, ☎ (0 23 05) 1 06 24 36
Öffnungszeiten: Di und do 15–17 Uhr, jeden 1. und 3. So im Monat 11–13 Uhr.
Sammlungsschwerpunkte: Geologie, Kulturgeschichte, Orts- und Heimatgeschichte.

Datteln
Hermann-Grochtmann-Museum

Lohstraße 20 a, ☎ (0 23 63) 10 73 59 (Kulturamt Stadt Datteln)
Das Museum ist wegen Renovierungsarbeiten bis ca. 1987 geschlossen.
Sammlungsschwerpunkte: Geologie, Paläontologie, Naturkunde, Volkskunde, Stadtgeschichte.

Dinslaken
Museum Dinslaken im Voswinckelhof

Brückstraße 31, ☎ (0 21 34) 24 49
Öffnungszeiten: Di–so 9–12 und 14–17 Uhr.
Sammlungsschwerpunkte: Ur- und Frühgeschichte, Paläontologie, bäuerliches Arbeitsgerät, bäuerliche und bürgerliche Wohnkultur, Stadtgeschichte, Technikgeschichte.

Dorsten
Heimatmuseum

Historische Stadtwaage, Am Markt, ☎ (0 23 62) 2 57 25
Öffnungszeiten: Mo 13–17 Uhr, mi 10–13 Uhr, do 15–19 Uhr, fr 10–13 Uhr, 1. So im Monat 15–18 Uhr.
Sammlungsschwerpunkte: Geologie, Vor- und Frühgeschichte, Dorstener Schiffbaugewerbe. Technik- und handwerksgeschichtliche Sammlung in der Tüshausmühle (Weseler Straße 433) im Aufbau.

Dortmund

Altes Hafenamt –
Ausstellung Hafen und Schiffahrt
Sunderweg 130, ☎ (02 31) 8 49 02 87
Öffnungszeiten: Mi und sa 14–17 Uhr, so
10–13 Uhr.
Sammlungsschwerpunkte: Schiffsmodelle,
Kommandobrücke.

Dortmunder Brauereimuseum
Märkische Straße 85, ☎ (02 31) 5 41 32 89
Öffnungszeiten: Di–so 10–18 Uhr.

Kriminalmuseum
Polizeipräsidium, Hohe Straße 129,
☎ (02 31) 10 80 24 21
Besichtigung nur in Gruppen zwischen 15
und 30 Personen nach vorheriger Anmel-
dung, Mindestalter 16 Jahre.
Sammlungsschwerpunkte: Polizeiapparat,
Täter und Opfer, Rauschgiftmißbrauch,
Falschspielerei, Waffenkammer.

Museum für Kunst und Kulturgeschichte
Hansastraße 3,
Alte Sparkasse, Hansastraße 3,
☎ (02 31) 54 22 55 15/25
Öffnungszeiten: Di–so 10–18 Uhr.
Sammlungsschwerpunkte: Vor- und Frühgeschichte des westfälischen Raumes und provinzialrömische Archäologie (u. a. Waffen
und Schmuck der Bronzezeit, Funde aus dem
Legionslager [Bergkamen]-Oberaden), allgemeine Kultur- und Kunstgeschichte (u. a. mittelalterliche Tafelmalerei, Möbel, Kunstgewerbe), Dortmunder Stadtgeschichte (u. a.
Dortmunder Goldschatz).

Museum für Naturkunde
Münsterstraße 271, ☎ (02 31) 54 22 48 50
Öffnungszeiten: Di, mi, fr–so, 10–18 Uhr,
do 10–20.30 Uhr.

Sammlungsschwerpunkte: Gesteine und Fos-
silien der gesamten Erdgeschichte, Minera-
lien, Bergkristalle, lebensgroße Saurier-Nach-
bildungen, Fauna und Flora der Bergsenkungs-
seen, tropisches Süßwasseraquarium, lebende
Insektenvölker; Kindermuseum; Geologischer
Lehrgarten.

Museum am Ostwall
Ostwall 7, ☎ (02 31) 54 22 32 47/8
Öffnungszeiten: Di–sa 9.30–18 Uhr, so 9.30–
14 Uhr.
Sammlungsschwerpunkte: Malerei, Graphik
und Plastik des 20. Jahrhunderts (u. a. Werke
von Barlach, Beckmann, Klee, Kokoschka,
Macke, Schmidt-Rottluff . . .).

Stadtsparkasse Dortmund
Freistuhl 2b, ☎ (02 31) 18 30
Öffnungszeiten: Mo–mi, fr 8.30–16 Uhr,
do 8.30–17.30 Uhr.
Sammlungsschwerpunkte: Dortmunder
Münzkabinett, Wertpapiere.

Westfälisches Industriemuseum –
Zeche Zollern II/IV
Stadtteil Bövinghausen, Grubenweg 5,
☎ (02 31) 60 40 11
Öffnungszeiten: Die Zeche wird z. Z.
renoviert und zu einem sozialgeschichtlichen Museum ausgebaut. Die Maschinenhalle (Farbt. 11) ist samstags und sonntags,
14–18 Uhr geöffnet. Ansonsten Besichtigung
nach tel. Absprache möglich.

Westfälisches Schulmuseum
Leopoldstraße 16–20, ☎ (02 31) 54 22 23 69
Öffnungszeiten: Das Museum ist z. Z. wegen
Neukonzeption geschlossen.
Sammlungsschwerpunkte: Historische Schul-
möbel und -geräte, Lehr- und Lernmittel,
Dokumente zur Schulgeschichte.

Duisburg

Haniel-Museum
Stadtteil Ruhrort, Franz-Haniel-Platz 3,
☎ (02 03) 80 62 42
Öffnungszeiten nach Vereinbarung.
Sammlungsschwerpunkte: Firmengeschichte
Haniel, Geschichte der Rheinschiffahrt.

Haus der Naturfreunde
Stadtteil Wanheimerort, Düsseldorfer Str. 565,
☎ (02 03) 35 73 02
Öffnungszeiten: Mi 19–21.30 Uhr.
Sammlungsschwerpunkte: Vogelkunde, Geologie, Ur- und Frühgeschichte, Römerzeit.

Museum der Deutschen Binnenschiffahrt
Stadtteil Ruhrort, Dammstraße 11,
☎ (02 03) 2 83 30 44
Öffnungszeiten: Di, fr–so 10–17 Uhr, mi und
do 10–16 Uhr.
Sammlungsschwerpunkte: Geschichte der
Binnenschiffahrt sowie der Duisburger Häfen,
Stadtgeschichte von Ruhrort.
Zum Museum gehört auch der 1922 erbaute Radschleppdampfer ›Oscar Huber‹
(Farbt. 27).

Museum Haus Königsberg
Mülheimer Straße 39, ☎ (02 03) 2 83 21 51
Öffnungszeiten: Di und fr 14–18 Uhr.
Sammlungsschwerpunkte: Königsberger Stadtgeschichte, Bernstein.

Naturwissenschaftliches Museum, Studio der Heimat
Stadtteil Wedau, Am See 22 (Schule),
☎ (02 03) 2 83 73 65
Öffnungszeiten: Di, do, sa 15–18 Uhr, so
10–18 Uhr.
Sammlungsschwerpunkte: Geologie, Paläozoologie, Biologie.

Niederrheinisches Museum
Friedrich-Wilhelm-Straße 64,
☎ (02 03) 2 83 26 56
Öffnungszeiten: Di, do, fr, sa 10–17 Uhr,
mi 10–16 Uhr, so 11–17 Uhr.
Sammlungsschwerpunkte: Paläontologie (urgeschichtliche Knochenfunde vom Niederrhein), provinzialrömische Archäologie,
regionale Volkskunde, Stadtgeschichte, Mercator-Sammlung.

Städtische Sammlungen Duisburg-Rheinhausen
Stadtteil Rheinhausen, Händelstraße 6,
☎ (02 03) 2 83 26 30, 2 83 21 95
Öffnungszeiten: Di–fr 10–13 Uhr und
14–18.30 Uhr, sa 10–13 Uhr.
Sammlungsschwerpunkte: Keramik von Josef
Hehl. Malerei, Graphik, Plastik des 17.–20.
Jahrhunderts (Sammlung Deneke).

Wilhelm-Lehmbruck-Museum
Düsseldorfer Straße 51,
☎ (02 03) 2 83 26 30 / 2 83 32 94
Öffnungszeiten: Di 11–20 Uhr, mi–so 11–17
Uhr.
Sammlungsschwerpunkte: Internationale Plastik von nahezu allen namhaften Bildhauern
unseres Jahrhunderts (u. a. Arp, Barlach, Giacometti, Hajek, Kollwitz, Moore). Deutsche
Malerei des 20. Jahrhunderts (u. a. Beckmann, Feininger, Kokoschka, Macke, Nolde).
Objektkunst. Graphik. Das Gesamtwerk
Wilhelm Lehmbrucks (* 1881 Meiderich,
† Berlin 1949): Plastiken, Gemälde, Graphik.

Essen

Alte Synagoge
Steeler Straße 29, ☎ (02 01) 88 84 11
Öffnungszeiten: Die Alte Synagoge ist z. Z.
wegen Renovierungsarbeiten geschlossen. Sie
wurde 1980 in eine Gedenk- und Ausstel-

lungsstätte zum Thema ›Widerstand und Verfolgung in Essen 1933–1945‹ umgewandelt.

Deutsches Plakatmuseum
Rathenaustraße 2, ☎ (02 01) 88 41 14
Öffnungszeiten: Di–so 10–18 Uhr.

Domschatzkammer
Burgplatz 2 (südlich des Domes),
☎ (02 01) 2 20 42 06
Öffnungszeiten: Di–so 10–15.30 Uhr.
(zum Essener Domschatz s. S. 101 ff.;
Farbt. 6–9).

gaseum
Huttropstraße 60,
☎ (02 01) 1 84 43 92, 1 84 40 68
Öffnungszeiten: nach Vereinbarung

Haus Industrieform
Kennedyplatz 7, ☎ (02 01) 22 79 95
Öffnungszeiten: Di–sa 10–18 Uhr.
Dauerausstellung formschöner Industrieerzeugnisse, daneben Sonderausstellungen.

Markt- und Schaustellermuseum
Berliner Platz 24, ☎ (02 01) 62 69 55/22 87 49
Öffnungszeiten: Mi 15–18 Uhr (nach Voranmeldung).
Sammlung alter Kirmesherrlichkeiten.

Mineralienmuseum
Stadtteil Kupferdreh, Kupferdreher Straße 141,
☎ (02 01) 88 84 11
Öffnungszeiten: Sa 14–17 Uhr, so 10–13 Uhr.

Museum Altenessen
Stadtteil Altenessen, Altenessener Straße 273,
☎ (02 01) 88 82 11
Öffnungszeiten: Di–so 10–18 Uhr
Sammlungsschwerpunkte: Archäologie, Geschichte.

Museum Folkwang
Goethestraße 41, ☎ (02 01) 88 84 84
Öffnungszeiten: Di–so 10–18 Uhr.
Der Name bedeutet ein Programm: ›Folkwangar‹ bezeichnet in der Edda (13. Jh.) die Halle der Göttin Freya. Mit ›Volksgefilde‹ oder ›Halle des Volkes‹ übersetzt, dürfte dieser Name die Absichten des Begründers der Sammlung Folkwang, des Hagener Kunstfreunds Karl Ernst Osthaus, am ehesten umschreiben: Osthaus wollte eine Kunstkollektion von hoher Qualität für die Bewohner einer bislang kulturell benachteiligten Industrieregion zusammenstellen. Nach seinem Tode (1921) sicherten Essener Großindustrielle diese Sammlung für ihre Stadt. Wesentliche Kunstwerke wurden allerdings im III. Reich als ›entartete Kunst‹ diskriminiert und gingen der Sammlung verloren, die nach dem Krieg durch Neuankäufe dann wieder großzügig ergänzt wurde.
Sammlungsschwerpunkte: Deutsche und französische Malerei des 19. Jahrhunderts (darunter ›Lise mit dem Sonnenschirm‹ von Auguste Renoir), Malerei verschiedener Stilrichtungen des 20. Jahrhunderts, amerikanische Malerei nach 1950, osteuropäische Avantgarde, Skulptur und Graphik des 19. und 20. Jahrhunderts; Fotografische Abteilung.

Ruhrlandmuseum
Goethestraße 41, ☎ (02 02) 88 84 11
Öffnungszeiten: Di–so 10–18 Uhr (Neueröffnung Ende 1984).
Sammlungsschwerpunkte: Geologie des Ruhrgebiets, Sozialgeschichte der Industrialisierung. Als Außenstellen sind dem Museum zwei Wasserhämmer angegliedert, an denen zu einzelnen Terminen im Sommer Schmiedevorführungen stattfinden: Der *Halbachhammer* (Abb. 117) liegt zwischen dem Süd-

westfriedhof und der ›Margarethenhöhe‹, der *Deilbachhammer* am Eisenhammerweg im Vorort Kupferdreh.

Schatzkammer der Abteikirche Werden
☎ (02 01) 49 15 65
Öffnungszeiten: Di–so 10–12 Uhr und 15–17 Uhr (zur Sammlung s. S. 108 f.).

Villa Hügel
Stadtteil Bredeney, Haraldstraße,
☎ (02 01) 42 25 59/1 88 48 38
Öffnungszeiten: Di–so 10–18 Uhr.
Im Haupthaus können einige der ehemaligen Wohnräume der Familie Krupp besichtigt werden (Farbt. 32, Abb. 97). Außerdem finden dort Wechselausstellungen von hohem Rang statt. Im östlich anschließenden ehemaligen Gästehaus wird die Firmengeschichte dokumentiert.

Gelsenkirchen
Städtisches Museum
Stadtteil Buer, Horster Straße 5/7,
☎ (02 09) 38 23 61
Öffnungszeiten: Di und mi 11.45–18 Uhr, do 11–20 Uhr, fr–so 11–18 Uhr.
Sammlungsschwerpunkte: Malerei und Graphik vom Ende des 19. Jahrhunderts bis zur Gegenwart, moderne Plastik, kinetische Objekte. – Mineralogie, Geologie, Paläontologie, Urgeschichte, Archäologie.

Gladbeck
Museum der Stadt
Wasserschloß Wittringen (Abb. 144),
Burgstraße 64, ☎ (0 20 43) 27 52 97
Öffnungszeiten: Di–fr 9–13 und 14–17 Uhr, sa 9–12 Uhr, so 11–13 und 14.30–18 Uhr.
Sammlungsschwerpunkte: Vor- und Frühgeschichte (Urnenfriedhof aus der späten Bronzezeit), bäuerliches Leben im 18./19. Jahrhundert, Stadt- und Industriegeschichte.

Haltern
Römisch-Germanisches Museum
Goldstraße 1, ☎ (0 23 64) 10 02 85
Öffnungszeiten: Mo–fr 9–12.15 Uhr.
Sammlungsschwerpunkte: Römerfunde, Vor- und Frühgeschichte.

Hamm
Regionales Eisenbahn-Museum Maximilian-Park
Grenzweg 76, ☎ (0 23 81) 10 23 81
Öffnungszeiten: April–Sept. 9–19 Uhr, Okt.–März 10–17 Uhr.

Städtisches Gustav-Lübcke-Museum
Museumsstraße 2, ☎ (0 23 81) 17 25 24
Öffnungszeiten: Di–sa 10–16 Uhr, so 10–13 Uhr.
Sammlungsschwerpunkte: Vor- und Frühgeschichte, griechische und römische Kleinkunst, Wohnkultur von der Gotik bis zum Biedermeier, Kunst und Kunstgewerbe, Münzkabinett.

Hattingen
Heimatmuseum
Altes Rathaus, Untermarkt,
☎ (0 23 24) 20 43 69
Öffnungszeiten: Sa 16–18 Uhr, so 11–13 Uhr und 14–18 Uhr.
Sammlungsschwerpunkte: Bäuerliche und bürgerliche Kultur, Stadtgeschichte, historische Fahnen, Münzkabinett.

Kulturgeschichtliches Museum
›Bügeleisenhaus‹ mit Burgruine Isenberg
Haldenplatz 1, ☎ (0 23 24) 2 19 08
Öffnungszeiten: Bügeleisenhaus so 15.30–18 Uhr; Burgruine Isenberg sa 14–18 Uhr (1. 11.–1. 3. geschlossen).

Sammlungsschwerpunkte Bügeleisenhaus: Grabungsfunde der Isenburg, Malerei und Dichtung aus dem Ruhrtal, Siebenbürger Heimatstuben.

Herne

Emschertal-Museum
Schloß Strünkede, Karl-Brand-Weg 5,
☎ (0 23 23) 16 26 11, 16 23 88
Öffnungszeiten: Di–so 10–13 Uhr und 14–17 Uhr.
Sammlungsschwerpunkte: Vor- und Frühgeschichte des Emscherraums, bäuerliches und handwerkliches Arbeitsgerät, Wohnkultur, Stadtgeschichte, Glas, Keramik, Waffensammlung.

Städtische Galerie im Schloßpark Strünkede
Karl-Brand-Weg 2,
☎ (0 23 23) 16 26 11, 16 26 59, 16 23 88
Öffnungszeiten: Di–so 10–13 Uhr und 14–17 Uhr.

Heimat- und Naturkundemuseum Wanne-Eickel
Stadtteil Wanne, Ehemalige Volksschule,
Unser-Fritz-Straße 108, ☎ (0 23 25) 7 52 55
Öffnungszeiten: Di–so 10–13 Uhr und 14–17 Uhr.
Sammlungsschwerpunkte: Geologie, Mineralogie, Pflanzen- und Tierwelt der Region, Ortsgeschichte, historische Bäckerei, Jugendstildrogerie (Abb. 96).

Herten

Heimatkabinett Westerholt
Stadtteil Westerholt, Freiheit 1,
☎ (02 09) 35 87 44
Öffnungszeiten: So 11–12 Uhr.
Sammlungsschwerpunkte: Geschichtliche Entwicklung der Freiheit Westerholt, bäuerliches und bürgerliches Kulturgut, Madonnenbildersammlung.

Kamen

Städtisches Museum
Altes Rathaus, Markt 1, ☎ (0 23 07) 14 81
Öffnungszeiten: Do 15–18 Uhr, so 10–13 Uhr.
Sammlungsschwerpunkt: Stadtgeschichte.

Lünen

Museum der Stadt Lünen
Schloß Schwansbell, Schwansbeller Weg 32,
☎ (0 23 06) 10 46 49
Öffnungszeiten: April bis September di–fr 14–18 Uhr, sa und so 13–18 Uhr; Oktober bis März di–fr 14–17 Uhr, sa und so 13–17 Uhr.
Sammlungsschwerpunkte: Wohnkultur 1840–1920 (darunter eine authentische Arbeiterwohnküche aus Lünen-Süd, Abb. 95), Gußeisen und Öfen, Keramik, bäuerliches und landhandwerkliches Arbeitsgerät.

Marl

Skulpturenmuseum Glaskasten
Rathaus, Creiler Platz, ☎ (0 23 65) 10 56 24
Öffnungszeiten: Di–so 9.30–12 Uhr und 14–18 Uhr.
Sammlungsschwerpunkte: Skulpturen des 20. Jahrhunderts (u. a. Barlach, Kollwitz, Lehmbruck, Meunier, Rodin), Großskulptur seit den 1950er Jahren im Freigelände um das Museum, moderne Malerei.

Stadt- und Heimatmuseum
Am Volkspark 6, ☎ (0 23 65) 10 56 72
Öffnungszeiten: Di–fr 10–13 Uhr und 15–17 Uhr, sa und so 10–13 Uhr (1. So im Monat geschlossen).
Als Museumsbauten dienen eine stillgelegte Wassermühle, ein Gründerzeit-Haus und eine nahe gelegene Schule.
Sammlungsschwerpunkte: Bäuerliches Leben, Handweberei, Handwerk, Stadtgeschichte, Geologie.

Moers

Grafschafter Heimatmuseum
Schloß Moers, Kastell 9, ☎ (0 28 41) 2 64 57
Öffnungszeiten: Di–fr 9–18 Uhr, sa, so und
an Feiertagen 11–18 Uhr.
Sammlungsschwerpunkte: Geologie, Vor- und
Frühgeschichte, römische Provinzialarchäo-
logie, bäuerliche und bürgerliche Wohnkultur, Spielzeug, Trachten und Textilien, Volkskunst.

Mülheim an der Ruhr

Büromuseum
Rathaus, Friedrich-Ebert-Straße 43,
☎ (02 08) 4 55 95 08
Öffnungszeiten: Di–fr 10–13 Uhr und 14–
16.30 Uhr, 1. Sa im Monat 10–18 Uhr.
Sammlung historischer Büromaschinen von
der Jahrhundertwende bis in die 1950er Jahre.
Typischer Büroarbeitsplatz von ca. 1900.

Heimatmuseum ›Tersteegenhaus‹, (Abb. 72)
Teinerstraße 1, ☎ (02 08) 4 55 41 78
Öffnungszeiten: Di, mi, fr 10–12.30 Uhr und
15–18 Uhr, do 10–12.30 und 15–18 Uhr,
sa und so 11–17 Uhr.
Sammlungsschwerpunkte: Stadtgeschichte
und Geschichte von Schloß Broich, Erinnerungen an den pietistischen Dichter Gerhard
Tersteegen sowie an den aus Mülheim stammenden Arzt und Dichter Karl Arnold
Kortum.

Städtisches Kunstmuseum
Leineweberstraße 1, ☎ (02 08) 4 55 41 71
Öffnungszeiten: Di, mi, fr 10–12.30 Uhr und
15–18 Uhr, do 10–12.30 Uhr und 15–21 Uhr,
sa und so 11–17 Uhr.
Sammlungsschwerpunkte: Malerei des 20.
Jahrhunderts (Künstler der ›Brücke‹, des
›Blauen Reiters‹ und des ›Bauhauses‹), Künst-
ler ab 1950 (u. a. Baumeister, Nay, Klapheck),
internationale Graphik, Werke Mülheimer
Künstler (besonders Werner Gilles und Otto
Pankok).

Neukirchen-Vluyn

Heimatmuseum
Von-der-Leyen-Platz 1, ☎ (0 28 45) 2 88 32
Öffnungszeiten: So 11–13 Uhr.

Oberhausen

Rheinisches Industriemuseum
Fabrik Altenberg Zink
Hansastraße 18, ☎ (02 08) 80 57 24
Die Fabrik wird z. Z. zur Zentrale des Rheini-
schen Industriemuseums ausgebaut.

Städtische Galerie Schloß Oberhausen
mit Ludwig-Institut für Kunst der DDR
Sterkrader Straße 46, ☎ (02 08) 8 25 27 23
Öffnungszeiten: Di und mi, fr–so 10–18 Uhr,
do 10–20 Uhr.
Sammlungsschwerpunkte: Deutsche und
internationale Malerei, Plastik, Graphik vom
Impressionismus bis zur Gegenwart, Glas-
sammlung des 20. Jahrhunderts.

Recklinghausen

Ikonen-Museum
Am Petrus-Kirchplatz 2, ☎ (0 23 61) 58 73 96
Öffnungszeiten: Di–fr 10–18 Uhr, sa, so und
an Feiertagen 11–17 Uhr.
Sammlungsschwerpunkte: Ikonen aus dem
byzantinischen und nachbyzantinischen Grie-
chenland, aus Rußland und den Balkanlän-
dern. Koptische Altertümer.

Städtische Kunsthalle
Große-Perdekamp-Straße 25–27,
☎ (0 23 61) 58 73 95
Öffnungszeiten: Di–fr 10–18 Uhr, sa, so und
an Feiertagen 11–17 Uhr.

Sammlungsschwerpunkte: Gemälde, Skulpturen und vor allem internationale Graphik des 20. Jahrhunderts. Westfälische Kunst des 20. Jahrhunderts. Kinetische Objekte, Lichtspiele.

Vestisches Museum
Große-Perdekamp-Straße 25–27
☎ (0 23 61) 58 71
Die Sammlungen sind z. Z. nicht zugänglich.
Sammlungsschwerpunkte: Geschichte des Vests und der Stadt Recklinghausen: Vor- und Frühgeschichte, bäuerliches und bürgerliches Leben, Waffensammlung, Münzkabinett, Kunst, Volkskunst, Naive Kunst.

Sprockhövel
Heimatstube
Ortsteil Niedersprockhövel, Hauptstraße 13
☎ (0 23 24) 7 16 06
Öffnungszeiten: Fr 18–19 Uhr (in den Schulferien geschlossen).
Sammlungsschwerpunkte: Ortsgeschichte, Bergbaugeschichte.

Unna
Hellweg-Museum
Burgstraße 8, ☎ (0 23 03) 10 34 11
Öffnungszeiten: Di–fr 10–12.30 Uhr und 15–17 Uhr, sa 11–13 Uhr, so 11–13 Uhr und 15–17 Uhr.
Sammlungsschwerpunkte: Vor- und Frühgeschichte des Hellweg-Raumes, Unna im Mittelalter, Unna im 18. und 19. Jahrhundert, Münzkabinett.

Waltrop
Heimatmuseum
Theodor-Heuss-Gymnasium,
☎ (0 23 09) 6 21 (Stadtverwaltung)
Öffnungszeiten: jeder 1. Sonntag im Monat 10–12 Uhr und 15–18 Uhr.

Sammlungsschwerpunkte: Geologie, Biologie, Stadtgeschichte, Münzkabinett.

Schiffshebewerk Henrichenburg
Beim *Neuen Hebewerk* informiert ein Ausstellungsraum über Hebewerke und technische Bauwerke am Dortmund-Ems-Kanal (Abb. 113). Öffnungszeiten: 1. April bis Ende Oktober.
Das *historische Hebewerk* wird z. Z. restauriert und als Außenstelle des Westfälischen Industriemuseums eingerichtet (Abb. 114).

Werne
Altes Amtshaus / Karl-Pollender-Stadtmuseum
Kirchhof 13, ☎ (0 23 89) 7 14 41
Öffnungszeiten: Mo 14–18 Uhr, di–fr 10–12 Uhr und 14–18 Uhr, so 10–13 Uhr.
Sammlungsschwerpunkte: Geologie, Paläontologie, Stadtgeschichte, Rathäuser im Oberstift Münster, bäuerliches und handwerkliches Gerät.

Witten
Bethaus im Muttental (Außenstelle des Deutschen Bergbau-Museums Bochum)
Muttentalstraße 35, ☎ (0 23 02) 3 19 51
Öffnungszeiten: Di–sa 9–12 Uhr und 14–16 Uhr, so 9–13 Uhr.
Dauerausstellung über den frühen Bergbau an der Ruhr.

Hebezeug-Museum
Ortsteil Heven, Windenstraße 2–4,
☎ (0 23 02) 20 80
Öffnungszeiten: Mai–Sept. 2. So im Monat 10–12 Uhr.

Heimatmuseum
Ruhrstraße 69, ☎ (0 23 02) 5 81 85 58
Öffnungszeiten: Z. Z. wegen Neubau geschl.
Sammlungsschwerpunkte: Geologie, Mineralogie, Stadt- und Regionalgeschichte, Kunsthandwerk, Münzkabinett.

Märkisches Museum
Husemannstraße 12, ☎ (0 23 02) 5 18 85 58
Öffnungszeiten: Z. Z. wegen Neubau geschlossen.
Sammlungsschwerpunkt: Malerei und Graphik des 20. Jahrhunderts.

Westfälisches Industriemuseum –
Zeche Nachtigall
Stadtteil Bommern, Nachtigallstraße,
☎ (02 31) 60 40 11
Die Zeche Nachtigall wird zu einem Museum für den frühen Ruhrbergbau ausgebaut.

Musiktheater und Sprechbühnen
(in Auswahl)

(angegeben wird die Telefon-Nummer des Kartenvorverkaufs)

Bochum
Schauspielhaus/Kammerspiele/Kammerfoyer
Königsallee 15, ☎ (02 34) 3 70 61

Castrop-Rauxel
Westfälisches Landestheater Castrop-Rauxel e. V.
Stadthalle, Europaplatz 10,
☎ (0 23 05) 1 06 16 17

Dinslaken
Burghof-Bühne
Stadthalle, Althoffstraße 2,
☎ (0 21 34) 59 44/46

Dortmund
Städtische Bühnen, Großes Haus (Musiktheater)
Hansastraße, ☎ (02 31) 54 22 24 44/5/6

Städtische Bühnen, Kleines Haus
(Sprechtheater, Kinder- und Jugendtheater)
Hiltropwall, ☎ (02 31) 54 22 24 12/3

Duisburg
Theater der Stadt
(Musiktheater, Schauspielgastspiele)
König-Heinrich-Platz, ☎ (02 03) 3 90 41

Essen
Theater der Stadt Essen/Opernhaus/Casa Nova
Theaterplatz, ☎ (02 01) 1 81 28 28

Rathaustheater
Rathaus, Porschekanzel, ☎ (02 01) 1 81 28 28

Das Kleine Theater
Am Gänsemarkt 42, ☎ (02 01) 26 14 03

Gelsenkirchen
Musiktheater im Revier
Kennedyplatz, ☎ (02 09) 4 10 21/4 29 39

Moers
Schloßtheater
Kastell 6, ☎ (0 28 41) 20 15 34

Mülheim an der Ruhr
Theater an der Ruhr
Stadthalle, Am Schloß Broich/Kurhaus Raffelberg, Akazienallee 61, ☎ (02 08) 5 79 55/6

Oberhausen
Theater Oberhausen/Studio
(Musiktheater, Kindertheater)
Ebertstraße, ☎ (02 08) 2 60 51/2/3

Recklinghausen
Ruhrfestspiele
Festspielhaus, im Stadtgarten,
☎ (0 23 61) 2 50 25

Literatur (in Auswahl)

Baedeker, Karl: Ruhrgebiet, Freiburg 1959

Die Bau- und Kunstdenkmäler von Westfalen, hrsg. vom Provinzialverband der Provinz Westfalen, Münster 1893–1968, Bd. 2 (Kreis Dortmund-Stadt), Bd. 3 (Kreis Dortmund-Land), Bd. 4 (Kreis Hörde), Bd. 17 (Kreis Bochum-Stadt), Bd. 23 (Kreis Bochum-Land), Bd. 26 (Kreis Gelsenkirchen-Land), Bd. 27 (Kreis Gelsenkirchen-Stadt), Bd. 29 (Kreis Hattingen), Bd. 30 (Kreis Witten-Stadt), Bd. 39 (Landkreis Recklinghausen und die Stadtkreise Recklinghausen, Bottrop, Buer, Gladbeck, Osterfeld), Bd. 43 (Stadt Hamm), Bd. 47 (Kreis Unna)

Becher, Bernhard und Hilla, Heinrich Schönberg und Jan Werth: Die Architektur der Förder- und Wassertürme, München 1971

Becher, Bernhard und Hilla, Hans Günther Conrad u. Eberhard G. Neumann: Zeche Zollern 2, München 1977

Belser Kunstwanderungen, Stuttgart und Zürich; Bd. Westfalen, verf. Wilfried Hansmann, ²1979; Bd. Rheinland, verf. Roland Günter, 1979

Bochum und das mittlere Ruhrgebiet, Festschrift zum 35. Deutschen Geographentag, Paderborn 1965

Bönnighausen, Helmut, Josef Paul Kleihues, Erika Spiegel u. a.: Planungsbeispiel Dahlhauser Heide Bochum, Dortmund o. J.

Bollerey, Franziska, Kristiana Hartmann u. a.: Siedlungen aus den Regierungsbezirken Arnsberg und Münster, Beitrag zu einem Kurzinventar, Dortmund (1978)

Bollerey, Franziska und Kristiana Hartmann: Siedlungen aus dem Reg.-Bez. Düsseldorf, Beitrag zu einem Kurzinventar, (Essen 1983)

Bollerey, Franziska und Kristiana Hartmann: Wohnen im Revier, 99 Beispiele aus Dortmund, München 1975

Bosinski, Gerhard (Hrsg.): Das Eiszeitalter im Ruhrland, Köln 1982

Boström, Jörg und Roland Günter (Hrsg.): Arbeiterinitiativen im Ruhrgebiet, Berlin 1976

Bourrée, Manfred: Bottrop, Bochum 1986

Bourrée, Manfred: Herne, Bochum 1985

Brock, Rudolf: Kirchen gaben der Stadt den Namen, hrsg. Kath. Stadtsekretariat Gelsenkirchen, Bochum 1986

Brüggemeier, Franz-Josef: Leben vor Ort, Ruhrbergleute und Ruhrbergbau 1889–1919, München 1983

Buddensieg, Tilmann (Hrsg.): Villa Hügel, Berlin 1984

Burghardt, Werner und Kurt Siekmann: Recklinghausen, Kleine Stadtgeschichte, Recklinghausen 1971

Busch, Wilhelm: F. Schupp, M. Kremmer, Bergbauarchitektur 1919–1974, Köln 1980

Crew, Davin F.: Bochum, Sozialgeschichte einer Großstadt, Frankfurt/M., Berlin, Wien 1980

Darpe, Franz: Geschichte der Stadt Bochum, Bd. 1–3, Bochum 1888–90

Dege, Wilhelm und Wilfried Dege: Das Ruhrgebiet, Berlin, Stuttgart ³1983

Dehio, Georg: Handbuch der Deutschen Kunstdenkmäler, Nordrhein-Westfalen, 2 Bände, München und Berlin, I bearb. Ruth Schmitz-

Ehmke 1967, II bearb. Dorothea Kluge und Wilfried Hansmann 1969

Dohmen, Heinz: Abbild des Himmels, Tausend Jahre Kirchenbau im Bistum Essen, Mülheim a. d. Ruhr 1977

Dortmund, Architekturführer, hrsg. Bund Deutscher Architekten, verf. Hans Magoley und Norbert Wörner, Dortmund 1982

Drebusch, Günter: Industriearchitektur, München 1976

Düwell, Kurt und Wolfgang Köllmann (Hrsg.): Rheinland-Westfalen im Industriezeitalter, 4 Bände, Wuppertal 1983–85

Emmerich, Karl und Eva Umscheid: Von Burg zu Burg durchs Ruhrgebiet, 2 Bände, Duisburg 1981

Essen, Architekturführer, hrsg. Bund Deutscher Architekten, Essen 1983

Eversberg, Heinrich: Die neue Stadt Hattingen, Hattingen 1980

Föhl, Axel: Technische Denkmale im Rheinland, Köln 1976

Först, Walter (Hrsg.): Ruhrgebiet und Neues Land, Köln und Berlin 1968

Fritz, Rolf: Alte Kunst im Kreis Unna, Köln und Berlin 1977

Fritz, Rolf: Meisterwerke alter Kunst aus Dortmund, Dortmund 1967

Führer zu vor- und frühgeschichtlichen Denkmälern, Bd. 15, Essen – Düsseldorf – Duisburg, Mainz am Rhein 1969

Gehrmann, Siegfried: Fußball in einer Industrieregion, Das Beispiel Schalke 04, in: Jürgen Reulecke und Wolfhard Weber (Hrsg.), Fabrik, Familie, Feierabend, Wuppertal 1978, S. 377–398

Stadt Gelsenkirchen (Hrsg.): Dokumentation von Werkssiedlungen in Gelsenkirchen von Beginn der Industrialisierung bis 1933, Gelsenkirchen 1980

Grundsky, Eberhard: Vier Siedlungen in Duisburg 1925–1930, Köln 1975

Günter, Janne: Leben in Eisenheim, Weinheim und Basel 1980

Günter, Roland: Mülheim an der Ruhr, Düsseldorf 1975

Günter, Roland: Oberhausen, Düsseldorf 1969

Günter, Roland und Bodo Herzog: Die Entwicklung der großbürgerlichen Wohnkultur und Bruno Möhrings avantgardistische Siedlung für leitende Manager der Gutehoffnungshütte in Oberhausen (1910), in: Joachim Petsch (Hrsg.): Architektur und Städtebau im 20. Jahrhundert, Bd. 2, Berlin 1975, S. 158–211

Hermann, Wilhelm und Gertrude: Die alten Zechen an der Ruhr, Königstein i. T. 1981

Hinrichsen, Torkild und Gregor Preda: Dortmund, München und Zürich 1982

Hopf, Wilhelm (Hrsg.): Fußball, Soziologie und Sozialgeschichte einer populären Sportart, Bensheim 1979

Horstkötter, Ludger: Die Abteikirche in Hamborn, Theologische und geschichtliche Anregungen, Duisburg 1975

Kastorff-Viehmann, Renate: Wohnungsbau für Arbeiter, das Beispiel Ruhrgebiet bis 1914, Aachen 1981

Kerber, Bernhard (Hrsg.): Bochums Bauten 1860–1940, Bochum 1982

Klapheck, Richard: Die Meister von Schloß Horst im Broiche, Berlin 1925

Klapheck, Richard: Siedlungswerk Krupp, Berlin 1930

Kleffner, Eberhard Michael und Leonhard Küppers: Neue Kirchen im Bistum Essen, Essen 1966

Kluge, Dorothea: Kurzinventarisation der Kirchen und Kapellen des 19. und frühen 20. Jahrhunderts in Westfalen-Lippe, in: Westfalen, Bd. 53, 1975, S. 223–252; Bd. 56, 1978, S. 260–300

Kösters, Hans G.: Dichtung in Stein und Grün, Margarethenhöhe, Essen 1981

Krabbe, Wolfgang R. und H. F. Schierk: Das Schiffshebewerk Henrichenburg, Hagen 1985

Der Kreis Recklinghausen, Stuttgart 1979

Die Kunstdenkmäler der Rheinprovinz, hrsg. im Auftrage des Provinzialverbandes der Rheinprovinz von Paul Clemen, Düsseldorf 1892 ff. Bd. 1,3 (Kreis Moers); 2,2 (Duisburg, Kreise Mülheim a. d. Ruhr und Ruhrort); 2,3 (Stadt und Kreis Essen); 3,1 (Stadt und Kreis Düsseldorf)

Lindner, R. und H. Th. Breuer: »Sind doch nicht alle Beckenbauers«, Frankfurt/M. 1978

Lorenz, Konrad (Hrsg.): Die ev. St. Marienkirche zu Dortmund, Dortmund 1981

Luntowski, Gustav und Norbert Reimann (Hrsg.): Dortmund, 1100 Jahre Stadtgeschichte, Festschrift, Dortmund 1982

Müller, Jochen: Häfen in Duisburg, in: Jahrbuch der Hafenbautechnischen Gesellschaft, Bd. 37, 1979/80, S. 129–153

Niethammer, Lutz, u. a. (Hrsg.): »Die Menschen machen ihre Geschichte nicht aus freien Stükken, aber sie machen sie selbst«, Einladung zu einer Geschichte des Volkes in NRW, Berlin/Bonn 1984

Pabst, Wolfgang: 350 Männer starben, nun laßt uns tanzen, Die Katastrophe in der Steinkohlen-Zeche Radbod/Hamm im November 1908, Herne 1982

Paul, Willi: Technische Sehenswürdigkeiten in Deutschland, Bd. 2, Nordrhein-Westfalen, München 1977

Pfläging, Kurt: Die Wiege des Ruhrkohlen-Bergbaus, Essen 1979

Pieper, Paul und Hermann Grochtmann: Christliche Kunst im Vest Recklinghausen, Recklinghausen o. J.

Pietsch, Hartmut: Industrialisierung und soziale Frage in Duisburg, Duisburg 1982

Reclams Kunstführer Deutschland, Bd. 3, Nordrhein-Westfalen, bearb. von Anton Henze, Otto Gaul, Fried Mühlberg, Fritz Stich u. a., Stuttgart ⁶1982

Reding, Josef, Karl-Heinz Kirchhoff und Heinrich Husmann: Links der Lippe, Rechts der Ruhr, Geschichte und Gegenwart im Emscherland, Gelsenkirchen 1969

Rettet Eisenheim, hrsg. Projektgruppe Eisenheim mit J. Boström und R. Günter, Berlin ⁴1977

Rheinische Urbare, Bd. 2 (Werden, 9.–13. Jh.), 4 (Einleitung und Register), Bonn 1906–1958

Schnurbein, Siegmar von: Die Römer in Haltern, Münster/Westfalen 1979

Siekmann, Kurt: Rathäuser in Recklinghausen, Recklinghausen 1969

Sobotka, Bruno (Hrsg.): Witten – Wiege des Ruhrbergbaus, Witten 1980

Sölter, Walter: Die Essener Wasserhämmer, Köln 1978

Sprockhövel, Erinnerungen im Bild, hrsg. von Adolf Kampmann, mit einem geschichtlichen Beitrag von Ludger Haverkamp, Meinerzhagen und Sprockhövel 1979

Tenfelde, Klaus: Sozialgeschichte der Bergarbeiterschaft an der Ruhr im 19. Jahrhundert, Bonn-Bad Godesberg 1977

Timm, Willy: Geschichte der Stadt Unna, Unna ²1975

Unverferth, Gabriele und Evelyn Kroker: Der Arbeitsplatz des Bergmanns in historischen Bildern und Dokumenten, Bochum 1979

Verheyen, Egon: Duisburg, Düsseldorf 1966

Weber, Wolfhard: Industrialisierung. Das Ruhrgebiet. Braunschweig 1982

Rathaus-Festschrift Werne, Werne 1973

Wiel, Paul: Das Ruhrgebiet in Vergangenheit und Gegenwart, Essen 1964, mit Nachtrag 1969

Wiel, Paul: Wirtschaftsgeschichte des Ruhrgebietes, Essen 1970

Wientzek, Horst: Wetter, Stadt an der Ruhr, Wetter ²1982

Wüstenfeld, Gustav Adolf: Frühe Stätten des Ruhrbergbaues, Wetter/Wengern 1975

Wüstenfeld, Gustav Adolf: Schlebuscher Revier, Bergbau in Wetter, Wetter 1983

Zimmermann, Walther: Das Münster zu Essen, Essen 1956

Zimmermann, Walther, Hugo Borger u. a.: Die Kirchen zu Essen-Werden, Die Kunstdenkmäler des Rheinlandes, Beiheft 7, Essen 1959

Zink, Herbert (Hrsg.): 750 Jahre Stadt Hamm, Hamm 1976

Abbildungsnachweis

Farbtafeln und Schwarzweiß-Abbildungen

Bergbau AG Niederrhein, Duisburg   Abb. 62
Bergbau-Archiv beim Deutschen Bergbau-Museum, Bochum   Abb. 67, 68
– (M. Frank)   Abb. 63 (Freigegeben durch den Regierungspräsidenten in Münster, Freigabe-Nr. 3.638/75)
Erwin Dorn, Gelsenkirchen-Buer   Abb. 144
Evangelische Kirchengemeinde St. Marien, Dortmund   Farbt. 10
Wolfgang Fritz, Köln   Farbt. 5
Dieter Grundmann, Gelsenkirchen-Erle   Abb. 25, 94
Archiv Roland Günter, Oberhausen   Abb. 77 (Jörg Boström), 78–80
Klaus-Dieter Holenz/Fritz Kissels, Leverkusen   Abb. 145–152
Wolfgang Hub, Duisburg   Abb. 89
Michael Jeiter, Aachen   Abb. 4, 12, 22, 76, 112
H.-Jürgen Kistner-Erdmann, Kamen   Abb. 116
Peter Klaes (†), Radevormwald   Umschlagvorderseite, Umschlagrückseite, Farbt. 1–4, 31, 34
Klammet & Aberl, Germering   Farbt. 26
Paul Kleff, Dortmund   Abb. 135, 136, 139
Kommunalverband Ruhrgebiet, Essen, Bildstelle   Abb. 143 (Manfred Ehrich), Abb. 140–142 (Hans Grempel)
Kreis Recklinghausen, Medienzentrum   Abb. 122
Fried. Krupp GmbH., Essen, Historisches Archiv   Abb. 97
Landesbildstelle Rheinland, Düsseldorf   Abb. 72
Klaus Michael Lehmann, Castrop-Rauxel   Abb. 11, 24, 47, 48, 53, 54, 57, 70, 74, 81, 85, 88, 102, 121, 128
Erich Lubahn, Münster   Abb. 129, 130
Wolfgang F. Meier, Köln   Farbt. 11–22, 35; Abb. 1, 5, 27, 29–34, 60, 73, 105, 106, 109, 119, 120, 133, 134
Museum Lünen (Wilhelm Schulze), Lünen   Abb. 95
Werner Otto, Oberhausen   Umschlagklappe vorn, Farbt. 27, 30, 33; Abb. 69, 98, 113
Thomas Parent, Münster   Farbt. 24; Abb. 28, 42, 87, 90, 91, 96
Rheinisches Amt für Denkmalpflege, Bonn   Abb. 92, 93
Arved von der Ropp, Köln   Abb. 137, 138
Stadt Bochum, Amt für Öffentlichkeitsarbeit   Abb. 13, 39, 104, 118, 126
Stadt Dortmund, Informations- und Presseamt (Margret Reimann)   Abb. 6, 10, 103, 110, 132
Stadt Essen, Stadtbildstelle (Peter Happel)   Farbt. 6–9, 23, 32; Abb. 2, 3, 7, 9, 17–19, 23, 58, 86, 117, 124, 125, 127, 131
Stadt Gelsenkirchen, Presseamt (Nickel)   Abb. 100, 108
Stadt Hamm, Presseamt (Goebel)   Abb. 115

Thyssen Industrie AG, Essen   Abb. 61
Manfred Vollmer, Essen   Farbt. 36; Abb. 36, 37, 101
Westfälisches Amt für Denkmalpflege, Münster   Abb. 8, 14–16, 20, 21, 26, 71
– Referat Technische Kulturdenkmale   Abb. 40, 41, 43–46, 50–52, 54–56, 59, 64, 75, 83, 84, 99, 123; 51 (Bathe), 38, 49, 52, 53, 66 (Angelika Brockmann), 50, 82, 111, 114 (Klaus-Michael Lehmann)
Westfälisches Industriemuseum (Bernd Schaumann/Jörg Richard)   Abb. 87
Archiv Fritz Winkhaus, Essen-Bredeney   Abb. 35 (Hans Grempel), 61, 65, 107 (Meinholz)
ZEFA, Düsseldorf (Praedel/Schwerdt/Voigt)   Farbt. 25, 28, 29, 37

Abbildungen im Text
(die Zahlen bezeichnen die Seiten im Buch)

J. van Acken (Hrsg.), Festschrift zur Einweihung der Kirchen zum Hl. Herzen Jesu und zum Hl. Kreuze in Gladbeck, Gladbeck i. W. 1914   297
Michael Aitsinger, De Leone Belgico eiusque topographica atque historica descriptione liber ....., Köln 1585, S. 624–25 (Foto Westfalia Picta)   271
Arenberg Bergbau 1856–1956, Festschrift, Essen (1956)   225
Bergbau-Archiv beim Deutschen Bergbau-Museum, Bochum   154, 202
Bergwerks- und Hüttenkarte des Oberbergamtsbezirks Dortmund, Essen [11]1882   66
Nach H. Hobrecker, in: Bochum und das mittlere Ruhrgebiet. Bochumer Geographische Arbeiten, Heft 1, Paderborn 1965   30
Bochumer Verein (Hrsg.), Die Arbeiterwohnungen des Bochumer Vereins für Bergbau und Gußstahlfabrikation zu Bochum in Westfalen, Berlin 1883 (Foto Westfalia Picta)   146
Castrop-Rauxel, Heimatbuch zur 1100 Jahrfeier, 1934   266
Max Creutz, Die Architektur des XX. Jahrhunderts, 7. Sonderheft, Berlin 1910   112
Deutsches Museum, München   216
Irmgard Elger, Kamen   310
Emschertal-Museum, Herne   262
Die Entwicklung des Niederrheinisch-Westfälischen Steinkohlen-Bergbaus in der zweiten Hälfte des 19. Jahrhunderts, Bd. 8, Berlin 1905   134, 174
Ferdinand Freiligrath und Levin Schücking, Das malerische und romantische Westfalen, Barmen und Leipzig 1841 (Foto Westfalia Picta)   158
Rolf Fritz   164

ABBILDUNGSNACHWEIS

Herbert Grabowski, in: Wolfgang Schulze, Die schönsten Bergbausagen aus dem Ruhrgebiet, Essen 1981 11

Eberhard Grunsky, Vier Siedlungen in Duisburg, Köln 1975 82

Archiv Roland Günter, Oberhausen 216, 219 (Nikolaus Fritschi, Düsseldorf)

Fritz Hack, Könige des Fußballs, Frankfurt am Mai 1972 350

Die Heimat, Krefeld, Jg. 1951 (Foto Bildarchiv Föhl) 76

Heimathaus ›Bügeleisen‹, Hattingen (Foto Westfalia Picta) 33

Heimatmuseum Tersteegenhaus, Mülheim an der Ruhr 85, 86

A. Heinrichsbauer, Industrielle Siedlung im Ruhrgebiet – in Vergangenheit, Gegenwart und Zukunft, Essen 1936 26 (Kotten)

Historische Ansichten von Werne, Greven 1981 307

Robert Hundt, Bergarbeiter-Wohnungen im Ruhrrevier, Berlin 1902 26 (Koloniehaus im Kreuzgrundriß, Alte Kolonie Eving) 254

Jovy (Hrsg.), Gladbeck 1885/1925, Festschrift, Gladbeck 1925 228

Die Karten Deutscher Länder im Brüsseler Atlas des Christian s'Grooten 1573, hrsg. von Hans Mortensen und Arend Lang, Göttingen 1959 12

Kath. Propstei-Pfarramt St. Ludgerus (H. Engel), Essen-Werden 107

Richard Klapheck, Der Meister von Schloß Horst im Broiche, Berlin 1925 250

Richard Klapheck, Siedlungswerk Krupp, Berlin 1930 92, 155, 156

Carl Koschwitz, Die Hochbauten auf den Steinkohlenzechen des Ruhrgebiets, Essen 1930 18 (Tomson-Bock), 173

Kreis Recklinghausen 298

Kreis Recklinghausen, Medienzentrum 259

Krupp 1812–1912, Festschrift, Essen (1912) 137, 138

Familie Leineweber, Dortmund-Bövinghausen 349

Wilhelm Lübke, Atlas zur mittelalterlichen Kunst in Westfalen, Leipzig 1853 162, 311, 312

Märkisches Museum, Witten (Foto Westfalia Picta) 36/37

Mannesmann DEMAG AG, Duisburg 45

Matthäus Merian, Topographia Germaniae, Westfalen 1647, Neue Ausgabe 1961, Kassel und Basel 276, 280, 314

Meyers Konversationslexikon, Bd. 2, 6. Auflage 1903, S. 664/65 20

Museum für Kunst und Kulturgeschichte, Dortmund 159, 170

Eberhard G. Neumann, Hannover 21, 172

Nordrhein-Westfälisches Staatsarchiv, Münster 258

Heinrich Otte, Handbuch der kirchlichen Kunst, Archäologie des Mittelalters, Leipzig ⁵1883, Bd. 1 103, 108, 319

Karl Prümer, Bilder aus Alt-Dortmund, Bd. 2, 1926 46, 167

Albert Renger-Patzsch, Ruhrgebiet-Landschaften 1927–1935, hrsg. von Ann und Jürgen Wilde, Köln 1982 Frontispiz 2

Rheinisches Amt für Denkmalpflege, Bonn 73, 74, 135, 218

Rheinisches Landesmuseum Bonn/Rheinisches Amt für Bodendenkmalpflege, Bonn 89

Ruhrlandmuseum, Essen (Fotos Stadtbildstelle Essen) 9, 22, 29, 94, 96, 105, 106, 132 f., 346

Schönberg, Heinrich, in: Bernhard und Hilla Becher, Die Architektur der Förder- und Wassertürme, München 1971 18 (außer Tomson-Bock, Fördermaschinenhaus, Malakoffturm)

Erich Schulze-Gebhardt, Sprockhövel 37

Stadt Dortmund 204

Stadt Gelsenkirchen 14, 26 (Rotthausen und Augustastr.), 253, 256

Die Stadt Gelsenkirchen, Berlin–Friedenau 1927 232

Stadt Herne 262/63

Stadt Werne a.d. Lippe (Karl Losch) 308

Stadt Witten 41

Stadtarchiv Bochum 143

Stadtarchiv Dortmund 175

Stadtarchiv Duisburg (Bernd Kirtz) 65, 67, 79, 80/81

Städtisches Gustav-Lübcke Museum, Hamm (Foto Westfalia Picta) 316

Ullstein Bilderdienst, Berlin 71

Egon Verheyen, Duisburg, Düsseldorf 1966 73, 74

Ernst aus'm Weerth, Kunstdenkmäler des christlichen Mittelalters in den Rheinlanden, Bd. 2, Bonn (1866) 101, 104

Westfälischer Heimatbund, Münster 317

Westfälisches Amt für Denkmalpflege/Referat Technische Kulturdenkmale, Münster 23 (Hauszeile Königsborn) 174, 207, 305

Westfälisches Industriemuseum, Dortmund 42, 302

Westfälisches Landesmuseum für Kunst und Kulturgeschichte, Münster (Foto Westfalia Picta) 39, 274, 301

Archiv Fritz Winkhaus 135

Wohlfahrtseinrichtungen der Fried. Krupp AG, Essen/Ruhr ³1902, Bd. 1–2 43, 139

– Bd. 3, Ausgabe 1911 (Historisches Archiv Fried. Krupp GmbH) 141

Gustav Adolf Wüstenfeld, Wetter 13

Zechen-Zeitung ... Gelsenkirchener Bergwerks AG. vom 11.5.1934 265

Walther Zimmermann, Das Münster zu Essen (Die Kunstdenkmäler des Rheinlandes, Beiheft 3), Essen 1956 100

Walther Zimmermann u. a., Die Kirchen zu Essen-Werden, Essen 1959 109

Karten und Pläne: DuMont Buchverlag (Helga Heibach, Heinz-Josef Schmitz)

Register

Personen

Aalto, Alvar 131
Albero, Abt 106
Adolf von Altena, Erzbischof von
  Köln 36
Adolf Graf von Altena 33
Adolf Graf von der Mark 33, 304,
  313
Albers, Josef 357
Albertus Magnus 106
Alexander, hl. 36
Altfried, Bischof von Hildes-
  heim 96 f., 101, 103
Anno, Erzbischof 110, 159
Anselm, Abt 109
Arenberg, Herzöge von 224
Arend 252
Arnold Graf von Altena 33
Arminius 279
Asbeck, Margarethe von 258
Auguste Viktoria, Deutsche
  Kaiserin 278

Baegert, Derik 165, 166
Baegert, Jan 165, 280, 303
Bähr, Hermann 82
Bakema, J. Berend 279
Barbara, hl. 9, 167
Bartning, Otto 129, 278
Beatrix von Holte, Äbtissin von
  Essen 97
Becker, Ludwig 227
Behrendt 172
Behrens, Peter 215
Benedikt, Abt 109
Berg, Elisabeth von dem, Äbtissin
  von Essen 101
Berger, Louis Constans 38
Bernhard II., Abt von Werden 109
Beyer, Karl Adalbert von 72
Billing, Hermann 81
Binding, Günter 10
Bismarck-Schönhausen, Otto Fürst
  von 170, 174
Bladenhorst, Ritter von 267
Bodelschwingh, Friedrich von 171
Bohlen und Halbach s. Krupp von
  Bohlen und Halbach
Böhm, Dominikus 129, 212
Böhm, Gottfried 212, 213
Boniver, Denis 232

Bortnianski, Dimitri 92
Bracchum, Laurenz von 251
Bramesfeld 222
Brandenburg, Luise Henriette
  von 322
Braun, Georg 106
Bräuhäuser, Hermann 82
Brepohl, Wilhelm 229
Bretzenheim, Friederike von 214
Broek, Johann Hendrik von den
  279
Broich, Grafen von 86, 89
Bruke, Erwin 89
Bruke, Theodor 89
Bruno I., Erzbischof von Köln 159
Bruno II., Erzbischof von Köln 71
Brüx, G. 222, 228
Bruyn, Bartholomäus, d. Ä. 105
Bucholtz, Friedrich Wilhelm 311,
  312
Bunickmann, Bernd 266, 321
Burckhard, Johann Jacob 84
Busch, Wilhelm 254

Claren 172
Conrad von Soest 163 f.
Corputius, Johannes 65
Court, Joist de la 130, 251
Creutz, Max 111

Daun, Falkenstein und Oberstein,
  Wirich V. Graf von 89 f.
Davidis, Henriette 47
Degener, J. 160
Deneke, Sammlung 359
Dickmann 226
Diergardt, Friedrich Heinrich,
  Freiherr von 323
Dietrich V. Graf von Limburg 90
Dietrich Graf von der Mark 169
Dietrich von der Recke 318
Dinnendahl, Franz 95, 143, 275,
  300
Dinnendahl, Johann 86
Dörendahl, Christoph 319
Drusus 309
Dynslacken, Antonius von 322

Ehlers, Karl 227
Eitel Friedrich, Prinz von
  Preußen 321
Elverfeldt, Freiherren von 40

Engelbert I., Erzbischof von Köln
  9, 33, 87, 101, 110, 143

Fahrenkamp, Emil 86, 90
Falk, Karl 220
Fels, Alfons 256
Fischer 77
Fischer, Alfred 131, 251, 267, 312,
  320
Fischer, Antonius, Kardinal,
  Erzbischof von Köln 111
Fischer, Gustav Adolf 150, 267
Flottmann, Fa. 261
Flügge 259
Franke, Josef 16, 222, 223, 249,
  252, 275, 300
Franziska Christine von Pfalz-Sulz-
  bach, Äbtissin von Essen 110,
  130
Freitag, Ludwig 214
Freyse, Carl Wilhelm Theodor 73,
  74
Friedrich I., Erzbischof von Köln
  324
Friedrich I., König von Preußen
  176, 322
Friedrich II., König von Preußen
  11, 78, 206
Friedrich III., Deutscher
  Kaiser 261
Friedrich I. Barbarossa, Kaiser 163,
  303
Friedrich Wilhelm I., König von
  Preußen 47
Friedrich Wilhelm III., König von
  Preußen 90
Friedrich Wilhelm IV., König von
  Preußen 81, 163, 251
Friedrich Graf von Isenberg-Altena
  9, 33, 110, 313
Frithuard 264
Fritsche, Arno Eugen 151, 169,
  249, 273
Füssmann 263

Gantenführer 273
Gerfried, Bischof von Münster 264
Gerhard Graf von der Mark 316
Gero, Abt von Werden 106
Gerswida, Äbtissin von Essen 97
Gilles, Werner 363
Gladbach, Paul 308

Orte

377

DuMont Kunst-Reiseführer

Zeittafel

350–285
Mill. Jahre
v. Chr.
Entstehung der Ruhrkohle im Karbon

200000
v. Chr.
(oder noch
früher)
Vogelheimer Klinge. Ältestes Zeugnis für menschliches Leben im Ruhrgebiet

80000
v. Chr.
Herner Faustkeilinventar

9 n. Chr.
Die Niederlage gegen den Cheruskerfürsten Arminius in der Schlacht vom Teutoburger Wald zwingt die Römer zur Aufgabe ihrer rechtsrheinischen Gebiete, u. a. auch der Lager, die seit einigen Jahren an der Lippe bestanden. Es bestehen aber weiterhin Handelsbeziehungen zwischen Römern und Germanen.

5.–8. Jh.
Infolge der Völkerwanderung wird das Ruhrgebiet Grenzland zwischen den Franken im Westen und den Sachsen im Osten.

772–804
Kaiser Karl der Große unterwirft die Sachsen und läßt sie christianisieren.

um 800
Der Friese Liudger gründet die Abtei Werden. Von 882 ab sind Heberegister dieses Klosters überliefert, in denen zahlreiche spätere Ortsnamen der Region erstmals Erwähnung finden.

um 950
Bischof Altfrid von Hildesheim gründet das Essener Kanonissenstift. Äbtissinnen aus dem ottonischen Kaiserhaus stiften in den folgenden Jahrzehnten liturgische Geräte und Ausstattungsstücke